THE CORPORATE CONTRACT IN CHANGING TIMES

变革时代的公司契约

法律能否与时俱进？

[美] 史蒂文·大卫杜夫·所罗门（Steven Davidoff Solomon）
兰德尔·斯图尔特·托马斯（Randall Stuart Thomas）◎编　李诗鸿　林少伟◎译

Is the Law Keeping Up?

上海人民出版社

前　言

小利奥·E.斯特林（Leo E. Strine Jr.）

当您阅读这本关于公司契约是否能跟上时代变化这一富有启发性的精辟思考合集时，你可能会对以下问题进行有益的思考：即，公司法的学术研究是否已经跟上了这个瞬息万变的世界？

当思考最优秀的人才是如何从长期塑造学术公司法思维的基本角度来研究新动态的时候，这本美国顶级公司法学者的前沿思想合集，使我联想到了这个问题。为如此多元化且富有启发性的论文集撰写前言是一项超出我能力范围的任务，正如文集中一篇专论所指出的那样。你会从这些文章中得到什么，将不可避免地取决于你的观点、你深入研究它们时的心态，以及你对新思想的接受程度。

也许我能为读者提供的唯一真正的服务就是分享我对这本合集的一些读后感，它们可能会激发你思考如何将不同的部分作为一个整体，可能会揭示一些有前景的新思维和政策理念的发展道路。

在大多数情况下，当各种不同的思想聚集在一起时，阅读这本合集最有趣的方式是探索各种多元化的观点，以及这对思维状态和实际公司治理动态的启示。例如，几位知名学者①认为特拉华州采用了这样的一种公司法形式，既有成文法，也有普通法，这明显限制了股东的影响力。②他们似乎也在哀叹司法禁令

① Robert B. Thompson, "Why New Corporate Law Arises: Implications for the Twenty-First Century," infra chapter 1; Steven Davidoff Solomon and Randall S. Thomas, "The Rise and Fall of Delaware's Takeover Standards," infra chapter 2.

② See Thompson, supra note 1, at 7—9; Davidoff Solomon and Thomas, supra note 1, at 7—8.

（judicial injunctions）的相对匮乏，不无怀旧地怀念另一个时期，如 1985 年至
viii 1988 年——当时它们风靡一时。③相比之下，另一位博学的评论员哀叹道，特拉华州的公司法要求董事在其法律和道德自由裁量权的范围内，将股东福利作为营利性公司治理的终极目标，其他利益群体（constituencies）的利益只有在与提高股东福利相一致的情况下才会被考虑。④由于特拉华州的突出地位，他推测，将其他利益群体提升到与《特拉华州普通公司法》中唯一被赋予权利的利益群体同等水平的司法辞令，会刺激公司采取一些截然不同的、其他方面的行为。还有一些人认为，特拉华州近期应致力于采取这样一种营利性公司形式，明确要求所有公司利益群体都被视为治理的终极目标，并给予应有的重视，这是不必要的，因为所有特拉华州公司都已经可以这样做了。⑤

说实话，在这场冲突中，我发现的奇怪之处是，特拉华州法律建立的（并与联邦强制披露和 14a-8 规则一起使用）权力结构缺乏一致的关注。这种权力结构影响了现实世界，而生产产品和提供服务的营利性公共实体必须在这个世界中运作。在一个结构性防御已基本被拆除、不经斗争就能收购一家公司从未如此容易的时代，哀叹基于优尼科（Unocal）和露华浓（Revlon）标准造成的缺乏禁令，似乎忽略了最重要的现实。在代理投票权之争比以往任何时候都更加普遍、持不同意见的董事经常加入董事会、公司在斗争威胁下不断退缩的时代，特拉华州对“选举制度”的司法保护在某种程度上受到了侵蚀，这似乎也被误导了。但话又说回来，即便特拉华州的司法机关只是简单地阐明：营利性公司的董事可以将劳动者和社区等利益群体视为与美国公司法承认的唯一“公民”即股东一起是营利性（组织）治理的同等终极目标，世界也将会与之前不同。毕竟，在采用反收购和利益群体的美国司法管辖区，没有明显的保护其他利益群体的趋势。外包、海外建厂和监管捷径在这些州的特许公司中同样常见，甚

③ See Davidoff Solomon and Thomas, supra note 1, at 4—8, 10—11.

④ David J. Berger, “In Search of Lost Time: What If Delaware Had Not Adopted Shareholder Primacy?,” infra chapter 3.

⑤ Michael B. Dorff, “The Odd Couple: Delaware and Public Benefit Corpo-rations,” infra chapter 4.

至更为普遍。也许唯一的不同之处在于，管理层更可能利用这些立法作为自己的筹码，而不倾向于为了劳动者来利用这些立法。

同样，我渴望在本书中看到关键参与者工作的激励机制与政策要点之间的联系。例如，在具有金融系统重要性的公司背景下，对董事监督的重要性作了出色阐述的章节，亟需我们认识到市场对公司治理的压力可能导致银行董事会缺乏管理外部风险的能力，董事会也不太愿意管理外部风险。[⑥]那些参与导致金融危机的活动的公司在泡沫破裂之前就因为这种行为而获得了溢价。[⑦]当然，正是这些金融机构进行了游说，要求放宽它们进行大规模金融活动的监管框架，给我们的整个经济带来了风险。不仅如此，推行较高独立标准和由绝大多数独立董事构成的董事会，可能导致独立董事霸占董事会席位，从而缺乏行业或专业专家进行有效监督风险以及更关注于眼前的市场压力，而不是关注长期股东利益和一般金融系统的稳定性。难道真的是更具标杆性的 *Caremark* 案[⑧]可以解决这个问题？还是我们需要解决影响公司董事会的权力动态，包括机构投资者的行为及其优先权？ ix

简单地说，我感觉到像公司法专家阿道夫·伯利（Adolf Berle）或者敏锐的人类事务观察者乔治·奥威尔（George Orwell）这样有卓越洞察力、心胸开阔的思想家，会震惊于他们的先验和对以往政策辩论的关注，甚至分散了他们对过去几十年中现实世界里更重要的整体趋势的注意程度。正如所有营利性公司不得不应对在产品和服务市场上激烈的国际竞争一样，股市力量相较于公司实力而言越来越强。在只有一个公司利益群体掌权的环境中，当法律行动将权力转移到对股市压力最敏感的董事身上，以及与股东积极主义者（即与任何公司都没有紧密联系，并且热切渴望留在独立董事网络中的专业独立董事）的声誉威胁时，公司越来越多地采用市场上呼声最高的人士所要求的商业和治理策略，也就不足为奇。最直言不讳的人并不意味着他是最理性的人，但本书没有章节

⑥ Frank Partnoy, "Delaware and Financial Risk," infra chapter 6.

⑦ See William W. Bratton and Michael L. Wachter, The Case against Share-holder Empowerment, 158 U. Pa. L. Rev.653, 718—21 (2010).

⑧ In re Caremark Intern. Inc. Derivative Litig., 698 A.2d 959 (Del. Ch. 1996).

关注这一事实。相反，声音最大的是最活跃的交易员——那些最偏离稳定的买
x 入和持有政策的交易员。当然，还有那些将公司治理运动视为业余爱好的交易员。因此，公司治理政策已朝着“公司加利福尼亚州”的方向发展，在这种情况下，公民投票可能会定期举行，并且商业战略会积极响应市场对更高支出、更高杠杆率以及对收购和分拆的接受程度的需求。

就本书关于前沿话题撰写的章节中，没有一章集中论述了控制大多数美国机构投资者大部分资本（如共同基金和养老基金）的受托人阶层的行为和激励措施，这值得关注。因此，这些文章相对的冷漠，同样也引发了人们的关注。在这些文章对公司法机制的专业和密切关注中，遗漏了一个更大的视角，即我们的公司治理体系应该做什么，以及我们为什么要授予营利性公司有限责任和永久存续等特殊权利。

事实上，几乎每个投资者对自己获得高质量工作的能力比对自己的股票投资组合表现更有信心，这一现况并不是某篇文章的主题。外部性风险——例如气候变化和污染导致的环境退化、危险的工作条件、不安全的产品，以及金融危机等事件的混乱影响——对投资者的影响很大，尽管这一现实情况也不是本书的主题。大多数人力投资者在这个体系中没有发言权，而且必须有效地把财富交给基金管理人，直至退休，这一现实情况并没有真正被提及。人力投资者交付自身资本的对象与其本身有着截然不同的利益，这一现实情况也几乎没有被提及。

在公司财富和其他资本家财富吞没了本应对社会所创造的公司进行监管的政治体系的时代，公司法模式所受到的压制是显而易见的，但在本书中并未对此进行探讨。传统的观点是，公司法本身不应侧重于关注其他利益相关者保护和外部性风险问题，因为这是其他成文法机构的工作。但是，当公司越发缺少地域特征，甚至没有任何基本的国家忠诚度时——设想一下企业倒置（inversions），直截了当地说，这涉及放弃美国“公民”身份，那么几乎没有理由认为，在缺乏强有力的外部边界（包括规范和实际法律）的情况下，董事会将变得更有社会责任感。在一个不食人间烟火、不在工厂或商店工作、不具备实际人力投资者任何其他属性的资金管理公司系直接股东的世界里，公司通过大规

模游说和高额政治支出，越发自如地对政治体系本身采取行动。可以预期，公司确定谁代表我们以及他们在任职期间做些什么的努力，预计不会关注于更广泛的公共利益，而是集中在减少政府对特定行业的监管和向纳税人寻求租金上。 xi

公司治理体系给每个公司施加了巨大的压力，要求它们在任何时候都提供最高的利润，使公司在不受人力投资者约束的情况下根据政治进程采取行动以增加回报，并使公司越来越多地受到即时公民投票的影响，这种治理体系的累积效应是值得怀疑的。大多数人会真正地进行长期投资。金融泡沫并不会帮助他们，而是使其陷入深深痛苦之中，让他们失去工作、降薪并减少财富。迫使企业将风险外部化的市场力量伤害了他们。市场压力促使公司以外包、境外建厂或其他方式降低雇佣成本，而对人力资本投资不足，导致人力投资者最需要的东西更加稀缺：获得高质量工作的机会。

但这并不是说本书中完全没有提及这些现实。即使没有明确提及，这些经过深思熟虑的文章中的大部分都承认并开始努力解决代理人之间的冲突，这些代理人可能无法为我们的公司治理体系所服务的人类作出贡献，即使他们是在当下的学说理论中应该这样做。例如，大卫杜夫·所罗门（Davidoff Solomon）教授和托马斯（Thomas）教授在他们关于露华浓和优尼科案阐述的标准如何应用的历史变迁研究中，将短期主义视为一种日益严重的、潜在的令人不安的现象，并观察到传统的普通法结构可能不足以规范以短期主义为中心的行为。⑨同样，布拉顿（Bratton）教授在有关收购防御措施如何适应现实的文献中作出了突出的贡献：当下，一类代理人（激进的对冲基金）——比另一类代理人［公司掠夺者和收购艺术家（毒丸最初就是为他们设计的）］——更有可能威胁到公司。⑩除了可能引起对有规则或混乱的公司防御感兴趣的读者之外，布拉顿教授的这一章还隐含地强调了公司法原则在解决人力投资者的长期需求与他们的代理人释放的短期力量之间的差距方面的局限性。尽管这些文章以及本书中的其他文章都倾向于强调当前理论的局限性，但大卫·伯杰（David Berger）思考

⑨ Davidoff Solomon and Thomas, supra note 1, at 12, 15.

⑩ William W. Bratton, "Hedge Fund Activism, Poison Pills, and the Juris-prudence of Threat," infra chapter 7.

xii 了在特拉华州公司法承认公司对股东以外的其他利益群体的义务的情况下，结果将会有什么不同，这一考量也提醒读者，在我们的公司治理群体中对不同行为者的角色进行界定，存在广泛的可能性。⑪伯杰有益地强调了股东以外的代理人在我们的公司治理理想国历史上所扮演的角色，⑫对于那些倾向于思考我们公司治理理想国现状的读者来说，应该是引人深思的。同样，波尔曼（Pollman）教授的前瞻性文章⑬警示我们，一些变革预示着社会内部权力关系的严重转变即将发生，司法裁决和其他事态发展使非经济领域的权力平衡从赋予商业实体生命的社会向这些人造产物倾斜，对于那些试图约束对社会有害的企业行为的人来说，这会带来令人担忧的影响。

正如书中一些佳作所讨论的，霍尼斯伯格（Honigsberg）教授、杰克逊（Jackson）教授以及苏布拉马尼亚（Subramanian）教授的作品对公司法中的回购评估权、财务技术以及公司法中的禁止性最佳平衡这些不同主题的前沿发展，做了雄心勃勃但不得不承认是相对简明扼要的审视，并邀请读者对这种审视填补细节。虽然有些人可能会批评他们的作品，因为他们让读者对特定的方向（这些领域的政策指出，这些作品系站在自身视角）有完全不同的看法，但在许多人渴望一个更加包容的社会的时候，作者观点中的这些广泛而简洁的表达体现了兼容并蓄的理念。

总之，我认为书中这些文章发人深省，其中许多文章涉及“小口径”措施方面取得的有益进展。在这方面，费什（Fisch）和温希普（Winship）教授钻研了股东诉讼的现实情况，并对当前诉讼背景下股东和董事会的权力平衡作出了富有洞察力的分析。⑭据此，格里菲斯（Griffith）教授也提出了一项积极的建议，⑮以遏制股东原告的寻租行为。这些重要的章节让人们越发意识到，机构投

⑪ Berger，supra note 4.

⑫ E.g.，id. at 36，46.

⑬ Elizabeth Pollman，“Corporate Governance beyond Economics，” infra chapter 8.

⑭ Jill E. Fisch，“Boilermakers and the Contractual Approach to Litigation Bylaws，” chapter 11；Verity Winship，“Litigation Rights and the Corporate Con-tract，” infra chapter 12.

⑮ Sean J. Griffith，“Private Ordering Post-Trulia：Why No-Pay Provisions Can Fix the Deal Tax and Forum Selection Provisions Can't，” infra chapter 13.

资者在认为诉讼对投资者没有好处时会采取行动减少诉讼，只有在有正当理由时才会提起诉讼，这种希望已经破灭，最终机构投资者和起诉最频繁的原告之间的严重利益冲突仍然存在，而且仍未得到解决。

总的来说，这本多元而生动的文集让我渴求地看到这些优秀的思想家更深入地挖掘并反思的这些相关问题：社会赖以存在的人类与社会所共同创造的公 xiii
司之间的契约究竟是什么？它应该造福于人类吗？或者，实际将财富和权力来源的人类排除在外，而是为了使那些目前享有契约所赋予其财富和权力的代理人受益？

目　录

导　论 1

史蒂文·大卫杜夫·所罗门（Steven Davidoff Solomon）
兰德尔·托马斯（Randall S. Thomas）

随着股东积极主义者的日益突出、机构投资者获得权力以及投票顾问服务机构（proxy advisory firms）等资本市场中介机构发挥越来越重要的作用，我们的资本市场正在发生巨大变化。公司及其董事会也越来越不确定如何应对这些新的动态，以及如何遵守预先确定的对股东的信托义务。这种不确定性导致了类似于“精神分裂”的反应，包括越来越多地使用双层股权结构，以及旨在对抗或安抚某些股东群体的效果不确定的大规模公司治理改革。

我们认为，这些巨大的变化值得对公司法进行审查，以审视变革时代所需做出的调整。许多管理公司行为的判例法是在另一个时代——20 世纪 80 年代——制定的，旨在应对另一股破坏性力量——敌意收购。现在是时候重新审视这一判例法，并为可能不同的威胁制定新的法律了吗？或者，在评估套利之后，管理回购评估权的规则等成文法似乎已经成熟，可以进行全面审查。

为了研究这些相关问题，加州大学伯克利分校法学院和范德比尔特大学法学院于 2016 年 4 月 14 日至 15 日组织了一次会议，题为“变革时代的公司契约：法律能否与时俱进?”这次会议是由沃奇尔·立普顿律师事务所（Wachtell，Lipton，Rosen & Katz）共同主办，由我们两位和上述律所的比尔·萨维特（Bill Savitt）先生牵头。

会议取得了巨大的成功，有超过 250 人与会。这次会议汇集了顶尖的评论家、学者、从业者和其他行业参与者来讨论这些话题和其他相关问题。特拉华州最高法院首席大法官斯特林（Strine）和特拉华州衡平法院首席大 2

法官安德烈·布沙尔（Andre Bouchard）分别参加了会议。本书系在该次会议上发表论文的合集，也是试图给未来的公司法带来更多理解和凝聚力的一次适度尝试。

第一章　缘何发展出新的公司法：及其对21世纪的影响 3

罗伯特·汤普森（Robert B. Thompson）

公司法面临着近几十年来所听到的愈加强烈的变革呼声。股东们更积极地反击管理层。同样，其他公司利益相关者也越来越担心股东出于私利行使他们的权力，担心股东财富最大化作为公司法宗旨产生的负面影响。那么，缘何公司法会变革，以及现在又会如何变革？

在美国历史的前半段，公司法频繁地发生变化。在19世纪，一系列创新接踵而至，包括有限责任、普通公司法、向以董事为中心的公司治理的强烈转变、赋权公司持有其他公司的股份以及对公司越权行为和其他对企业行为的限制消失。到了20世纪，现代公司的所有关键经济要素都已被纳入考量，公司法也进入了一种今天仍然可见的稳定模式。州法放弃了之前的监管方式和持续变革，转而采用以董事为中心的结构，为私人秩序提供了广阔的空间，并一直保持着显著的稳定性。联邦法律介入以限制经济集中（反托拉斯法），保护员工和消费者免受公司权力的侵害（通过行业监管与就业和消费者法，而不是公司治理来完成），限制公司的政治捐款，并反复（即使是零星的和不全面的情况下）努力加强股东对抗管理层的作用。

本章考察了这段美国公司法变革的历史，19世纪最后十年中州公司法的重 4
心发生了巨大且突然的转变，在该国后半段历史时期形成了州法和联邦法的互动模式，以及解释公司法变革原因的著名理论。这些不同的因素共同表明，即使在当下的经典结构受到明显压力的时期，公司法也不会发生根本性的变化。

一、公司法早期的变革

在19世纪的头几十年里，营利性公司逐渐取代了宗教、慈善和准公共（桥梁或收费公路）实体，成为主要的公司形式。[①]公司法的变化反映并促进了这一趋势。到19世纪末，现代公司已经具备了21世纪律师和商人所熟悉的经济特征。

19世纪90年代是公司法的一个关键转折点。各州放弃了对公司的监管方式，转而采用宽松的法律，这种法律在权力分配方面以董事为中心，为市场决策、契约和私人秩序留出了足够的空间。然而，政府的监管冲动并没有消失，而是体现在联邦法律的各种监管制度中，例如反垄断法、劳动者保护法，以及联邦证券法中涉及公司治理的部分。

（一）19世纪的变化

公司在19世纪的美国发生了巨大的变化，伴随而来的是公司法的不断变革。几十年来，各州的法律变革是渐进式的，每次变革往往都是在个别州的局部发生，这使得全国的变革看起来更加渐进式。法律的变革反过来反映了持续发生的、不断发展的基本经济和金融变化。到19世纪末，这些不同的趋势已经凝结成一种法律形式——我们可以将其视为现代公司和现代公司律师所熟悉的监管结构。公司及其监管结构的这种巨大转变的组成部分包括：（1）公司数量的增长和营利性实体的主导地位日益增强；（2）股东有限责任成为常规规则；（3）从每家公司的特别立法特许转变为普通公司法；（4）公司形式的演变，以促进集中管理和企业中层管理人员的崛起，以更好地利用这一企业特征；（5）股票的公开交易；以及（6）允许公司持有其他公司的股票。

公司数量的增长和营利性实体主导地位的日益增强。约瑟夫·埃利斯（Joseph

① Blumberg, Phillip A., 1990, The Corporate Entity in an Era of Multinational Corporations, 15 Del. J. Corp. L. 283, 301.

Ellis）（2015 年）将《独立宣言》（以及将新独立的各州联系在一起的邦联条例）描述为第二次美国革命，它改变了美国人为自己定义的世界规模。②在殖民时期，公民认为与其政治和商业生活相关的地理空间很小，可能只有 30 英里；把权力交给一个国家政府似乎有很大可能重演英国皇室的压迫，而这场革命正是与之斗争的。但联邦政府的功能失调，也许是对更大共和国的经济可能性的某种认识，导致了政府形式的变化，这促进了一个扩大的政治参考框架，很快将在美国商业中得到效仿。随着时间的推移，企业有机会、也有更大的需求从不止一个人那里筹集资金，③运输和机械的改进扩大了企业家可以有效竞争的市场规模。其结果是在 19 世纪初，公司——特别是营利性公司的数量急剧增加。

19 世纪早期一些最引人注目的公司是为桥梁公司或收费公路公司创建的；这些基础设施项目是社区需要的，但经政府特许由私人提供资金，这使得特殊特许公司和对特权和垄断的担忧在公众心中形成了紧密的联系。银行公司是常见的，也是这一时期最高法院许多诉讼的主题，④引发了如何监管影响货币供应
的实体以及引发核心公共问题等类似问题。到 19 世纪 30 年代，制造业公司超 6
过了银行业、保险业和公共服务业，而且数量还在增长；⑤19 世纪 50 年代在伊利诺伊州注册的公司比整个上半个世纪还要多。⑥

有限责任。随着市场规模的扩大和特定企业对资本的需求的增长，有限责任被视为鼓励企业承担风险的一种方式。在 19 世纪的头 20 年，有几个州采纳了这样的规定。1830 年，马萨诸塞州开始实行股东有限责任制，这一规定在其他州的公司中也变得普遍。即便如此，它也不能完全免除有限责任。双重责任，

② Ellis, Joseph, 2015, The Quartet: Orchestrating the Second American Revolution 1783—1789 (Alfred A. Knopf).

③ Livermore, Shaw, 1939, Early American Land Companies: Their Influence on Corporate Development (Commonwealth Fund).

④ Blair, Margaret, and Elizabeth Pollman, 2015, The Derivative Nature of Corpo-rate Constitutional Rights, 56 Wm. & Mary L. Rev. 1673.

⑤ Blumberg, Phillip A., 1990, The Corporate Entity in an Era of Multinational Corporations, 15 Del. J. Corp. L. 283, 301.

⑥ Dodd, E. Merrick, 1936, Statutory Developments in Business Corporation Law 1886—1936, 50 Harv. L. Rev. 27, 40.

使股东对超出其原始投资的公司义务承担个人责任，责任范围不超过等于该金额的额外金额，在20世纪余下的时间里一直是常态（在加利福尼亚州的公司和国家银行中一直延续到20世纪中叶）。⑦

普通公司注册立法。对以牺牲更多人的利益为代价向注册企业提供特权的担忧，再加上杰克逊主义者反对重新特许美国银行（银行通常是注册实体中最明显的群体之一），导致19世纪30年代和19世纪40年代，一些州通过了普通公司法。到1875年，几乎所有州都通过了普通公司法。⑧这可能是19世纪公司法最大的单一法定变更，但与其他变更一致，它是逐步发生的——从19世纪30年代的四个州，到19世纪50年代的三个州，并继续发展。⑨即使各州开始实行普通公司注册设立，但其中许多州并未禁止州立法机关继续以立法机关希望的任何条件向个别公司提供特许状。例如，特拉华州早在1875年就制定了普通公司法（并于1883年放宽了普通公司法的使用条件）；即便如此，在1897年，就在特拉华州1899年的现代法令颁布之前，特别特许状公司的数量（115）是当年通过普通公司法设立的十家实体的11倍多。⑩

埃里克·希尔特（Eric Hilt）追溯了马萨诸塞州1851年普通公司法的影响，
7 根据该法，该州在颁布普通公司法后继续保留了立法机关的特别特许权。希尔特发现，与1851年之前特许经营的公司（当特殊特许经营是唯一的选择）或1851年之后适用特殊特许经营路线的公司相比，“根据普通公司法创建的公司看起来非常不同”。⑪与特殊特许经营的公司相比，它们在行业和地域上更为分散，规模明显更小，股东更少，并且管理层持股比例更高。⑫

集中管理。集中管理长期以来一直是公司的优势，但因法律和经济原因，它在商业公司中的应用在19世纪发生了巨大的变化。教育和其他慈善与非营利

---

⑦ Horwitz, Morton J., 1986, Santa Clara Revisited: The Development of Corporate Theory, 88 W.V. L. Rev. 173.

⑧ Hamil, Susan Pace, 1999, From Special Privilege to General Utility: A Continuation of Willard Hurst's Study of Corporations, 49 Am. U. L. Rev.81.

⑨⑪⑫ Hilt, Eric, 2008, Democratizing Incorporation: Law and the Industrial Enter-prise in Massachusetts, 1830—1880.

⑩ Arsht, S. Samuel, 1976, The History of Delaware Corporation Law, 1 Del. J. Corp. 1.

机构之前已经获得了特许状，将控制权交给了董事会或董事。利弗莫尔（Livermore）在革命战争前后对西部边境土地公司的处理表明，在公民对日常商业活动进行“附带”投资的情况下，即使在没有特许状的情况下，这些商业公司也在某种程度上实现了集中治理。⑬

集中管理的普遍使用比刚才描述的有限责任和（公司）普通设立的两个特征来得晚。新政时期最高法院大法官威利·拉特利奇（Wiley Rutledge）早年担任公司法教授，观察到，“19世纪的普通公司法主要是为了将有限责任特权扩展到所谓的‘法人合伙企业’和相对本地的股份制公司，而不是为了在其证券和活动的扩展中创建全国性的机构”。⑭著名商业历史学家阿尔弗雷德·钱德勒（Alfred Chandler）类似地描述了19世纪初越来越多地对股份公司的使用，但在19世纪40年代，他没有看到相对分散的治理特征发生任何变化，这仍然证明对大多数企业来说是令人满意的。⑮

在19世纪后半叶，股东大会的重要性逐渐下降，这反映在董事行使权力的扩大。例如，多德指出，普通公司法赋予董事的权力非常广泛，比如1872年的伊利诺伊州《普通公司设立法》。⑯霍维茨确认了19世纪后期的权力从股东转移 8
到董事，因此1900年后，董事被视为“等同于公司本身”。⑰

这些法律变化反映了内战后市场和金融状况的演变，当时工业革命推动的创新以及运输、制造和分销方面的变化扩大了企业可以竞争的市场范围。以前不存在的中层管理成为公司的共同特征，那些并未拥有多数股权的管理人员获得了对许多公司的有效控制权。取决于企业在这种新环境中如何发展壮大，一

---

⑬ Livermore, Shaw, 1939, Early American Land Companies: Their Influence on Corporate Development (Commonwealth Fund).

⑭ Rutledge, Wiley D., 1937, Significant Trends in Modern Incorporation Statutes, 22 Wash. U. L. Q. 305.

⑮ Chandler, Alfred D. Jr., 1977, The Visible Hand, The Managerial Revolution in American Business.

⑯ Dodd, E. Merrick, 1936, Statutory Developments in Business Corporation Law 1886—1936, 50 Harv. L. Rev. 27, 40.

⑰ Horwitz, Morton J., 1986, Santa Clara Revisited: The Development of Corporate Theory, 88 W.V. L. Rev. 173.

些内部增长足以满足资本需求的公司在创始人或家族的控制下进行管理。相比之下，那些需要外部资本才能发展壮大并利用新的规模经济的公司，是由只拥有少数股权的管理者经营的。[18]如下文所述的早期《特拉华州普通公司法》，一旦法律规定了董事的控制权，并规定由董事任命其他高管和代理人，法定结构就具有足够的可塑性，以允许高级管理人员和中层管理人员随着经济条件的发展而增长。

股票的公开交易。就像刚才描述的集中控制一样，股票的公开交易反映了不断发展的市场和金融所提供的不断变化的可能性。早期的普通公司法宣布股票为个人财产，并规定了通过章程细则规定的方式出售股票。[19]南北战争后，在证券交易所交易的公司扩大到包括更多的制造公司，这有效地提供了在美国大公司之间的自由转让，而无需任何章程细则条款或私人缔约。[20]到 19 世纪末，自由转让已经发展到成为现代公司概念的普遍特征的地步。

对控股公司的认可。19 世纪出现的现代公司的最后一个特征是，法定授权公司拥有其他公司的股票。经济和金融状况的变化展示了在多个州经营的控股
9 实体的好处。然而，鉴于 1839 年最高法院的一项裁决，该裁决拒绝为公司寻求这样的宪法权利，在公司注册地之外做生意给公司带来了一些困难。[21]约翰·D.洛克菲勒（John D.Rockefeller）等企业家将信托视为构建他正在组建的新兴炼油厂业务的一种方式。[22]他在 19 世纪 70 年代组建了南方改良公司，然后在 19 世纪 80 年代将标准石油公司纳入受托范畴，在公司形式中提供相同的集中控制，但不受跨州经营或拥有其他公司股票的限制。[23]当路易斯安那州、纽约州和俄

---

⑱㉓ Chandler, Alfred D. Jr., 1977, The Visible Hand, The Managerial Revolution in American Business.

⑲ Hilt, Eric, 2015, Corporations Law and the Shift toward Open Access in the Antebellum United States, National Bureau of Economic Research Working Paper 21195.

⑳ Navin, Thomas R., and Marian V. Sears, 1955, The Rise of a Market for Industrial Securities, 1887—1902, 29 Bus. Hist. Rev. 105, 106.

㉑ Bank of Augusta v. Earle, 38 U.S.（5 Pet.）517（1839）.

㉒ 信托概念在英美公司法中有着悠久的历史，作为一种组织实体的手段，在早期的几个世纪里没有来自王室的特许。See Maitland（1902 at xxix）。（在受托人的幕后，隐藏在法律理论的直接审查之外，各种形式的群体都可能蓬勃发展）

亥俄州的州法院发现棉花、糖和石油信托违反州公司法时，新泽西州出手相救。在 1888 年和 1889 年，《新泽西州公司法》修正案授权公司可以持有其他公司的股份。[24]

（二）现代企业观：19 世纪晚期塑造公司法的拐点

到了 19 世纪 80 年代末，现代公司的所有元素都已在人们的视野中（即便还没有扩散到全国各地）。这是地理和工业规模扩张的结合，可以在不断增长的美国经济和中层管理人员的行政优势中得到支持。[25]公司法反映并促进了这些变化；1896 年新泽西州普通公司法的自由化对公司的存续期没有限制，允许出于任何合法目的成立公司并在其他司法管辖区开展业务，授权兼并和收购，并允许董事修订公司章程细则。[26]新泽西州不仅成为标准石油公司的总部，而且也成为相当一部分纽约大企业的大本营。各州之间的竞争正在进行，新泽西州是早期最受欢迎的州，但特拉华州州长伍德罗·威尔逊（Woodrow Wilson）在前往华盛顿就任总统的“竞选中”推动了改革，从而取代了新泽西州。[27]在这一时期，对公司的其他传统限制也有所减少——用于限制公司行为的越权和法定担保行动的消失——各州对外国公司的控制也出现了类似的缩减。[28]

在这里，我们看到州法全面放弃了先前对公司的监管，转而支持以董事为中心的许可路径，为私人秩序提供了更大的空间，这仍然是美国公司法的特征。 10
乔尔·塞利格曼将其称为“公司法的革命”，这场革命催生了“彻底颠覆公司法”的普通公司法。[29]类似地，大法官（当时的教授）拉特利奇（Rutledge）将 1887—1891 年的新泽西州法律描述为“最终注定要扭转各州的历史政策并将州

㉔㉘　Horwitz，Morton J.，1986，Santa Clara Revisited：The Development of Corporate Theory，88 W.V. L. Rev. 173.

㉕　Chandler，Alfred D. Jr.，1977，The Visible Hand，The Managerial Revolution in American Business.

㉖　Strine，Leo E. Jr.，and Nicholas Walter，2015，Originalists or Original：The Difficulties of Reconciling Citizens United with Corporate Law History.

㉗　Yablon，Charles，2007，Historic Race Competition for Corporate Charters and the Rise and Decline of New Jersey，1880—1910，32 J. Corp. L. 355.

㉙　Seligman，Joel，1976，A Brief History of Delaware's General Corporation Law of 1899，1 Del. J. Corp. L. 249.

政策从根本上与联邦政府的政策对立起来”。[30]

这一拐点一再被描述为源于经济规模似乎不可避免的根本变化。拉特利奇将先前的公司法规（他称之为“马和马车法规”）描述为“过时且不足以满足大规模生产的现代高性能企业的需求……想来一个像我们这样以机器为基础、在资本主义制度下广泛组织起来的社会，在过去的五十年里变化得如此之快，可能只能依靠高度流动的工业和金融组织才能运转。如果这是真的，而且趋势似乎确实是朝着这个方向发展……那么，最近企业发展的阶段就是这种增长的必要阶段”。

莫顿·霍维茨（Morton Horwitz）与拉特利奇相比更是大企业的拥护者，他指出，在这一时期，“美国经济思想发生了惊人的逆转”，以“捍卫并证明大规模企业集中的出现是不可避免的”，继而指出了经济学家亨利·亚当斯（Henry Adams）的著作以及公司实体的“自然实体”理论的影响，其主要作用是“使大型企业合法化，并摧毁国家监管的任何特殊基础”。当哥伦比亚大学校长尼古拉斯·默里·巴特勒（Nicholas Murray Butler）宣布有限责任公司为“现代最伟大的发明时……即使蒸汽机和电气的发明也略逊一筹，如果没有有限责任，它们将变得相对无能为力”，他基于社会的这一根本性经济转变提出了自己的主张：“不受限制的个人竞争的时代已经一去不复返了……进入了一个新的更大的合作原则……这是不可阻挡的。它不应该被阻止。阻止它不符合公众利益……这种新的合作运动在过去六七十年间主要体现在有限责任公司中。”对于一些人来说，这种信念导致了这样一个结论“法律形式不能干涉经济的自然发展”，这是
11 为了支持不限制公司的普通公司法。[31]自19世纪末以来盛行的对州公司法的宽容态度与这个版本是一致的。对包括巴特勒和当时的进步人士在内的其他人来说，这一经济事实导致了对严格的联邦监管的更多支持，这些监管体现在19世纪晚期的反垄断和铁路监管领域，[32]或是越来越多地提供强制性联邦公司治理规则

---

[30] Rutledge, Wiley D., 1937, Significant Trends in Modern Incorporation Statutes, 22 Wash. U. L. Q. 305.

[31] Bostwick, C., 1899, Legislative Competition for Corporate Capital.

[32] Butler, Nicholas Murray, 1912, Why Should We Change Our Form of Government: Studies in Practical Politics.

的联邦证券法之中。现实情况是，19 世纪的公司法在两个方面继续存在：19 世纪晚期的公司律师仍将其视为熟悉的州公司法，以及经历了更大程度变化的各种风格的联邦法。路易斯·布兰代斯（Louis Brandeis）大法官在 1933 年对格特案（Liggett）[33]的异议中哀叹“公司法已被剥夺了所有的传统约束”，考虑到自那以后联邦法律所承担的监管职责，人们今天仍无法充分理解这一哀叹。

二、美国后半段历史时期公司法的变迁

从上一节讨论的拐点开始，公司法的变化模式说明了两条不同的路径。今天的州公司法仍然是一种治理体系，其核心观点将被起草 19 世纪晚期的法规的顶尖公司律师所认可。联邦法律反映了一种完全不同的规律性和分散性变化模式。同时存在的两条主线是下面讨论的变化理论的必要基础。

州公司法。现代公司法反映了三项核心原则，这些原则可以直接追溯到 19 世纪的公司法和一个重要的、有时被忽视的第四项原则，承认法律所依据的商业基础和经济基础如何从根本上重塑了最初三项规则的实际情形。

规则 1：董事规则（大多数时候）。这一规则源自所有美国公司法中的公司法基点，包括《特拉华州普通公司法》的第 141 条和《示范商业公司法》第 8.01（b)条，即“所有”公司权力应由董事会行使。在一个股权广泛分散的经济体中，授权一个集权的群体代表实体发言可以带来效率和效益。作为集中决 12
策者，董事会可以代表股东和其他利益群体进行谈判。第 141 条的措辞直接源于特拉华州 1899 年《普通公司法》第 20 条：“根据本法规定组建的每家公司的业务应由董事会管理”，[34]并遵循特拉华州 1883 年法规（但不是特拉华州 1875 年的第一部普通公司法）中类似的表达。商业判断规则——司法顺从董事决策的

[33] Liggett Co. v. Lee，288 U.S. 517，550—54（1933）（布兰代斯持异议）。

[34] Del. General Corporation Act（1899） § 20. 主要区别在于 20 世纪末添加的短语“或在……的指导下”一词。特拉华州 1899 年的法案在很大程度上沿用了 1896 年的新泽西州法规。

普通法推定——反映了同样的原则，也可以追溯到 19 世纪。[35]与此同时，拥有支配他人资金的广泛权力的董事可能不会像股东希望他们那样关注企业，或者可能会利用他们的权力为自己或他们未能充分监督的管理者谋利。这就引出了规则 2 和 3。

规则 2：股东只被授权做三件事：投票、出售和起诉，而且只能在有限的范围内展开。股东没有被赋予决定公司政策的全权。[36]相反，他们被认为是只能执行三个基本功能的简单参与者。第一，他们被允许每年选举一次董事，并就合并和其他根本性变化进行投票（前提是董事们首先同意此类交易）。近年来，股东投票修改公司章程细则（在某些情况下，董事会没有扮演守门人的角色）的权力变得更为重要。第二，股东可以在市场上出售其股份，也可以在竞购者向其发出收购要约后出售。第三，在某些有限的情况下，他们可以起诉违反法规或受托义务的行为。

《特拉华州普通公司法》第 211（b）条规定股东在年度会议上选举董事的现行措辞与 1899 年法案的措辞一致，并与 1883 年法案中的相同原则相一致。[37]今天，授权股东制定和修改公司章程细则的措辞以及可以授予董事这一权力的授权措辞，也可以追溯到 1899 年法案。这些对股东权力的精确规定与将公司治理重点放在股东大会上的特殊公司注册立法的一般规定形成鲜明对比。事实上，特拉华州于 1875 年颁布的第一部普通公司法对董事控制只字未提。从那时起，股东保留的这些有限权力反映了这样一种担忧，即董事在提供集中控制优势的
13 同时，如果不受约束，可能会以有利于自身或以其他损害股东的方式行事。因此，股东最适合作为企业的剩余索取人来履行这种监督职能。[38]

规则 3：司法机构通过受托责任对代理权进行审查，并解决董事和股东权力边界上的纷争。美国公司法依靠法院来约束董事的决策（以及可能滥用其集中

---

[35] Smith，D. Gordon，1998，The Shareholder Primacy Norm，23 J. Corp. L. 277.

[36][38] Thompson，Robert B.，2016，Anti-Primacy：Sharing Power in American Corporations，71 Bus. Law 381.

[37] 1899 § 20. 1899 § 17. 1899 年的法规是特拉华州第一部包含由股东以绝对多数票就能通过兼并（合并）事项的法规，而在此之前需要一致采取行动。1899 § 54.

权力)，方法是强制执行勤勉和忠诚的信托义务，有时还解决董事和股东权力领域之间的重叠问题。早期的普通公司法基本上没有提及董事和高级管理人员的职责，就像今天的特拉华州法规一样，因此这一权力一直被法院占据，最近则被联邦政府占据。20 世纪中期特拉华州现行法规的一位主要起草者得出结论，在 1899 年后的世界里，特拉华州法院“迅速维护了特拉华州司法机构的权力，以防止公司欺诈和管理层不公平地使用公司机器”。[39]这严重影响了特拉华州普通公司法中受托责任的构建，而这种责任主要发生在 20 世纪后期。“完全公平原则”的案例可以追溯到第二次世界大战之前，但直到 20 世纪 70 年代和 80 年代，我们才看到优尼科、露华浓和布拉修斯（*Blasius*）案的复杂审查结构以及更精细地利用特别委员会和其他内部公司治理来实现清除随后可能导致的董事失职。[40]

规则 4：法律规则遵从了企业和经济现实，即管理者通常是公司治理的先行者。只阅读上述法规或普通法规则会让人对美国公司治理产生根本性的误解。这些法律规则被有意地置于商业和经济现实之上，在这种现实中，股东、董事和管理层之间的职能分离带来了效率，管理层往往是公司最有效的决策者。这意味着管理者通常是公司治理的先行者。规则 1 中包罗万象的董事权力只会在管理者因冲突或危机或严重缺乏注意义务而丧失能力时间歇性地使用。在上述更为有限的空间内，股东权力的运用将更加断断续续。这种共享的权力治理结构为私人秩序留下了巨大的空间，因为这些团体之间会相互推搡。管理者们威 14
胁不合作。[41]股东甚至在不寻求接管公司的情况下推动董事和管理层进行变革，这在 20 世纪 60 年代末和 80 年代初的敌意收购中更为常见。特拉华州法院似乎明白，在这一共享权力体系中，让所有参与者都参与其中是一项重要的司法职能，因此，每个人总有一天要继续战斗，而有效的治理需要各方的持续互动。[42]

然而，这并不是说董事和管理者在州法治理框架下不具有中心地位。将特

---

[39] Arsht, S. Samuel, 1976, The History of Delaware Corporation Law, 1 Del. J. Corp. 1.

[40] Davidoff Solomon, Steven, and Randall S. Thomas, 2016, The Rise and Fall of Delaware Takeover Standards.

[41] Badawi, Adam, 2014, Influence Costs and the Scope of Board Authority, 39 J. Corp. Law 675.

[42] Thompson, Robert B., 2016, Anti-Primacy; Sharing Power in American Corporations, 71 Bus. Law 381.

拉华州法律定性为股东友好型法律是错误的，因为它的法律缺乏其他州的类似的更严厉的反收购法规。特拉华州早期对毒丸计划的支持，以及最高法院拒绝在除最严重案件外的所有案件中限制董事权力的使用，比一系列极少使用的反收购法规更能说明问题。与此相关，本章重点讨论了法律变化的原因，这使得州公司法中的治理结构看起来更加稳定，同时在法律治理结构设定的宽泛边界内为缔约和其他私人秩序留下了相当大的空间。

影响公司的联邦法律。由于州公司法在 19 世纪末采取了较少的监管方式，联邦法律占据了州政府放弃的监管空间，并在一定程度上推进了管理者—董事—股东治理结构，成为 20 世纪州公司法的重点。第一个举措侧重于对公司的直接监管，因为它们的行为会影响公众或消费者或劳动者等子群体（即刚刚提到的内部治理的外部人士）。第二个举措往往旨在加强股东与董事会和管理者的互动，并限制州公司法为这些参与者提供的广阔空间。

规范影响公众和外部人士的公司行为。自共和国成立之初，公司法就反映出对公司形式的不信任，例如基于规模或对垄断或特权的恐惧，导致对这些实体的目的、规模或持续时间的限制反复出现。由于上文讨论的州法变更包含了公司形式在不断变化的经济中可能提供的增长潜力，这种监管推动力并没有消
15 失；相反，它转移到了一个不同级别的政府。甚至在新泽西州完成向自由放任法令的转变，使标准石油公司和其他大公司从州公司法的传统限制中解放出来之前，国会在 1890 年颁布了《谢尔曼法》，为挑战垄断和其他形式的反竞争行为提供了一个联邦规则。《州际商业法案》（Interstate Commerce Act，在《谢尔曼法》之前不久通过）颁布后，对铁路等行业的直接监管有所增长。在 20 世纪初，《蒂尔曼法案》限制了公司提供政治捐献的能力。《联邦贸易法》加强了联邦政府的反垄断权力，并提供了消费者保护，主要是针对公司。又一代人之后，新政带来了一系列新的政府控制，以控制企业对消费者、员工和公众的商业活动。这项规定在很大程度上反映了在该国历史前半段对公司进行直接监管的畏惧的本质，但随着 19 世纪末的变革，这种畏惧已从州公司法中消失了。

在州法保留的空间内规范内部公司治理。随着州法缩小了公司法的范围，将重点放在股东、管理者和高管的相对治理权上，国会没有像在刚刚讨论的领

域那样提供一套全面的联邦规则，但它也不愿意维持公司治理中的州法平衡不受干扰。20 世纪出现了三次引人注目的公司法联邦化运动：在世纪初的进步运动期间，连续三任总统支持联邦公司立法；在新政开始时，政府正在考虑应对大萧条；以及在世纪下半叶，关于"逐底竞争"和"逐顶竞争"的辩论。设立联邦公司并不是这些辩论的结果，但其结果是联邦政府对公司治理的一系列干预，以及州和联邦立法者之间的公司规则制定分歧，这与讨论公司法为何会发生变化高度相关：[43]

- 1934 年的《证券交易法》（Securities Exchange Act）的披露要求，后来在 1968 年的《威廉姆斯法案》（Williams Act）中得到扩展，旨在赋予股东（相对于董事和集中管理人员）在投票或出售股份时行使权力，这是对 16 州公司法的一个巨大的补充，尽管在股东行动之前必须披露的信息仍然很少；
- 14a-8 规则（1942 年颁布）是美国证券交易委员会在过去 80 年里为提高股东在上述国家治理结构中的地位所做的许多努力之一，例如，通过为股东创建一个论坛，以寻求有关公司治理的建议；
- 联邦政府越来越愿意填补管理者的职责空白（州法对此几乎完全沉默），例如，规定首席执行官和首席财务官的法律职责，并在某些情况下提供对薪酬的追回机制；
- 21 世纪的联邦法律甚至规定了董事会的组成，要求董事会设立由独立董事组成的关键委员会，这本是州治理的核心问题，而州法对此保持沉默，将此类问题留给私人治理。

联邦法律领域不断发生的变化呈现出一种与州法完全不同的模式。要预测法律何时会改变，就需要审视各级政府采取的现行做法，甚至需要研究它们之

㊸ Thompson, Robert B., and Hillary A. Sale, 2003, Securities Fraud as Corporate Governance: Reflections upon Federalism, 56 Vand. L. Rev. 859.

间的相互作用。

三、为何法律会改变？

（一）关于法律为何会改变的理论

关于什么会导致法律发生变革，人们提出了不同的理论。基础经济的变化、从技术发明到人口变化再到贸易关系，似乎都是显而易见的原因。本章开头所描述的 19 世纪美国经济的转变就表明了这种改变。法律体系的变革可能会产生类似的效果，就像柏林墙倒塌后各国的情况一样。

斯图尔特·班纳（Stuart Banner）认为这样的理论太宽泛了。在讨论技术进步对证券交易的影响时，班纳认为仅靠这些改变是不够的："如果有人想知道未来有
17 什么事件最有可能说服政府（颁布新的监管法律），答案不是信息技术的新发展。答案却是经济崩溃。"[44]他的结论反映了证券交易三百年来的情况，即只要证券市场持续上涨或保持稳定，新的监管就会受到一个"简单的事实的制约，即太多的人赚了太多的钱，因而不会支持限制交易的监管。但当价格下跌时，大多数反对监管的声音都消失了。在经济繁荣时期支持证券交易的人，在经济萧条时期成为批评者"。

该理论很好地解释了美国证券监管的变化——以及国会利用联邦证券法达成的部分公司行为。1929 年的崩盘之后是大萧条和新政下的联邦证券法。安然丑闻发生时，较小的市场反应催生了 2002 年的《萨班斯—奥克斯利法案》（Sarbanes-Oxley Act）。20 世纪末的大衰退包括一场痛苦的崩盘，并促成了 2010 年《多德—弗兰克法案》（Dodd-Frank Act）的改革。综上所述，这些应对金融危机的法律回应涵盖了前一节中确定的联邦政府对"内部"公司法的一系列修改。但是这个理论似乎不能很好地解释 19 世纪州公司法的一系列变化以及自那时以来州公司法的相对稳定性。

关于公司法变革的辩论大多集中在围绕利益集团的理论上。威廉·卡里

---

[44] Banner, Stuart, 1997, What Causes New Securities Regulation, 75 Wash. U. L. Q. 849.

（William Cary）于 1974 年撰文，但他的思想可追溯到 19 世纪 90 年代新泽西州的崛起。卡里认为，各州通过制定有利于内部公司的法律来竞争公司的注册设立，这些公司实际会选择在哪里成立公司，其结果是各州之间的一场逐底竞争（恶性竞争）。[45]拉尔夫·温特（Ralph Winter）回应说，如果有一场竞赛，那就是在市场力量推动下的逐顶竞争，而不是逐底竞争。[46]温特认为，如果一家公司选择的注册地为其股东带来了较差的业绩，那么这些投资者将把资金转移到具有不同规则的其他司法管辖区投资企业。

无论各州之间关于竞争方向的辩论结果如何（学者们已经撰写了许多文章并收集了许多关于在特拉华州和其他州成立的公司的相对业绩的经验数据），上述州和联邦法律模式表明，任何只考虑州与州之间竞争的理论都存在局限性。马克·罗伊（Mark Roe）的研究表明，即使特拉华州具有卡里自身
认为的直觉，但对联邦政府将会抢占所有州公司法领地的恐惧，使特拉华州 18
在这一方向上走得很远。似乎，甚至比罗伊的建议还要多的是，存在着一种锁定；所有的州法都被锁定在一个更倾向于控制董事和经理，以及各方就治理体系自由订立合同的能力的法规中。如果经济状况发生变化，这不是首选结果，那么新法律肯定会源自联邦政府，而不是各州，下文将对此进行更全面的讨论。

（二）在当代背景下预测法律的变化

强调经典体系。现代公司领域的发展使传统的治理体系更加受到重视。首先，技术极大地降低了收集和存储信息的成本，并降低了跨市场沟通的成本，比如公众公司股东之间的沟通成本，这使得股东更容易挑战集权的科层制度。其次，美国选择为工人退休提供资金的方式发生了变化，由此产生了一种不同的股东统计方式，其激励和冲突与传统的夫妻股东不同，后者是前几代上市公

---

[45] Cary, William, 1974, Federalism and Corporate Law: Reflections upon Delaware, 83 Yale L. J. 663.

[46] Winter, Ralph, 1977, State Law, Shareholder Protection and the Theory of the Corporation, 6. J. Legal Stud. 251.

司股东的典型代表。美国公众公司 70%或更多的股权由作为受益人中介的机构——例如个人或非营利性教育和慈善机构——持有。

作为雇主养老金计划的一部分，大部分美国股票掌握在特定类型的机构投资者手中——共同基金或类似投资机构，联邦政府给予其税收优惠，并为员工提供退休储蓄或子女教育的工具。[47]这些基金的商业计划旨在让雇主将该基金纳入计划提供给特定公司员工的少数基金中，让这些基金没有理由对其控制的股份进行投票。[48]在投资组合公司的公司治理上花费的任何资金只会增加成本，而持有同一投资组合公司股份的其他基金并不会产生这些成本，它们也会分享收益。在这种情况下，用于投票的资金可能会降低主动型基金的相对业绩，这是计划发起人在决定将哪些基金纳入公司计划时使用的一个常见指标。

19 然而，联邦机构（最初是根据保护员工及其退休的法律，最近是根据旨在保护投资者的法律）现在要求中介机构对其控制的股份进行投票，并且与州公司法规定的有限名单相比，其扩大了股东投票的议题数量。机构投资者迫切需要了解这些投票情况，而且他们缺乏在此过程中花费大量资金的动机，这为投票过程中的一组新的代理人——投票顾问服务机构——创造了机会。这类公司专注于向机构投资者提供信息和投票服务，通过收集上市公司将要举行的每一场投票的信息，然后将这些信息有偿分发给持有该公司股份的许多机构投资者。他们的效率还扩展到追踪和提交机构每年投下的数以万计的选票。此外，这些咨询公司还发展了有关公司治理问题的专业知识。在过去的 25 年里，一小群投票顾问服务机构已经成长起来，其中最引人注目的是机构股东服务公司（Institutional Shareholder Services，ISS）。[49]

在美国公司法历史的大部分时间里，股东利用州公司法赋予他们的权力几乎没有什么经济意义，即使联邦政府加强了这些权力。当一个拥有极小股权的股东不得不花费一笔金额用于诉讼或投票时，集体行动问题就太大了，这将很

---

[47][49] Edelman，Paul，Randall S. Thomas，and Robert B. Thompson，2014，Shareholder Voting in an Age of Intermediary Capitalism，87 S. Cal. L. Rev.1359.

[48] Gilson，Ronald J.，and Jeffrey N. Gordon，2013，The Agency Costs of Agency Capitalism：Activist Investors and the Revaluation of Governance Rights，113 Colum. L. Rev.863，897.

快超过该股东希望从任何成功的结果所带来的股票价值按比例变化中获得的回报。对于对管理者不满的股东来说，最主要的策略就是按照华尔街规则卖出股票。[50]在上文所述的当代治理环境中，一组机构投资者——激进的对冲基金——已经找到了一种让股东投票有利可图的方法。对冲基金所遵循的组织、监管和商业计划给予了它们强有力的激励，促使它们去寻找风险相对较高、回报高于平均水平的投资。对冲基金的子项目专注于主动治理，积极寻找目标公司的财务战略的变化（例如股息或股票回购）可以为股东带来短期收益的境况。积极主义股东的商业计划（例如，高杠杆）意味着他们不想投入足够的资金来获得对公司的控制权。共同基金和其他持有大部分股权的机构投资者（以及为机构提供咨询的投票顾问服务机构）有时愿意支持此类提议，这对它们的战略至关 20
重要。

至少，这种组合已经足以促使董事和管理者在积极主义者到来时分享通常的公司权力杠杆。对太多短期主义和可能的股东过度行为的担忧开启了长期公司治理争论的新篇章。例如，特拉华州首席大法官利奥·斯特林（Leo Strine）是一位博学且有先见之明的公司观察者，他提出了一系列拟议的治理改革，旨在：（1）使控制着投资于美国股票的资金的中介机构与投资这些资金的最终用户的长期价值保持一致；（2）减少并改善提交给股东的投票数量，以免“压倒”机构投资者群体“认真思考如何投票”的能力；（3）使用当前的治理程序来规范积极主义股东，要求那些提出股东提案的人更多地“共担风险”，并对那些希望由“股东就公司政策变化投票”的人提供额外的披露。

在这种新环境下，公司法会发生怎样的变化？鉴于刚才描述的变化和压力，法律可能会发生什么样的变化？在当前时期，积极主义股东背景下提出的治理问题是传统州公司法的核心，因此我们可以预期州将成为法律可能变化的焦点。自19世纪90年代开始对公司领域的州法和联邦法进行重新配置以来，股东相对于董事和管理者的控制权一直是州法关注的主要问题。此外，争论的实

---

[50] Schwartz, Donald E., 1978, In Search of Corporate Soul: The Structure of the Corporation; By Melvin Aron Eisenberg, 87 Yale L. J. 685, 688.

质——对股东对董事会治理的不当干预的担忧——很容易契合特拉华州法律和大多数其他州一个多世纪以来以董事为中心的结构。

然而，当治理问题被认为是股东越权行为时，特拉华州法律在探索可能的应对措施方面并没有走得太远。原因之一是与州法目前可用的“工具箱”不匹配。如前所述，特拉华州法律只允许股东做三件事：投票、出售和起诉，每件事都是有限的。在这种情况下，其法院从未需要花费大量时间开发工具来限制股东权力
21 过度扩张。仅仅依靠上述规则 1 就足够了，该规则将大部分公司权力交给董事会，并允许董事会使用该权力来约束股东权力的特定行使。例如，可以看到特拉华州最高法院在 *Unitrin* 案中轻易地扩大了董事权力，很容易干扰股东在收购背景下维护其出售权利的努力。类似地，其他判决也削弱了对董事干预股东投票的 Blasius 标准并进行了更严格的司法审查，因此该标准“很少适用”。[51]

更具体地说，特拉华州法院用来解决治理纠纷的主要工具可能难以适应股东环境。在管理者或董事会利用其对他人资金的控制权而违反忠实或勤勉义务的情况下，信托义务得到了很好的发展。这些责任偶尔也会延伸到拥有类似职位的控股股东身上，也有一些案例提出了一种类似的情况，即股东拥有否决权，但积极主义设置会将信托义务延伸到传统应用之外。

因此，扩展州公司法需要在州法之外建立一套全新的规则，在这个机构股东的新世界里解决对公众公司的持股问题。这并不是说它不能做，或者不应该做。19 世纪 90 年代引入的变革甚至更加戏剧化。最近的一些发展，如特别诉讼委员会和毒丸计划等最初是由企业家律师的私人秩序而产生的。类似的路径可以在州公司法范围内找到一个解决积极主义问题的平台。

当前辩论中提出的一些建议——例如，要求共同基金等机构股东按照其对受益人的投资政策进行投票，或允许对超过一定票数门槛的非管理层董事提名人进行补偿——这些建议很容易融入传统公司法的范围。[52]另一些则要求改变税

[51] Thompson, Robert B., 2016, Anti-Primacy: Sharing Power in American Corporations, 71 Bus. Law 381.

[52] Strine, Leo E. Jr., 2014, Can We Do Better by Ordinary Investors? A Pragmatic Reaction to the Dueling Ideological Mythologists of Corporate Law, 114 Colum. L. Rev. 449.

收政策或对退休计划投资的监管，这不是州法通常关心的问题。其他建议，例如降低股东投票的频率，将需要降低有意识地取代州权力的联邦法律的重要性。

特拉华州不愿接受这一挑战，反映了州和联邦政府共享制定公司法的立法 22
空间。特拉华州首选的方法是以董事为中心的模式，该模式强调在主要的公司利益群体中订立合同和形成其他私人秩序。当各州希望进行干预时，其首选的工具是调整适用于董事的规则。相比之下，美国联邦政府长期以来一直是通过一种不太关注股东角色的视角来看待公司治理世界的。当大萧条表明需要干预以州为基础的体系时，联邦政府首选的工具是以股东权力为重点的强制性规则。当然，每个参与者都在处理公司治理权力分配的各个方面，因此，对董事权力的调整必然会影响分配给股东的权力，反之亦然，但这不会削弱每个政府的特色方法。国会定期为公司治理制定规则，但并未侵犯董事作出公司决策的核心权力。当特拉华州法院需要在股东投票前明确规定公司披露义务时，如果董事存在利益冲突，法院明确避免适用以州为基础的规则，而支持在该主题上全面纳入联邦法律："联邦法规和交易所规则以一种详细规定的方式解决了此类披露问题，在披露所有过去关系的成本与向股东提供一些先前关系信息的需要之间进行了平衡，这些关系虽然不会使董事会互不独立，但它们的重要性足以证明披露是必要的。我们的法律不应该轻易地增加这些权力机构。"[53]

特拉华州不愿修改法律的原因有几个。一个原因是对其长期以来以董事为中心的治理体系的强烈偏好，该体系有充足的私人秩序空间，以及利用管理者、董事和股东各自贡献的共享权力结构，这是自19世纪末以来特拉华州法律的特征。另一个原因是管理人员和机构股东对这种结构的偏好——如果他们愿意，这两个群体可以通过转移到其他司法管辖区来打破这种平衡。美国最大企业中60%都在特拉华州，州预算的20%以上都源于公司企业，因此，特拉华州有充分的理由这样做。特拉华州还重视其成熟的公司律师职业群体，以及全国公认的专注于公司法领域的司法制度，这为公司群体带来的名声和财富，远远超出了该州在50个州中规模第49位、人口第45位的水平。反过来，这些群体有助 23

[53] In re Netsmart Technologies, Inc. Shareholders Litigation, 924 A.2d 171, 206 (Del. Ch. 2007).

于发挥网络效应并降低不确定性——降低了用户对公司治理系统的价值——的水平。[54]

为了保持这一有利地位，特拉华州需要担心可能同时面临两个不同维度的挑战：首先，其他一个或多个州可能会试图推翻特拉华州的统治，就像20世纪特拉华州推翻新泽西州的统治地位一样；其次，特拉华州尽其所能，不希望挑起抢占州域内公司法的核心领域的联邦行动。例如，任何改变股东和管理者之间权力分配的治理决策都可能打破这种平衡。在与其他州的竞争中，风险因特拉华州可能采取的行动方式而异——例如，走向一个赋予更多董事权力的立场或赋予更多股东权力的立场。

通过采取给股东赋权的方式，特拉华州的地位几乎没有受到其他州的威胁。北达科他州有意制定的2007年股东友好型立法在吸引公众公司方面几乎是空洞无力的。加利福尼亚州的法规是与特拉华州持不同观点的旧法规的最好例子，但就选择受其法律管辖的公司数量而言，最大的州（加利福尼亚州）的公司数量远远低于其人口比例。

试图通过采用比特拉华州更多的有利于管理层的立法来与特拉华州展开竞争的各州，所面临的挑战更加激烈。一些州通过的反收购法案比特拉华州还多，尽管这一趋势自20世纪90年代初以来有所放缓。最近，少数几个州为在本州注册的实体制定了强制性交错董事会制度——一项被视为有助于管理层的规定。推动这种变化的动机和这些法规的效果似乎往往与受到非自愿收购威胁的特定本地公司有关。内华达州在这个维度上与特拉华州规则的分离方面可能走得最远，除了反收购法规外，还增加了允许放弃忠实信托义务的条款。最近的研究表明，它的影响主要集中在机构持股比例较低的小公司，而不是更普遍的公司。一项研究表明，特拉华州拥有的上市公司份额较大，这些公司不重视各种公司
24 利益群体之间的平衡，如果州改变法律以采取更强有力的管理层保护措施（如内华达州），它将失去11%的市场份额和每年3 500万至7 000万美元的特许经

[54] Klausner, Michael, 1995, Corporations, Corporate Law, and Networks of Contracts, 81 Va. L. Rev. 757.

营税："内华达州似乎没有为了迎合管理层的利益，给特拉华州施加压力。"[55]从各州之间的竞争来看，特拉华州似乎没有理由离开它的最佳位置。

从与联邦政府的互动来看，结果似乎是一样的。在过去120年的大部分时间里，当州法的平衡出现问题时，联邦法律就会介入。[56]这种互动通常会在一个方向上产生变化：向股东赋予更大的权力。如果特拉华州介入限制股东的权力，这样的行动会增加联邦政府做出回应的可能性，就像21世纪在《萨班斯—奥克斯利法案》和《多德—弗兰克法案》中已经发生过的两次那样。即使特拉华州想通过立法来增加股东的权利，它也将与已经很庞大的联邦机构展开竞争。在过去的80年里，联邦政府在制定与公司有关的法律时，倾向于增加对股东有利的条款，为什么联邦要修改公司法规则以向股东方面倾斜呢？同样的疑问是，特拉华州为什么要修改公司法规则，使之更倾向于董事或管理者呢？这样做可能只会激起联邦政府的反应，使其将更多或全部公司法置于联邦法律的羽翼之下。

特朗普政府时期的一段重大联邦放松管制时期可能会改变这种模式吗？毕竟，20世纪80年代初的一段类似时期可能是与本文所描述的立法模式最显著的偏离，至少在特拉华州方面是这样。那些年制定的优尼科、露华浓和布拉修斯受托责任标准可能对董事自由裁量权造成重大限制。[57]有几个因素表明，这种情况的影响很小。即使经过了80年的联邦立法，现有的联邦公司治理规则仍然是间歇式的，这表明任何特定的联邦行动都可能不会打乱整体格局。任何此类间隙性回调的有限效果可能会将此类改革推到放松管制的议程之下。在州方面，如上所述，特拉华州法律中以董事为中心的做法以及司法对董事信托义务的依赖，并不太适合提供聚焦于积极主义股东的新规则。特拉华州公司法仍然将重 25
点放在管理者身上，股东也在较小程度上受到关注。雇员、消费者和其他公司

[55] Eldar, Ofer, and Lorenzo Magnolfi, 2016, Regulatory Competition and the Market for Corporate Law, Yale Law and Economics Working Paper 528.

[56] Roe, Mark, 2003, Delaware's Competition, 117 Harv. L. Rev. 588.

[57] Davidoff Solomon, Steven, and Randall S. Thomas, 2016, The Rise and Fall of Delaware Takeover Standards.

利益群体仍然可能更倾向于在联邦层面上进行公司立法。[58]受益于公司立法，将州公司法开放给股东财富最大化以外的公司目的，是州法变革的另一种可能途径。[59]隐藏在特拉华州和其他州公司法的非强制性、私人秩序模式中，因此，只有在管理者和股东选择这种替代方式时才适用，目前看来，这种模式也不太可能实质性地改变州法的当前平衡。

四、结　论

目前在公司法中逐步形成的“联邦—各州”世界中，州法似乎不太可能有任何重大举措。120 年来，特拉华州一直遵循以董事为中心的公司法结构，该结构强调为私人秩序和公司内部治理的关键各方就特定治理问题的往复提供了充足的空间。在大约相同的时间里，联邦政府定期干预针对大型上市公司的监管，以保护消费者和雇员，有时还赋予股东权力，但不会抹去州公司法中长期存在的内部治理体系。这种公司法的“两分法”，有助于各州领域立法的静态性质。特拉华州以董事为中心/私人秩序的大型上市公司治理方法几乎没有面临来自其他州的真正挑战，而这些州可能会寻求比特拉华州更多的股东赋权或对管理层更加友好。特拉华州必须时刻关注联邦入侵的可能性。然而，就他们如何实施本质上不一致的监管方法——特拉华州以董事为中心，联邦政府以股东为中心——而言，两方选择所遵循的模式促进了“坚持己见”的方法。其结果很可能是静态州法的持续模式和联邦法律的周期性变化，很可能是为了应对“撞车”事故。

---

[58] Roe，Mark，2003，Delaware's Competition，117 Harv. L. Rev. 588.

[59] Houlahan，Bart，Andrew Kassoy，and Jay Coen Gilbert，2016，Impact Governance and Management：Fulfilling the Promise of Capitalism to Achieve a Shared and Durable Prosperity（Brookings Institution），https：//www.brookings.edu/research/impact-governance-and-management-fulfilling-the-promise-of-capitalism-to-achieve-a-shared-and-durable-prosperity/.

第二章　特拉华收购标准的兴衰 29

史蒂文·大卫杜夫·所罗门（Steven Davidoff Solomon）
兰德尔·S.托马斯（Randall S. Thomas）*

一、导　　言

我们在法学院时学习和教授的收购标准——Blasius、Revlon、Unocal、Van Gorkom 和 Weinberger——的影响似乎正在下降。这些标准于 20 世纪 80 年代颁布，以产生这些标准的案例命名，在过去 20 年中，这些标准被司法部门删减或全部替换。在某些情况下，它们已被提供商业判断审查的更结构化的标准所取代。或者，它们已被转化为需要较低司法审查的测试，比如合理性。至少有一种标准，即 Blasius 标准，似乎正在被送上“断头台”。另一个是 Unocal 标准，一些评论员将其描述为“已死”。①

这是一个了不起的转折点。

在本章中，我们试图解释特拉华州法律收购标准的兴衰。我们从理论上推断，这些标准是特拉华州法院在 20 世纪 80 年代中期制定的，主要是为了纠正公司治理系统中的一个失败——主要是董事在公司治理生态系统中未能负责任

---

* 我们感谢特拉华州最高法院首席大法官利奥·斯特林、特拉华州衡平法院副院长拉维斯·拉斯特（Travis Laster）、肖恩·格里菲斯（Sean Griffith）、弗兰克·帕特诺伊（Frank Partnoy）和罗伯特·汤普森（Robert Thompson）教授以及加州大学伯克利分校、福特汉姆大学和范德比尔特大学的研讨会参与者的有益评论。

① Thompson，Robert B.，and Gordon D. Smith，2001，“Toward a New Theory of the Shareholder Role：‘Sacred Space’ in Corporate Takeovers，” Texas Law Review 80：261—326.

地行事。当时，特拉华州法院颁布了旨在规范收购行为的新规则。这些新标准成功地将收购引入了某些受欢迎的形式，但它们也有助于纠正那个时期存在问
30 题的做法。这些新标准共同产生了另一种影响：鼓励私人执法活动的兴起——最初是通过收购者自己来执行的，但一旦敌意收购变得不那么重要，则将通过扩大股东诉讼的方式展开。

当存在需要填补的治理缺口时，私人诉讼活动的成本是合理的。随着时间的推移和标准的发展，从业者适应了新的现实，并就如何进行友好和敌意收购制定了明确的规则。特拉华州法院干预的必要性降低了，只有当参与者的行为大大偏离了现在确立的收购竞争规范时，这种情况才会发生。

在这种新环境下，私人诉讼变得越来越不必要，随着诉讼率上升到所有收购的96%，这一事实变得非常明显。②与此同时，还发生了一些其他变化：机构投资者、代理律师、第三方投票顾问等协调机构，对冲基金激进主义和公司治理运动的兴起以及联邦证券法扩展到诸如高管薪酬和董事会独立性/监督等领域。这些新的发展为诉讼文化创造了替代监督者，这种文化被认为是诉讼和纠正市场失灵的替代品，而正是市场失灵使20世纪80年代法院裁令的标准成为必要。最近限制股东诉讼的举措进一步反映了特拉华州法院重新关注减少私人诉讼的负担和成本，转而支持其他治理机制。我们的理论与副首席大法官拉斯特（即将发表）的一篇论文相吻合，该论文认为特拉华州向合理性的转变是由机构股东的崛起以及由于其无处不在而对股东诉讼失去信心所推动的。

尽管这些新的发展趋势促使特拉华州放弃了积极的司法干预，在很大程度上让私人行为者参与监督，但这并不意味着现在一切都被及时冻结了。本章最后从特拉华州收购标准的兴衰中汲取教训。收购标准的历史弧线在很大程度上是一个积极的发展曲线，尽管仍有一些领域可能更适合法庭干预，例如敌意收购抗辩和交错董事会设置。这种起起落落的教训也为特拉华州的判例提供了一
31 个理论框架，还为特拉华州法院何时应该考虑未来在收购和公司治理方面实施

② Cain, Matthew D., and Steven Davidoff Solomon, 2015, A Great Game: The Dynamics of State Competition and Litigation, Iowa Law Review 100: 465—499.

更高水平的标准提供了参数。事实上，特拉华州公司法的轨迹基本上遵循了我们追踪的收购立法的弧线。我们通过研究特拉华州或私人执法机制是否应适用于监管对冲基金积极主义股东来阐述这一点，得出的结论是，目前司法部门对介入这场辩论的犹豫似乎是适当的。

二、20世纪80年代标准的兴起

20世纪80年代开始时，各州对收购几乎没有监管。③事实上，20世纪70年代产生了第一个实质性的州监管，但只涉及私有化交易的一小部分范畴。1973年经济衰退后有关私有化的争议，以及美国证券交易委员会（SEC）主席曼努埃尔·科恩（Manuel F. Cohen）领导的反对这些收购的运动，刺激了国家（各州采取）行动。1977年，特拉华州最高法院采用了“商业目的测试”来评估私有化，这意味着在收购中离商业判决审查又前进了一步。④特拉华州监管私有化交易的举措也表明它愿意保护股东免受公司的侵害，这在卡里对特拉华州参与“逐底竞争”的猛烈批评之后具有重要意义。⑤

但这只是开始。20世纪80年代初，敌意收购的数量和频率急剧上升，总体而言，收购数量和频率也大幅上升。造成这种情况的原因仍有争议，可能是由于里根政府放松反垄断执法、美联储早期行动导致的宽松信贷，以及迈克尔·米尔肯（Michael Milken）创造的高收益债券市场。⑥

在这个大熔炉中，特拉华州法院通过一系列决定改变了该州的判例，这些

③　国会于1968年通过了威廉姆斯法案，该法案主要以披露为导向，但有一些实质性条款规范了要约收购的形式。15 U.S.C. §§ 78m（d）—（e），78n（d）—（f）. 一篇论文发现，它提高了已完成投标报价的溢价，但降低了总体完成率。See Jarrell，Gregg A.，and Michael Bradley，1980，“The Economic Effects of Federal and State Regulation of Cash Tender Offers，” Journal of Law and Economics 23：371—407.

④　Singer v. Magnavox Co.，380 A.2d 969（Del. 1977）.

⑤　Cary，William L.，1974，“Federalism and Corporate Law：Reflections upon Delaware，” Yale Law Journal 83：663—705.

⑥　Jarrell，Gregg A.，1992，“The 1980s Takeover Boom and Government Regulation，” Regulation 15：44—53.

决定对收购相关行动采用了更高的司法审查标准。[7]第一个敌意收购判决发生在1985年的优尼科诉梅萨石油公司案（*Unocal v. Mesa Petroleum*）中，[8]这一判决源于收购者布恩·皮肯斯（T. Boone Pickens）对优尼科的两级敌意收购。特拉华州最高法院最终维持了优尼科进行的防御性自我要约。在这样做时，法院认为此类防御性行为将受到更高标准的审查。第二年的露华浓案是法院权衡了露华浓董事会在击退另一位敌意收购者罗纳德·佩雷尔曼（Ronald Perelman）方
32 面行动的一个判决。[9]特拉华州最高法院这次站在了敌意收购者一边，认为在分拆或改变公司控制权时，目标公司需要获得合理可用的最高价格。因此，露华浓不会过度支持友好的私募股权集团的另一次竞购。

这些标准在各种环境中迅速发展。在温伯格案（Weinberger）中，特拉华州最高法院比优尼科案早两年作出裁决，否决了商业目的标准，而是认为整个公平标准将适用于对私有化的审查。[10]在1985年 *Smith v. Van Gorkom* 案[11]中，特拉华州最高法院考虑了TransUnion公司的收购，并发布了一项裁决，具体规定了收购背景下违反注意义务的标准。[12]1988年，当首席大法官艾伦（Chancellor Allen）在 *Blasius Indus. v. Atlas Corp.*[13]案中以阻碍或损害股东投票为主要目的，对董事会采取的行动实施严格审查，标准设置的侵扰在1988年结束。*Blasius* 案引人注目的是关于董事会为击退早期版本的积极主义股东而采取的防御行动的效力。

---

⑦ 在此期间，特拉华州法院面临两个主要冲突。第一个冲突为在私有化交易中，一方的大股东/控股股东与另一方的小股东之间存在明显的冲突。第二个情况则不太明确，涉及在公平的并购中的董事、管理者和股东之间可能发生的冲突。在后一种情况下，问题可能是由于管理层的固守而导致的利益错位，但这种错位不一定存在，可以通过“黄金降落伞”等机制来抵消，这将激励管理层出售。私有化交易的明显冲突催生了特拉华州涉足收购法律体系，尽管到20世纪80年代中期，救济方法和措施（更高而不是更低的标准）可以说是统一的。我们感谢罗伯特·汤普森（Robert Thompson）教授提请我们注意这一点。

⑧ 493 A.2d 946（Del. 1985）. 此后不久，同一法院在 Moran v. Household International, Inc., 500 A.2d 1346（Del. 1985）案中维持了毒丸防御的有效性。

⑨ Revlon, Inc. v. MacAndrews & Forbes Holdings, Inc., 506 A.2d 173（Del. 1986）.

⑩ Weinberger v. UOP, Inc., 457 A.2d 701（Del. 1983）.

⑪ 488 A.2d 858（Del. 1985）.

⑫ Van Gorkom 可以说是这些决定中最具争议的一个，当特拉华州立法机构通过 DGCL 102（b）(7）时，他立即得到了法定回应。

⑬ 564 A.2d 651（Del. Ch. 1988）.

标准扩散的结果是直接让特拉华州的司法机构作为收购竞争的仲裁者。正如普伦蒂斯（Prentice）和兰莫尔（Langmore）在总结了十年的法庭诉讼所写的那样：“十年前，目标公司的董事会可以在几乎没有法院审查的情况下击败敌意收购要约，而今天，他们必须在严格的审查标准下为自己的行为辩护，并假定创建一个替代交易（溢价更高）是最好的防御形式。诉讼费用昂贵，但可以得出结论，利用法院解决此类纠纷比提出的替代方案（如股东和管理者之间的书面合同）更具成本效益。”[14]普伦蒂斯和兰莫尔强调了通过股东诉讼兴起的司法执行机制。他们的分析在观察这种转变方面是值得注意的，而且在当时对可供选择的执行机制的狭隘限制同样值得注意。这种情况会改变，特拉华州的法律也会改变。

三、转　　变

20 世纪 80 年代末，特拉华州开始背离这些标准。这不是一个立即作出明确
拒绝判决的过程。相反，为了应对我们下面讨论的市场力量的变化，法院逐渐 33
放弃了 20 世纪 80 年代的干预主义方法和新标准。从 20 世纪 90 年代到今天这段
时间的结果是显而易见的：这些标准的应用和使用发生了彻底的变化。

特拉华州较少干预主义路径的第一个迹象是优尼科学说。20 世纪 80 年代，优尼科案似乎有了实质性的内容，为法院干预提供了空间，以结束公司控制权争夺。在 *City Capital Associates vs. Interco Inc.*[15]和 *Grand Metropolitan PLC vs. Pillsbury Company*[16] 两起案件中，艾伦大法官对优尼科案的解释是允许衡平法院在决定收购案中发挥积极作用。但特拉华州最高法院在 *Paramount Communications Co. v. Time, Inc.*[17]一案中作出裁决后，Interco 和 Pillsbury 被上级法院直

---

⑭　Prentice, Robert A., and John H. Langmore, 1990, “Hostile Tender Offers and the ‘Nancy Reagan Defense’: May Target Boards ‘Just Say No’? Should They Be Allowed To?” Delaware Journal of Corporate Law 15: 377—481.

⑮　551 A.2d 787 (Del. Ch. 1988).

⑯　558 A.2d 1049 (Del. Ch. 1988).

⑰　571 A.2d 1140 (Del. 1989).

接驳回，认为这违反了特拉华州自1989年“时代公司的裁决”开始的法律。

在时代公司（*Time*）案判决之后，随着法院在 *Unitrin, Inc. v. American General Corp*.⑱和其他案件中继续缩小优尼科案的效力，⑲优尼科标准成为一个实体效力有限的标准。汤普森和史密斯在一篇法律评论文章中指出了优尼科标准的逐渐空心化。⑳他们调查了现有的判例法，得出的结论是，用他们的话来说，优尼科标准“已死”。优尼科案仍然被援引，但在少数几次被用来推翻董事会的诉讼中，法院的行动只是为了维持既定的规则。因此，1998年，在特拉华州最高法院以法定理由宣布“无手毒丸”（no-hand poison pill）[i]无效的另一项裁决之前，衡平法院使用优尼科标准来击倒一种“死手毒丸”（dead-hand poison pill）。[ii]㉑通过采取行动阻止这些更有力的毒丸计划，法院维持了在敌意收购中竞购者（收购方）和目标公司之间已经建立的平衡。可以说，法院放弃干预的高潮出现在 *Airgas* 案中。㉒在那里，钱德勒大法官拒绝赎回毒丸，尽管他明显厌恶时代公司，而且认为这个提议是公平的。该决定验证了“只是说不”的防御，并根据过去几十年建立的标准，让目标公司有很大的自由度来抵制收购要约。㉓

---

⑱ Thomas, Randall S., 1993, “Judicial Review of Defensive Tactics in Proxy Contests: When Is Using a Rights Plan Right?” Vanderbilt Law Review 46: 503—60.（派拉蒙“标志着针对敌意要约收购防御的强化司法审查的崩溃，以及根据商业判决规则对其进行的恭顺审查”。）

⑲ 651 A.2d 1361 (Del. 1995).

⑳ Thompson, Robert B., and Gordon D. Smith, 2001, “Toward a New Theory of the Shareholder Role: ‘Sacred Space’ in Corporate Takeovers,” Texas Law Review 80: 261—326.

i 必须由“毒丸”被激活时在职的目标公司董事方能回赎“毒丸”。

ii 一种股东权利计划，防止新当选董事会的任何成员赎回允许收购的权利，前提是新董事会的多数成员由敌对投标人提名或支持。

㉑ See Carmody v. Toll Bros., Inc., 723 A.2d 1180 (Del. Ch. 1998); Mentor Graphics v. Quickturn Design Systems, 721 A.2d 1281 (Del. 1998). *Mentor Graphics* 案的下级法院的判决依赖于优尼科案否决了“无手毒丸”计划（no-hand poison pill）。Mentor Graphics v. Quickturn Design Systems, 728 A.2d 25 (Del. Ch. 1998).

㉒ Air Products and Chemicals, Inc. v. Airgas, Inc., 16 A.3d 48 C.A. No.5249 (Del. Ch. Ct. Feb. 15. 2011).

㉓ 与这个类比的唯一偏差可以说是2003年的 *Omnicare* 案判决——Omnicare, Inc. v. NCS Healthcare, Inc., 818 A.2d 914 (Del. 2003) ——但它引起了公司法律师的愤怒（原因与本次讨论无关），随后也被削弱。See Davidoff, Steven M., 2008, “The Long, Slow Death of Omnicare,” New York Times DealBook, August 28, http://dealbook.nytimes.com/2008/08/28/the-long-slow-death-of-omnicare.

露华浓原则（Revlon doctrine）——管理友好并购的核心原则——也进行了修改。尽管标准的语言保持不变，但在 *Lyondell Chemical Co. v. Ryan* 案[24]中，特拉华州最高法院有效地从善意分析的角度审视了露华浓原则，认为只要董事
会的行为是“合理”和“善意”的，他们就不会受到质疑。这一判决为董事会 34
提供了广泛的自由，以选择如何推销自己以及合适的销售流程。法院再一次将自己从更严格的审查中解脱出来，在这种情况下更愿意将露华浓纳入忠诚的一般信托义务及其诚信标准。[25]正如约翰逊和里卡写道：[26]

> 莱昂德尔（*Lyondell*）案意见的实际措辞和清晰的“乐曲”都为在露华浓环境中挑战董事行为设定了苛刻的责任标准。因此，在从露华浓到莱昂德尔的近四分之一个世纪中，法院在州议会的帮助下，在注意义务和忠诚义务两方面大幅重新改写了董事责任格局，然后将先前存在的露华浓原则纳入了这些受托发展的更大范围内。
>
> 根据莱昂德尔的观点，继续主张露华浓的责任相比普通的商业判断规则审查强加了更高的“合理”审查标准，并要求董事承担最初的举证责任，在个人责任的背景下，是过时和错误的理论残留。

至于 Blasius 标准，它变成了一种很少应用的学说。事实确实如此，尽管该标准似乎是为分析许多股东积极主义情况而量身定制的。梅西耶诉英特尔案（*Mercier v. Intertel*）[27]是过去十年中少数几个应用 Blasius 标准分析的案例之一，当时的副首席大法官斯特林认为，应该放弃严格的审查标准，并将其纳入优尼科案的

---

[24] 970 A.2d 235（2009）. 特拉华州最高法院在 Paramount Communications，Inc. v. QVC Network，Inc.，637 A.2d 34（Del. 1993）中采用“控制权变更”测试来确定触发该原则的销售是否发生时，露华浓的影响范围已经大大缩小了。

[25] See also In re Synthes S'holder Litig.，C.A. 6452（Del. Ch. Aug. 17，2012）（认为控股股东可以合法地拒绝出售，并发现即使露华浓提出申请，董事会也采取了“合理措施以最大化公司的销售价格”）。

[26] Johnson，Lyman and Robert Ricca，2014，“The Dwindling of Revlon，” Washington and Lee Law Review 71：167—227.

[27] 929 A.2d 786（2007）.

合理性标准。当时的副首席大法官首次发现，董事会阻止或损害股东投票的行动符合 Blasius 标准令人信服的正当理由要求，这是采用其修订后标准的隐含理由。

在千禧年的世纪之交，还发生了持续的努力来推翻温伯格（Weinberger）的整个公平标准——该标准解决了与小股东/大股东关系相关的问题。在长达 15 年的一系列判决中，特拉华州法院首先对要约收购案进行了商业判断审查，随后针对合并案进行了审查。这一系列案件在 2014 年由特拉华州最高法院作出的 *Kahn v. M&F Worldwide Corp*.一案中达到高潮。[28]该交易涉及上市公司的控股股
35 东排挤少数股东——按照温伯格标准，这一案例需要进行公平性分析。在那里，法院判定：获得授权的、独立的董事特别委员会的批准，加上充分知情的、非强制性的少数股东多数投票批准合并，足以将审查标准转变为商业判断规则。结果是，一个原则性的标准——温伯格整体公平性测试——被一个更结构化的、类似规则的私有化交易测试所取代。

这种转变的基本原理在衡平法院考克斯案（*Cox*）的判决中已作了解释。[29]通过原告律师事务所进行的私人诉讼机制不再有效地发挥作用。与此同时，独立董事和机构投资者的崛起为特拉华州法院提供了替代性监督机制。正如当时的副首席大法官斯特林所写的那样，在这种情况下，股东诉讼的价值已经被削弱了，尽管按照旧的温伯格/卡恩（Weinberger/Kahn）标准进行的交易产生的溢价似乎高于纯资源标准下的收购要约。[30]换言之，随着法院承认其他私人机制，法官有必要监管这一市场的观点发生了变化。[31]

㉘ 88 A.3d 635（2014）.

㉙ In re Cox Communications，Inc. S'holders Litig.，879 A.2d 604（Del. Ch. 2005）.

㉚ Subramanian，Guhan，2007，"Post-Siliconix Freeze-Outs：Theory and Evidence，" Journal of Legal Studies 36：1—26.

㉛ 评估诉讼可能仍然是特拉华州法官积极参与评估合并条款的一个领域。See Jiang，Wei，Tao Li，Danqing Mei，and Randall Thomas，2016，"Appraisal：Shareholder Remedy or Litigation Arbitrage?" Journal of Law and Economics 59：697—729.然而，最近的判例法表明，这些法官正在朝着为估值案件制定规则的方向前进，并尊重交易方设定的价格。Council of the Corporation Law Section，Delaware Bar Association，2015，"Section 262 Appraisal Amendments."（特拉华州法院已"建议交易的市场测试将作为评估诉讼中的公允价值的代表，以便进行充分市场检查的公平交易不会给买方带来评估风险"）。

这些案件的共同结果是，对收购的司法监督大大减少。这一想法在现任首席大法官斯特林最近撰写的一篇法律评论文章中得到了巩固。他调查了整个情况，承认只要拥有独立且无利益冲突的董事和顾问，特拉华州的角色就是站在一边，让这些私人监管者发挥作用。[32]他说：

> 你和你的委托人可以撰写剧本。这样做不仅没有什么错，而且做得恰当且正直，这一切都是正确的。如果你的委托人似乎出于合法、有充分证据的理由作出了明智、真诚的判断，那么这些判断很可能经得起司法审查。通过关注审议过程的质量，你可以最大限度地提高董事们的能力，使他们能够运用最佳集体判断来应对他们在并购背景下必须作出的艰难决策。如果避免法律上的尴尬是董事们的一个激励因素，那么就用这个因素来帮助他们实现他们的首要目标：为公司及其股东做正确的事。

在这个世界上，特拉华州的重点是确保董事作为独立监督者发挥自己的作
用，并确保“道路”保持畅通。独立董事监控过程的重要性也解释了特拉华州 36
目前对财务顾问责任的探索。从德尔蒙特案（*Del Monte*）[33]开始，到加拿大皇家银行资本市场诉杰维斯案（*RBC Capital Markets v. Jervis*），[34]特拉华州明确表示，独立董事有责任独立管理出售过程。那些闭上眼睛，让财务顾问在没有监管的情况下推动交易的董事，会为自己带来潜在的责任。然而，如果这些私人监管机构尽职尽责，并遵守特拉华州意见书中规定的规则，那么一个更高、更科学的要求将保护它们的财务顾问（以及第三方收购方）免于承担责任。

在特拉华州最高法院最近作出的辛格诉阿滕伯勒案（*Singh v. Attenborough*）中，[35]前述财务顾问责任案与远离严密司法审查的做法形成了交叉。在这起案件

[32] Strine, Leo E., 2015, "Documenting the Deal: How Quality Control and Candor Can Improve Boardroom Decision-Making and Reduce the Litigation Target Zone," The Business Lawyer 70 (3): 679—706.

[33] In re Del Monte Foods Co. S'holders Litig., 25 A.3d 813 (Del. Ch. 2011).

[34] No. 140 (Del. Sup. Ct. Nov. 30, 2015).

[35] No. 645 (Del. Sup. Ct. May 16, 2016).

中，在经过公正的股东充分知情、无胁迫的投票后，法院驳回了一项针对董事会财务顾问的协助和教唆指控。法院认为，商业判断规则应适用于这些情况。这场运动的最终结果是显而易见的：20 世纪 80 年代的标准已经不复存在，取而代之的是依赖私人监督的新标准。

四、理 论 基 础

（一）解释 20 世纪 80 年代

对于特拉华州在 20 世纪 80 年代的行为，最常见的理论解释是政治经济学解释。特拉华州的利益群体可以定义为在该地注册并支付注册费用和税款的公司以及公司律师。㊱围绕收购和企业保护要求的争议，促使特拉华州法院采纳了一种符合公司利益群体需求的法律。通过同意公司的意愿，特拉华州保持了其对公众公司的吸引力，并阻止了特许权向其他州的迁移。

这一解释忽略了这样一个事实，即在许多情况下，特拉华州并没有提供完全的保护，以防止敌意收购。主要的州法反应相当薄弱，包括通过企业合并法规。相比之下，宾夕法尼亚州采用了六种不同类型的反收购法规。特拉华州法
37 院还采纳了优尼科和露华浓原则，这两种原则都限制了上市公司抵制敌意收购的能力，尽管优尼科本身被证明是一剂弱药。

罗伊（Roe）㊲和大卫杜夫（Davidoff）㊳将这种更具体的反应解释为害怕联邦干预的可能后果。特拉华州在 20 世纪 80 年代的反应可以被视为为了对抗美国证券交易委员会的压力而精心设计的。当时，美国证券交易委员会正试图规范收购行为，并反对敌意收购防御，而不是公开倡导公平竞争环境。特拉华州的回应可以被视为先发制人，一方面试图阻止美国证券交易委员会采取行动，

㊱ Macey, Jonathan, and Geoffrey Miller, 1987, "Toward an Interest Group Theory of Delaware Corporate Law," Texas Law Review 65：469—523.

㊲ Roe, Mark J., 2003, "Delaware's Competition," Harvard Law Review 117：588—646.

㊳ Davidoff, Steven M., 2007, "The SEC and the Failure of Federal Takeover Regulation," Florida State University Law Review 34：211—269.

另一方面又试图迎合自己的公司利益相关群体。

我们提供了一个补充理论：特拉华州的回应，我们认为它超越了收购立法，也是出于解决现有公司治理失败的需要。在毒丸计划的发明和验证之前，企业一直在努力保护自己免受敌意收购。优尼科案本身涉及优尼科为自己辩护的努力，以对抗法院认定的强制性、两级敌意收购要约。针对这场斗争，人们真正担心的是这些收购要约所造成的董事会冲突，以及目标董事会不会以适当和善意的方式考虑收购要约。相反，人们担心的是，董事会将寻求通过收购防御来巩固自己的地位。

当时还没有市场机制来遏制这两个问题。在这一时期，机构股东的作用是被动的。机构股东和其他股东没有积极与管理层接触，也没有试图以其他方式影响收购要约或公司治理的进程。其他监督机制仍在发展中。投票顾问服务机构和公司治理运动都处于起步阶段。当时的董事会大多是内部董事。直到2000年，董事会中独立董事占多数才成为一种常态。对冲基金的股东积极性也受到限制：有一些激进的大股东以业绩不佳的公司为目标，寻求资产剥离或股票回购，但市场对他们的反应微乎其微。[39]

特拉华州法院在此期间迅速颁布了不同的标准，这可以被视为纠正这种私人市场失灵的一种尝试。特拉华州法院作为监管者，通过建立市场秩序和保持稳定来提供一种市场商品，但其本身无法提供该秩序。但特拉华州法院的行动
是基于缺乏替代方案的基础上的。当市场结构发生变化时，特拉华州的角色也 38
发生了变化。

(二) 20世纪80年代的影响

这些标准产生了大量的短期和长期影响。在短期内，这些标准具有监管性质，为一般收购特别是敌意收购制定了道路规则。这些规定最终鼓励了围绕毒丸计划的私人秩序解决方案。后来的判决将委托书争夺确立为规避“毒丸计

---

[39] Bethel, Jennifer, Julia Liebeskind, and Tim Opler, 1998, “Block Share Purchases and Corporate Performance,” Journal of Financial Economics 53: 605—634.

划”，并允许进行敌意收购的明确机制。这些判决还限制了可以采取的防御措施以及董事会应如何应对敌意交易的方式。

行为标准的加入使特拉华州成为监管者，但只有在提起诉讼时它才是监管者。因此，这些判决创造了一种诉讼文化，最终导致几乎每一次收购都发生诉讼。从长远来看，这消除了市场强制执行的必要性。相反，法院（和原告律师事务所）扮演了监督者的角色。

20 世纪 80 年代，特拉华州法院还确立了自己作为收购的最终仲裁者的地位，并将诉讼制度化为执行机制。源源不断的诉讼确保特拉华州法院在这些收购竞争中既成为规则制定者，又成为裁判者。正如罗克（Rock）所详述的那样，这些判决通常以道德意见的形式出现，这些意见详细描述了广泛的行为规则。这些经验教训和规则最初建立了一个中立的竞争环境，允许敌意收购继续进行。[40]突袭者们现在知道了他们出价的限制，以及哪些结构是合格的，可以通过测试。公司知道他们可以采取某些收购防御措施，但不能采取其他防御措施。

但随着时间的推移，市场结构发生了变化。更强大、更普遍的机构股东出现了，为公司治理提供了积极的监督力量。这股力量得到了对冲基金积极主义的补充。由机构股东授权和支持的对冲基金可以监管不当行为并反对、支持甚至煽动收购。同样，投票顾问服务机构和公司治理代理的兴起也使得股东能够
39 进行更多的额外监督和集体行动。最后，将联邦证券法扩展到高管薪酬和董事会独立/监督等领域，允许采用半私人形式的监督。

因此，21 世纪初的市场与 20 世纪 80 年代的市场截然不同。除了给更具权力和积极性的股东赋权外，董事会现在由大多数独立董事组成，他们可能更愿意充当对冲突管理层反应的制衡的角色。联邦政府对公司治理的广泛领域进行了监管。这些市场发展在很大程度上有助于解决 20 世纪 80 年代的市场失灵问题。在这个美丽的新世界里，对法院监管机构的需求减弱了。事实上，到 2010 年，由于

[40] Rock, Edward B., 1997, “Saints and Sinners: How Does Delaware Corporate Law Work?” UCLA Law Review 44: 1009—1106.

广泛且在某些情况下琐碎的诉讼，此类监管的成本被证明是过高的。[41,42,43]

诚然，这并不意味着特拉华州法院变得无关紧要。收购规则仍由法院在 20 世纪 80 年代制定，并为特拉华州法院后来的退出创造了空间。法院仍然负责监督不属于允许范围内的外部行为。如今的区别在于，可允许的行为的范围是明确的，而且范围很广，因此大多数收购几乎不需要法庭干预。如今，很少有案例导致公司向股东支付大笔资金，或发布禁令禁止交易完成，这说明了政府缺乏广泛干预。在 95%的案例中，交易按照预期完成，除了诉讼的发生和快速解决之外，几乎没有司法干预。[44]

我们不认为目前的状态是解决所有公司法问题的“天堂”。相反，仍然存在市场失灵，在某些领域，通过司法干预来纠正市场失灵可能是适当的。特拉华州法院仍可能因政治、经济或战略原因而采取不利于（损害）市场解决方案的行动。[45]特别是，我们注意到由于市场失灵的可能性增加，交错董事会和毒丸在面临敌意收购时提出的问题可能需要司法干预。[46]但我们提出这一理论，作为特拉华州行为和行动的一般解释和指导。

㊶ Fisch, Jill, Sean Griffith, and Steven Davidoff Solomon, 2015, “Confronting the Peppercorn Settlement in Merger Litigation: An Empirical Analysis and a Proposal for Reform,” Texas Law Review 93: 557—619.

㊷ Thomas, Randall S., and Robert B. Thompson, 2012, “A Theory of Representative Shareholder Suits and Its Application to Multi-Jurisdictional Litigation,” Northwestern University Law Review 106: 1753—1820.

㊸ Thompson, Robert B., and Randall S. Thomas, 2004, “The New Look of Shareholder Litigation: Acquisition Oriented Class Actions,” Vanderbilt Law Review 57: 133—207.

㊹ Cain, Matthew D., and Steven Davidoff Solomon, 2015, “A Great Game: The Dynamics of State Competition and Litigation,” Iowa Law Review 100: 465—499.

㊺ Davidoff, Steven M., 2012, “Airgas and the Value of Strategic Decision-Making,” Columbia Business Law Review 2012: 502—551.

㊻ 然而，即使在这里，我们也看到了强大的市场力量在起作用的证据，因为近年来机构投资者一直在努力推动美国上市公司董事会的解密，这导致这些手段的普及率大幅下降（股东权利项目）。Shareholder Rights Project, 2015, “121 Companies Agreed to Move towards Annual Elections,” http: //www.srp.law.harvard.edu/companies-entering-into-agreements.shtml.然而，这些努力在某种程度上被首次上市公司章程中分类董事会的增加所抵消。Hall, Joseph, 2016, “The Impact of ISS' New Policy on IPO Company Director Elections,” https: //corpgov.law.harvard.edu/2016/08/10/the-impact-of-iss-new-policy-on-ipo-company-director-elections/.

40 我们也没有将自己的理论作为这些标准兴衰的唯一解释。然而，我们相信所创设的理论为特拉华州法院应该在何时何地介入积极监督公司行为提供了一个框架——我们将在下一节讨论这个话题。我们的理论也与特拉华州法院的理论相吻合。一般来说，特拉华州的法律及其法院应以自由市场解决方案和私人缔约为导向。尽管情况并非总是如此，而且政治经济因素有时占主导地位，但在许多情况下，除非存在明显的市场失灵，特拉华州法院会让市场来决定这个问题的发展。如果没有被识别出来，那么法院将不采取行动。市场多年来的演变使特拉华州法院不得不后退一步，允许市场发挥自己的作用。

五、未　　来

也许20世纪80年代的收购标准仍在不断发展。我们的理论认为——这些标准填补了公司治理的缺陷，为特拉华州未来的行动提供了试金石。这将符合特拉华州法院的观点，即市场导向，倾向于采用私人解决方案。如果今天或将来出现了类似的治理失败，那么逐步放弃支持这些标准，或开发新的标准可能是合适的。

在今天的市场上，这种新的干预措施的最佳人选似乎是对冲基金积极主义和股东的权力。批评人士认为，积极主义和股东权力的增强鼓励了短期行为。它们导致了一些公司治理措施的施行，一些人声称这些措施缺乏可靠的理论或经验支持，例如将董事长和首席执行官职位分割开来，以及放弃分期（分级）董事会。在极端情况下，股东积极主义已对JCPenney等公司造成重大损害，由于最初由对冲基金Pershing Square推动的一项有争议的计划的实施，该公司的收入大幅下降，该计划后来在Pershing Square控制该公司后实施。

迄今为止，司法部门对干预这些事务的兴趣不大。例如，首席大法官斯特林谴责了这些事态的发展，但提出了政策建议，要求更多地披露积极主义者的
41 意图，而不是新的或修订的司法标准。[47]与首席大法官斯特林的文章一致，特拉

[47] Strine, Leo E., 2017, "Who Bleeds When the Wolves Bite? A Flesh-and-Blood Perspective on Hedge Fund Activism and Our Strange Corporate Governance System," Yale Law Journal 126, 1600—1971.

华州的法院维持了现状，在很大程度上采用了没有约束力的优尼科标准，恭谨地审查了一系列关于收购竞争的重大纠纷。这方面最突出的例子发生在苏富比案中。[48]在这项裁决中，特拉华州衡平法院审查了双层毒丸方案的采用，该毒丸为所有股东设定了10%的触发条件，但被动机构股东除外，后者可以在不触发毒丸的情况下收购苏富比20%的股份。苏富比声称，它采取行动是为了影响和阻止积极主义基金Third Point增持更多股份，并阻止其与其他对冲基金合作。

衡平法院面临的最初问题是适用的审查标准，因为这将在很大程度上决定案件的结果。法院认为，采用毒丸计划的“主要目的”不是干涉股东的投票权，这是*Blasius*案分析的试金石，因此该标准不适用于采用毒丸计划。Third Point还要求苏富比董事会放弃10%的门槛，以允许Third Point积累更大的头寸，从而影响即将到来的代理权竞争。这似乎自然会牵连到Blasius，但副首席大法官帕森斯再次拒绝适用该标准。副首席大法官称这个问题“令人不安地接近”，但最终裁定莫兰曾暗示毒丸计划会对股东投票产生一些有害影响，虽然这里有附带的投票权减少，但苏富比董事会的行动并不排除委托书争夺战。

由于*Blasius*案不适用于苏富比的董事会诉讼，因此它被简化为优尼科案件标准的审查。不出意料，鉴于优尼科标准的弱点，法院最终支持毒丸并拒绝放弃优尼科标准规定的有效行为门槛。法院认为，10%的门槛是合适的，因为这比董事会在苏富比1%的累计持股比例要高得多。因此，考虑到对冲基金可以累积更多的股份，以及其阻止对冲基金“狼群”集体累积更重要的控股股份的效果，10%似乎是合理的。

苏富比案是一系列案件中的最新一起，其中包括尤卡帕（*Yucaipa*）案，该案涉及一名股东积极主义者“突袭”了巴诺书店（Barnes and Noble），特拉华州法院利用优尼科标准分析针对一名积极主义者的防御措施。这种契合度可能会受到质疑。优尼科标准旨在解决董事会为捍卫敌意收购而采取的过度措施，而 42
不是针对股东积极主义者，而且每一种情况都不同。鉴于明显不同的背景，特

[48] Third Point LLC v. Ruprecht, C.A. No.9469-VCP (May 2, 2014).

拉华州法院本可以轻松制定不同的标准，或者可能使用 Blasius 标准，该标准似乎更侧重于积极主义者情况下发生的投票问题类型。但法院没有这样做，反而更偏爱一种有效的弃权主义方法。

在苏富比的案例中，我们认为缺乏更实质性的干预是有道理的。苏富比董事会可能采取了激进的行动，但仍然存在着合理的市场机制来约束其行为。事实上，在副首席大法官作出决定的第二天，苏富比董事会就解决了与 Third Point 的代理权之争，任命了 Third Point 的多名代表进入苏富比董事会。它这么做是因为预见到自己在委托书争夺战中即将失败。

更一般地说，我们还认为，当前的市场动态并不能证明就对冲基金积极主义采取防御行动的更多探索标准是合理的。市场似乎在以积极的大股东作为监督者的方式运作，当董事的行为越界时，他们愿意采取措施罢免和更换董事。例如，在达顿餐厅（Darden Restaurants）的案例中，董事会不顾机构股东和积极主义股东的抗议，决定出售旗下的红龙虾餐厅。结果是在委托书争夺战中更换了整个董事会。[49]一些人可能会批评机构股东过分偏袒积极主义者，但公平地说，在适当的情况下，他们一直被认为愿意采取与积极主义者要求相反的行动，比如 Cracker Barrel 和 DuPont。这种犹豫反映在美国证券交易委员会拒绝在股东积极主义斗争中"站队"，尽管美国证券交易委员会早在 20 世纪 80 年代就曾表示愿意干预。许多研究发现，总体而言，积极主义会增加公司的价值，这一力量得到了支持。[50]

更广泛地说，存在短期主义以及董事会有效应对这种压力的能力的问题。我们从一开始就注意到，关于短期主义的存在，有着广泛的争论。从理论上讲，如果市场有效运作，短期主义就不该存在。市场会简单地将这种行为定价，因此股东和董事会将避免有害行为。当然，可能存在市场失灵或缺陷，使市场无

---

[49] Stevenson, Alexandra, 2014, "Activist Hedge Fund Starboard Succeeds in Replacing Darden Board," New York Times, October 11, B6.

[50] Griffith 和 Reisel（2016）记录了特拉华州法院对"死手委托书"案件中强制执行更高标准的例子——这是市场机制似乎已经崩溃并因此需要干预的例子。在这方面，我们确实注意到，有确凿证据表明，企业对于股东积极主义活动增加的反应，以及作为部分反应的股票回购增多，都存在短期主义。

法为这些行为定价；这可能发生，但没有明确的证据。[51]

很难看出特拉华州法院在处理短期行为方面发挥什么作用。特拉华州已经 43
强调了董事在公司决策中的作用，以及股东自由选举董事的明确权利。这两方之间的关系以及民主选举在影响公司行为方面的作用仍在变化。我们认为，不断变化的形势缓和了特拉华州法院的宽容度，以便为董事会和股东提供空间，建立他们自己的私人平衡。此外，对股东积极主义适当的公司法回应尚不清楚。因此，这方面的司法行动在效果上似乎既不恰当又不确定。

这并不意味着特拉华州应该保持沉默。市场发展迅速，未来的公司治理无疑会出现市场失灵。特拉华州应准备好通过司法执法机制填补明显的空白，并愿意为新的行为制定道路规则，以便制定私人解决方案。这可能会在晚些时候发生，但目前看来，特拉华州再次履行监管机构和规则制定者职责的需求有限。

---

[51] 在这方面，我们确实注意到，有证据表明，公司对股东积极主义的增加和股票回购的增加作为部分回应的反馈中存在短期主义。

48

第三章　追忆逝去的时光：如果特拉华没有采取股东至上会怎样？

大卫·J.伯杰（David J. Berger）*

一、导　　言

思想是循环相生的。公司法也是如此。至少从 20 世纪 80 年代中期开始，我们生活在一个股东至上的世界中。①在这个世界里，董事的首要职责是为了股东从而使公司价值最大化。拒绝这一概念的董事，如果为公司中其他所谓的利

---

* 作者要感谢威廉·钱德勒（William Chandler）、尊敬的利奥·斯特林（Leo Strine）、杰西·弗里德（Jesse Fried）、罗伯·戴恩斯（Rob Daines）、史蒂文·大卫杜夫·所罗门（Steven Davidoff Solomon）、拉里·索尼西尼（Larry Sonsini）、伊格纳西奥·萨尔塞达（Ignacio Salceda）、赫伯·福克勒（Herb Fockler）和亚伦·本杰明（Aaron Benjamin）的见解和评论。显然，所有观点仅代表作者的观点，而不代表他的公司或任何其他人的观点。《追忆似水年华》是马塞尔·普鲁斯特的伟大小说 *À La Recherche du Temps Perdu* 的英文译文。正如普鲁斯特在他的一部作品集中所指出的那样，"一个强有力的思想会把它的部分力量传递给反驳它的人"。See 2 Marcel Proust, In Search of Lost Time: Within a Budding Grove 186（C. K. Scott Moncrieff and Terrence Kilmartin trans., Modern Library 1992）（1981）.

① 虽然关于董事或股东是否控制公司的争论在美国公司法中仍然很活跃——see, e.g., Stephen M. Bainbridge, The New Corporate Governance Theory and Practice（2008）; Charles R. T. O'Kelley, The Entrepreneur and the Theory of the Modern Corporation, 31 J. CORP. L. 753（2006）——正如将在下面更详细讨论的那样，就本文而言，股东控制和董事控制之间的差异不那么显著，因为本文提出的问题是，除了股东和董事之外，非股东群体是否应该有机会行使权利。出于这个原因，我使用"股东至上"一词来指代股东至上和董事至上。

益相关者（无论是员工、客户、公司服务的社区或其他人）的主要利益而采取的行动，他们的想法可能会在董事会被否决。可能会成为商业媒体和同行鄙视和嘲笑的对象，可能会被股东投票罢免，甚至可能被发现违反了对公司及其股东的受托义务。这一违约的原因很简单：董事的主要或基本的受托义务是对公司股东负责，虽然董事可以采取有利于非股东群体的行动，但所有此类行动的最终目的必须是使公司股东受益。

但情况并非总是如此。正如美国最高法院首次描述的那样，公司是“一个人为的创造物，无形的、无法被感知的，只存在于法律的考量之中。作为纯粹的法律创造物，其只拥有创设宪章赋予它的那些属性，无论是明示的还是依附 49
于它而存在的。这些被认为是为了影响创建对象的最佳计算”。②公司章程通常没有规定公司必须为股东的利益而运营，而首席大法官马歇尔在达特茅斯案（*Dartmouth*）的意见中没有任何内容表明公司的经营是为了股东的独家利益。相反，如下文所述，股东至上是一个现代概念，仅在 20 世纪 80 年代中期才被广泛接受，其基于普通法（即司法判决而非法规）和学术理论，在很大程度上得益于监管的发展，而非基于法定变化或公司章程的变化。

从首席大法官马歇尔在达特茅斯案中的观点快进到 20 世纪。在此期间，首先，美国经济发生了巨大变化，从 19 世纪末的铁路发展和经济增长（与洛克菲勒、梅隆和卡内基等商业领袖有关，根据个人观点，他们被描述为不同的工业领袖或强盗大亨），其次是反垄断法和其他旨在限制大公司经济（和政治）权力的法规的发展和兴起；20 世纪 20 年代的十年，伴随着股市泡沫、市场崩溃和大萧条；富兰克林·D.罗斯福总统对这场危机的反应，包括成立证券交易委员会和通过关键立法，这些立法至今仍然是美国联邦证券法的基础；第二次世界大战及其后的 20 世纪 50 年代，导致了政府对市场进行更严格监管的时代，工会的兴起，以及公司对所有利益相关者（包括其员工和所在社区）负有责任的概念，以及通过（除其他外）纳税和赞助艺术与文化活动成为良好的企业公民；到 20 世纪 80 年代股东资本主义的出现，戈登·盖柯（Gordon Gekko）关于

② Trs. of Dartmouth Coll. v. Woodward, 17 U.S. 518, 636 (1819).

“没有比‘贪婪’更好的词语了”的著名演讲或许是最好的写照，但其在流行文化中的血统可能追溯到米尔顿·弗里德曼（Milton Friedman）1970年在《纽约时报》杂志上发表的著名文章，他指出，“企业只有一种社会责任，即利用其资源并从事旨在增加其利润的活动”。③

受弗里德曼的文章以及迈克尔·詹森（Michael Jenson）和威廉·梅克林（William Meckling）1976年发表的《企业理论》（*A Theory of the Firm*）文章的
50 影响，④加之里根总统倡导的放松管制环境，以及20世纪80年代中期的收购战，直接导致了在大萧条和20世纪80年代中期之间的大约半个世纪里对公司权力起到约束作用的制衡力量的衰落，当时特拉华州的主要案例形成了继续支配董事行为的游戏规则。这些案例，包括露华浓案⑤和优尼科案⑥，以及最近的案例，例如 *eBay* 案⑦和 *Trados* 案⑧，都强调了在当今世界，董事会的最终责任是对公司股东的责任。正如法院在 *eBay* 案中指出的那样，选择了“一种以营利为目的的公司形式……董事受该形式所附带的受托责任和标准的约束。这些标准包括为股东的利益而促进公司的价值。公司名称后的 Inc.必须至少意味着这一点。因此，我不能接受一项有效……的公司政策，该政策明确并且坦诚地寻求不是为了股东的利益来最大化特拉华州营利性公司的经济价值”。⑨

---

③ 有趣的是，弗里德曼这句话的结尾对于他的论文至关重要，但却经常被遗忘。整句话是这样说的：“企业有且只有一项社会责任——在遵守游戏规则的前提下，利用其资源并参与旨在增加利润的活动，也就是说，参与公开和自由的竞争，不进行欺骗或欺诈。”Milton Friedman，The Social Responsibility of Business Is to Increase Its Profits，N.Y. Times Mag.，Sept. 13，1970. 正如罗伯特·赖克（Robert Reich）等人令人信服地论证的那样，关键在于确定企业（和市场）赖以存在的“游戏规则”。See generally Robert B. Reich，Saving Capitalism for the Many，Not the Few 5（2015）（任何市场都需要政府制定并执行游戏规则。在大多数现代民主国家，这样的规则来自立法机构、行政机构和法院。政府不会“干涉”自由市场。它创造了市场）。这些规则经常发生变化，而且往往以一种很少被注意到的方式展开，从而产生有利于一个行业而非另一个行业或影响法律法规的效果。

④ See Michael Jensen and William Meckling，A Theory of the Firm：Managerial Behavior，Agency Costs，and Ownership Structure，3 J. FIN. ECON. 305（1976）.

⑤ Revlon，Inc. v. MacAndrews & Forbes Holdings，Inc.，506 A.2d 173（Del. 1986）.

⑥ Unocal Corp. v. Mesa Petroleum Co.，493 A.2d 946（Del. 1985）.

⑦ eBay Domestic Holdings，Inc.，v. Newmark，16 A.3d 1（Del. Ch. 2010）.

⑧ In re Trados S'holder Litig.，C.A. No.1512-VCL（Del. Ch. Aug. 16，2013）.

⑨ eBay，16 A.3d at 34.

然而，如上所述，董事的核心职责是“为了股东的利益……最大化公司的经济价值”这一概念既不是法规要求的，也不是在司法或经济先例中根深蒂固的（或永久性的）。事实上，虽然股东至上的起源现在通常可以追溯到密歇根最高法院对 *Dodge v. Ford Motor Co.*案⑩的判决，但正如前特拉华州首席大法官比尔·艾伦（Bill Allen）所指出的那样，在 20 世纪 60 年代，这一案件“很少受到关注”，而且似乎公司法中的每一个有趣的问题都得到了回答，且在公司法的研究中“没有什么可发现的”。⑪因此，股东至上的概念是一个相当新的发展，源于 20 世纪 80 年代初期开始产生广泛影响的监管和学术论点，最终在 20 世纪 80 年代中期成为《特拉华州普通公司法》的一部分，并且可以被视为作为对收购战以及在此期间发生的学术和法律辩论的更广泛回应的一部分。⑫

在本文中，我提出一个疑问：如果没有股东至上，将会怎样？⑬也就是说，如果我们没有生活在一个股东至上的世界，董事和投资者将如何管理公司？我认为这是一个关键问题，至少有两方面原因：

---

⑩ 170 N.W. 668（Mich. 1919）.

⑪ William T. Allen，Our Schizophrenic Conception of the Business Corporation，14 Cardozo L. Rev.261，263（1992）.

⑫ 股东至上的地理上的范围也相当有限；特别是，其主要所在地的特拉华州（基于超出本章范围的原因）是美国公司法的“最重要的司法管辖区”。此外，大多数州的法律明确允许董事考虑股东以外的利益相关者。然而，这些州的法规效力有限，部分原因是法规一般不允许这些其他利益相关者选举董事，甚至不允许其提起诉讼来保护自己的利益，而股东却拥有这样的权利。See generally Lyman Johnson，Relating Fiduciary Duties to Corporate Personhood and Corporate Purpose at 11，in Research Handbook on Fiduciary Law（D. Gordon Smith and Andrew Gold eds.，2016），https：//ssrn.com/abstract = 2814231. 联邦政府以及证券交易所的上市规则通常尊重各州关于董事职责的规定。See，e.g.，CTS Corp. v. Dynamics Corp. of Am.，481 U.S. 69（1987）（公司通常受注册地所在州立法的管辖）。因此，特拉华州公司法仍然是当今美国最具影响力的法律体系，因为它是超过一半的美国上市公司（以及大量私营公司）的注册州。鉴于特拉华州的影响，本章重点讨论该州股东至上原则的发展。

⑬ 许多历史学家都注意到，问“如果……会怎样？”还可以帮助消除所谓的“事后偏见”。See Stephen E. Ambrose et al.，The Collected What If? Eminent Historians Imagine What Might Have Been xiv（Robert Cowley ed.，2001）. 我发现这在这种情况下很有帮助，因为股东至上的主流观念是如此强烈。事后偏见的可能性也被认为是董事决策过程中的一种风险。See CDX Holdings，Inc.，v. Fox，C.A. No.8031-VCL（Del. Ch. July 28，2015），aff'd，No.526（Del. June 6，2016）；see also Travis J. Laster，Cognitive Bias in Director Decision-Making，20 Corp. Gov. Advisors 1（Nov.—Dec. 2012）.

首先，正如我将在下面讨论的那样，虽然股东至上的概念目前主导着特拉华州的法律，但特拉华州的法院持有这种观点的时间相对较短。事实上，特拉
51 华州首席大法官斯特林这样的权威人士写道，“特拉华州最高法院在 20 世纪 80 年代后期在优尼科案和露华浓案的裁决中首先解决了”股东至上的问题。⑭在公司法的历史上，股东至上的观念还只是一个“年轻人”，还有很大的发展空间。⑮

然而，尽管股东至上的概念还很年轻，而且在地域上也有局限性，但该理论的影响无论如何强调也不为过。作为一名为公司董事会提供咨询服务超过 25 年的专业人士，我自己在董事会、法庭和商界的经验表明，公司董事、商业领袖、机构投资者、法律从业者、政治家和权威人士，包括商业媒体，都理所当然地认为，当今公司董事的唯一职责是最大化股东价值。⑯这种共识观点的任何改变都将对董事在所有董事会基本问题上的决策产生巨大影响。

其次，尽管股东至上目前可能是特拉华州法律的基石，但法律是可以改变的。原因并不特别复杂：特拉华州公司法基于普通法和衡平法原则，而众所周知，《特拉华州普通公司法》是一个赋权法律体系，允许董事采取他们选择的大多数行动，除非普通公司法特别禁止——这里我们回到了信托原则——衡平法。⑰

---

⑭ Leo E. Strine Jr.，The Dangers of Denial：The Need for a Clear-Eyed Understanding of the Power and Accountability Structure Established by the Delaware General Corporation Law，50 Wake Forest L. Rev.761（2015）.

⑮ 话虽如此，我想澄清的是，本人并不是对首席大法官斯特林在《否认的危险》中以及前首席大法官钱德勒和艾伦等博学的法学家雄辩地阐述的观点提出质疑，即特拉华州法律目前要求董事“以股东福利为唯一目的，其他利益只能作为促进股东福利的一种手段予以考虑”。See id. at 771—72；see also eBay，16 A.3d at 34；TW Servs.，Inc. v. SWT Acquisition Corp.，14 Del. J. Corp. L. 1169，1183—84（Del. Ch. 1989）. 相反，正如下面更详细讨论的那样，本文的目的是回顾与该判例法的发展相吻合的一些更广泛的、非法律的发展，并进一步考虑如果法律没有以这种方式发展可能会发生什么。

⑯ 布鲁金斯学会（Brookings Institution）的一项研究发现，美国排名前二十位的法学院和排名前二十位的商学院经常教导说，股东价值最大化是“既定法则”，学生们被教导说，作为“企业领导者”，他们的工作是“提高股东价值，而不是遵循更广泛的公司概念”。See Darrell M. West，The Purpose of the Corporation in Business and Law School Curricula，Governance Studies at Brookings，July 19，2011，at 17—19，https：//www.brookings.edu/wp-content/uploads/2016/06/0719 _ corporation _ west.pdf.

⑰ See，e.g.，Myron T. Steele and J. W. Verret，Delaware's Guidance：Ensuring Equity for the Modern Witenagemot，2 Va. L. & Bus. Rev.189，191—92（2007）（他指出，“特拉华州衡平法院作为衡平法院，在制定补救措施和塑造先例上拥有广泛的自由，以适应英国衡平法院传统的特定事实模式。这一事实使得衡平法院能够最大限度地提高解决争议的效率，同时削弱先例的未来适用性，从而导致了效率和可预测性之间的紧张关系”）。

简而言之，这意味着特拉华州股东至上的基础源于目前在特拉华州衡平法院和特拉华州最高法院任职的杰出法学家的观点，他们自20世纪80年代中期以来一直担任这些职位（即，在优尼科案和露华浓案及其后代案件期间及之后）。虽然这些法官正确地认为自己受到某些先例的约束，但也必须记住衡平法院的历史基础：这些法院是作为法院的替代品而设立的，允许法官能够根据多种来源适用衡平原则，以实现公正的结果，而不是简单地适用当时的成文法。此外，这些法官中的许多人毫不犹豫地明确他们偏离先例的地方，并敦促特拉华州最高法院（或特拉华州立法机构，视情况而定）改变现有的特拉华州法律或惯例。⑱

当然，这并不意味着目前在特拉华州占主导地位的股东至上规则明天就会消失。然而，确实值得考虑的是，在特拉华州，股东至上主义可能不是董事的唯一职责，公司的其他利益群体甚至可能有资格起诉，以执行可能亏欠他们的任何义务，甚至在某个遥远的世界，被赋予选举董事的投票权，因为特拉华州 52
的普通法经常发展和变化，以应对新的事实和情况。⑲

本文的目的有四个方面。首先，也是最简单的，本文证明了股东至上是一个相对较新的发展。虽然从20世纪30年代中期到20世纪80年代中期的半个世纪中，公司的目的一直存在争议，但到20世纪50年代中期，阿道夫·伯利（Adolf Berle）是一位股东权益倡导者，他认识到公司“权力（是）以信托形式

⑱ 例如，正如下面更详细讨论的那样，在过去的十年里，特拉华州法院从根本上改变了对债权人的义务。同样，但对于那些专注于并购诉讼的人来说，也许更值得注意的是，在过去的几年里，衡平法院制定了新的法律，例如，允许法庭选择章程细则，并改变了与并购诉讼和解有关的先例，特别是合并诉讼背景下的特定披露和解。See，e.g.，Boilermakers Local 154 Ret. Fund v. Chevron Corp.，73 A.3d 934（Del. Ch. 2013）（维护专属法庭条款的有效性）；In re Trulia，Inc. Stockholder Litig.，129 A.3d 884（Del. Ch. 2016）（拒绝仅披露的和解协议，并为此类和解的批准提供新的标准）。

⑲ 前首席大法官艾伦很久以前就在他关于公司法“精神分裂”发展的开创性文章中表达了这一观点。See Allen，Our Schizophrenic Conception at 262（“公司法，实际上包括一般法律，并不是一开始看起来那么简单，而是一个全面的法律规则体系。虽然如此，但它的意义还远不止这些。那些将法律仅仅视为法律规则体系的人无法理解法律是一种社会产品，不可避免地复杂，有时不可避免地含糊不清，而且总是动态的——总是成为新的东西。当然，理解在任何时候构成该法律体系最基本部分的法律规则……这是必不可少的。但是……要把握法律规则的动态特征，有必要将其置于历史和社会语境中加以考察。因为虽然从某种意义上说，法律规则存在于‘那里’，构成了对我们共同法律文化的共同解释，但它们也在通过解释在这种文化中不断地被重新创造”）。

为整个社区持有的”，因此，他和梅里克·多德之间的辩论“已经（至少目前）完全有利于多德教授的观点”。[20]作为经常为董事们提供建议，并与思考这一话题的年轻企业律师经常交谈的人士，在我看来，对于商业领袖及其许多顾问来说，意识到股东至上主义之前的世界是一种重要的理解。

其次，本文试图认识到对公司行为的更广泛的历史和社会约束，企图证明我们生活在一个股东至上还是董事至上的世界这一问题最终是一个过于狭隘的问题。相反，从历史上看，对公司行为的最大限制传统上不是股东（甚至法院），而是员工形式的各种制衡力量（特别是作为工会集体谈判时）；地方、州和国家社区（通过公民个人团体和通过各自的政府监管机构行事时）；供应商和债权人；公众；新闻界；以及其他有能力对企业行为产生有意义影响的机构。目前，这些制衡力量只能存在于公司之外，因为正如特拉华州首席大法官斯特林所承认的那样，“指望由股东选举产生的公司董事会放弃为股东的利益获得实质性更高税后利润的机会是天真的，甚至是不成熟的……解决方案必须来自约束公司行为的其他实体法，如税法本身，而不能理性地依赖于呼吁董事‘成为爱国者’”。[21]

再次，本文指出，曾有一段时间（不久以前），公司董事不仅必须对不同的税法作出反应，更要从根本上对不同的监管和结构制度作出反应。这一制度试
53 图包括可以影响公司考虑不同利益的各类群体，无论是迫使公司将更多公司利润分配给员工而不是股东的工会，还是主张树木和其他无生命物体应具有与公司相同的起诉地位的环保主义者。[22]关于公司法，如果将起诉资格扩大到受公司决策影响的人（更不用说在某些情况下的投票权），包括员工、社区和其他人，人们怀疑“约束公司行为的实体法”可能会大幅扩大。

---

[20] Adolf A. Berle Jr.，The 20th-Century Capitalist Revolution 169（1954）. 为了对这个问题进行更长时间的讨论，see David J. Berger，One Practitioner's Random Thoughts on Shareholders' Rights in the Modern World，in The Accountable Corporation：Essays in Corporate Governance 121（Marc J. Epstein and Kirk O. Hanson eds.，2006）。

[21] Strine，The Dangers of Denial at 797.

[22] See，e.g.，Sierra Club v. Morton，405 U.S. 727，742（1972）（J. Douglas持异议）。正如道格拉斯法官所认识到的那样，许多无生命物体在其“权利”受到影响时都有资格提起诉讼，包括船舶、公司、各种协会和其他团体。

本文的最后一个目标是最温和的：仅仅是承认法律，包括公司法的最基本原则，是可以改变的。前首席大法官比尔·艾伦很久以前就认识到了这一现实，当时他将公司法描述为患有“精神分裂”，正是因为我们对公司的看法随着我们对“效率关切、意识形态和利益集团政治”的相对看法而变化。[23]因此，今天看起来永恒而稳固的东西有一天可能会再次改变，变成崭新或陈旧的东西。

后文将分为四个部分。下一节回顾了公司的目的，包括20世纪大部分时间内抗衡力量的崛起，直到20世纪80年代中期开始被股东至上主义的崛起所取代。本节包括对导致这些发展的一些政治、经济和其他因素的讨论，并试图将股东至上论置于各种监管和其他发展的更广泛背景下，这些发展使得股东获得了至上的地位。

后面的一节考察了特拉华州的法律，不是为了解释法律的现状——再次强调，我认为特拉华州公司董事的职责和特拉华州的公司目标目前已经确立——而是为了审查如果特拉华州走上了一条不同的道路，其法律可能会有什么不同。为了实现这一目标，我分别考虑了摩尔（Moore）法官在优尼科案中确定的不同群体，并询问是否制定了法律以允许这些利益群体参与公司决策。[24]

文章最后指出，即便是在特拉华州，公司法也可能发生变化。我再次指出可能导致法律改变的一些不同因素，以及法律如何对变革的呼吁作出反应。当然，有时这些变化发生在法律之外，而且，在20世纪的大部分时间里，公司行为受到强大的对抗性力量的制约。因此，本文的结论是，最近的许多决定改变 54
了我们看待公司的方式，也改变了规范公司行为的能力，这些最近的决定可能最终导致公司法的重大变化，超出了今天看来可能想象的范围。[25]

---

[23] Allen, Our Schizophrenic Conception at 281.

[24] 在采取这一立场时，我并不认为优尼科案中的摩尔法官预期会向非股东利益群体提供权利，也不认为露华浓案在任何方面都改变了法院对优尼科案的裁决，也不相信特拉华州法院应该支持非股东利益群体制度。相反，我只是试图设想一个保护摩尔法官确定的不同利益群体的法律结构可能是什么样子，包括假设这些不同的利益群体有权执行董事会对他们负有的义务。

[25] 为了对最近一些改变了我们目前看待公司和公司法方式的案件进行更细致的讨论，以及对这些判决潜在影响的讨论，see Leo E. Strine Jr., Corporate Power Ratchet: The Courts' Role in Eroding "We the People's" Ability to Constrain Our Corporate Creations, 51 Harv. Civ. Rts.-Civ. Liberties L. Rev. 423（2016）（讨论了最近改变公司权力并限制规范公司行为能力的联邦判决）。

二、快速回顾：公司的目的是什么？

（一）股东至上之前的世界

人们不需要回溯几个世纪，就能找到一个普遍接受的概念：即董事对所有公司利益相关者负有责任。事实上，正如我之前讨论过的，在20世纪的大部分时间里，公司法的主流观点都避开了股东至上的概念，而现代公司仍然能够很好地存在。㉖例如，直到1946年，标准石油公司的董事长将现代公司的目标描述为“在各种直接利益集团——股东、员工、客户和广大公众——的诉求之间保持公平和有效的平衡”。㉗仅仅几年后，时任默克公司（Merck & Co.）总裁的乔治·默克（George Merck）表示，默克公司的目的是“为患者”开发药物。我们努力永远不要忘记，医药是为人民服务的。这不是为了利润。利润随之而来，如果我们记得这一点，它们从来都会出现。我们记得越清楚，它们的规模就越大。㉘

这些商业领袖的观点在法律和市场上得到了回应。例如，在20世纪30年代，阿道夫·伯利教授在《哈佛法律评论》中与E.梅里克·多德（E. Merrick Dodd）就公司的目的进行了一系列辩论。㉙正如首席大法官斯特林所指出的那样，伯利认为，管理者应“在一个具有约束力的问责结构内运作，该结构充分考虑到受公司行为影响的人，因此将有助于管理者更符合其本性中善的部分”。㉚当然，问

㉖ 参见Berger，一位从业者的随想。

㉗ See id. at 123.

㉘ George W. Merck，Med. Coll. of Va. at Richmond，Medicine Is for the People，Not the Profits（Dec. 1，1950），https：//www.merck.com/about/our-people/gw-merck-doc.pdf.

㉙ Adolf A. Berle Jr.，Corporate Powers as Powers in Trust，44 Harv. L. Rev.1049（1931）；E. Merrick Dodd Jr.，For Whom Are Corporate Managers Trustees? 45 Harv. L. Rev.1145（1932）；Adolf A. Berle Jr.，For Whom Corporate Managers Are Trustees：A Note，45 Harv. L. Rev.1365（1932）. 众所周知，伯利和多德从相同的假设开始：公司将由其管理者经营，基本上不受股东的干涉（伯利将公司管理者比作“王子和大臣”。See Berle，For Whom Corporate Managers Are Trustees：A Note at 1366）.

㉚ Strine，The Dangers of Denial at 1 n.1. 伯利和多德在公司的目的上也存在很大分歧，伯利认为公司应该专注于股东财富最大化，而多德则认为公司具有“社会服务和盈利功能”。Dodd，For Whom Are Corporate Managers Trustees? at 1148.

题是伯利所敦促的这种“具有约束力的问责制结构”从何而来。伯利和多德一致认为，这不会来自股东，到了 20 世纪 50 年代中期，伯利明确表示他相信问责制也不会来自法院要求董事对股东负责。相反，在 1954 年西北法学院的一系 55
列讲座中，伯利认为，世界已经发展到股东几乎没有权力的地步，而企业的权力和财富不断增加，使其对公共投资资本的依赖程度降低。

鉴于股东在市场中的权力和作用有限，到 20 世纪 50 年代中期，伯利得出结论，管理责任必须来自监管机构、员工、消费者和公共领域的其他人，因为只有这些实体拥有足够的权力监督公司行为。因此，伯利承认，他和多德之间的争论“已经（至少目前）完全向着多德教授的论点发展”。[31]

伯利的观点在市场上得到了体现，在市场上，对公司（和董事会）行动的制衡权不属于股东，而是属于员工、监管机构和其他人。例如，在美国汽车工人联合会（UAW）和通用汽车公司（GM）于 1950 年签订的所谓底特律条约中，推动通用汽车公司了解其业务、盈利能力和成本的主要力量是工会，而不是股东。通用汽车与美国汽车工人联合会达成的协议，在美国汽车工人联合会与各汽车制造商之间经过多年艰难的谈判（以及罢工）后，约定通用汽车与美国汽车工人联合会之间签订一份为期五年的合同，美国汽车工人联合会因此放弃某些谈判权，以换取广泛的医疗、失业、养老金和其他福利。[32]自 1950 年以来，《底特律条约》一直是大量的经济和政治辩论的主题，而劳动协议的价值显然远远超出了本文的范围。

然而，在一篇关于公司治理的文章中，这份协议之所以重要，至少有两个原因。首先，当美国汽车工人联合会开始谈判时，它要求通用汽车提供相关文件，类似于股东根据《特拉华州普通公司法》第 220 条要求提供的文件类型，以确定公司的价值和盈利能力。通用汽车最初拒绝提供其中许多文件，认为所寻求的文件超出了谈判所必需的范围，并且没有要求提供这些文件（这些论据

---

[31] Berle，The 20th-Century Capitalist Revolution at 169.

[32] See generally Frank Levy and Peter Temin，Inequality and Institutions in 20th Century America（National Bureau of Economic Research Working Paper No.13106，2007），http：//www.nber.org/papers/w13106.pdf（讨论底特律条约的背景和影响）。

对于卷入第 220 条争议的公司诉讼律师来说听起来很熟悉）。最终，作为谈判的一部分，联邦政府要求向美国汽车工人联合会提供这些文件中的大部分，以帮助美国汽车工人联合会确定通用汽车的财务状况。没有人认为美国汽车工人联合会应该根据密歇根州（或特拉华州）的法律，以股东的身份要求获得这些文件。

56 其次，在通用汽车签订该协议时，通用汽车的股东似乎没有在该协议对通用汽车股东的影响方面发挥任何作用或采取任何立场，而政府和这类协议的更广泛的社会效益则是激烈辩论的话题。同样，人们可以质疑这项劳动协议最终拥有正面还是负面的收益，以及是否应该更多地关注股东利益。然而，本文的重点在于，在 20 世纪 50 年代，并一直延续到 20 世纪 80 年代和 90 年代初的收购热潮（以及特拉华州法院因这些公司控制权之争而作出的判决）期间，股东至上的概念远未确定。㉝

即使在 20 世纪 80 年代初，股东至上虽然在学术界被广泛讨论，但仍远未成为商业或法律的主流观点。例如，早在 1981 年，商业圆桌会议主席就在《纽约时报》上撰文支持圆桌会议的“企业责任声明”：

> 股东的性质发生了变化。曾经，他们中的大多数都是长期的个人投资者。现在，他们中的许多人被归类为机构中身份不明的短期买家，最感兴趣的是短期收益最大化。这种利益必须与长远眼光相平衡。管理层可以通过只考虑股东利益来维持运营的简单理论，已被陈旧的经济论文所抛弃。
>
> 一直面对现实的首席执行官都知道，企业被复杂的经济、社会、道德以及政治理念和期望模式所包围。他们知道他们不仅要关心股东，还要关心客户、员工、社区、供应商和整个社会等组成群体。他们认为，公司通

㉝ 例如，伯利教授是为股东利益而经营公司的主要支持者，他在 1931 年阐明了他的愿景如下：“授予公司或公司管理层或公司内任何集团的所有权力，无论是源自法规或章程，还是两者兼有，在任何时候都必须仅为所有股东的利益行使。”Berle，Corporate Powers as Powers in Trust at 1049. 然而，如前所述，到了 20 世纪 50 年代中期，伯利教授改变了他的观点，写道：“二十年前，作者与哈佛法学院已故教授 E. 梅里克 · 多德发生了一场争论，作者认为公司权力是股东的信托权力，而多德教授认为这些权力是整个社会的信托权力。争论已经得到解决（至少暂时如此），完全支持多德教授的观点。”Berle，The 20th-Century Capitalist Revolution at 169.

过谨慎平衡所有股东的合法利益，为股东提供最佳服务。[34]

简而言之，至少从20世纪30年代新政开始到20世纪80年代初，公司和公司法普遍承认，公司董事会对更广泛的公司利益相关者负责，包括其客户、员工、社区和供应商。[35]

同样重要的是，强制执行公司义务不是一项单独的任务，甚至不属于公司法的专属领域；相反，它属于许多相同的利益群体，包括员工（特别是通过工 57
会集体行动时）、社区（通过其作为政府监管机构的各种地方、州和联邦代表行动时）、公民个人（当作为股东积极主义者行动，并引起对特定公司角色的关注时），甚至媒体和公众，在一个被称为“制衡势力”的体系中。[36]公司内部和外部的合同权利和其他权利是公司规章制度的基础；与此同时，公众普遍认为，公司除了对股东负有责任外，还对其他利益相关群体负有责任。

值得注意的是，这篇文章的目的不是规范性的，我也不是在这里暗示，我们现在所处的股东至上制度之前存在的治理体系，比通常（错误地）被描述为从20世纪30年代到80年代中期存在的利益相关者至上制度更好（或更差）。[37]相反，

---

[34] Andrew C. Sigler, Business Forum; Reader Comment; Roundtable Reply, N.Y. Times, Dec. 27, 1981, http://www.nytimes.com/1981/12/27/business/business-forum-reader-comment-roundtable-reply.html (emphasis added); see generally The Business Roundtable, Statement on Corporate Responsibility (Oct. 1981)（指出“企业首先有责任以公平的价格向公众提供优质的商品和服务，从而赚取利润，吸引投资来延续和增强企业、提供就业机会和建设经济……企业与社会是一种共生关系：公司的长期生存能力取决于它对社会的责任，它是社会的一部分。社会的福祉取决于盈利和负责任的商业企业”）。

[35] 另一个当时还不存在的概念是公司治理。例如，伯利和多德都从未使用过这个词。相反，“公司治理”一词在20世纪70年代中期首次广泛使用，首先是作为拉尔夫·纳德（Ralph Nader）领导的“民主化”和控制大公司项目的一部分，随后是在20世纪70年代末的证券交易委员会听证会上。See generally Robert Teitelman, Bloodsport: When Ruthless Dealmakers, Shrewd Ideologues, and Brawling Lawyers Toppled the Corporate Establishment 82 (2016).

[36] 关于这一体系的起源，see John Kenneth Galbraith, American Capitalism: The Concept of Countervailing Power (rev. ed. 1993)。有关该制度及其向股东至上制度演变的更详细讨论，see generally Ralph Gomory and Richard Sylla, The American Corporation, 142 Daedalus, no.2, 2013, at 102。

[37] 我发现“利益相关者至上”这个词并不是特别有用；就像股东至上和董事至上一样，这些概念已经充满了政治色彩，并不是特别有意义。相反，根据我的经验，真正的问题是谁来制定规则、选举董事和行使权利。事实证明，如果董事不考虑股东利益，没有赋予其他股东要求董事承担责任的权利，那么仅仅让董事考虑非股东利益群体的选择权（就像许多州所做的那样）基本上是没有意义的。See generally Nathan E. Standley, Lessons Learned from the Capitulation of the Constituency Statute, 4 Elon L. Rev.209 (2012).

本文的重点是要面对一个基本上已被遗忘的现实：在美国，企业领导人很长一段时间都认识到，他们对非股东群体负有义务，这些非股东群体的权利通过各种不同的法院得到广泛承认和执行，企业（以及更广泛的经济体）在这些时期运行良好，而且形势完全有可能再次逆转，有朝一日我们的制度将不再是股东至上的体系。

（二）股东至上的增长：放松管制和收购战争

如上所述，20 世纪 70 年代是关于公司宗旨的辩论时期。相反，这场辩论发生在 20 世纪 70 年代末和 80 年代初美国经济发生多重根本性变化的背景下，包括“滞胀”，里根总统的当选——他对经济和政府监管的观点与至少自第二次世界大战结束以来一直存在的凯恩斯主义共识有着根本性的不同，这导致他的政府所采取的政策，将大幅削弱在战后时期限制公司权力履行这一职能的制衡势
58 力的能力——20 世纪 70 年代的股市下跌，80 年代所谓的企业掠夺者的兴起，以及机构投资者在市场上日益增长的力量。

此外，随着收购战争的加剧，关于公司董事会角色的法律/学术辩论在这一时期成为焦点，马丁·利普顿（Marty Lipton）的开创性作品《目标公司董事会会议室中的收购竞价》主张法院对公司董事会的决定给予更大的尊重。[38]对利普顿的回应来自弗兰克·伊斯特布鲁克（Frank Easterbrook）教授（现为法官）和丹·菲舍尔（Dan Fischel）教授，他们是“法律和经济学”运动的两位主要支持者，其主张股东财富应该是公司的最终目标。[39]他们在《哈佛法律评论》上发表了题为《目标公司管理层在回应收购要约时的适当角色》一文，主张对收购要约作出更为“股东友好”的回应，而董事在回应收购要约时的“适当”角色应

---

[38] See Martin Lipton, Takeover Bids in the Target's Boardroom, 35 Bus. Law. 101（1979）.

[39] 菲舍尔和伊斯特布鲁克是当时由芝加哥大学相关学者领导的快速发展的“法律与经济学”运动的主要成员。法律和经济学运动也得到了里根政府的大力支持。See generally Jane Meyer, Dark Money: The Hidden History of the Billionaires behind the Rise of the Radical Right（2016）（讨论法律和经济运动与里根政府之间的关系）；Steven M. Teles, The Rise of the Conservative Legal Movement: The Battle for Control of the Law（2008）。

是被动的，以便股东能够自己作出决定。[40]

在同一时期，迈克尔·詹森（Michael Jensen）和尤金·法玛（Eugene Fama）撰写了一系列极具影响力的文章，重新定义了伯利和米恩斯（Means）关于公司控制权的辩论。詹森和法玛认为，股东就公司净现金流的剩余权利签订合同，作为回报，管理层和董事会可以作出就有关公司的基本决定，但股东有权对保留给他们批准的事项进行投票。[41]根据这一理论，日常业务决策是管理者的职责，而董事会（以及在适当情况下，其他监管者）的职责是确保管理者不会不正当地侵占“属于”剩余索取者（即股东）的现金流。

监管和执法规则和做法的变化也有助于促进这一运动，因为限制公司的制衡势力的作用在20世纪80年代开始削弱。例如，20世纪80年代，随着里根总统放松了允许公司避免集体谈判的规定，工会在美国的作用显著下降，而许多公司，尤其是制造业公司，从中西部迁至拥有所谓劳动权利法的州，限制了组建工会的能力。

证券交易委员会还为公司提供了更大的灵活性，例如允许公司在市场上回购自己的股份。因此，在1982年，委员会通过了《证券交易法》10b-18规 59
则。[42]这一规定为在公开市场上购买自己股票的公司提供了一个“避风港”，使其免受操纵指控，条件之一是，该公司要向公众通报总体回购计划，且不购买超过前四周平均日交易量25%的股票。10b-18规则导致公司股东回购比例的大幅扩大，而此时公司正面临来自治理倡导者和其他人的更大压力，要求将高管薪酬与公司股价更紧密地联系起来，从而增加了作为高管薪酬方案一部分的股票

㊵ See Frank H. Easterbrook and Daniel R. Fischel, The Proper Role of a Target's Management in Responding to a Tender Offer, 94 Harv. L. Rev.1161 (1981).

㊶ See Eugene F. Fama and Michael C. Jensen, Separation of Ownership and Control, 26 J. L. & Econ. 301 (1983); Eugene F. Fama and Michael C. Jensen, Agency Problems and Residual Claims, 26 J. L. & Econ. 327 (1983); see also Michael C. Jensen and Kevin J. Murphy, Performance Pay and Top Management Incentives, 98 J. Pol. Econ. 225 (1990)（主张高级管理人员的薪酬应主要以股票形式支付，以更好地使他们的激励措施与公司股东保持一致）。

㊷ 有关导致采用10b-18规则的历史以及该规则当前的一些影响的详细讨论，see William Lazonick, Profits without Prosperity, Harv. Bus. Rev., Sept. 2014, https://hbr.org/2014/09/profits-without-prosperity。

（和股票期权）的重要性。这些行动，以及支持这一趋势的监管发展，扩大了股票回购的使用，将其作为向股东返还资本的一种方式，而不是通过股息。[43]该规则的另一个效果是激励高级管理层和董事会提高股价，即使是以牺牲对公司的再投资为代价，例如研究或增加对未持有大量股票的员工的薪酬，因为高管薪酬的更大比例与公司股价的上涨有关。[44]

除了工会权力的下降和更加宽松的监管环境外，20 世纪 80 年代反垄断执法的作用也急剧下降。以当时新颖的金融理论为基础的反垄断监管新理论被里根政府广泛采用。这些理论，以及里根政府对大量政府监管的更广泛的哲学反对，导致政府作为制衡势力的作用下降，迫使企业考虑更广泛的利益群体，包括消费者和其他人。由于这些变化，从 20 世纪 70 年代中期到 80 年代中期，许多传统上参与公司治理辩论的各方，包括劳工、各种监管机构和其他制衡势力的影响力都有所减弱。与此同时，公司正在对试图限制公司权力的传统制衡势力施加影响，法院和主要学者正在提倡股东在公司治理中的更大影响力。因此，股东在公司治理中的影响力与日俱增，与此同时，其他公司利益相关者的权力却在下降。

60

三、优尼科、露华浓和特拉华州股东至上地位的增长

随着这场辩论的进行，特拉华州的法院对公司目的的问题相对保持沉默。[45]

㊸ 当然，20 世纪 80 年代和 90 年代发生的许多变化进一步支持了股东至上主义。例如，机构投资者的增长以及美国劳工法新近通过的规则，即机构投资者仅为了受益人的经济利益而投票给其代理人，不考虑其他利益，导致劳工和其他工会投票支持致使其许多成员失去工作或福利的交易。里根政府还支持股东至上和活跃的并购市场所带来的好处。See，e.g.，Council of Economic Advisers，Economic Report of the President（Feb. 1985）（认为股东是公司的“真正所有者”，为他们的利益服务是“对社会有利的”）；see generally Teitelman，Bloodsport at 180—86（讨论经济顾问委员会报告的影响）。

㊹ 有关扩大股票回购的收益和成本的详细讨论，see Lazonick，Profits without Prosperity。最近，学者们认为，不进行大规模股票回购的公司更有可能从长期投资者那里受益，但如果（现在是典型的）一家公司大量回购自己的股票，那么长期投资者的收益（和源自长期投资者的收益）就不太清楚了。See，e.g.，Jesse Fried，The Uneasy Case for Favoring Long-Term Shareholders，124 Yale L. J. 15.

㊺ 在此期间，特拉华州一直是一些学术攻击的对象。See，e.g.，William Cary，Federalism and Corporate Law，83 Yale L. J. 663（1974）（认为特拉华州在维持其在公司法中的主导地位（转下页）

直到1985年，在*Unocal v. Mesa Petroleum Co.*[46]案中，特拉华州法院才正视了公司目的问题。在优尼科案中，特拉华州最高法院考虑了面临收购要约的董事会在决定如何回应收购要约时是否可以考虑非股东利益群体。在回答这个问题时，法院认为，“在董事会行使公司权力阻止收购要约时，我们的分析始于一个基本原则，即公司董事负有为公司股东的最佳利益行事的受托责任”。[47]然而，法院随后指出，董事会可以考虑除股东之外的公司利益群体：

> 如果防御性措施属于商业判断规则的范围，那么就构成的威胁而言，它必须是合理的。这需要董事们对收购要约的性质及其对公司企业的影响进行分析。此类担忧的例子可能包括：出价不足、出价的性质和时间、违法性问题、对股东以外的“利益群体”（即债权人、客户、员工，甚至整个社区）的影响、交易不完善的风险以及交易所提供的证券的质量。虽然不是一个控制因素，但在我们看来，董事会可能会合理地考虑所涉及的基本股东利益，包括短期投机者的利益，他们的行为可能助长了要约的强制性，而损害了长期投资者的利益。[48]

法院援引马丁·利普顿的一篇文章来支持董事可以考虑除股东以外的其他利益群体的主张。[49]法院还特别驳回了伊斯特布鲁克和菲舍尔的理论，即董事会不应采取任何行动阻止股东接受收购要约，并指出“有人认为，董事会对收购威胁的反应应该是被动的。然而，这显然不是特拉华州的法律，正如这一被动

（接上页）方面拥有既得利益，联邦政府应考虑采用最低公司标准）。特拉华州最高法院在Smith v. Van Gorkom，488 A.2d 858（Del. 1985）案作出判决后，对特拉华州的批评加剧，该判决被一些人称为“公司法历史上最糟糕的判决之一”。See Daniel R. Fischel，The Business Judgment Rule and the Trans Union Case，40 Bus. Law. 1437，1455（1985）.

[46] 493 A.2d 946（Del. 1985）.

[47] Id. at 955.

[48] Id. at 955—56（引文省略）。

[49] Id.（citing Martin Lipton and Andrew R. Brownstein，Takeover Responses and Directors' Responsibilities：An Update at 7，in ABA National Institute on the Dynamics of Corporate Control（Dec. 8，1983））.

规则的支持者欣然承认的那样，它既没有被法院采纳，也没有被州立法机构采纳”。[50]

61 毫不奇怪，许多股东至上和法律经济学运动的支持者严厉批评了优尼科案的判决。例如，迈克尔·詹森（Michael Jensen）将该判决描述为“造成了优尼科股东和社会的巨大损失”，因为“证据表明收购是有益的”。[51]

此后不久，在露华浓案中，特拉华州最高法院有机会，用它自己的话来说，“第一次解决了公司可能考虑收购威胁对股东以外的其他利益群体的影响的程度”。[52]法院对这个问题的回答很明确：“虽然在处理收购威胁时，关注各种利益群体是适当的，但该原则受到需满足股东需获得合理相关利益的要求的限制。”[53]正如特拉华州现任首席大法官利奥·E.斯特林所描述的那样，“特拉华州的理解是，露华浓案再清楚不过了，营利性公司的董事必须始终追求公司股东的最大利益，这突出了其他群体和利益的工具性。可以考虑非股东群体和利益，但只能是工具性的，换句话说，当考虑到它们可以被证明是有利于股东的时候”。[54]

露华浓案把特拉华州的旗帜牢牢地插在股东至上的基础上。自露华浓案以来的几年里，股东至上的基础在特拉华州得到了巩固。[55]例如，在 *eBay Domestic Holdings，Inc. v. Newmark* 案中，[56]Craigslist 有限公司的创始人和控股股东认为，

---

[50] Id. at 955 n.10（引文省略）。

[51] Michael C. Jensen，When Unocal Won Over Pickens，Shareholders and Society Lost，Financier，Nov. 1985，at 50—52；see generally Teitelman，Bloodsport.

[52] Revlon，Inc. v. MacAndrews & Forbes Holdings，Inc.，506 A.2d 173，176（Del. 1986）.

[53] Id.

[54] Strine，The Dangers of Denial at 773. 正如首席大法官斯特林所描述的那样，露华浓案也招致了大量批评，但这次是来自支持者的批评，即公司除了为股东服务外，还应该为利益相关者服务。Id.

[55] 本节其余的大部分内容都是基于首席大法官斯特林最近撰写的几篇文章，他既是这个时代最优秀的公司法学者之一，也是特拉华州最高法院的首席大法官，大概是对特拉华州现行法律最了解的人。See，e.g.，Strine，The Dangers of Denial；Leo E. Strine Jr.，Making It Easier for Directors to “Do the Right Thing，4 Harv. Bus. L. Rev.235（2014）；Leo E. Strine Jr.，One Fundamental Corporate Governance Question We Face：Can Corporations Be Managed for the Long Term Unless Their Powerful Electorates Also Act and Think Long Term? 66 Bus. Law. 1（2010）（以下引称为斯特林，公司治理问题）。显然，所有关于特拉华州现行法律的错误（或本文中的其他任何错误）均由作者承担全部责任。

[56] 16 A.3d 1（Del. Ch. 2010）.

应允许该公司通过选择不将其网站货币化等方式，让其用户和社区优位于股东。[57]由于Craigslis的董事和大股东承认，他们偏袒非股东群体的利益而非股东的利益，法院认为这些董事违反了他们的受托人义务：

> 作为一个抽象的问题，一个组织试图通过提供一个基本没有货币化元素的在线分类广告网站来帮助地方、国家和全球社区，这并没有什么不妥。事实上，我个人很欣赏并钦佩（创始人）为社区服务的愿望。然而，Craigslist所采用的公司形式并不适合纯粹的慈善目的，至少在其他股东对实现投资回报感兴趣的情况下是这样。（创始人）选择成立Craigslist，Inc.作为一家营利性特拉华州公司，并自愿接受eBay的数百万美元，作为eBay成为股东的交易的一部分。一旦选择了营利性公司形式，Craigslist的董事们就会受到该形式所附带的受托责任和标准的约束。这些标准包括为了股东的利益而提升公司价值。在公司名称后的“Inc.”必须至少具有这样的含义。因此，我不能接受一项有效的……具体、明确、无可否认的公司政策，旨在寻求不是为了股东的利益而最大化特拉华州营利性公司的经济地位。[58]

62

特拉华州衡平法院在*eBay*案中的判决是在特拉华州最高法院对露华浓案作出判决近25年之后作出的，但这两项判决在哲学上的一致性是无可争议的。正如这些判决（以及首席大法官斯特林最近发表的许多文章）都清楚地表明，特拉华州现在完全处于股东（或董事）至上的阵营。基于这些相同的判决，同样清楚的是，在优尼科案和露华浓案作出关于公司目的的决定之前，特拉华州的法律并不太明确，因为正如特拉华州最高法院在露华浓案中所指出的，该案为法院提供了“首次解决公司可能考虑收购威胁对股东以外的其他群体影响的程度”的机会。[59]

---

[57] Id. at 8.

[58] Id. at 34（原文强调）。

[59] Revlon，506 A.2d at 176（着重部分由作者标明）。

四、如果股东至上并非特拉华州的规则会怎样？

如今，特拉华州在股东/董事至上的阵营中根深蒂固。但是，如上所述，这仅是自20世纪80年代中期以来才在特拉华州实行的规则，而且特拉华州的判例是否采纳这一观点并不总是那么明显。本文的其余部分探讨了如果特拉华州走上了不同的道路，可能会发生什么，以及公司治理和更广泛的经济可能会有什么不同。特别是，如果特拉华州没有得出公司的主要目的是为股东实现财富最大化的结论，我将研究公司中各种经济利益相关者可能受到的影响。

从这条道路开始，让我们假设，与其采用露华浓案及其后续案例中规定的
63 股东至上原则，特拉华州法院转而选择扩大法院在优尼科案中的措辞，并普遍裁定，董事有义务考虑任何公司行为“对公司企业”的“影响”，其中包括“对股东以外的群体（即债权人、客户、员工，甚至可能是整个社区）的影响”。这包括“利益攸关的基本股东利益，包括短期投机者的利益，他们的行为可能助长了要约的强制性，损害了长期投资者的利益”。[60]此外，假设我们有一个法院，它允许（甚至授权）董事在作决定时考虑优尼科案确定的其他公司利益相关者，就像考虑股东利益一样，（最重要的是）允许这些利益相关者执行这些权利，无论是在某些基本的公司决策的民主选举上，还是在衡平法院中授予适用于这些利益相关者的地位，以执行这些权利。[61]如果特拉华州的法律从20世纪80年代中期一直发展到现在会怎样？[62]

---

[60] Unocal, 493 A.2d at 955—956.

[61] 虽然许多州已经通过了所谓的利益相关者选区法规，但这些法规在很大程度上是无效的，因为它们没有给其他利益相关者提供通过投票或在法庭上行使其权利的机会。因此，这些法规被批评为仅仅赋予董事更大的自由裁量权，使其可以采取违背股东利益的行为，而没有对这一扩大的权力范围进行任何有意义的审查。

[62] 再次强调，冒着多余的风险，我并不质疑特拉华州法律的含义，正如首席大法官斯特林（以及其他人）目前所阐述的那样。我有幸在首席大法官斯特林（包括当他担任首席大法官和副首席大法官时）以及特拉华州法院的许多其他杰出法学家面前提起许多案件的诉讼，并完全尊重他们对特拉华州现行法律的看法。我只是在问如果呢？并据此假设特拉华州的法律可能是什么样的，以及如果法律的发展方式不同，世界可能会有什么不同。

(一) 如果公司对债权人负有义务该如何？会怎样？

从优尼科案中列出的清单上的第一项开始，如果公司对债权人负有责任该怎么办？这个问题似乎特别合适，因为正如副首席大法官拉斯特（Chancellor Laster）最近解释的那样，特拉华州有关债权人受托义务的法律在过去十年中发生了相当大的变化。据拉斯特称，2007 年之前：

- 当公司濒临破产时，董事所承担的受托责任延伸至债权人；
- 债权人可以通过对董事违反信托义务的直接诉讼，强制执行董事所负有的受托义务；
- 根据受托基金原则，董事对债权人的受托义务包括有义务保守地管理公司，将其作为有利于债权人利益的信托基金；
- 由于董事对债权人和股东都负有受托责任，董事面临固有的利益冲突，并将承担证明其决策完全公平的责任；和
- 根据一种被称为“深化破产”的理论，董事会可能会因继续经营无力偿债的（破产）实体和给债权人带来更大损失而承担责任。

然而，根据拉斯特的说法，至少到 2010 年底，“这些断言都不成立了”。取 64
而代之的是一个不同的制度，在这个制度中，下列原则是正确的：

- 没有法律上公认的对信托债权有影响的“破产区域”。影响受托责任分析的唯一过渡点是破产本身；
- 无论公司是否有偿付能力或资不抵债，债权人都不能直接就违反受托义务提出索赔。公司破产后，债权人获得了因违反受托义务而衍生的主张债权的资格；
- 资不抵债公司的董事对债权人不负有任何特殊责任。为了公司所有剩余索取者的利益，他们继续对公司负有受托责任，这一类别现在包括债权人。他们没有义务关闭资不抵债的公司并将其资产分配给债权人，尽管他们作出商业判断，认为这确实是使公司价值最大化的最佳途径；和

- 特拉华州不承认“深化破产”的理论；
- 如果董事真诚地相信自己可以实现盈利，即使董事们的决定最终会给债权人带来更大的损失，他们也不需要为继续经营一家资不抵债的实体承担责任。[63]

那么，如果特拉华州法律通过将受托责任扩大到债权人，进一步改变了对债权人的义务，那么公司法和更普遍的经济情况又会有什么不同呢？尽管关于这个问题的文献有限，但至少有一些证据表明，“当董事仅对股东负有受托义务时，公司比同样对债权人负有受托责任的公司更有可能规避债务契约……（并且）对债权人施加受托义务降低了股权持有人和债务持有人之间的财务报告冲突，从而降低了有利于股东利益而非债权人利益的操纵行为发生的可能性”。[64]更广泛地说，迄今为止的研究表明，当对债权人负有受托责任时，财务报告和董事会治理通常呈正相关关系。正如最近报道的那样，“董事会质量提高了董事对其负有受托责任的利益相关者的财务报告质量”。[65]

这并不奇怪。正如首席大法官斯特林所指出的那样，董事会对那些有权强
65 制履行职责的人作出回应，如果这种履行不符合这些人的利益，他们有权罢免董事。[66]其中一种回应是调整财务报告（在法律范围内），以更有利地代表股东的利益，即使这种报告会导致债权人无法获得可靠的信息。

这也不足为奇，因为如果董事们觉得有义务最大限度地提高股东利益和股东价值，他们（以及管理层）可能会受到激励，以向公司股东展示最大财务价值的方式呈现公司财务报表，即使这会导致这些财务报表的表述对债权人不利。

---

[63] Quandrant Structured Prods. Co. v. Vertin，115 A.3d 535，543—45（Del. Ch. 2015）.

[64] Shai Levi et al.，Does Fiduciary Duty to Creditors Reduce Debt-Covenant-Avoidance Behavior?（Mar. 26，2016），https：//ssrn.com/abstract = 2800724.

[65] Id.

[66] See，e.g.，Strine，Corporate Governance Question at 7—9；see also Leo E. Strine Jr.，Toward a True Corporate Republic：A Traditionalist Response to Bebchuk's Solution for Improving Corporate America，119 Harv. L. Rev.1759（2006）. 这也是为什么特拉华州以外的现行利益相关者法规制度被证明基本上无效的原因；如果不考虑董事的权利，这些法规旨在受益的利益相关者无权罢免或质疑董事。

然而，鉴于特拉华州法院在过去十年中如何改变了对债权人的义务的范围和性质，人们必须想知道，在法院继续探讨对债权人的义务和责任时，更大的财务透明度和披露的潜在好处是否会成为一个可能影响法院的因素。

增加对债权人的责任的另一个潜在影响是，授权公司所欠养老金的员工保护他们在这些养老金中的利益。1983 年，里根政府决定，公司不仅可以在“业务需要”的狭隘情况下终止养老金计划，而且通常只要公司从保险公司购买现有福利的年金即可。⑰规则的改变允许董事会为了股东的利益而终止计划，以牺牲员工的利益为代价，因为员工在公司养老金计划中的利益而成为公司的债权人。

众所周知，许多董事会利用这一变化终止计划，并将养老金计划中的“超额”分配给股东，而不补偿员工/债权人新计划的风险，也不提供任何从计划中获得的“利润”来加强计划本身。⑱尽管关于哪些股东（或股东群体）应该从养老金计划中获得超额收益的争论经常在特拉华州进行，但法院并未解决董事会是否对这些养老金计划的原始受益人负有受托责任，以确保他们在支付给股东之前获得了任何超额部分。⑲这对经济产生了巨大影响，因为它有效地将财富从一群长期债权人/员工（养老金计划受益人）处重新分配给了公司的股东。这对至今仍存在的员工和公司治理产生了重要影响，如果特拉华州对董事会施加责任，将员工/债权人的利益视为养老金计划终止的一部分，显然会有所不同。⑳ 66

---

⑰ See Martin Gelter, The Pension System and the Rise of Shareholder Primacy, 43 Seton Hall L. Rev.909, 933—36 (2013)；Richard A. Ippolito, Tenuous Property Rights: The Unraveling of Defined Benefit Contracts in the US, in Pension Policy in an Integrating Europe 175—76 (Onotato Casellino and Elsa Fornero eds., 2003)（描述了具体的监管变化和一些政策的影响）。

⑱ 1980 年至 1985 年间，约有 580 起终止收购案，仅 1986 年，即收购热潮最鼎盛时期，终止收购案就超过 1 500 起。1980 年至 1989 年间，共有 1 635 个计划被终止，为股东带来了总计 180 亿美元的收益（相当于这些计划资产的 45%）。See generally Gelter, The Pension System at 935—936.

⑲ See, e.g., In re Anderson, Clayton S'holders Litig., 519 A.2d 680 (Del. Ch. 1986)（注意到董事会已决定为了股东的利益终止“某些资金过剩的养老金计划”，并假设这种终止不会产生任何与计划受益人分享这些养老金计划中的超额部分的义务）。

⑳ 正如《华尔街日报》最近报道的那样，许多公司取消了养老金计划，转而采用 401（k）计划来削减开支，而其他公司则干脆取消了所有类型的养老金计划。结果是，近一半的家庭根本没有退休储蓄，几乎所有收入水平的退休储蓄都低于建议金额。See Timothy Martin, The Champions of the 401 (k) Lament the Revolution They Started, Wall St. J., Jan. 2, 2017, http: //www.wsj.com/articles/the-champions-of-the-401-k-lament-the-revolution-they-started-1483382348.

（二）如果公司对客户负有义务会怎样？

特拉华州通常不允许客户对董事提出赔偿请求，也不允许客户声称董事对他们负有责任。与此同时，公司应该为客户的利益而经营的观念有着悠久的传统（可以说比公司应该为股东的利益而经营的观念还要悠久）。例如，彼得·德鲁克（Peter Drucker）不久前写道："当被问及企业是什么时，典型的商人很可能会回答，企业是一个营利性组织。典型的经济学家可能会给出同样的答案。答案不仅是错误的，而且是无关紧要的。要知道什么是企业，我们必须从它的目的开始。其目的必须在企业本身之外。事实上，它必须存在于社会之中，因为企业是社会的一个'器官'。企业目的只有一个有效定义：创建客户。"[71]

几年后，时任桂格燕麦公司（Quaker Oats）总裁的肯·梅森（Ken Mason）表达了类似的观点，他在《商业周刊》上写道，米尔顿·弗里德曼的"利润就是一切"哲学代表了"对企业和企业领袖在我们社会中所扮演的角色的一种沉闷和贬低的看法……赚钱不是公司的目的，就像吃饱饭不再是生活的目的一样。获得足够的食物是生活的要求；人们希望，人生的目标会更广泛、更具挑战性。生意和利润也是如此"。[72]

这种观点至今仍在这个国家的许多领头羊公司中延续。例如，史蒂夫·乔布斯（Steve Jobs）表示，苹果公司"以客户为先"而存在，"客户至上"的理念使公司的所有利益相关者受益。[73]

如果法律允许董事会优先考虑客户而不是股东，那么经济又会是什么样子？多伦多大学管理学院前院长罗杰·马丁（Roger Martin）认为，优先考虑股东而非客户的做法，会促使高管去满足公开股票交易所的"预期市场"，而不是"现实世界市场"，在现实世界市场中，"客户是焦点，公司的中心任务是找到更好

---

[71] Peter F. Drucker, The Practice of Management (2006).

[72] Steve Denning, The Origin of "The World's Dumbest Idea": Milton Friedman, Forbes, June 26, 2013.

[73] See Ben W. Heineman Jr., Steve Jobs and the Purpose of the Corporation, Harv. Bus. Rev., Oct. 12, 2011.

的方式来服务他们”。[74]

根据马丁的说法，对预期市场的关注对公司、经济甚至股东都产生了严重的负面影响。马丁认为，要求公司、董事会和高管强调股东价值高于一切的规则会导致以牺牲长期投资为代价的短期利润，关注股价而不是打造更好的产品，甚至会导致一种商业环境，即人们有动力承担商业和道德风险以满足市场预期，因为必须不惜一切代价来实现股价预期。相比之下，优先考虑客户而非股东会激励高管创造最好的产品和服务。这种激励机制为长期而非短期的建设创造了机会，并且由于这个“真正的市场”专注于客户、员工和产品，它往往会为创造这些产品的员工和公司创造更广泛的利益，从而为更广泛的经济和社会带来更大的利益。[75] 67

马丁将管理公司的以股东为中心的规则与国家橄榄球联盟的核心点进行了比较，他说，后者试图最大化“客户满意度”。这种对比让马丁把管理股票市场的首席执行官和董事会比作四分卫和教练，他们追求的是得分差距，而不是赢得比赛。马丁主张建立一种股东利益劣后于客户（和其他利益相关者）利益的制度，其理论是，如果客户是公司和董事会的焦点，那么公司和股东的长期价值更有可能被创造出来。[76]

马丁并不是唯一一个认为专注于股东而非客户会造成危害的人。[77]然而，这里的观点又不是规范性的，即认为一种管理理论或法律责任的方法更可取。相反，它只是简单地指出了一种替代方案——最大限度地提高客户满意度，而不是股东价值——这有许多商业、管理和经济方面的主张，可能对经济甚至股东

---

[74] Roger L. Martin，Fixing the Game：Bubbles，Crashes，and What Capitalism Can Learn from the NFL（2011）.

[75] Id.

[76] Id.；see also Roger Martin，Fixing the Game：The Problem with Expectations，Huffington Post，May 4，2011，http：//www.huffingtonpost.com/roger-martin/the-problem-with-expectat _ b _ 857458.html.

[77] See，e.g.，Michael E. Porter and Mark R. Kramer，Creating Shared Value，Harv. Bus. Rev.，Jan.—Feb. 2011；Steven Pearlstein，Social Capital，Corporate Purpose and the Revival of American Capitalism，Ctr. of Effective Pub. Mgmt. at Brookings，Jan. 2014，https：//www.brookings.edu/wp-content/uploads/2016/06/BrookingsPearlsteinv5 _ Revised-Feb-2014.pdf.

都有一些积极的影响。[78]

（三）如果公司对员工负有义务会怎样？

优尼科案确定的下一个利益群体是员工。[79]例如，员工通过技能和努力地锻
68 炼来改善公司，而不仅仅是为了获得他们的报酬。毫无疑问，员工是真正通过工作来承担风险并“投资”于公司的；员工为雇主获得教育、经验和技能，他们为雇主作出重大牺牲。

然而，即使有人对员工在公司中所做的附加价值、努力、风险和投资提出异议，法律通常也会对员工施加受托义务——包括勤勉和忠诚的义务——这些义务更普遍地与董事相关，而不会对雇主施加类似的义务。相反，作为雇用条件，许多员工必须签署雇用协议，明确放弃公司可能对员工承担的任何义务，同时也限制了员工的某些权利（即，要求争议通过仲裁而不是在法庭上解决，可能会限制员工以其他方式提起诉讼的权利，并明确规定员工对公司的责任）。有趣的是，虽然法院认为员工可以而且通常确实对其雇主负有受托责任，但雇主通常不对员工负有此类责任。[80]特拉华州与这一观点一致（该观点也在《代理重述（第二版）》中出现），并赋予员工诚信、忠诚和公平地对待雇主的受托义务——这一义务类似于董事对股东所负有的义务。[81]然而，公司通常不会对其员工强加这样的义务。

---

[78] See Martin, Fixing the Game（指出，在 1933 年至 1976 年利益相关者资本主义时期，股东总回报率为年复合 7.5%，而在 1976 年至 2010 年股东资本主义时期，标准普尔总回报率为年复合 6.5%）。

[79] Unocal, 493 A.2d at 955.

[80] Compare, e.g., Espinoza v. Aaron's Rents, Inc., No.01-14-00843-CV, 2016 Tex. App. LEXIS 423（Tex. Ct. App. Jan. 14, 2016）and Beverick v. Koch Power, Inc., 186 S.W.3d 145, 153（Tex. Ct. App. 2005）（认为根据得克萨斯州法律，雇主不对员工或经理承担受托责任）, Johnson v. Brewer & Pritchard, P.C., 73 S.W.3d 193, 200（Tex. 2002）（quoting Restatement（Second）of Agency § 13 cmt. a（1958））（结论是“当员工和雇主之间存在代理的受托关系时，员工有义务在与其代理有关的事务中主要为雇主的利益行事”）。

[81] See, e.g., Triton Constr. Co. v. E. Shore Elec. Servs., Inc., No.3290-VSP, 2009 Del. Ch. LEXIS 88（Del. Ch. May 18, 2009）（认为特拉华州法律中的公司对其员工负有受托义务，因为根据“代理法的基本原则，代理人对其委托人负有诚信、忠诚和公平交易的义务”）。

如果情况发生变化，董事和公司之间具有相似的法律和衡平法义务和责任，董事有权将员工利益置于股东利益之上，如果董事采取了损害员工的行为，员工有权选举一定数量的董事或起诉董事违反受托义务？[82]公司会是什么样子？事实上，一个有义务在考虑股东利润之前考虑员工福利的董事会，是否可能比一个专注于股东价值最大化的公司更成功？同样，鉴于本次讨论的假设性质，期待一个明确的答案是不切实际的，但至少有一些证据表明，当员工做得更好时，公司作为一个整体（以及社会）会做得更好。[83]

许多经济学家长期以来一直认为，支付更高工资的公司拥有更高效的员工。[84]例如，多项研究表明，支付更高的工资可以激励员工更加努力地工作，从 69
而减少工作流动率；[85]更高的工资可以吸引更多有才华、合格和有能力的员工；[86]

---

[82] 正如我已经提到的，特拉华州法院认为公司有权起诉员工违反受托义务，而许多国家（例如德国）都有将员工纳入诉讼的公司。质疑缺乏这些类型的结构性保障措施是否使董事会得出结论，认为他们没有义务与员工分享员工养老金基金的任何超额部分，并且法院通常不会让董事会承担这样的义务。

[83] 有些人可能会指出一些公司的失败，比如美联航等多家航空公司，尽管通过员工持股计划（ESOP）拥有大量股权，但在20世纪90年代末和21世纪初还是失败了。然而，相当多的分析表明，这些航空公司的失败是因员工持股计划以外的原因，而且尽管有员工持股计划，但员工利益并未得到充分考虑。See，e.g.，Cory Rosen，Observations on Employee Ownership：United Airlines，ESOPs and Employee Ownership，National Center for Employee Ownership，2002，https：//www.nceo.org/observations-employee-ownership/c/united-airlines-esops-employee-ownership. 相比之下，过去半个世纪最成功的航空公司之一西南航空公司公开宣称“员工第一，客户第二，股东第三”，这一政策是其成功的原因。See Emmie Martin，Southwest Puts Employees First，Business Insider，July 29，2015，http：//www.businessinsider.com/southwest-airlines-puts-employees-first-2015-7.

[84] See，e.g.，Justin Wolfers and Jan Zilinsky，Higher Wages for Low-Income Workers Lead to Higher Productivity，Peterson Inst. for Intl. Econ.，Jan. 13，2015.

[85] Michael Reich，Peter Hall，and Ken Jacobs，Living Wages and Economic Performance：The San Francisco Airport Model（Mar. 2003），http：//laborcenter.berkeley.edu/pdf/2003/sfo _ mar03.pdf；see also John Pepper，Workers and Businesses Benefit from a Higher Minimum Wage，US Dept. of Lab. Blog（Aug. 7，2014），https：//blog.dol.gov/2014/08/07/workers-and-businesses-benefit-from-a-higher-minimum-wage/.

[86] See，e.g.，Ernesto Dal Bó et al.，Strengthening State Capabilities：The Role of Financial Incentives in the Call to Public Service，128 Q. J. Econ. 1169（2013）；see also Stephen V. Burks et al.，The Value of Hiring through Employee Referrals，130 Q. J. Econ. 805（2015）（讨论更高的工资如何带来更多的员工推荐，以及这些员工如何比未被推荐的员工更有效率）。

更高的工资可以提高客户满意度和服务。[87]许多商业领袖，包括星巴克的霍华德·舒尔茨（Howard Schultz）和麦当劳的史蒂夫·伊斯特布鲁克（Steve Easterbrook）等知名人士，都支持这样一种观点，即当公司致力于提高员工的工资和福利时，公司是最终的受益人，不仅因为它实现了更高的利润，还因为这些员工提供了更好的客户服务，所以对公司更加忠诚，而且通常效率更高。[88]

这些措施显然是在现有结构下采取的，在这种结构中，公司有义务把股东利益放在首位，在这种情况下支付给员工的福利得到了股东从对员工的投资中受益的概念的支持。但是，如果董事对员工负有责任，下一步可能会采取的措施包括：例如，（1）与员工而不仅仅是股东分享生产收益，（2）专注于为员工和股东创造财富，以及（3）要求组织结构顶层的薪酬与公司所有员工的薪酬之间建立某种关系。在一个董事的职责包括为公司员工创造价值并且员工有权执行该职责的世界中，可以通过多种方式将更多利润分配给员工，具有讽刺意味的是，这也可能使股东受益（但至少在这个定义下，不会出于该目的而这样做）。

（四）如果董事对他们的社区负有责任会怎样？

自 20 世纪 80 年代的收购战以来，公司的增长也促使社区关注这些公司如何披露和管理其社会和环境活动以及财务状况。[89]虽然跨国公司已经存在了几十年，但世界上最大的公司在过去几十年的戏剧性增长是前所未有的。例如，到 2012 年，最大的 1 000 家上市公司（全球 1 000 家）占全球 6 万多家上市公司总市值的一半；有 34 万亿美元的收入；直接雇用了超过 7 300 万人（在其多个供

---

[87] See, e.g., Wolfers and Zilinsky, Higher Wages.

[88] See, e.g., Phil Wahba, McDonald's CEO Says Better Worker Benefits Boosting US Sales, Fortune, Apr. 22, 2016; Myles Udland, Starbucks Giving Every US Employee a Raise Is Part of the Biggest Economic Story in America, Business Insider, July 11, 2016.

[89] See generally George Serafeim et al., The Role of the Corporation in Society: Implications for Investors, Calvert-Serafeim Series, Sept. 2015 [here-after cited as Serafeim et al., Calvert Paper]; George Serafeim, The Role of the Corporation in Society: An Alternative View and Opportunities for Future Re-search, Harvard Bus. Sch. (May 2014)（以下简称 Serafeim，公司的角色）。

应链中还有数百万人）；总市值超过 28 万亿美元。[90]

全球 1 000 强公司比许多国家都要大。例如，陶氏化学估计，它每天消耗的 70
能源与澳大利亚相当，而荷兰皇家壳牌（Royal Dutch Shell）和沃尔玛的销售额都高于除约 30 个国家外的所有国家的国内生产总值。[91]少数大公司的权力集中存在于各个行业。例如，2013 年谷歌搜索引擎宕机 5 分钟，导致全球互联网流量下降 40%；孟山都控制着全球 90%以上的转基因种子市场；仅康卡斯特、迪士尼、新闻集团、时代华纳、维亚康姆和哥伦比亚广播公司这六家公司就控制了美国大约 70%的有线电视广播。[92]

大型跨国公司的权力集中导致这些公司需要更多地关注它们的社区和其他利益相关者，鉴于这些公司的规模和范围，这对这些社区来说是一个挑战。[93]与在当地雇用大部分员工并在当地销售产品的小公司相比，大型跨国公司可能更不愿意关注当地社区，这不足为奇。正如一位评论员所指出的那样，“对于一家在赤道几内亚开采石油并在美国向下游销售的石油和天然气公司而言，客户、员工、供应商和当地社区的利益可能存在显著差异”。[94]

为了应对这种日益增长的力量，公民和监管机构已经开始向企业提出挑战，要求它们为社区服务，而不是为股东服务。例如，调查显示，全球 80%以上的公民希望首席执行官将注意力从短期利润转移到更广泛的商业和社会问题上，

---

[90] See Serafeim，Role of the Corporation at 6. 在纽约证券交易所和纳斯达克活跃交易的公司不到 4 000 家，另有约 15 000 只股票在美国场外交易。其余公司在全球各个交易所和市场上进行交易。然而，这个数字并不包括私募股权公司控制的公司的增长，近年来这些公司也大幅增长。例如，仅 Blackstone 就拥有超过 81 家公司的投资组合，年收入合计达 700 亿美元，并在全球直接雇用了超过 56 万名员工。See Private Equity，Blackstone，http：//www. blackstone. com/the-firm/asset-management/private-equity. 许多私募股权公司已经进入传统由政府提供的服务市场，这引发了全新的问题。See，e.g.，Danielle Ivory et al.，What Can Go Wrong When Private Equity Takes Over a Public Service，N.Y. Times，June 25，2016.

[91] Id.

[92] Id.；see also Serafeim et al.，Calvert Paper at 6—7.

[93] 值得注意的是，随着全球 1 000 强规模的扩大，机构投资者的规模也随之扩大。例如，截至 2011 年，全球十大机构投资者平均持有全球 1 000 强公司已发行股票的 27.1%。See Serafeim，Role of the Corporation at 9.

[94] Id. at 7.

如收入不平等和社会利益。[95]公司和董事会也感受到了在公开披露中关注利益相关者问题的压力。例如，在1992年，只有26家公司发布了可持续发展报告（即包含社会、环境或其他治理信息但不包括财务信息的报告）；到2012年，这个数字已经增长到超过6 000多家。[96]

当然，所有这一切都发生在这样一个世界里：董事会没有受托责任将社区的利益视为等于（或高于）股东的利益。然而，公司的发展（包括广泛认可的公司日益增长的政治影响力）导致对公司更多披露非财务问题的需求增加。如
71 果董事会和公司对社区负有受托义务，我们可能会看到公司作为更广泛的社会经济和社会部分不可分割的一部分发挥更大的作用——这显然是绝大多数人所期望的角色，特别是考虑到公司的日益强大的力量。

（五）若董事会可以考虑处于危机中的股东基本利益（包括短期投机者利益）会如何?

优尼科案确定的最后一组利益群体是“处于危险中的基本股东利益，包括短期投机者的利益”，他们可能造成了董事会需要采取防御行动的局面。[97]如果董事可以考虑处于危急状态的基本股东利益，并选择优先考虑一组股东而不是另一个股东，那么董事将如何在不同类别的股东之间进行选择?

同样，我们有必要从几个基本观点开始。首先，尽管人们常说大多数美国人在股票市场上进行投资，但实际上并非如此。相反，最近的证据表明，大约一半的美国人没有在股市投资，而在那些投资股市的人当中，绝大多数投资很少。[98]粗略地说，大约三分之一的股票市场由该国1%（或更少）最富有的人拥

---

[95] 2016 Edelman Trust Barometer Global Report, Edelman, Jan. 17, 2016, at 34, http://www.slideshare.net/EdelmanInsights/2016-edelman-trust-barometer-global-results.

[96] See Serafeim, Role of the Corporation at 11.

[97] Unocal, 493 A.2d at 955—56.

[98] See, e.g., Heather Long, Over Half of Americans Have $0 in Stocks, CNN, Apr. 10, 2015, http://money.cnn.com/2015/04/10/investing/investing-52-percent-americans-have-no-money-in-stocks/; Justin McCarthy, Little Change in Per-centage of Americans Who Own Stocks, Gallup, Apr. 22, 2015, http://www.gallup.com/poll/182816/little-change-percentage-americans-invested-market.aspx［发现55%的美国人投资于股票市场，其中包括个股、共同基金以及401（k）和其他退休计划］。

有；另外三分之一的市场由最富有的5%拥有；剩下的三分之一分布在剩下的95%拥有股票的人口中。[99]由于美国的股票所有权如此集中于富人（和非常富裕的人），以牺牲公司的其他利益相关者为代价实现股票价值最大化意味着，如果股东财富最大化是公司的最终目标，那么富人将获得不成比例的收益，因为他们拥有在这个国家交易的大量股票。

其次，股票交易，相对于股票所有权，已经开始主导市场。正如首席大法官斯特林所指出的那样，即使是作为大多数美国人的主要投资工具的共同基金，他们在“忙忙碌碌”的基础上投资于市场交易，其投资组合的年周转率超过100%，甚至养老基金的股权投资也有类似的周转率。[100]此外，机构对交易的统治意味着，在美国所有交易所交易的股票经常占100%，这使得大多数机构“更多的是短期投机者，而不是坚定的长期投资者”。[101]其结果是，近年来股票的持有 72
期大幅下降，与此同时，个人对市场的参与度也有所下降。[102]

与今天股市青睐交易者而非投资者的观念相一致的是，今天的投资者实际上并不是在购买公司的股票；相反，他们只是从另一个交易员那里购买股票，希望这些股票在没有任何财务利益或直接投资的情况下增值。例如，苹果公司在1980年的首次公开募股中筹集了9 700万美元；[103]从那时起，尽管苹果公司进行了四次股票拆分，但它从未向公众出售过任何股票。因此，今天购买苹果股票的买家希望他们最终能够以更高的价格出售该股票，但苹果作为一家公司并

[99] Id.; see also Ralph Gomory, Inversions Are Revealing the Ugly Face of Shareholder Value, Huffington Post (Sept. 9, 2014), http://www.huffingtonpost.com/ralph-gomory/inversions-are-revealing-_b_5785376.html.

[100] See Strine, Corporate Governance Question at 10—11.

[101] Id. at 11. 从历史上看，交易量超过持有量的增长更为极端。例如，20世纪50年代在纽约证券交易所交易的股票的平均持有期限约为七年；而今天，大约是六个月。同样，家庭拥有超过90%的美国上市公司，而如今机构（无论是国内还是国外）拥有在美国交易的绝大多数股票份额，正是这些机构参与的交易最为活跃。See generally Justin Fox and Jay Lorsch, What Good Are Shareholders? Harv. Bus. Rev., July—Aug. 2012.

[102] 我之前曾写过有关这一现象的文章，并提出了一些温和的建议，试图鼓励股东关注更长远的目标。See, e.g., David J. Berger, Steven Davidoff Solomon, and Aaron Benjamin, Tenure Voting and the US Public Company (Mar. 1, 2016), https://ssrn.com/abstract=2740538.

[103] WSGR代表苹果公司进行首次公开募股。

没有从购买或出售其股票中获得任何收益。

近年来，这一趋势明显加快。根据美联储提供的信息，从 2000 年到 2010 年，美国公司股本的净发行规模为负 2 870 亿美元。此外，在过去几年中，首次公开募股大幅减少。总之，这表明，虽然股票市场涉及大量交易，但直接进行股票交易的公司仅从这些交易中获得一小部分收益。[104]

然而，归根结底，公司股东基础的投资跨度真的很重要吗？公司高管当然相信这一点，因为研究发现，超过 90%的高管认为，拥有长期投资者的公司更有可能增加市场份额，并在新产品上进行更多投资，而投资者的根基侧重于短期业绩的公司更可能参与股份回购、降低成本以及旨在影响股价的其他行动，而非长期增长计划和战略规划。[105]

这些结果似乎又回到了法院对优尼科案的判决，正如今天许多倡导者认为，公司不太倾向于从事长期投资的原因之一是短期投资者的压力。如果一家没有“大量买卖自己的股票”的公司在管理者关注长期利益时受益，那么值得质疑的是，是否应该建立一些机制，让那些对公司拥有更大的长期利益的人能够影响公司行为，这样关于公司应该如何行动的辩论就不会被那些仅仅关注可能导致股价暂时上涨的即时行动的人主导。

73 五、结　　论

过去十年的经济动荡对我们的许多主要机构提出了根本性的问题，包括政府、金融部门和公司。这种混乱和焦虑至少部分是由于该国日益扩大的财富差距而加剧的，有大量证据表明，财富差距可能与公司治理的股东至上理念有关，这要求股东财富在所有其他公司群体中实现最大化。[106]本文并未挑战当今世界股

---

[104] See generally Fox and Lorsch，What Good Are Shareholders? 102.

[105] See，e.g.，Anne Beyer et al.，Does the Composition of a Company's Shareholder Base Really Matter? Stanford Closer Look Series，July 2014.

[106] 迄今为止，对财富与收入不平等之间的相关性最彻底的解释是托马斯·皮凯蒂（Thomas Piketty）的《21 世纪的资本》（Arthur Goldhammer trans.，President and Fellows of Harv. Coll. 2014）（2013）；see also Joseph E. Stiglitz，The Price of Inequality：How Today's Divided Society Endangers Our Future（2012）。

东至上的主导地位。相反，考虑到特拉华州首席大法官利奥·斯特林对特拉华州法律现状的分析，以及我自己就董事职责向董事和其他人（包括在特拉华州以外成立的公司的董事）提供咨询的经验，如今，股东至上在当今企业社会中的主导地位几乎是毫无疑问的。

相反，本文的目的有三个方面。首先，我强调股东至上是一个相对较新的发展。股东至上的起源现在通常可以追溯到密歇根州最高法院在 *Dodge v. Ford Motor Co.*案中的判决，[107]但正如前首席大法官艾伦所指出的那样，在 20 世纪 60 年代，这个案子很少引起关注，而且“似乎每个有趣的问题在公司法中已经得到了回答，在公司法研究中没有发现任何其他问题”。[108]

直到 20 世纪 80 年代，随着收购热潮、机构投资者的增长、监管环境的变化、法律和经济运动的兴起、公司金融的发展以及其他宏观经济事件的发展，股东至上主义才充分发挥作用。在此之前，特别是从新政到 20 世纪 80 年代中期，董事为所有公司利益相关者管理公司，利益相关者资本主义的主要执行机制是其他大型机构的“制衡势力”，包括员工（主要通过工会）、客户和供应商（通常通过消费者联合会和其他组织）和社区（无论是单独行事还是通过他们在地方、州和国家政府监管机构中的代表行事）。[109]

董事们必须对这些“制衡势力”作出回应，而对这些势力的回应排除了任何股东至上的概念。此外，无论选择何种衡量标准，证据都表明，在此期间，74
美国公司总体上非常成功。

其次，尽管事后看来，特拉华州采用股东至上模式似乎是不可避免的，但当时关于如何在特拉华州法院解决这个问题存在相当大的争议。尤其值得一提的是，优尼科案和露华浓案的诉讼都很激烈，而且很难确定特拉华州最高法院在露华浓案中是否会作出有利于佩雷尔曼（Perelman）和不利于董事会的裁决，

[107] 170 N.W. 668 (Mich. 1919).

[108] Allen, Our Schizophrenic Conception. 近年来，许多学者也对道奇诉福特案（*Dodge v. Ford.*）的有效性或合理性提出了质疑。See, e.g., Lynn A. Stout, Why We Should Stop Teaching Dodge v. Ford, 3 Va. L. & Bus. Rev.163 (2008).

[109] See generally Galbraith, American Capitalism.

尤其是在摩尔法官在优尼科案作出裁决之后。[110]此外，值得注意的是，到作出这些决定时，自20世纪30年代以来，许多限制公司权力的“制衡势力”，包括最显著的私人工会和政府监管机构，到20世纪80年代中期已经显著削弱。因此，虽然露华浓案可能被视为以牺牲其他利益相关者的利益为代价来增强股东权利，但优尼科案、露华浓案及其后续案件也会被视为对董事会相当大的程序限制，尤其是在收购的背景下。这样一来，人们可以将特拉华州的法院视为对公司董事行为尤其是在收购的背景下的一种（温和的）新“制衡势力”。

这篇文章的最后目的是要指出，尽管我们生活在一个由股东至上主导的世界，但这种情况在未来可能（再次）发生改变。思想和法律理论是循环发展的，虽然律师、董事和商业人士是根据现行标准来判断的，但这并不意味着这些标准是固定不变的。相反，事实上，在未来几年里，今天的标准很可能会被抛弃，这更多的是一个何时被抛弃，而不是是否会被抛弃的问题。正如当时的首席大法官艾伦在二十多年前（以及在优尼科案和露华浓案的裁决被作出后不到十年）所写的那样：

> 我认为，在界定商事公司的性质或目的方面，不会有最终的行动。也许，要求我们的人民（或我们的法律），对一个像公众公司这样庞大、普遍和重要的机构的目的有单一的看法未免过高了……因此，得出结论，我们在公司的性质上一直是精神分裂的，但作为一个社会，在某种程度上我们可能永远是这样的。“什么是公司？”以及“董事掌权是为了谁的利益？”，这些问题只是在某些时候需要法律机构来制定或假设答案的意义上的法律
> 75 问题。但它们不仅仅是能够通过分析性规则操纵来解决的技术性法律问题。它们更不是金融或经济方面的技术问题。相反，在定义公共公司时，我们含蓄地表达了我们对社会生活的性质和目的的看法。既然我们在这一点上存在分歧，我们的公司实体法本身就必然会引起争论和争议。这是被计算出来的，而不是推导出来的。在这个过程中，效率问题、意识形态和利益

[110] See generally Teitelman，Bloodsport.

集团政治将与历史（包括我们的半自治公司法）混合在一起，产生一个暂时适用的答案，只会被未来的一些压力撕裂并重新制定一次。如此循环、永无止境。[111]

[111] See Allen，Our Schizophrenic Conception at 280—281.

88

第四章　奇怪的一对
——特拉华和共益公司

迈克尔·B.多尔夫（Michael B. Dorff）*

一、导　　言

在当前特拉华州公司法面临的所有社会和经济挑战中，最具革命性的可能是人们对公司目的（宗旨）的态度转变。特拉华州公司法的核心原则是，公司的目标是最大化股东价值。①公司为其他公司群体（如员工、客户或公司经营所

---

* 我要感谢阿芙拉·阿沙里普尔（Afra Asharipour）、威廉·布拉顿（William Bratton）、吉尔·费什（Jill Fisch）、罗纳德·吉尔森（Ronald Gilson）、肖恩·格里菲斯（Sean Griffith,）、弗兰克·帕特诺伊（Frank Partnoy）、伊丽莎白·波尔曼（Elizabeth Pollman）、戈登·史密斯（Gordon Smith）、希拉里·赛尔（Hillary Sale）、史蒂文·大卫杜夫·所罗门（Steven Davidoff Solomon）、兰德尔·托马斯（Randall Thomas）、罗伯特·汤普森（Robert Thompson）和维里蒂·温希普（Verity Winship）提出的有益意见和建议。我还要感谢埃曼·哈桑（Eman Al Hassan）在寻找共益企业创始人并说服他们接受本项目的采访方面提供的出色研究帮助。本章的大部分内容以前曾作为下文的一部分出现，Michael B. Dorff，Why Public Benefit Corporations? 42 DEL. J. CORP. L. 13（2017）。

① 在特拉华州，关于这一法律原则的最新声明出现在 eBay Domestic Holdings，Inc. v. Newmark，16 A.3d 1，34（Del. Ch. 2010）案：

> 然而，Craigslist 所采用的公司形式并不适合纯粹的慈善目的，至少在有其他股东对实现投资回报感兴趣的情况下是这样。吉姆（Jim）和克雷格（Craig）选择组建 Craigslist，Inc. 作为一家营利性特拉华州公司，并自愿接受来自 eBay 的数百万美元投资，作为 eBay 成为股东的交易的一部分。选择营利性公司形式后，Craigslist 董事受该形式随附的受托义务和标准的约束。这些标准包括为股东的利益提升公司价值。公司名称后的“Inc.”必须至少具有这样的含义。因此，我不能接受为了实施权利计划的目的而制定的一项有效公司政策，它具体、明确，且无可否认地寻求不是为了股东的利益而最大化特拉华州营利性公司的经济价值——无论这些股东是财力有限的个人还是电子商务巨头。（转下页）

在的社区）的目标服务或为更广泛的目标服务（如保护环境或援助穷人）的自由受到限制，因为任何此类努力的主要目的都是提高公司股东的利益底线。②特拉华州最近批准了共益公司，这使得企业家可以通过选择一种既追求社会利益又追求利润的商业实体形式，来改变股东至上的规则。③

并非所有观察人士都同意传统的特拉华州企业必须只追求利润。玛格丽特·布莱尔（Margaret Blair）和林恩·斯托特（Lynn Stout）等进步公司法律学者长期以来一直主张，公司董事会必须平衡不同公司群体的利益，这有时意味着牺牲利润来帮助员工、贷款人或社区。④特拉华州法院本身在这一点上并不总是很清楚。例如，在著名的优尼科公司诉梅萨石油公司案中，特拉华州最高法院表示，公司董事会在确定敌意收购要约是否对公司构成威胁时，可以考虑的问题之一是该要约对股东以外的利益群体的影响，如“债权人、客户、员工，甚至可能是整个社区”。⑤然而，在露华浓股份有限公司诉麦克安德鲁斯与福布斯（*Revlon*，*Inc*. *v*. *MacAndrews & Forbes*）一案⑥中，法院很快改变了这一立场。法院在该案中指出，“尽管在处理收购威胁时，对不同公司群体的关注是恰当的，但这一原则受到股东获得合理相关利益的要求的限制”。⑦如今，特拉华州公司法似乎相当明确地要求董事会努力实现股东利润最大化，至少作为一项默 89

（接上页）Id. at 34（内部注释省略）。See also Dodge v. Ford Motor Co.，170 N.W. 668，684（Mich. 1919)（尽管这句格言很有争议，但它指出：“董事会的合法权力范围内，不包括仅仅为了股东的附带利益和以使他人受益为主要目的而塑造和处理公司事务，而且没有人会争辩称，如果被告董事公开承认其目的是牺牲股东的利益，法院就没有义务进行干预”）Leo E. Strine Jr.，Our Continuing Struggle with the Idea That For-Profit Corporations Seek Profit，47 Wake Forest L. Rev. 135，151 (2012).（抨击那些反对以下观点的人：“根据公司法，公司的目标是为股东创造利润，管理者的社会信仰，仅仅是他们自己的经济利益，不能成为他们管理公司的目的”）。

② Revlon，Inc. v. MacAndrews & Forbes，506 A.2d 173，176（Del. 1986).

③ See 8 Del. Gen. Corp. Code § § 361—68.

④ See Margaret M. Blair and Lynn A. Stout，A Team Production Theory of Corporate Law，85 VIRGINIA L. Rev. 248（1999）；Lynn A. Stout，The Shareholder Value Myth：How Putting Shareholders First Harms Investors，Corporations，and The Public（2012).

⑤ Unocal Corp. v. Mesa Petroleum Co.，493 A.2d 946，955（1995).

⑥ Revlon，Inc. v. MacAndrews & Forbes，506 A.2d 173（Del. 1986).

⑦ Id. at 176.

认规则。⑧

那些不追求利润而追求社会目标的企业家可能会成立非营利性公司。但特拉华州的公司法在历史上并没有为想要创建一个实体的企业家提供现成的选择，以平衡传统的利润追求和追求其他社会目标。⑨特拉华州立法机构在2013年通过了一项共益公司法令，从而改变了这一现状，使其成为第十四个这样做的州。⑩

共益公司形式经常受到公司法专家的差评。⑪评论员认为，追求其他目标的

---

⑧ See Strine，Our Continuing Struggle at 151. 公司注册证书中改变这一规则的条款可能会被强制执行。See 8 Del. Gen. Corp. Code § 102（b）（1）（授权公司章程条款“制定关于公司经营管理和事务处理的规定，以及创建、定义、限制和规范公司、董事、股东或任何级别的股东、治理机构、成员或非股份公司的任何类别或成员群体的权力的任何规定；如果此类规定不违反本州法律”）。虽然改变公司目标的条款似乎完全属于“企业管理”和“事务处理”，但它仍然可能与“违反本州法律”的章程条款的例外情况相冲突。没有任何法规要求公司实现股东价值最大化，但这一原则在普通法中足够强大，法院可能会认定与之相抵触的章程条款无效。当然，相反的结果也很有可能，这使得这个问题的结果难以预测。

⑨ 鉴于特拉华州强调有限责任公司形式的可塑性，特拉华州的有限责任公司可能需要在利润与其他目标之间进行平衡，但有限责任公司并非为此目的而设计的现成选项。See Elf Atochem North America，Inc. v. Jaffari，727 A.2d 286，290—92（Del. 1999）（声明《特拉华州有限责任公司法》旨在“最大限度地发挥合同自由原则”，并且“只有在经营协议与强制性法律规定不一致的情况下，成员协议才会失效”）。See also Frederick H. Alexander，The Public Benefit Corporation Guidebook：Understanding and Optimizing Delaware's Benefit Corporation Governance Model 45—46（2016）：（“对于希望同时实现利润和社会效益的企业家来说，共益公司越来越受欢迎，但类似的目标可以在特拉华州通过有限责任公司来实现”）。

⑩ See 8 Del. Gen. Corp. Code §§ 361—68. 在特拉华州之前通过共益公司法规的州依次为：马里兰州、新泽西州、佛蒙特州、弗吉尼亚州、夏威夷州、加利福尼亚州、纽约州、南卡罗来纳州、路易斯安那州、马萨诸塞州、伊利诺伊州、宾夕法尼亚州和阿肯色州。华盛顿特区也于2013年2月8日在特拉华州之前通过了一项共益公司法令。华盛顿州于2012年3月批准了类似形式的社会目的公司，也领先于特拉华州。然而，特拉华州有限责任公司很可能被设计成实现类似的目的。

⑪ See，e.g.，Sherwin Abrams，Decisions，Decisions：Helping Clients Choose the Right Business Entity，101 Ill. B. J. 530（2013）（“有限责任公司和共益公司只是营销手段，根本不应该得到授权”）；J. William Callison，Putting New Sheets on a Procrustean Bed：How Benefit Corporations Address Fiduciary Duties，the Dangers Created，and Suggestions for Change，2 Amer. U. Bus. L. Rev.85，92（2012）（认为《示范商业公司法》“将最终阻止公司成为共益公司，并将阻止对共益公司的外部投资和消费者对共益公司地位的认可”）；Brian Galle，Social Enterprise：Who Needs It? 54 Boston College L. Rev.2025，2041（2013）（“但事实证明，社会企业在立法上的广泛普及与其优点无关。社会企业是逐底竞争的产物”）；David Groshoff，Contrepreneurship? Examining Social Enterprise Legislation's Feel-Good Governance Giveaways，16 U. Pa. J. of Bus. Law 233，277（2013）（“这些组织的物质目的和税收目的可以通过现有的商业法结构来实现，特别是因为州法创建的实体不能（转下页）

新自由会干扰市场对公司董事会和高管的控制能力，从而加剧代理成本。⑫平衡其他选民（如员工）的需求是一个值得追求的目标，这一观点本身就备受争议。⑬此外，营利性公司已经拥有相当大的自由，可以承担不以直接利润为目标

（接上页）改变与投资股权资本和分配给所有者相关的联邦税收计划”）；Robert A. Katz and Antony Page，Sustainable Business，62 Emory L. J. 851，865（2013）（认为共益公司参与者可用的任何执法机制都不可能被证明是成功的）；Mark Loewenstein，Benefit Corporations：A Challenge in Corporate Governance，68 Bus. Lawyer 1007，1011（2013）（共益公司的董事将作出次优的平衡决策）；Keren Raz，Toward an Improved Legal Form for Social Enterprise，36 N.Y.U. Rev.L. & Soc. Change 283（2012）（批评共益公司对社会使命的定义过于宽泛，因为公司社会使命的受益人无法通过诉讼来执行它）；Dana Brakman Reiser，Benefit Corporations—A Sustainable Form of Organization? 26 Wake Forest L. Rev.591，593（2011）（《共益公司法》没有为追求利润和亲社会目的的可执行性提供足够的机制）；Strine，Our Continuing Struggle at 150（“福利公司存在于一片虚构的土地上，在那里，你可以拿走别人的钱，随心所欲地使用，并忽略那些拥有唯一投票权的人的最大利益。在这片虚构的土地上，我认为会存在一种虚构的问责机制，在这种机制下，如果受托人是控制利益的一方，就必须负责平衡所有这些利益”）。

⑫ 加勒特别清楚地表达了这一点：“接下来考虑签约的成本。经营一家营利性企业，并没有让慈善产品生产合同的困难变得更容易，事实上，情况很可能恰恰相反。假设企业家和他的投资者共同同意，他们想将公司的部分收入用于慈善活动。但是，公司会做多少慈善，质量如何，成本是多少？现在投资者有两个担忧：要么是管理者做的慈善太少，要么是做的太多。”Galle，Social Enterprise at 2031（内部注释省略）。See also Groshoff，Contrepreneurship at 277（“尽管 SEL 相关企业的名称具有表面上的社会效益，但这些组织在结构上加剧了股权投资者有效控制公司代理人的能力，从而导致代理人活动的披露减少，并降低了所有权控制能力”）；Strine，Our Continuing Struggle at 150。

⑬ 正如伊斯特布鲁克和菲舍尔所写：“总而言之：自私的企业家和管理者，就像其他投资者一样，也会被驱使寻找最有可能实现净利润最大化的方法。如果他们不这样做，他们就会以更低的价格购买公司债券。任何一家公司都可能偏离最佳衡量标准。然而，经过数十年和数千家公司的发展，趋势逐渐显现。作出投资者偏好的选择的公司和管理者将相对其他公司繁荣。因为这些选择通常不会给合同的陌生人施加成本，所以对公司和投资者来说最优的就是对社会最优的。”Frank H. Easterbrook and Daniel R. Fischel，The Corporate Contract，89 Columbia L. Rev.1416，1421（1989）. See also Stephen M. Bainbridge，Director Primacy：The Means and Ends of Corporate Governance，97 NW U. L. Rev.547，576（2003）（“股东财富最大化不仅是法律，也是企业意识形态的基本特征”）；Stephen M. Bainbridge，In Defense of the Shareholder Wealth Maximization Norm，50 Wash. & Lee L. Rev.1423，1427—28（1993）（“因此，董事不可能同时忠于股东和非股东群体。相反，他们作为管家的角色要求他们优先考虑股东主人的利益”）；Michael C. Jensen and William H. Meckling，Theory of the Firm：Managerial Behavior，Agency Costs and Ownership Structure，3 J. Fin. Econ. 305，311（1976）（公司没有社会责任，因为它们是法律虚构的，而不是个人）；Milton Friedman，The Social Responsibility of Business Is to Increase Its Profits，N.Y. TIMES，Sept. 13，1970，§ 6（Magazine）at 32，33（以牺牲公司利润为代价追求社会责任的董事是在花股东的钱）。

的任务，例如慈善捐赠。[14]所有这一切都引发了一个问题：为什么特拉华州要冒着损害在公司律师和董事会阶层中良好声誉的风险，来支持这种未经检验和有争议的新商业组织形式？

在思考这个问题时，我们应该牢记公司法是如何形成的，以及为什么特拉华州在这一领域的作用如此重要。公司治理法律主要处理股东、高级管理人员和董事之间可能发生的冲突，通常董事和高级管理人员是争端的一方，股东是另一方。管辖这些争议或公司“内部事务”的法律是公司注册所在州的法律。
90 因此，董事会可以通过选择注册地来选择哪个州的法律将管辖公司的内部事务。此外，董事会可以通过在其他地方重新注册来相对容易地改变其注册状态。

关于立法机构和法院如何塑造公司治理法律，有两种主流理论。第一种通常被称为“逐底竞争”理论，认为各州选择公司治理规则来帮助他们竞争公司特许经营税费。当一家公司在某个州注册时，它必须向该州缴纳一种特殊的年度税，称为特许经营税。一个能够在公司注册中占据很大份额的州也将获得可观的税收。这笔收入对于特拉华州这样的小州来说可能尤其重要，因为它可以为其居民提供更好的服务或降低税收。由于公司董事们可以选择公司的注册地，逐底竞争理论认为，在董事与股东竞争中，各州通过制定有利于董事的公司治理法律来竞争公司注册地。也就是说，各州正逐底竞争，因为它们采用的法律规则对股东来说可能是最糟糕的规则，但对董事来说却是最好的。[15]

然而，一些理论家认为，对公司注册地的竞争将产生恰恰相反的效果。第二种理论是“逐顶竞争”。这些“逐顶竞争”理论的倡导者认为，董事们将在为其股东提供最佳法律的州进行注册。如果不这样做，就会抑制收益，增加资本成本，降低股价，并冒着取代董事会的敌意收购的风险。因此，州政府将通过制定有利于股东而非董事的法律规则来争夺公司的注册地（和特许经营税）。[16]

---

[14] See Michael B. Dorff, Can a Corporation Have a Soul? The Atlantic, Oct. 20, 2016, http://www.theatlantic.com/business/archive/2016/10/can-a-corporation-have-a-soul-dorff/504173/.

[15] See William Cary, Federalism and Corporate Law: Reflections upon Delaware, 83 Yale L. J. 663 (1974).

[16] See Ralph K. Winter Jr., State Law, Shareholder Protection and the Theory of the Corporation, 6 J. Legal STUD. 251 (1977).

虽然这些理论中哪一个更好地描述了州公司治理法尚有争议，但有一个事实是明确的：在各州争夺公司注册和相关特许经营税的竞争中，特拉华州显然是赢家。特拉华州找到了一个吸引美国绝大多数大公司的方案。[17]特拉华州的法律是黄金标准。特拉华州在公司治理领域的巨大成功使其相对较早地采用共益公司尤其令人费解。如果新运动失败，特拉华州的早期背书可能会损害其品牌，或许会为内华达州等一些雄心勃勃的竞争者提供一席之地。既然有如此多的风险，为何要把国家的信誉借给一个未经检验和有争议的新形式的商业组织？

为了探讨这个问题，我首先简要介绍了共益公司（在特拉华州称为公共公 91
益公司，简称 PBC）的历史。然后，我通过对参与共益公司立法的两位主要参与者的访谈，讨论了特拉华州公布的文件所揭示的动机。这些消息来源显示，特拉华州主要是试图诱使社会企业家在该州注册他们的公司。为了更好地了解这项法规是否会成功，我还分析了我对 25 位共益公司创始人或高级管理人员进行的访谈结果，以了解他们为何选择共益公司的形式。

社会企业家列举了选择共益公司形式的多种原因，但最重要的是希望表明他们致力于一种更具社会责任感的资本主义形式。如果特拉华州的共益公司法规要取得成功，那么它必须确保共益公司的地位传达出亲社会企业行为的有意义的信号。

二、共益公司的历史

共益公司在很大程度上是 B Lab 的发明。B 实验室是一家非营利组织，它负责认证营利性公司“符合严格的社会和环境表现、问责和透明度标准”。[18]2008 年，B Lab 开始游说州立法机构，说服他们通过共益公司法规。[19]B Lab 在马里兰

---

⑰ See Delaware Division of Corporations, 2014 Annual Report, https://corp.delaware.gov/Corporations_2014%20Annual%20Report.pdf（将近三分之二的财富 500 强公司都在特拉华州注册）。

⑱ See B Lab, What Are B Corps? http://www.bcorporation.net/what-are-b-corps.

⑲ See B Lab, Our History, http://www.bcorporation.net/what-are-b-corps/the-non-profit-behind-b-corps/our-history.

州取得了第一次成功，其法规于 2010 年生效。[20]四个州随后颁布了共益公司法规，于 2011 年生效（新泽西州、佛蒙特州、弗吉尼亚州和夏威夷州），[21]另外五个州在 2012 年生效（加利福尼亚州、纽约州、南卡罗来纳州、路易斯安那州和马萨诸塞州）。[22]类似地，华盛顿的《社会目的公司法》也于 2012 年生效。[23]2013 年 7 月 17 日，特拉华州州长签署特拉华州共益公司法令时，[24]伊利诺伊州、宾夕法尼亚州和华盛顿特区的法规也生效了，阿肯色州于次日生效。[25]

到特拉华州采取行动时，共益公司运动势头强劲，十多个州制定了有效的法规，包括加利福尼亚州、纽约州和伊利诺伊州等主要商业州。尽管如此，这些州加起来都并没有像特拉华州那样对公司法产生的影响大。近三分之二的财富 500 强企业在特拉华州注册成立，2014 年，所有进行首次公开募股的企业中
92 有 89%选择特拉华州作为注册地。[26]特拉华州在公司法领域拥有如此高的信誉，如果它选择拒绝这种新形式，共益公司运动很可能已经枯萎或消亡。交易律师可能会将特拉华州的决定作为避免新形式的理由，而投资者和企业家可能会合理地对此产生更大的怀疑。

特拉华州的影响可以从其对各州决策的支持效果中看出。虽然在特拉华州采取行动之前，十五个州花了四年时间才批准了某一版本的共益公司，但特拉

---

⑳ Maryland Corp & Assn Code § § 5—6C-01 et seq. See John Tozzi, Maryland Passes "Benefit Corp." Law for Social Entrepreneurs, Businessweek (April 13, 2010), http: //knoxblogs.com/rantsraves/wp-content/uploads/sites/8/2010/04/benefit _ corp _ bi.html.

㉑ See Haw. Rev.Stat. § § 420D-1—420D-13; N.J. Rev.Stat. § § 14A: 18-1—18-11; Vt. Stat. Ann. tit. 11A, § § 21.01—21.14; and Va. Code Ann. § § 13.1-782—13.1-792.

㉒ See Cal. Corp. Code § § 14600—31; La. Stat. Ann. § § 12: 1801—12: 1832; Mass. Gen. Laws ch. 156E, § § 1—16; N.Y. BSC Law § § 1701—09; and S.C. Code Ann. § § 33-38-110—33-38-600.

㉓ See Wash. Rev.Code § § 23B.25.005—23B.25.150.

㉔ See Governor Markell Signs Public Benefit Corporation Legislation, July 17, 2013, http: //news.delaware.gov/2013/07/17/governor-markell-signs-public-benefit-corporation-legislation/.

㉕ See Ark. Code § § 4-36-101—4-36-401; 805 Ill. Comp. Stat. § § 40/1—40/5.01; 33 Pa. Cons. Stat. § § 3301—31; and D.C. Code § § 29-1301.01—29-1304.01.

㉖ See Delaware Division of Corporations, 2014 Annual Report, https: //corp.delaware.gov/Corporations _ 2014%20Annual%20Report.pdf.

华州通过该版本后，只花了大约一半的时间就将数量翻了一番。㉗

截至撰写本文时，已有35个州通过了某种形式的共益公司法规。㉘同样，尚未采用新形式的州包括缅因州等共和党（蓝色）州，以及得克萨斯州和阿拉巴马州等民主党（红色）州。据B Lab称，另有五个州正在制定授权立法，㉙其中不包括爱荷华州，该州于今年（2016年）推出了立法。㉚

尽管共益公司在州立法机构中非常受欢迎，但不太清楚的是，它们是否在企业家中找到了接受它们的受众。由于许多州没有对共益公司进行单独分类，因此无法确定共益公司的确切数量。但在过去的几年里，一些学者试图对其进行统计，而B Lab也对它们进行了追踪。根据我们所掌握的数据，这些数字相当贫乏。截至2014年底，在特拉华州注册的法人实体约为110万家，㉛但其中活跃的共益公司不到300家。㉜其他州的数量也同样少。截至2015年4月，内华达

㉗ 截至撰写本文时，以下各州已通过了在特拉华州之后生效的共益公司法规的某些版本：亚利桑那州、康涅狄格州、科罗拉多州、佛罗里达州、爱达荷州、印第安纳州、明尼苏达州、蒙大拿州、内布拉斯加州、内华达州、新罕布什尔州、俄勒冈州、罗德岛州、田纳西州、犹他州、西弗吉尼亚州和威斯康星州。See Ariz. Rev.Stat. §§ 10-2401—10-2442；Conn. Gen. Stat. §§ 33-1350—33-1364；Colo. Rev.Stat. §§ 7-101-501—7-101-509；Fla. Stat. §§ 607.601—607.613；Idaho Code Ann. §§ 30-2001—30-2013；Ind. Code §§ 23-1.3-1-1—23-1.3-10-6；Minn. Stat. §§ 304A.001—304A.301；Mont. Code Ann. §§ 35-1-1401—35-1-1412；Neb. Rev.Stat. §§ 21-401—21-414；Nev. Rev.Stat. §§ 78B.010—78B.190；N.H. Rev.Stat. Ann. §§ 293-C：1—293-C：12；Or. Rev.Stat. §§ 60.750—60.770；R.I. Gen. Laws §§ 7-5.3-1—7-5.3-13；Tenn. Code Ann. §§ 48-28-101—48-28-109；Utah Code §§ 16-10b-101—16-10b-402；and W. Va. Code § 23b.25.005—23b.25.150；2017 Wis-consin Act 77.

㉘ See supra，notes 18—23，25，and 27.

㉙ See B Lab，State by State Status of Legislation，http：//benefitcorp.net/policymakers/state-by-state-status. 请注意，B Lab没有囊括华盛顿州的法规，尽管华盛顿州的社会目的公司与共益公司非常相似，并且在撰写本文时尚未包括威斯康星州，后者于2017年11月27日颁布了其共益公司法规。See 2017 Wisconsin Act 77.

㉚ See Elizabeth K. Babson，Year in Social Enterprise：2015 Legislative and Policy Review，The National Law Review，Feb. 4，2016，http：//www. natlawreview. com/article/year-social-enterprise-2015-legislative-and-policy-review.

㉛ See Delaware Division of Corporations，2014 Annual Report，https：//corp.delaware.gov/Corporations _ 2014%20Annual%20Report.pdf.

㉜ See Ellen Berrey，How Many Benefit Corporations Are There? May 5，2015，http：//ssrn.com/abstract=2602781. This number is as of April 2015，while the total number of entities comes from the end of 2014.

州的数量最多，有675家，其次是俄勒冈州403家，科罗拉多州230家。[33]纽约州只有139家，加利福尼亚州有118家。[34]

虽然共益公司的绝对数量仍然很少，但增长速度令人印象深刻。2013年7月，当特拉华州刚刚通过共益公司法规时，全国大约有251家共益公司。[35]截至2015年4月，总数已增至2 144家。[36]到2016年1月，B Lab的法律政策负责人里克·亚历山大（Rick Alexander）声称，在短短30个月内，数量已经超过3 000家，[37]几乎增加了12倍。如果这个速度继续下去，并且如果采用率呈几何
93 级增长，就像有限责任公司那样，五年内可能会有超过40万家共益公司。

在这一点上，任何关于共益公司未来受欢迎程度的陈述都是高度投机的。共益公司的法规还太新，无法判断其可能的成功。不过，尽管在短短五年内将有40万家共益公司的预测几乎肯定过于乐观，但我们有充分理由认为，随着企业家及其律师和投资者对这种新形式更加熟悉，有意义的需求将会产生。企业家、员工和消费者对具有更广泛目的而非赚钱的公司的需求不断增加，尤其是在千禧一代中，而共益公司可能在满足这一需求方面发挥关键作用。[38]有限责任公司早期的发展也是不平衡的，然而有限责任公司最终成为一种极为成功的商业组织形式。[39]

---

[33][34] See id.

[35] See Haskell Murray, How Many Benefit Corporations Have Been Formed? SocentLaw, July 23, 2013, http://socentlaw.com/2013/07/how-many-benefit-corporations-have-been-formed/. 该数字包括马里兰州的共益有限责任公司，但由于缺乏数据而排除了新泽西州或南卡罗来纳州的公司。Id.

[36] See Berrey, How Many Benefit Corporations Are There?

[37] See Nicole Fallon Taylor, Becoming a Benefit Corporation: Is It Right for Your Business? Business News Daily, Jan. 22, 2016, http://www.businessnewsdaily.com/8734-benefit-corporation.html.

[38] See Punit Renjen, Millennials and Purpose: The Message Is Clear for Business Leaders, Politico, Sept. 24, 2015, http://www.theatlantic.com/business/archive/2016/10/can-a-corporation-have-a-soul-dorff/504173/.

[39] See William J. Carney, Limited Liability Companies: Origins and Antecedents, 66 U. Colo. L. Rev.855, 858 (1995); Bruce H. Kobayashi and Larry E. Ribstein, Evolution and Spontaneous Uniformity: Evidence from the Evolution of the Limited Liability Company, Economic Inquiry 34, pp.464—83 at 472—73 (1996); Larry Ribstein, Statutory Forms for Closely Held Firms: Theories and Evidence From LLCs, 73 Wash. U. L. Q. 369, 430 (1995).

三、特拉华州的动机

既然我们已经了解了特拉华州采用共益公司的历史背景，就可以开始研究特拉华州的动机了。特拉华州在通过共益公司立法之前已经有了一个成功的方案：它是公司法的主导州，也是公司成立的首选州，尤其是上市公司。[40]共益公司是一个全新的、在很大程度上未经检验的概念，公司法学者对此充满怀疑。[41]那么，为什么特拉华州的立法机构觉得有必要冒着损害声誉的风险，通过一个共益公司法规呢？

尽管很难确定地将一个涉及如此多个体的立法过程归于某一特定目的，每一个体都可能对为何共益公司会使特拉华州受益有自己的想法，但从官方声明和对一些参与者的采访中，我们可以很好地了解各州层面的想法。

特拉华州州长杰克·马克尔（Jack Markell）在签署授权共益公司的法案时发表了一份声明。他说："我们都听说过一些公司希望'做得好'，同时也'做得很好'。有了这项新法律，特拉华州的公司现在将有能力将这些双重目的纳入其管理文件。我们一再听到共益公司可以满足市场需求。但同样重要的是，它们也将满足社会需求。"[42]马克尔州长列举了通过共益公司立法的两个目的：一 94
是允许公司将一种社会目的制度化，从而帮助公众；二是满足市场对一种允许实现这一目的的商业组织形式的需求。

支持共益公司立法的立法者也表达了类似的观点。特拉华州参议院该法案的主要发起人、参议员大卫·索科拉（David Sokola）表示，"我很自豪特拉华州现在拥有一个企业载体，可以为想要创造价值的企业领袖和投资者提供服务，

---

[40] See Delaware Division of Corporations, 2014 Annual Report, https://corp.delaware.gov/Corporations_2014%20Annual%20Report.pdf.

[41] See Steven Davidoff Solomon, Idealism That May Leave Shareholders Wishing for Pragmatism, N.Y. Times, Oct. 13, 2015, http://www.nytimes.com/2015/10/14/business/dealbook/laureate-education-for-profit-school-public-benefit.html.

[42] See Governor Markell Signs Public Benefit Corporation Legislation, July 17, 2013, http://news.delaware.gov/2013/07/17/governor-markell-signs-public-benefit-corporation-legislation/.

这种价值远远超出所有者和管理者的范围，延伸到整个社会和公众”。[43]与马克尔州长一样，参议员索科拉表示，他在支持共益公司立法方面有两个相关目标：为企业家提供他们想要的商业形式，并协助他们帮助更广泛的社会。

同样，共同发起共益公司法案的众议员拜伦·肖特（Byron Short）表示，“我很高兴能共同发起这项法律，因为我们州在美国企业界的独特作用，这将使共益公司成为特拉华州和全国企业家和投资者的可行选择”。[44]众议员肖特似乎也关心提供一种企业家想要的商业组织形式，从而把特拉华州的信誉和法律制度过渡给共益公司形式的商业组织。

共益公司法案签署后，州长办公室发布的官方新闻稿列出了相同的两个主题中的一些更具体的目标。它指出“这种新的公司结构有助于企业打击短期主义，吸引人才和客户，并加快大型投资机会的增长，以满足既想赚钱又想有所作为的人们的需求”。[45]我们再次看到了满足社会企业家需求的主题，但也有一丝倡导的意味，声称共益公司将帮助企业家实现其金钱目标和慈善抱负。根据新闻报道，共益公司将比传统的营利性公司更好地吸引和留住有才能的员工，还将吸引那些可能不会选择普通营利性公司的客户。新闻报道没有为这些说法引用任何证据。与大多数立法不同，特拉华州公司法通常不是由立法机构制定的，而是由特拉华州律师协会的一个委员会制定的：公司法部门的公司法委员会（简称委员会）。共益公司立法遵循这种模式。[46]因此，我之前采访了弗雷德里
95 克·亚历山大，他在委员会审议和起草共益公司法规时担任了主席。[47]当时，亚历山大先生是特拉华州一家杰出的公司法律事务所 Morris，Nichols，Arsht & Tunnell LLP 的合伙人。[48]此后，他成为 B Lab 的法律政策主管。[49]亚历山大先生还在其著作《共益公司指南：理解和优化特拉华共益公司》的序言中介绍了理事会决定采用共益公司立法的历史。[50]亚历山大先生只代表他自己而不是委员会发言，但他经常能够表达他对委员会观点的印象。

---

[43][44][45] Id.

[46] See Alexander, The Public Benefit Corporation Guidebook at 8—9.

[47][48] See id.

[49] See id. at 9.

[50] Id.

亚历山大先生最终分享了马克尔州长在通过共益公司立法方面的两个目标，尽管当 B Lab 第一次接触委员会时，他相当怀疑。委员会的初步看法是，公司法已经运作良好，限制对社会或环境产生负面影响的公司行为的最佳方式是通过直接监管，而不是修改公司治理法。[51]但是，在 B Lab 把自己的公司组织成员介绍给希望将公司组织为共益企业的企业家、企业和投资者之后，委员会最终被说服了。[52]委员会得出结论，特拉华州应该为企业提供灵活性，以实现社会目标。[53]

包括亚历山大先生在内的一些委员会成员也开始相信，共益公司可以影响所有公司以更可持续和负责任的方式经营。[54]两位学者林恩·斯托特（Lynn Stout）和科林·迈耶（Colin Meyer）的研究成果，以及机构投资者通过持有许多甚至所有上市公司的股票来分散投资的倾向，都极大地影响了亚历山大。[55]他总结道："我坚信，营利性公司仍然是筹集和分配资本的最佳工具（除了某些仍由政府和非政府组织负责的公共产品）。然而，鉴于我们的地球和社会所面临的挑战，我还认为，人们必须寻求一种方式，使这一工具在认识到我们复杂的地球之间的相互依存以及随之而来的责任的基础上运行。共益公司提供了这样一条道路。"[56]为了进一步了解委员会的观点，我还采访了委员会成员劳伦斯·哈默梅什（Lawrence Hamermesh）教授。和亚历山大先生一样，哈默梅什教授的发言只代表他自己，而不代表委员会，但他是一位著名的公司法学者，在公司法学界受到高度尊重。因此，他的观点可能非常有影响力。哈默梅什教授是威德纳大学特拉华法学院的 Ruby R.Vale 讲席教授，主要教授公司法，自 1995 年 96

[51] Id. at 9.

[52] See Interview of Frederick H. Alexander, March 15, 2016，作者存档。

[53] Id.

[54] See Alexander, The Public Benefit Corporation Guidebook at 9—10; Interview of Frederick H. Alexander.

[55] See Alexander, The Public Benefit Corporation Guidebook at 9—10, discussing Colin Mayer, Firm Commitment: Why the Corporation Is Failing Us and How to Restore Trust in It (2013) and Lynn Stout, The Shareholder Value Myth: How Putting Shareholders First Harms Investors, Corporations, and the Public (2012).

[56] See Alexander, The Public Benefit Corporation Guidebook at 10.

以来一直是委员会成员。[57]2002 年至 2004 年，他担任委员会主席。[58]

哈默梅什教授表示，他认为通过共益公司法规的主要目的是为有需要的企业提供另一种选择。他认为，提供一种额外的组织形式成本并不高，特别是因为投资者如果想要一种商业形式，使他们能够实现除了为所有者最大化财富之外的其他目标，也可以通过一家有限责任公司来实现。他表示："共益公司法规在很大程度上采用了特拉华州所有商业实体法所采取的赋权模式。这只是说存在另一种形式——如果参与者想要接受它——他们可以。它有一定的局限性，它是一家公司，一家在目的上有着不同模式的公司，但它就在货架上，随时可以被人们拿下来使用（如果人们愿意的话）。"[59]

哈默梅什教授认为，对这种新形式的需求是存在的，但对于投资者可能不愿意投资于一家将部分资源转移给非股东群体的实体的批评，他并不感到特别困扰。他回应这一批评时，说道："如果你认为投资者应该有选择适合他们的形式的特权，我们已经建立了它，他们要么来，要么不来。"[60]

哈默梅什教授承认，马克尔州长可能也有通过利用私营企业的力量来推进社会目标的目标。但他告诉我，对他来说，最主要的动机是提供一些投资者想要的形式。他说："我认为真正有帮助的是，我听到投资者说他们真的很想利用这个工具，而当你听到我们不想把它给你的时候，我们不会直接说不，而是会说，你当然可以设立有限责任公司，不管怎么利用它。"[61]

特拉华州通过共益公司立法的两个目的是相互交织的。只有企业家选择采用共益公司（并且共益公司赋予企业家帮助社会的权力），才能实现帮助社会的目标。同样，只有具有社会意识的企业家发现共益公司立法符合他们的目的，才能实现满足市场需求的目标。

因此，要使共益公司立法实现特拉华州的目标，满足社会企业家的需求至关重要。作为一个理论问题，人们可以想象，社会企业家想要一个专业化的商

---

[57] See http：//delawarelaw.widener.edu/current-students/faculty-directory/faculty/112/.

[58] Id.

[59] See Interview of Professor Lawrence Hamermesh，March 11，2016，作者存档。

[60][61] Id.

业组织的动机是广泛而多样的。创始人可能会选择共益公司，希望它能帮助企业吸引重要的群体，如客户、员工、营利性投资者、基金会或捐赠者，或者出于其他原因（品牌）发出双重目的的信号。他们还可能选择共益公司，因为它有能力将利润分配给所有者（赚钱），这是非营利组织无法做到的；因为与非营利组织相比，其监管简单（简化）；因为它可能有助于推动管理者采取亲社会的政策，这也将有助于提高盈利能力（管理）；或者因为混合形式可能提供更好的保护，以抵御敌意收购（维持）。 97

这些都是选择共益公司的经济动机，但创始人也可能出于纯粹的理想主义动机选择共益公司，因为他们认为企业应该努力做更多的事情，而不仅仅是为其所有者赚取利润。创始人可能认为，企业在道义上有义务帮助他们的员工、社区、客户或其他企业支持者，即使这样做会减少公司的利润。他们可能希望采用一种商业形式来表达这些理想，并可能激励其他人效仿他们的商业形式（表达）。同样，创始人可能希望避免因采取亲社会政策而导致收入减少的责任，从而鼓励此类政策（保护），或确保即使在他们失去对继承人或最终买家的控制权之后，公司仍能继续体现（容忍）他们的价值观。

这八个目标并不相互排斥。一家公司的创始人可能很想实现其中的几个目标，甚至全部。尽管如此，大多数社会企业家在选择共益公司时，可能会首先考虑其中的一两个目标，尽管其他的一些或所有目标可能会提供辅助动机，而且对社会企业家的采访也支持这一理论。特拉华州似乎专注于品牌，渴望吸引和留住员工、客户和投资者，而在表达方面则没有那么重视真诚地追求社会使命。为了了解社会企业家心中最重要的目标是什么，我采访了 25 家共益公司的创始人或高管，并询问他们为何选择共益公司作为他们业务的法律实体。

这并不是一项有统计学意义的研究。研究对象不是随机选择的，而是基于我或我的研究助理寻找到他们的能力——通常从 B Lab 的列表开始——以及他们接受采访的意愿。[62]访谈对象并不代表一个统计有效的样本，他们的公司在许

---

[62] See Delbert C. Miller and Neil J. Salkind, Handbook of Research Design and Social Measurement 192（2002）（定性研究中的受试者通常不是随机选择的）。

98 多不同的州注册，而不仅仅是在特拉华州。大多数公司都很小，员工不到 5 人，尽管有些公司拥有一百多名员工，收入达数百万美元。所有这些都被严格地控制。这是一项定性的实证研究，而不是定量研究。[63]其目的是了解公司创始人选择这种新形式的理由。这些访谈的结果汇总在表 4.1 中。

我采访的社会企业家普遍认同特拉华州援助社会的既定目标。企业家提到最多的目标是明确的：一种意识形态或社会使命，一种企业不应该只关注金钱的意识。大多数企业家都传达了这样一种信念：公司应该关心员工的福利、环境和对社会的更广泛影响，有时应该牺牲利润来追求这些其他目标。我联系的 25 家公司中有 19 家的代表提到这是他们选择共益公司形式的原因之一。绝大多数企业家都引用了这个明确的，纯粹是沟通意义而非经济意义上的目标。

对许多人来说，形式的选择很重要，主要是因为它能够表达自己的价值观，通常是为了说服他人采纳它们。企业家们想要证明他们致力于按照他们的道德价值观来经营他们的公司，并且他们认为所有公司都应该使用这种方式来展开经营，与这种形式可能传递的任何有形利益分离开来。

与此相关的是，近一半的企业家提到了保护，公司为那些选择将社会使命
99 优先于利润的高管和董事提供的免责福利保护。企业家们在这里关注的重点似乎是宽容的；也就是说，他们希望得到这种保护，以便能够按照自己的社会价值观经营自己的公司，不必担心投资者会因为他们为了社会利益而牺牲利润去起诉他们。许多人引用了 Ben & Jerry's 的例子，这家著名的领先冰淇淋制造商[64]将自己卖给了跨国消费品集团联合利华。[65]

---

[63] See id. at 143（“当科学家有兴趣获得特定现象的详细而丰富的知识时，通常会使用定性研究方法”）。定性研究的定义如下：“定性研究是一种将观察者置于世界中的情境活动。它由一套解释性的、物质的实践组成，这些实践使世界变得可见。这些做法……把世界变成一系列的表征，包括田野笔记、采访、对话、照片、录音和自我备忘录。在这个层面上，定性研究涉及对世界的解释性、自然主义方法。这意味着定性研究人员在自然环境中研究事物，试图根据人们赋予现象的意义来理解或解释现象。” Dawn Snape and Liz Spencer，The Foundations of Qualitative Research in Jane Ritchie and Jane Lewis eds.，Qualitative Research Practice：A Guide for Social Science Students 2—3（2003），quoting Denzin and Lincoln，Handbook of Qualitative Research 3（2d ed. 2000）.

[64] 值得注意的是，Ben & Jerry 的产品虽然美味，但并不健康。从这个意义上说，尽管该公司在就业和环境等其他领域采取了令人钦佩的政策，但它的进步程度可能不如其声誉。

[65] See Constance L. Hays，Ben & Jerry's to Unilever，With Attitude，N.Y. Times，Apr. 13，2000.

表 4.1　选择共益公司的原因

为什么选择共益公司?	投票数量
意识形态/使命（非金钱）	19
吸引客户	14
雇用/留住/激励员工	13
免责保护/保护使命的自由	11
吸引投资者	7
非营利状态的管理成本	4
非营利组织的治理弱点	2
非营利组织的财务可持续性问题	2
来自其他企业的更优惠的交易	1

普遍流传的故事是，Ben & Jerry 的创始人本·科恩（Ben Cohen）和杰里·格林菲尔德（Jerry Greenfield）希望保留所有权，但认为他们对公众股东所负有的责任要求他们出售。[66]尽管一些人认为科恩和格林菲尔德没有义务出售该公司，[67]而联合利华可以说不仅允许本继续追求其社会价值观，而且自己也采纳了其中一些价值观，[68]但人们担心，一家具有社会意识的公司被迫将自己出售给买家，并在此过程中放弃自己的社会使命，这种担忧一直困扰着社会企业家运动。共益公司通过要求企业家平衡这些利益与股东的利益，为企业家提供了拒绝收购要约的法律权力，因为收购要约可能损害他们的社会使命或员工等非股东群体。[69]

---

[66] See Jenna Lawrence，Making the B List，Stanford Social Innovation Review（Summer 2009），http：//ssir.org/articles/entry/making_the_b_list（认为科恩和格林菲尔德不想出售该公司，但由于该公司是公众公司，他们别无选择）。

[67] See Antony Page and Robert A. Katz，Freezing Out Ben & Jerry：Corporate Law and the Sale of a Social Enterprise Icon，35 Vermont L. R. 211（2010）.

[68] See David Gelles，How the Social Mission of Ben & Jerry's Survived Being Gobbled Up，N.Y. Times，Aug. 21，2015，http：//www.nytimes.com/2015/08/23/business/how-ben-jerrys-social-mission-survived-being-gobbled-up.html.

[69] See 8 Del. Gen. Corp. L. § 365（指示共益公司董事会平衡股东的利益、公司的社会使命和其他公司利益群体的利益，并允许公司在其公司章程中加入一项条款，保护董事免于因无利害关系而未能适当平衡这些利益而承担责任）。

这些担忧可能是没有根据的，或者至少是不成熟的，因为我采访的所有公司都是封闭公司，很少有外部投资者。但许多创始人希望在某个时候拥有外部投资者，这些投资者的经济利益可能与创始人追求社会目标的愿望发生冲突。

除了明确的动机之外，社会企业家们还经常提到选择共益公司的经济理由，或者至少赞赏这种形式所带来的经济利益，即使这不是驱动决定的理由。特别是，他们经常引用不同版本的动机描述。超过 50%的企业家表示，由于他们的社会使命，他们更容易招聘或留住员工，同样比例的企业家表示，他们能够更好地吸引客户。

然而，值得注意的是，似乎是社会使命本身在赋予这些经济利益方面起了作用，而不是公司作为一个共益公司的身份。企业家们对此表达了失望，因为无论是员工还是客户，他们都不太了解共益公司，甚至常常都没有听说过这种形式。然而，一旦企业家们解释说，作为一家共益公司意味着对社会使命作出
100 可执行的、透明的承诺时，员工和客户的反应非常积极。企业家们经常表示希望，随着共益公司越来越广为人知，这些经济利益将在不需要教育目标受众的情况下产生。

企业家们不太可能声称他们的公司作为共益公司的地位有助于他们吸引外部投资者。只有大约四分之一的企业家认为，他们的实体身份在这方面是有帮助的，其中很少有人真正从投资者那里获得了大量资金，而投资者的决定在很大程度上取决于他们对实体的选择。其中一些人曾与投资者进行了对话，认为实体地位似乎是一个奖励因素，而另一些人只是预计这会是一个奖励因素。一些企业家表示担心投资者——尤其是资金庞大的投资者——会对这种形式犹豫不决。这些担忧并没有像批评人士普遍预期的那样——即公司的使命将消耗资源并降低投资者的财务回报，而是集中在这种形式对投资者及其顾问的不够熟悉上。换言之，这些担忧大体上反映了投资者对有限责任公司的担忧，与共益公司的亲社会方面几乎没有任何关系。[70]

---

[70] 企业家通常会注册设立公司，而不是成立有限责任公司，这在很大程度上是因为投资者更熟悉公司的形式，尽管有限责任公司具有潜在的税收优势。正如维克多·弗莱舍（Victor Fleischer）所述："有限责任公司形式的不确定性增加了法律成本，对于已经充满不确定性和不信任（转下页）

特拉华州的重点似乎是为什么企业家可能会选择共益公司而不是传统的营利性公司，但对于社会企业家来说，共益公司最强大的竞争对手往往是非营利公司。非营利组织的建立和维护可能很复杂，特别是对于那些希望获得501（c）（3）认证的组织。⑪

共益公司相对简单，尽管它们不提供同样的税收优惠。在我采访的社会企业家中，有16%的人引用了这一解释来避免成为非营利组织。更小比例的受访者表示，他们认为非营利组织存在治理缺陷，或者担心依靠捐赠生存的企业的可持续性。只有一位企业家提到了非营利公司的复杂性和可持续性问题；除此之外，这些回答之间没有重叠。

四、结　论

特拉华州批准共益公司的动机有两方面：鼓励社会企业家在特拉华州注册 101
企业，并利用资本主义的力量解决社会问题。这些目标是相互关联的。为了实现第一个目标，法规必须提供一种形式，帮助企业家实现他们的各种抱负。这些措施包括在为社会目的牺牲利润时免于承担责任；帮助吸引或留住投资者、客户和员工；表达企业家的理想并激励其他人追随他们。实现特拉华州的第二个目标需要法律制度，鼓励甚至要求共益公司援助社会。

正如我在其他作品中解释的那样，共益公司法规似乎不太可能单独实现特拉华州的目标。⑫该法令缺乏必要的执行机制，无法说服相关受众，相信共益公司将比普通的营利性公司更具有社会建设性。⑬如果没有一些干预，共益公司的

（接上页）的谈判氛围来说是一个不受欢迎的补充。”特别是，习惯于经营公司的企业家可能会抵制尝试一个新的、不熟悉的实体。对于那些希望在几年内设立公司的初创企业来说，增加额外的法律成本、复杂性和不确定性是没有吸引力的，这也是企业家和风险投资专业人士更喜欢C形公司结构的另一个原因。Victor Fleischer，The Rational Exuberance of Structuring Venture Capital Start-Ups，57 Tax. L. Rev.137，175（2004）.

⑪　符合26 U.S.C. 规定的公司 § 501（c）（3）是免税的，向此类实体的捐赠可以为捐赠者减税。See 26 U.S.C. § 501（c）（3）.

⑫　See Michael B. Dorff，Why Public Benefit Corporations? 42 Del. J. Corp. L. 77（2017）.

⑬　See id.

实验——尽管它是高尚的——因此似乎不太可能成功。但私人秩序安排，例如由 B Lab 等组织提供的认证和审计服务，有可能填补法规留下的空白。[74]因此，这项社会企业家精神实验的命运掌握在组织企业家的手中。

---

[74] See Michael B. Dorff，Assessing the Assessment：B Lab's Effort to Measure Corporate Benevolence，40 Seattle L. Rev.515（2016）（分析 B Lab 的评估工具）。

第五章　特拉华的衰落？ 110

希拉里·A.塞尔（Hillary A. Sale）*

在公司法的世界里，特拉华州占主导地位——至少理论上是这样的。本章考察了这一说法的现实情况，重点关注董事及其在契约关联理论背景下的受托责任，特拉华州基于缺省规则的治理体系，以及联邦政府在公司空间中作用的扩展。我认为，契约关系理论无法解释当今公司治理结构的现实，特拉华州在契约关系理论世界中的角色也是如此。相反，私人的、基于合同的空间，就其曾经存在的程度而言，已经被联邦政府和公众直接或间接地占据了相当长一段时间。在其他著作中发展起来的两个理论是这一分析的关键：公开性理论①和信息强推实质理论，或者以联邦证券披露规定的发展和扩大董事受托责任的方式。②

---

* 感谢兰德尔·托马斯（Randall Thomas）和史蒂文·大卫杜夫·所罗门、吉尔·费什（Jill Fisch）、弗兰克·帕特诺伊（Frank Partnoy）、唐·朗格沃特（Don Langevoort）、鲍勃·汤普森（Bob Thompson）以及本卷会议参与者的评论。感谢凯尔西·博林（Kelsey Bolin）、阿拉纳·西格尔（Alana Siegel）和丽兹·辛克莱（Liz Sinclair）提供的研究帮助。

① Hillary A. Sale and Robert B. Thompson，“Market Intermediation，Publicness，and Securities Class Actions，” Washington University Law Review（2015）：493；Hillary A. Sale and Donald C. Langevoort，“‘We Believe’：Omnicare，Legal Risk Disclosure and Corporate Governance，” Duke Law Journal 66（2016）；Donald C. Langevoort and Robert B. Thompson，“‘Publicness’ in Contemporary Securities Regulation after the JOBS Act，” Georgetown Law Scholarly Commons（2013）：340；Hillary A. Sale，“J.P. Morgan：An Anatomy of Corporate Publicness，” Brooklyn Law Review（2014）；Hillary A. Sale，“The New ‘Public’ Corporation，” Law and Contemporary Problems（2011）；Hillary A. Sale，“Public Governance，” George Washington Law Review（2013）.

② Sale and Langevoort，“We Believe”；Sale，“J.P. Morgan”；Sale and Thompson，“Market Intermediation”.

相当多的学术研究都致力于将公司视为契约关系的理论。③正如一些人所说的，④这个比喻将企业定义为一个权利和义务由合同确定的实体。信贷、员工和其他协议是明示的合同，并且超出了治理范畴。⑤其他合同是默示的，偏离了缺省（默认）规则，或立法机关设计的那些当事方或利益相关者在缺乏合同的情况下会同意的规则。⑥理论上，因为它们是缺省（默认）规则，所以可以通过显性契约进行更改。⑦就像典型的经济理论一样，这里有一个关键的假设在起作
111 用：信息是充足的，因此缔结的契约将是有效的，并使双方的产出或财富最大化，从而达到社会最优。⑧

正如吉姆·考克斯所指出的，这种契约的关联隐喻具有相当大的"实质性影响"。⑨这种方法隐含的意思是，公司是私有的，管理它们的法律也是所谓私法世界的一部分。默认规则本质上是公开提供的、是私法，是随时可能改

---

③ See，e.g.，Frank H. Easterbrook and Daniel R. Fischel，"Voting in Corporate Law，" Journal of Law and Economics（1983）；Frank H. Easterbrook and Daniel R. Fischel，"Close Corporations and Agency Costs，" Stanford Law Review（1985）；Frank H. Easterbrook，"Corporate Control Transactions，" Yale Law Journal（1981）；Michael C. Jensen and William H. Meckling，"Theory of the Firm：Managerial Behavior，Agency Costs and Ownership Structure，" Journal of Financial Economics（1976）；William W. Bratton Jr.，"Nexus of Contracts Corporation：A Critical Appraisal，" Cornell Law Review 74（1989）.

④ Marcel Kahan and Michael Klausner，"Path Dependence in Corporate Contracting：Increasing Returns，Herd Behavior，and Cognitive Biases，" Washington University Law Review（1996）：347；James D. Cox，"Corporate Law and the Limits of Private Ordering，" Washington University Law Review（2015）：5. Jensen and Meckling refer to it as a theory. Jensen and Meckling，"Theory of the Firm." While others refer to it as a conclusion. Bratton，"Nexus of Contracts Corporation，" 410. 不管名称如何，分析公司形式的契约关系方法获得了相当大的吸引力并且仍然存在。

⑤ Kahan and Klausner，"Path Dependence，" 347.

⑥ Lucian A. Bebchuk，"Limiting Contractual Freedom in Corporate Law：The Desirable Constraints on Charter Amendments，" Harvard Law Review（1989）：1847.

⑦ Frank H. Easterbrook and Daniel R. Fischel，"The Corporate Contract，" Columbia Law Review（1989），1428. See also ATP Tour，Inc. v. Deutscher Tennis Bund，91 A.3d 554，558（Del. 2014）；Boilermakers 154 Retirement Fund v. FedEx Corp.，73 A.3d 934，956（D.C. 2013）.

⑧ Kahan and Klausner，"Path Dependence，" 347；Easterbrook and Fischel，"The Corporate Contract，" 1431.

⑨ James D. Cox，"Corporate Law and the Limits of Private Ordering，" Washington University Law Review（2015）：6.

变的“替身”。⑩因此，公司可以选出规范，并加入自己的结构，至少在理论上包括有自身特色的治理体系。从这个意义上说，公司及其治理结构被认为是协商一致的。⑪

然而，较少被讨论的是公司的许可而非强制的性质以及他们如何从公众手中转移而来。可以肯定的是，公司作为得到政府许可的“私人”实体存在的事实并不新鲜。事实上，许多早期的公司都是通过立法授权，在逐案、逐个合同的基础上创建的。⑫美国在这里效仿了英国的模式，立法机构取代了国王和议会。⑬毫不奇怪，在早期，许多被授予成立特权的最引人注目的实体都是以公众为中心的，其中一些类似于今天通常被称为“权威”的实体。例如，一个用私人资金为建桥而成立的实体被授予设立公司的权利。⑭今天，我们有机场管理局、港口管理局等。此外，随着实体数量和类型的增加，人们对公众影响的更多关切也随之产生。例如，随着银行公司数量的增加，它们对货币供应的潜在影响成为讨论和关注的主题。⑮因此，无论这些早期的实体是类似于行政机构，还是更典型的当下的公司，它们都是功能性的私人实体，只有在获得立法机关

---

⑩　Id. at 8. For a Delaware case exploring these issues, see Boilermakers Local 154 Retirement Fund v. Chevron Corp, 73 A.3d 934 (Del. Ch. 2013).

⑪　Easterbrook and Fischel, “The Corporate Contract,” 1427. 学术界日益认识到契约附加理论的局限性。最著名的文章之一是亨利·汉斯曼（Henry Hansmann）和雷尼尔·克拉克曼（Reinier Kraakman）的开创性著作《组织法的基本作用》。在这篇文章中，汉斯曼和克拉克曼教授认为，至少在资产分割或保护实体资产免受其所有者或管理者的债权人侵害方面，产权起着重要作用。他们认为，基于财产法的资产分割功能可以提高绑定和监督的效率，这是大型企业发展的关键。Henry Hansmann and Reinier Kraakman, “The Essential Role of Organizational Law,” Yale Law Review (2000): 110. 最近，摩根·里克斯（Morgan Ricks）扩大了对财产的关注，认为组织法，包括公司形式以外的组织，具有不止一个财产法方面。他的理论以深刻的历史分析为支撑，重点关注共同所有者之间财产让渡的重要作用。通过这种方式，里克斯的工作扩展了关于公司理论的争论，包括对实体内部人士的审查。这两篇文章都强调契约关系理论，揭示了我们如何定义实体及其权力超出了契约关系理论更有限的维度，并且在这两种情况下都有利于效率和增长。这两篇文章也都聚焦于参与或与公司合作的参与者。然而，公共性超出了外部人员的范围，迫使我们了解谁实际上在管理实体参与者的权利。

⑫　Robert B. Thompson, “Why New Corporate Law Arises: Delaware's Golden Age and Likely Changes in the 21st Century,” (2016): 2.

⑬　Id. at 4.

⑭⑮　Id. at 3.

的允许，并通过立法机关获得公众的同意，才能被废止。

这种可废止的地位很重要，因为无论人们对公司的私有性质认知如何，其战略和选择都会影响经济和公民。因此，我们现在通过事前监管和事后执法——并且很长一段时间以来一直在补充——来填补允许的私人秩序。[16]事实上，监管和执法是对私人空间或允许订立合同的空间的限制。例如，广泛的监管和
112 执法针对的是典型的外部性，如环境监管。[17]虽然这些类型的监管形成了公司作为契约联结概念的边界，但它们并非本章的主题。相反，这里的重点是与基于州的默认（缺省）法规相关的监管空间，尤其是与董事受托责任相关的监管区域。在此，公司法对董事行为进行了限制，并受到司法控制和改变，因此，在所谓的合同空间之外运作。[18]此外，正如我们将看到的，联邦政府和公众在规范受托人的选择和行为方面发挥着越来越重要（如果不是主导的话）的作用。

尽管围绕私法和契约关系理论的言论不绝于耳，但企业长期以来一直受到公共监管，而且监管的性质和来源近年来发生了很大变化。尽管我们经常将执法机制描述为公共和私人两种，但这些分类可能并不准确——尤其是对于上市公司而言。例如，“私人”执法以集体诉讼的形式出现，这是一种监督行为和提供问责制的方法。[19]然而，提起集体诉讼的能力来源于《联邦民事诉讼规则》和司法系统。[20]此外，市场是公开的，欺诈发生时的危害也

---

[16] 即使是封闭持股的公司也是如此。Cox，“Corporate Law，” 12—15.

[17] Classic externalities and how we regulate them；Easterbrook and Fischel，“The Corporate Contract，” 1415；see，e.g.，Resource Conservation and Recovery Act，42 U.S.C. §§ 6901—6992k（1976）.

[18] See generally Smith v. Van Gorkom，488 A.2d 858（Del. 1985）（提供一个因事后责任的司法变更而引致对规则抗拒的例子）。See Daniel R. Fischel，“The Business Judgment Rule and the Trans Union Case，” The Business Lawyer（1985）：1440—1441；Mercer Bullard，“Caremark's Irrelevance，” Berkeley Business Law Journal（2013）：21；Larry E. Ribstein，“Takeover Defenses and the Corporate Contract，” Georgetown Law Journal（1989）：96. 事实上，自利和利益冲突的行为是被禁止的，并导致举证责任转移给受托人，进一步削弱了契约隐喻的关系。Cox，“Corporate Law.” See also Debora DeMott，“Beyond Metaphor：An Analysis of Fiduciary Obligation，” Duke Law Journal（1988）：900.

[19] McLaughlin on Class Actions § 1：1（12th ed.）.

[20] Fed. R. Civ. P. 23.

是公开的。[21]从这个意义上说，集体诉讼可以说是一种公共机制，旨在通过提供平衡来抵消卸责和代理成本。事实上，集体诉讼是法律演变为保护那些可能被视为“私人”决策方式的一个例子。[22]

在特拉华州，“私人”诉讼主要有两种形式：集体诉讼和派生诉讼。[23]两者之间的主要区别在于请求权的性质，派生诉讼是股东代表实体提出请求，并纠正实体的错误。[24]由于特拉华州的法定制度基本上是默认规则，几乎没有强制性特征，甚至受托义务也是基于普通法的。[25]仅这一点就削弱了合同的隐喻，尽管判例法的重点主要集中在程序上，而不聚焦于界定职责的内容。[26]换句话说，对于受托人来说，法律的界限、受托责任或合同理解可能会在事后发生变化。[27]这种情况发生时，受托人必须调整以适应新的预期。[28]事实上，尽管这类案件在特拉华州很少会导致损害赔偿，但这些案件确实勾勒出董事们必须做得更好的领域。[29]特拉华州在这一领域确实发挥了重要作用。然而，事实证明，这种公开性在相当长一段时间内一直在削减特拉华州的默认规则空间。

什么是公开性？在公司的背景下，公共性理论清楚地表明，实体的私人性 113
质以及我们与之相关的契约理论，是可以从公共性中排除的。事实上，公司的

㉑ Private Securities Litigation Reform Act，15 U.S.C. 78（1995）；Dodd-Frank Wall Street Reform and Consumer Protection Act 12 U.S.C. 5301（2010）；Halliburton Co. v. Erica P. John Fund，Inc.，134 S. Ct. 2398（2014）.

㉒ 毫不奇怪，现代集体诉讼是从另一个决策是“私人的”、危害需要监督的领域——就业——演变而来的。§ 1776 Class Actions for Injunctive or Declaratory Relief Under Rule 23（b）（2）—Civil-Rights Actions，7AA Fed. Prac. & Proc. Civ. § 1776（3d ed.）.（在修改第 23 条规则以扩大集体诉讼的适用范围之前，集体诉讼被用于起诉所谓的就业歧视。）

㉓ 为了对集体诉讼和派生诉讼在特拉华州的相对作用进行实证评估，see Robert B. Thompson and Randall S. Thomas，“The New Look of Shareholder Litigation，” Vanderbilt Law Review（2004）：51。

㉔ Zapata Corp. v. Maldonado，430 A.2d 779，780（Del. 1981）.

㉕ See，e.g.，Smith v. Van Gorkom，488 A. 2d 858（Del. 1985）；Broz v. Cellular Info. Sys.，Inc.，673 A.2d 148（Del 1996）；Sinclair Oil v. Levien，280 A.2d 717（Del 1971）.

㉖ Cox，“Corporate Law，” 12.

㉗ 这里的经典案例是 Smith v. Van Gorkom，488 A.2d 858（Del. 1985）。

㉘ Cox，“Corporate Law，” 18.

㉙ See，e.g.，Edward B. Rock，“Saints and Sinners：How Does Delaware Corporate Law Work?” UCLA Law Review（1997）：1011；Brehm v. Eisner，746 A.2d 244（Del. 2000）；Smith v. Van Gorkom，488 A.2d 858（Del. 1985）.

私人地位不是一种权利，而是一种特权。[30]公司并非"完全经同意"就成立的，而是需要通过备案和其他手续获得国家许可。[31]因此，随着时间的推移，特别是在应对危机时，这种地位会受到削弱。[32]这并不奇怪，因为这种地位是立法机构的选择，以及透过立法机构的公众选择。[33]因此，公共性是对公司契约理论的一种约束。

为什么？因为公司很强大。它们控制着工作岗位和财富。它们的行为当然会影响市场，但也会影响人们生活的许多其他方面，比如环境。事实上，它们的产出对人们既有积极的影响（思想药品），也有消极的影响（思想有毒物质）。为了资本形成的利益，公司享有有限责任。[34]这种地位是国家的礼物，因此也是公众的礼物。[35]然而，实体的健康和财富超出了它的范围和股东权益，公司的失误、破坏和欺诈的影响可能是深远而持久的。想想安然（Enron）和世通（Worldcom），以及它们的倒闭对经济和人们对证券市场公平和诚信的信心造成的影响。[36]或者考虑一下投资银行和 2008—2009 年的金融危机，它导致了丧失抵

㉚ Hillary A. Sale，"The New 'Public' Corporation，" Law and Contemporary Problems（2011）：137—148.

㉛ Cox，"Corporate Law，" 32.

㉜ Sale，"J.P. Morgan，" 1654；Langevoort and Thompson，"Publicness in Contemporary Securities Regulation."

㉝ Id. 正如其他人所表明的那样，公共和私人之间的界限是一种构造。See，e.g.，Martha Minow，"Making All The Difference：Inclusion，Exclusion，and American Law"（1990）（"追踪国家权力在历史上被描述为与国家分离的家庭领域的存在，表明了边界的强大之处：边界的两边都受到监管，即使这条线本应区分受监管的和不受监管的"）；Laura A. Rosenbury，"Federal Visions of Private Family Support，" Vanderbilt Law Review（2014）（审查所谓的界限，或州和联邦对家庭的权力之间的平衡）。

㉞ Joy v. North，328 F.2d 880（2d Cir. 1982）.

㉟ Cox，"The Limits of Private Ordering，" 32.

㊱ Jean Eaglesham，"The Shadow of Enron Still Lingers，" Wall Street Journal，October 17，2011，http：//www.wsj.com/articles/SB10001424052970204774604576633413245885214；Jill E. Fisch and Hillary A. Sale，"The Securities Analyst as Agent：Rethinking the Regulation of Analysts，" Iowa Law Review 88（2003）：1079；William W. Bratton and Adam J. Levitin，"A Transactional Genealogy of Scandal：From Michael Milken to Enron to Goldman Sachs，" Southern California Law Review 86（2013）：832—834. See also Urska Velikonja，"The Cost of Securities Fraud，" William and Mary Law Review 54（2013）（认为欺诈的危害不仅限于股东，还会造成经济扭曲，影响风险评估以及人力和金融资本决策）。

押品赎回权、失业等。[37]事实上，2008 年至 2009 年金融危机的影响仍在继续，经济增长缓慢并面临其他挑战。[38]

危机迫使立法机构采取行动，而就公司而言，其结果就是联邦监管的激增。[39]周而复始的循环很常见，它是公开性的一种形式。[40]在这里，公开性是社会对强大机构的要求——包括问责制和透明度。[41]当社会反击时，现实——公司合同的私人领域存在于公众的阴影中——就变得透明了。[42]因此，公开性导致了曾经属于股东和董事之间“私人”契约领域的空间的收缩。而当特拉华州的空间被联邦监管机构占用时，这就是公开性在起作用。简言之，私人的默认规则空间让位给了公共的、日益联邦化的监管空间。[43]

事实上，无论你如何分类，联邦政府在董事监管中的作用都在增加。通常情况下，通过证券交易委员会进行的监管变革会产生直接和间接的监管结果。114
重要的是，每一项新要求，除了源于公共性之外，还会蚕食特拉华州的空间和所谓的私人领域。事实上，随着联邦政府扩大了其参与企业决策的范围，特拉华州的实际独立性及其企业公民的私人空间也有所下降。这样的例子数不胜数，包括对董事人数和类型的相关定义和强制性要求的直接规定，因此在本质上是

㊲ Eduardo Porter, “Recession’s True Cost Is Still Being Tallied,” New York Times, January 21, 2014, http: //www. nytimes. com/2014/01/22/business/economy/the-cost-of-the-financial-crisis-is-still-being-tallied.html? _ r = 0.

㊳ Porter, “Recession’s True Cost.”

㊴ Sale, “Public Governance,” 1013—1014. 一些人批评了这一举措。See, e.g., Jill Fisch, “Leave It to Delaware: Why Congress Should Stay Out of Corporate Governance,” 37 Delaware Journal of Corporate Law 731 (2013). 此外，市场崩溃后监管激增的现象很常见，部分原因是公众支持反对强大利益集团的政治企业家。然而，这种热情是短暂的，并且会随着市场恢复正常而减弱。See also John C. Coffee Jr., “The Political Economy of Dodd-Frank: Why Financial Reform Tends to Be Frustrated and Systemic Risk Perpetuated,” Cornell Law Review 97 (2012): 1020—1029.

㊵ Langevoort and Thompson, “Publicness in Contemporary Securities Regulation,” 373—378.

㊶ Id. at 340; Sale, “Public Governance,” 1032—1035.

㊷ Id. at 378—383; Sale, “Public Governance,” 1032—1035.

㊸ 这一领域的主要作品是 Mark Roe’s article, “Delaware’s Competition,” Harvard Law Review 117 (2003)。在这篇文章中，罗伊教授挑战了长期存在的逐底竞争论点，分析了联邦政府在为特拉华州监管实体提供竞争方面的作用。有关罗伊教授在该领域的其他著作，see “Delaware’s Politics,” Harvard Law Review 118 (2005) and “Delaware’s Shrinking Half-Life,” Stanford Law Review 62 (2010)。

非常直接的。还出台了新的联邦信息强制真实性法规，以间接的方式为董事创设了受托责任。此外，在某些情况下，这些法规与联邦判例法相结合，形成了与特拉华州法律下的义务类似的受托义务——其中包括一些由于特拉华州普通法的发展而在很大程度上无法执行的义务。简言之，尽管联邦监管变化在事实上既有直接的也有间接的，但这两种变化的理由都是证券市场的公共性，以及相关危机对这些市场和经济造成的损害。

考虑一下最近的几种直接形式的联邦监管，它们占据了曾经属于特拉华州的空间，并被保留用于董事决策，包括定义董事类型和董事会必须拥有的委员会等规定。这些法规侧重于董事独立性，这是特拉华州普通法中的一个概念。㊹随着它的发展，特拉华州对受托责任和董事独立性的态度主要是基于交易的。因此，多年来，特拉华州的司法机构制定了一套标准，用于审查财务冲突和董事的“责任感”。后一种标准侧重于董事的心理状态，以及无论他们是单独的，作为一个团体，还是一个特别委员会或一个小组，是否都能够以一种完全独立于那些可能发生冲突的人的方式进行一个过程并作出决定。㊺

这些标准通常运行良好——至少在逐个事务的基础上是这样。它们允许根据需要进行决策，并对例如战略组合决策和私人交易等拥有一定程度的信心。值得注意的是，这些标准是面向过程和基于事务的。问题在于，董事们是否足够公正和独立，能够就某项决定或交易作出合理的商业判断。然而，这些标准
115 并没有涉及受到质疑的判断是否合理、是否良好，甚至是否优秀。相反，其目标是通过关注运行程序和作出决定的人潜在的矛盾心理状态，防止事后诸葛。㊻

尽管特拉华州在规定独立方面的作用仅限于此，但联邦政府的作用却没有。考虑到《萨班斯—奥克斯利法案》中所包含的要求，该法案是在安然、世通和其他公司欺诈事件发生后由国会通过的。该立法的一项要求是，美国证券交易

㊹ In re Ltd., Inc., No.CIV.A. 17148-NC, 2002 WL 537692 (Del. Ch. Mar. 27, 2002).

㊺ Id.; Beam ex rel. Martha Stewart Living Omnimedia, Inc. v. Stewart, 845 A.2d 1040 (Del. 2004).

㊻ 尽管契约论支持者认为这些受托义务是私人的，但事实并非如此。它们“产生了重要的外部性”，包括对受害者的补偿，以及通过保护过度行为来支持投资。Cox, “The Limits of Private Ordering,” 33; DuPont v. Delaware Trust Co., 320 A.2d 694 (Del. 1974).

委员会颁布法规，以确保董事会的大多数成员是独立的。㊼请注意此要求的真实性；它与特定交易无关。通过证券交易所上市标准并经证券交易委员会批准，独立性措施在本质上主要是财务和复选框式（勾选）的，但实际上是有效的。㊽一般来说，如果一家公司在交易所上市，其大多数董事会成员必须始终满足这些要求并保持独立。㊾其结果是对内部人士（即公司管理人员和员工）的数量以及为公司提供咨询和工作的外部人士（他们可以在董事会任职）的数量设定了上限。㊿

在《萨班斯—奥克斯利法案》出台之前，董事会或任何委员会中的董事的背景和关系都没有被立法或规范。这被视为一项私人决定，理论上是股东与董事会之间合同的一部分，只有在出现不当行为时，才会通过裁决进行审查。此外，即便如此，对于任何给定的事项，也可能存在可用的清理机制。然而，现在由于公开性和由此产生的联邦法律，上市公司董事会的大多数董事必须始终保持独立。联邦政府对董事会和董事决策的监管并未止步于此。相反，《萨班斯—奥克斯利法案》还规定，董事会必须有一个完全由独立董事组成的审计委员会。[51]

此外，在2008—2009年金融危机和由此产生的《多德—弗兰克法案》之后，每个上市公司董事会现在都必须有薪酬、提名和治理委员会，这两个委员会也必须由独立董事组成。[52]独立性是否与良好的商业业绩有关是一个有争议的话题。[53]但前提是，对管理层过度行为的限制对于股东和其他人向公司提供信贷

㊼ Sarbanes-Oxley Act sec. 301，§ 10A，116 Stat. at 775—777；17 C.F.R. 240.10A-3.

㊽ John C. Coffee Jr. and Hillary A. Sale，“Redesigning the SEC：Does the Treasury Have a Better Idea?” Virginia Law Review 95（2009）：769.

㊾ 17 C.F.R. 240.10A-3.

㊿ Id.；Johnathan Macey and Hillary A. Sale，“Observations on the Role of Commodification，Independence，and Governance in the Accounting Industry，” Villanova Law Review 48（2003）：1183—1187.

[51] Sarbanes-Oxley Act sec. 301，§ 10A，116 Stat. at 775—777.

[52] Dodd-Frank Act sec. 952，§ 10C，124 Stat. at 1900；17 C.F.R. 229，240 XX.

[53] 对于质疑独立性要求价值的文章，see Sanjai Bhagat and Roberta Romano，“Event Studies and the Law：Part II：Empirical Studies of Corporate Law，” American Law and Economics Review 4（2002）：403；Sanjai Bhagat and Bernard Black，“The Non-Correlation Between Board Independence and （转下页）

116 的意愿以及证券市场的公平和效率至关重要。[54]事实上，《萨班斯—奥克斯利法案》还规定发行人向董事和高级职员提供个人贷款的做法为非法，但从事贷款业务的发行人除外。[55]这一规定，作为一种直接监管的形式，也干预了州法律空间，仍然允许此类贷款。[56]这也是对管理层过度行为（从他人处获取不公平的商业利益或情况）的回应。这些例子表明，要求改变和限制董事会决策的法规和压力是存在的，而且不会消失。它也受到正式监管。你可以把这看作是联邦政府占用了特拉华州的空间，也可以看作是契约关系的侵蚀，但无论如何，董事们在这些问题上行使决策的空间现在已经没有了。这些决策不再是私法的主题，如果真的是这样的话。相反，政府现在控制着他们。

这又是怎么发生的呢？应该是基于公开性。公司以各种方式与公众互动并对公众产生影响，而公众则反过来进行反击。例如，公司内部人士制定公司战略，并结合联邦证券法律法规的要求，确定如何与公司外部人士共享该信息。[57]当这种情况发生时，参与这一过程的群体就超出了股东—高管—董事治理的三位一体。[58]因此，法律定义的治理三元组合比实际上影响治理和决策的三元组合

（接上页）Long-Term Firm Performance," Journal of Corporation Law 27（2002）：231；Sanjai Bhagat and Bernard Black, "The Uncertain Relationship between Board Compensation and Firm Performance," Business Law 54（1999）：922；Lisa M. Fairfax, "The Uneasy Case for the Inside Director," Iowa Law Review 96（2010）：131. 关于那些认为独立性与积极的财务和治理结果相关的文章，see Dain C. Donelson, John McInnis, and Richard D. Mergenthaler, "The Effect of Governance Reforms on Financial Reporting Fraud," Journal of Law, Finance, and Accounting 1（2016）235（发现董事会独立性导致的欺诈率显著下降）；Vidhi Chhaochharia and Yaniv Grinstein, "CEO Compensation and Board Structure," Journal of Finance 64（2009）：232［发现在 2001 年和 2002 年公司丑闻之后，需要执行证券交易所董事会监督要求（包括董事会多数成员独立性）的公司的首席执行官薪酬显著下降］；James F. Cotter, Anil Shivdasani, and Marc Zenner, "Do Independent Directors Enhance Target Shareholder Wealth during Tender Offers?" Journal of Financial Economics 43（1997）：214（发现独立董事会提高了目标股东从收购中获得的收益）；Michael S. Weisbach, "Outside Directors and CEO Turnover," Journal of Financial Economics 20（1988）：457（研究发现，独立董事会更有可能在首席执行官表现不佳的情况下更换他）。

[54] James D. Cox, "The Social Meaning of Shareholder Suits," Brooklyn Law Review 64（1999）：7—40.

[55] Sarbanes-Oxley Act sec. 401，§ 10A，116 Stat. at 775—777.

[56] 8 Del. C. § 143.

[57] Sale, "J.P. Morgan," 1630—1631.

[58] Id. at 1643—1655.

要窄。例如，外部参与者——包括分析师、监管机构、媒体和普通公民——吸收、重构和批评这些披露。[59]

这种相互作用是公开性的一部分，它影响了股东、高管和董事之间的权力和责任下放。[60]这种辩证法也影响了公司的结果——迫使决策、董事和治理结构发生变化。[61]这种辩证法的另一个结果是，联邦政府在这一领域中扮演着越来越重要的角色，制定公司规章以应对压力。[62]当然，压力来自不同的利益集团，随着市场崩溃以及对欺诈、贪婪和腐败的认知，压力也在增加。[63]从这个意义上说，公开性的扩大既是企业行为者作出的决策的结果，也是他们未能作出的决策的结果。[64]除了联邦制度对资格、委员会和委员会组成的直接监管之外，还有一个复杂的间接制度：信息强制（披露）真实性制度。[65]下面是它的工作原理。这些规定源于 1933 年的《证券法》，该法规范了证券的发行。[66]证券监管制度的设计是基于信息披露的。[67]因此，政府并不评估发行的价值；相反，它审查信息披露 117

[59] 尽管这一过程通常是监管导致的，但无论是在公众公司还是封闭企业，都是通过新闻发布等方式进行的。Sale，"J.P. Morgan，" 1630—1635.

[60] Sale，"J.P. Morgan，" 1630—1631.

[61] Id. at 1643—1655.

[62] Donald C. Langevoort，"The SEC as Lawmaker：Choices about Investor Protection in the Face of Uncertainty，" Washington University Law Review 84（2006）：1598—1603. Sale，"J.P. Morgan，" 1654—1655.

[63] Robert B. Thompson and Hillary S. Sale，"Securities Fraud as Corporate Governance：Reflections upon Federalism，" Vanderbilt Law Review 56（2003）：870—878. Sale，"J.P. Morgan，" 1634—1635.

[64] 这种公共性理论与合规性、监管、合法性和社会许可等制度问题有关。See，e.g.，Jodi Short and Michael Toffel，"Making Self-Regulation More Than Merely Symbolic：The Critical Role of the Legal Environment，" 55 Administrative Science Quarterly 361（2010）. 合规性是组织和董事是否会遭到公众反对的关键。关于一篇研究文化在合规中的作用的文章，see Donald C. Langevoort，"Cultures of Compliance，" American Criminal Law Review 54（2017）：733。

[65] 鲍勃·汤普森（Bob Thompson）和我开始在其他地方发展这种信息强制真实性机制的理论，并继续致力于此。Thompson and Sale，"Securities Fraud，" 875. Hillary A. Sale，"Independent Directors as Securities Monitors，" Business Lawyer 61（2006）：1375.

[66] Securities Act of 1933，15 U.S.C. § 77a et seq；Hillary A. Sale，"Disappearing without a Trace：Sections 11 and 12（a）（2）of the 1933 Securities Act，" Washington Law Review 75（2000）：430—434；Langevoort and Thompson，"Publicness in Contemporary Securities Regulation，" 375—379.

[67] Sale，"Disappearing without a Trace，" 430—434；Langevoort and Thompson，"Publicness in Contemporary Securities Regulation，" 375—379.

的完整性和清晰度。[68]披露信息的目的是让买家对发行形成意见。[69]在首次公开发行的背景下，其理念是发行人的内部人士相对于潜在买家拥有显著的信息优势。[70]正如我在其他地方所说的，首次公开募股是内幕交易最引人注目的情况之一，而披露条款正是解决这种信息不对称的良药。[71]这些规定还得到 1933 年《证券法》第 11 条中包含的一项非常有力的私人诉讼理由的支持。[72]

此外，还有适用于售后证券购买或市场交易的规定。这里的监管杠杆是 1934 年《证券交易法》及其相关法规。[73]在这方面，也有私人执行条款——最突出的是第 10 条（和 10b-5 规则）。[74]因此，对于 1933 年和 1934 年的法案和法规来说，基本前提是信息披露，并辅以后台执行，将增加透明度，并有助于发展购买者愿意进行交易的公平和有效的市场。[75]事实上，公平和效率是齐头并进的，因为没有人愿意在一个被操纵的市场中玩耍。

这个联邦证券监管机构非常强大，它要求披露很多方面的信息——从法律合规到财务状况和运营描述。[76]然而，就本章的目的和公开性而言，法规的关键方面在于它们如何发展和扩大公司的受托责任，或者换句话说，如何围绕默认规则为合同留出空间。从本质上讲，无论要求披露的类型如何，要求和作出披露这一事实意味着（至少在规范上）存在信息基础。事实上，董事（和某些高

---

[68] Securities Act of 1933，15 U.S.C. § 77a et seq. Sale，“Disappearing without a Trace，” 472. Langevoort and Thompson，“Publicness in Contemporary Securities Regulation，” 352.

[69] Securities Act of 1933，15 U.S.C. § 77k. Sale，“Disappearing without a Trace，” 470. Langevoort and Thompson，“Publicness in Contemporary Securities Regulation，” 69.

[70] Securities Act of 1933，15 U.S.C. § 77k. See also Sale，“Disappearing without a Trace，” 470；Langevoort and Thompson，“Publicness in Contemporary Securities Regulation，” 352.

[71] See Sale，“Disappearing without a Trace，” 470；Thompson and Sale，“Securities Fraud as Corporate Governance.”

[72] Securities Act of 1933，15 U.S.C. § 77k.

[73] Securities Exchange Act of 1934，15 U.S.C. § 78（a）et seq. 1934 年《证券交易法》第 13 条实际上通过所谓的综合披露与 1933 年《证券法》的要求相结合。Securities Exchange Act of 1934，15 U.S.C. § 78（m）.

[74] 参见 1934 年《证券交易法》，15 U.S.C. § 78（j）和操纵和欺骗手法的使用，17 C.F.R. § 240.10b-5（2015）. See also Sale and Thompson，“Market Intermediation，” 872。

[75] See Sale and Thompson，“Market Intermediation，” 872.

[76] See Sale and Langevoort，“We Believe.” See also Sale and Thompson，“Market Intermediation.”

管）必须签署发行文件（注册声明）和发行人的年度报告（10K）。根据第 11 条，所有签署注册声明的人都可能对任何重大事实的错误陈述或遗漏承担责任。

这一诉因是一项严格的责任条款，拥有尽职调查的抗辩权。[77]为了利用尽职调查辩护，董事事实上必须合理相信文件中包含的信息是准确的。这就是信息强制真实性制度发展的动力所在。当然，要有合理的信念，意味着签字人必须至少提出问题，在许多情况下，还要做更多的工作，以确保向他们提供的信息 118 足够准确，以便披露。[78]事实上，律所备忘录和其他规定最佳实践的材料强调，董事在签署文件之前，需要与管理层和法律顾问会面，以确认文件的准确性。[79]因此，联邦法律规定并扩大了董事的受托责任。

在要求的披露和开发允许遵守披露要求系统的过程之间的这一空间是信息强制真实性理论的发源地。在这里，监管方法既有直接的（披露监管），也有间接的（合理信赖要求）。它也可能非常广泛。每一项新的披露要求都会产生对信息的需求。收集、管理、报告和验证信息都强调对受托责任的坚持和这些责任的扩大。[80]此外，当披露被提起诉讼时，随着司法解释提高董事在签署文件时应

---

[77] 10b-5 规则诉讼因由是 10Ks 的规定。操纵和欺骗手段的使用，17 C.F.R. § 240.10b-5（2015）. See also Sale，“Disappearing without a Trace，” 472。

[78] See，e.g.，In re WorldCom，Inc. Sec. Litig.，346 F. Supp. 2d 628（S.D.N.Y. 2004）and Escott v. BarChris Construction Corp.，283 F. Supp. 643，688（S.D.N.Y. 1968）.

[79] See，e.g.，“SEC Issues Final Rules on CEO/CFO Certification under Section 302 of the Sarbanes-Oxley Act.” Skadden，Arps，Slate，Meagher & Flom LLP. September 2002. https：//www.skadden.com/sites/default/files/publications/841library.pdf. Jeff G. Hammel and Robert J. Malionek，“Statements Made and Not Made：An Auditor's Duty to Correct，and the Scope of Liability for Statements Made by Others，” Latham & Watkins Securities Litigation and Professional Liability Practice（2007 年第一季度），https：//www. lw. com/thoughtLeadership/securities-litigation-and-professional-liability-practice-issue-15. Paul Vizcarrondo Jr.，“Liabilities under the Federal Securities Laws：Sections 11，12，15，and 17 of the Securities Act of 1933 and Sections 10，18，and 20 of the Securities Exchange Act of 1934，” Wachtell，Lipton，Rosen & Katz（August 2013），http：//www. wlrk. com/docs/OutlineofSecuritiesLawLiabilities2013.pdf.

[80] See Robert B. Thompson，“Federal Corporate Law：Torts and Fiduciary Duty，” Journal of Corporation Law 31（2006）. See also Sale and Langevoort，“We Believe”；Sale and Thompson，“Market Intermediation.” The Corporate Laws Committee，“Corporate Director's Guidebook—Sixth Edition.” Business Lawyers 61（Aug. 2011）：985，987.

掌握的信息和知识水平，进一步扩大披露的可能性也会出现。[81]因此，正如我们将在下面看到的，由于监管需求和对遵守监管需求之信息的搜索，以及通过解释这些义务的司法意见，法规在本质上转化为信息强制真实性。[82]通过这种方式，监管机构驱动董事执行商业判断的过程和内容，甚至可以取代基于州法的受托责任和公司契约。

考虑一个具体的例子，即 S-K 条例第 503 条要求的风险因素披露。S-K 条例通过综合披露条款，要求发行文件和年度报告包括财务状况、经营结果和已知风险与趋势的描述和变化。这项规定以及许多其他类似规定的目的是确保潜在投资者获得有关风险的信息。信息强制真实性理论的核心是信息披露背后的工作。第一个选择是风险是否需要披露。如果是这样，下一步就是确定需要在多大程度上和何种类型上遵守证券监管规定，包括披露信息必须足够完整以免产生误导的附带条件。

为了确保信息披露的准确性，董事会必须为风险制定切实的计划，了解风
119 险、讨论风险，并监督管理层的合规程序以控制风险。当董事签署注册声明时，他们实际上证明他们已经做了足够的工作，以合理地相信披露是准确的。当然，董事会成员不应承担潜在的风险管理工作。他们没有，也不应该实施计划。那是为了管理。然而，董事会成员必须与管理层进行积极对话并对其进行监督，否则他们无法证实披露内容的真实性。[83]此外，当披露的是财务方面的信息时，董事会应确保公司的报表准确地反映了其财务状况和经营结果，公司业绩的其他披露信息传达了有关过去业绩和未来计划的有意义的信息，公司的内部控制和程序旨在发现和制止欺诈活动。[84]正是通过这种方式，监管披露要求驱动了行

---

[81] See Sale and Langevoort, “We Believe.”

[82] 10b-5 规则中的明知要求旨在限制可能是非常灵活的诉讼因由。然而，它可能会产生意想不到的后果，即降低董事拓宽知识面的积极性。Jennifer H. Arlen and William N. Carney, “Vicarious Liability for Fraud on the Securities Markets: Theory and Evidence,” University of Illinois Law Review 691 (1992): 714—715.

[83] 实际上，在一个额外的间接层面上，董事的行为将推动管理层的行为，从而强制执行另一套受托责任。Sale and Langevoort, “We Believe.” See also Sale, “Independent Directors,” 1382.

[84] See 2016 Principles of Corporate Governance, Business Roundtable 8 (Aug. 2016), https://businessroundtable.org/sites/default/files/Principles-of-Corporate-Governance-2016.pdf.

为：迫切要求受托人进行积极监督和讨论。目标是更丰富的流程和更准确、更透明的披露。[85]简而言之，对信息的需求会推动实质性的、受托的行为。

重要的是，这些规定并非凭空发挥作用。它们得到了公共和私人执行制度的支持。例如，如上所述，1933 年《证券法》第 11 条通过其明确、严格的责任条款来支持信息披露制度。这是一根大棒，旨在敦促合规部门提供适当、充分和真实的披露。诚然，尽职调查辩护缓和了诉因；然而，它也是受托责任的驱动因素。事实上，按照设计，第 11 条要求董事（和其他潜在被告）仔细审查招股文件中的陈述，并坚持要求提供信息，以确保准确、完整的披露——而且不承担责任。因此，第 11 条是关于信息强制真实性的信息。

判例法扩大了这一法规的力量，并揭示了法院是如何坚持公司董事利用他们的技能和知识来改进招股文件的，从而加强了他们对公司高管的监督。[86]事实上，同样的判例法也包含了对董事未能与管理层就招股文件内容进行积极讨论提出了批评。[87]董事与高管之间的这种辩证关系是受托义务产生的基础。从经济学的角度来看，当董事以这种方式参与时，他们是在调节股东和管理者之间的代理成本空间。[88]长期以来，法律学者一直通过基于州法的受托制度将这一职责 120
归因于董事，但正如本章中的分析所揭示的那样，联邦政府很早就对这一空间提出了要求，并且其对信义区域的占领不断扩大。[89]核心是信息强制真实性制度：法规与诉讼因由（以及美国证券交易委员会的执法）相结合，迫使董事提出问题和问题的答案，并迫使发展出所需披露背后的知识。

接下来，考虑到必须公开的信息类别在数量和复杂性上持续增长的事实。结果是，在当今世界，当董事签署一份文件时，所需信息的广度意义重大。对

---

[85] 无论该过程是否促使拟议披露发生变化，都是如此。Sale and Langevoort，“We Believe.”

[86] See，e.g.，Escott v. BarChris Construction Corp.，283 F. Supp. 643，688（S.D.N.Y. 1968）and In re WorldCom，Inc. Sec. Litig.，346 F. Supp. 2d 628（S.D.N.Y. 2004）.

[87] Id. at 683—693（分析每位董事的相关行为）。

[88] See Sale and Langevoort，“We Believe.”

[89] See Thompson，“Federal Corporate Law.” See also Thompson and Sale，“Securities Fraud as Corporate Governance.” See also Jill E. Fisch，“Federal Securities Fraud Litigation as a Lawmaking Partnership，” http：//ssrn.com/abstract=2869523（探索国会与联邦法院在进一步制定证券法方面的关系）。

于每一次披露，董事的作用是确保信息与他们对公司信息的理解一致。正如我和唐·朗格沃特（Don Langevoort）在其他地方所写的那样，其中一些类别与风险管理等一度仅被视为基于州法律的受托责任直接相关。[90]然而，现在，联邦法规规定必须进行披露，并通过尽职调查要求，以及其他情况下的判例法，将董事纳入流程。

联邦政府在制定和规范董事职责方面的作用，超出了事前披露的要求。如上所述，事后强制执行是一项关键的披露激励措施。因此，在不同的时间点，证券交易委员会都在积极监督董事，甚至要求一些董事为他们的受托失败负责。最近，尽管情况相当具体，但证券交易委员会还是对两家上市公司的董事发起了诉讼。2013 年，它与摩根基金信托（Regions Morgan Keegan）开放式和封闭式基金的八名前董事达成和解。[91]尽管此处所讨论的责任是由特定法规引起的，但这一和解方案实际上是关于董事未能履行证券法规定的基本职责，在此设定了确定某些投资组合证券的公允价值的方法，然后，相应地确定该公允价值。除了实际的执法行动之外，前美国证券交易委员会主席玛丽·乔·怀特（Mary Jo White）还公开谈到，积极参与、敢于提问的董事在确保强大的、富于道德的企业环境方面可以发挥重要作用。[92]因此，她向董事们强调了这个问题，提醒他们作为受托人的职责。

联邦政府的角色也延伸到了司法部，随着耶茨备忘录（Yates Memo）的出台，司法部也正式介入受托领域。[93]耶茨备忘录的基本前提是，寻求刑事或民事
121 合作信用的公司必须提供涉及任何不法行为的实际人员的信息。[94]司法部长期以来一直在采取此类执法行动，但耶茨备忘录走得更远。目标是减少达成公司协议的谈判结果的数量，而不起诉那些参与不法行为的人。[95]在此过程中，耶茨备

[90][92] See Sale and Langevoort, "We Believe."

[91] https：//www.sec.gov/News/PressRelease/Detail/PressRelease/136517157487. See also https：//www.sec.gov/News/PressRelease/Detail/PressRelease/136 5171514096.

[93] Sally Quillian Yates, "Individual Accountability for Corporate Wrong-doing," Department of Justice（Sept. 9，2015），https：//www.justice.gov/dag/file/769036/download.

[94] Id. at 1.

[95] Id. at 3.

忘录阐述了一项政策，重点是找出那些故意、因而构成犯罪的个人，他们未能履行受托人的义务。它将联邦政府直接插入董事—高级职员关系中。当然，董事会的受托责任是对公司，而不是针对高管或个人。[96]因此，耶茨备忘录要求公司披露涉及不当行为的个人，这要求董事会确保自己知道发生了什么，并了解所有涉及的个人，其中一些人很可能是高管。[97]董事们现在需要索取这些信息并将其提供给联邦政府。[98]尽管这种信息需求是可追溯的，但它仍然要求董事们充分参与这些讨论，甚至可能成为调查过程的推动者。[99]因此，该备忘录可以说是激励了必须进行调查的董事们的独立决策。此外，与上文讨论的证券监管制度一样，耶茨备忘录也在信托领域发挥着间接作用。它促使董事成为积极参与的受托人，例如，确保前段建立适当健全的合规体系。

还有许多其他例子表明，联邦政府制定了受托责任并占据了公司治理空间，包括委托书监管以及将政府直接纳入董事会对话的和解协议。或监管围绕高管薪酬的披露以及股东对高管薪酬的投票（即使不具约束力）。然而，最后，所有这些例子都指出，所谓的公司决策的私人领域比学术或其他论述所揭示的要受到更多的约束。事实上，公司文献中对契约关系理论的广泛强调是贫乏的，因此，它很可能促进了联邦制度的发展和公开性的作用，只是没有将其纳入分析。简言之，正如本章中的分析所表明的，公私区别是一种建构，契约关系理论必须让位于对公开性和政府在公司契约中的作用的进一步分析。

---

[96] Corporate Laws Committee,“Corporate Director's Guidebook,” 985, 987.

[97] Holly J. Gregory,“Board-Driven Internal Investigations,” The Governance Counselor: Capital Markets and Corporate Governance (May 2016), http: //www.sidley.com/～/media/publications/may-2016-practical-law-journal.pdf.

[98] See Sale and Langevoort,“We Believe.”

[99] See Gregory,“Board-Driven Internal Investigations.”

130 # 第六章　特拉华和金融风险

弗兰克·帕特诺伊（Frank Partnoy）*

一、导　　言

在本章中，我认为金融风险所带来的独特挑战，证明了对 *Caremark* 案①监督标准的不同应用是合理的。根据本章的框架，我重点关注公司合同中与财务风险相关的变化，以及这些变化对董事监督职责的影响。我的研究对象主要是金融机构，但我的论点同样适用于面临重大金融风险的非金融机构。金融风险指的是与公司的财务往来和财务敞口相关的风险，与之相对的是商业风险，商业风险指的是公司固有的风险。②

与金融危机后讨论董事职责的其他学者不同，我不主张对 Caremark 标准本身进行任何改变。相反，我的观点是，特拉华州的法律已经为在金融风险监管方面要求董事遵守更高标准提供了充足的支持和理由。事实上，这样的结论与 2009 年花旗集团（*Citigroup*）③案的判决是一致的。在该判决中，钱德勒法官驳

---

* 利益冲突披露：我是摩根大通衍生诉讼中原告律师的咨询专家，但我没有因撰写本章而获得任何报酬。感谢威廉·钱德勒、史蒂文·大卫杜夫·所罗门、吉尔·费什、肖恩·格里菲斯、希拉里·塞尔、兰多·托马斯和罗伯特·汤普森对本文初稿的评论。

① In re Caremark Int’l Derivative Litigation，698 A.2d 959（Del. Ch. 1996）.

② Gabriel Stephen C.，and C. B. Baker，1980，“Concepts of Business and Financial Risk，” American Journal of Agricultural Economics 62：560—564.

③ In re Citigroup Inc. Shareholder Derivative Litigation，964 A.2d 106（Del. Ch. 2009）. 在该案中，钱德勒大法官驳回了所有因未能根据特拉华州衡平法院规则 23.1 条的要求无效的指控，除了一项与董事会批准 2007 年 11 月 4 日查尔斯·普林斯（Charles Prince）离任花旗集团首席执行官后向其授予 6 800 万美元的书面协议所产生的浪费有关的指控。

回了有关花旗集团次级抵押贷款相关损失的董事监管失误的指控。在我看来，在涉及金融风险的案件中适用 *Caremark* 案的问题并非源于花旗集团，而是源于联邦法院对摩根大通（JPMorgan）的判决，④即最近在“伦敦鲸”（London Whale）事件中应用特拉华州法律的案件。需要明确的是，我批评的对象是摩根大通，而不是花旗集团。

我不是第一个在金融危机后谈到董事监督问题的人。班布里奇（Bain- 131
bridge）强调了涉及风险管理失败案例的重要区别。⑤潘（Pan）对商业风险是否应该与法律风险区别对待持怀疑态度。⑥米勒（Miller）拒绝了扩大董事对风险管理监督的建议，认为风险管理是“关于平稳回报，而如何平稳回报的问题应该是一个商业决策”。⑦米勒认为，扩大董事会的风险管理监督职责相当于废除商业判断规则。格武茨（Gevurtz）认为，人们不应该指望州公司法来限制金融机构的过度冒险行为。⑧奥伦斯坦（Orenstein）提出了金融公司董事的重大过失标准。⑨琼斯（Jones）和韦尔什（Welsh）提倡公开执行董事监督职责。⑩希尔（Hill）和麦克唐纳（McDonnell）主张扩大监督商业风险的职责。⑪阿莫尔（Armour）和戈登（Gordon）主张对具有系统重要性的金融公司提供有限的商业判

④ In re JPMorgan Chase & Co. Derivative-Litigation，12 Civ. 03878（S.D.N.Y. Mar. 14，2014）. 在随后的命令中，丹尼尔斯法官否决了重新审议的动议。See In re JPMorgan Chase & Co. Derivative Litigation，12 Civ. 03878（S.D.N.Y. Jul. 30，2014）（以下简称为摩根大通的复议）。

⑤ Bainbridge，Stephen M.，2009，“Caremark and Enterprise Risk Management，” Journal of Corporation Law 34：967—990.

⑥ Pan，Eric J.，2009/2010，“A Board's Duty to Monitor，” New York Law School Law Review 54：717—740.

⑦ Miller，Robert T.，2010，“Oversight Liability for Risk-Management Failures at Financial Firms，” Southern California Law Review 84：47—123.

⑧ Gevurtz，Franklin A.，2010，“The Role of Corporate Law in Preventing a Financial Crisis：Reflections on In re Citigroup Inc. Shareholder Derivative Litigation，” Pacific McGeorge Global Business and Development Law Journal 23：113—156.

⑨ Orenstein，Alec. 2011，“A Modified Caremark Standard to Protect Shareholders of Financial Firms from Poor Risk Management，” New York University Law Review 86：766—803.

⑩ Jones，Renee M.，and Michelle Welsh，2012，“Toward a Public Enforcement Model for a Directors' Duty of Oversight，” Vanderbilt Journal of Transnational Law 45：343—403.

⑪ Hill，Claire，and Brett McDonnell，2013，“Reconsidering Board Oversight Duties after the Financial Crisis，” University of Illinois Law Review 2013：859—879.

断规则保护。[12]泰斯基·米切尔（Tsuk Mitchell）批评了特拉华州法律规定的监督义务的历史发展。[13]就特拉华州的法官或立法者有意改变董事监督职责的法律标准而言，有以上几种选择。到目前为止，还没有任何一种选择被“下单”。

本人在这里的观点与我的前辈们有所不同：在我看来，在 *Caremark* 案及其后续案例中存在法理解释的空间，法官可以接受这样一种观念，即董事会对财务风险的监督职责应该比对一般商业风险的监督职责更广泛。一般的商业风险（法院正确地表达了对权利主张的怀疑）不同于金融风险（法院有理由更审慎地质疑董事会是否有意识地未能行使合理的监督）。

事实上，特拉华州的法官已经在金融问题和金融风险方面表现出了特别的专业知识。尽管法官可能会担心在商业环境中的司法评价，就像在评估 *Caremark* 案董事会对医药产品营销的监督一样，但对金融风险的评估是完全不同的。特拉华州的法官经常评估金融风险。在 *Caremark* 案之外的一系列案例中，特拉华州的法官参与了独立的金融风险评估，包括对财务（金融）风险和
132 估值问题的详细描述，并指出了金融（财务）专家分析中的缺陷。例如，在最近的两个案例中，关于 *Assessment of Dell* 和 *ISN Software Corp* 案。在股东异议之诉中，特拉华州法院证明有能力对专家评估进行复杂的批判，并使用贴现现金流分析进行独立的财务评估。[14]同样，特拉华州案件中对复杂金融问题的描述是有说服力和完整的，[15]特拉华州法院以平衡的方式处理了金融机构的利益冲

⑫ Armour, John, and Jeffrey N. Gordon, 2014, “Systemic Harms and Shareholder Value,” Journal of Legal Analysis 6：35—85.

⑬ Tsuk Mitchell, Dalia, 2015, “The Import of History to Corporate Law,” Saint Louis University Law Journal 59：683—700.

⑭ See In re Appraisal of Dell, C.A. No.9322-VCL（Del. Ch. May 31, 2016）（拉斯特副首席大法官使用贴现现金流分析独立得出戴尔的公允价值）；In re ISN Software Corp. Appraisal Litigation, C.A. No.8388-VCG（Del. Ch. Aug. 11, 2016）（副首席大法官格拉斯科克得出了独立的贴现现金流折现估值）。

⑮ 例如，副首席大法官格拉斯科克对“伦敦鲸”事件的描述远比摩根大通对该事件的描述更为细致和复杂，尽管在这种情况下，副首席大法官格拉斯科克甚至没有触及需求无用性的终极问题。See Asbestos Workers Local 42 Pension Fund v. Bammann, C.A. No.9772-VCG at 9—29（Del. Ch. May 22, 2015）.

突，而在每一个案件中都没有让此类机构承担不必要的责任。[16]所有这些案例都表明，即使商业风险通常不在特拉华州法官的管辖范围内，金融风险却在。[17]

本文论证的步骤如下。首先，我展示了在金融风险敞口较大的现代企业在对 *Caremark* 案的应用中至关重要的基本方面是如何不同的（最明显的是，基于金融危机，现代企业产生了显著的外部性，尽管金融创新也产生了一系列困难而复杂的内部化成本）。其次，我认为，尽管存在这些分歧，但花旗集团的决定是正确的，即便投诉的框架不同，加上相关和重要的事实，结果可能会相反。最后，我要证明摩根大通案的判决是错误的。

在我看来，对花旗集团的许多学术批评并非来自钱德勒大法官的做法或推理，而是来自花旗集团诉状中无力的指控。该起诉未能提供支持 *Caremark* 案索赔的事实，甚至未能认识到财务风险带来的独特挑战。鉴于对花旗集团的指控不力，这一判决显然为后来的案件中精心策划的起诉留下了一个机会，使其能够在驳回动议中存活下来。正如钱德勒所言，原告有可能在“一系列事实”的支持下胜诉。[18]

展示了这样一系列事实的案例是，摩根大通首席投资办公室围绕 60 亿美元的“伦敦鲸”事件损失提起的诉讼（“伦敦鲸”是交易有争议的员工的绰号）。“伦敦鲸”事件涉及摩根大通董事会在处理复杂信贷衍生品巨额头寸带来的风险方面的重大监管失误。这些监管失误被详细描述为几项政府调查的一部分，摩根大通董事会在与监管机构的几项和解中承认了有关这些失误的事实。对于本章的目的而言，最重要的是，有关这些监管失误的细节已包含在摩根大通派生 133
诉讼的诉状中。花旗集团的指控主要依赖于新闻稿和对董事们对风险判断的言辞质疑，而摩根大通的指控则包含了大量具体事实，表明董事会对长期以来持

---

⑯ See RBC Capital Markets, LLC v. Jervis, 129 A.3d 816 (Del. 2015)（确认对 Rural/Metro Corporation 的顾问加拿大皇家银行作出 7 600 万美元的判决）。

⑰ 副首席大法官格拉斯科克在 *Asbestos Workers Local 42 Pension Fund v. Bammann* 一案中指出，“商业风险是构成企业决策的关键因素”。Asbestos Workers Local 42 v. Bammann at 35. 我的论点是，金融风险可能与一般的商业风险有很大不同，因此，在 *Caremark* 案框架下应该以不同的方式展开评估。由于与金融风险相关的差异，遵从董事会的商业判断的政策理由不那么令人信服。

⑱ Citigroup at 126.

续的、系统性的监管失误有所了解。简单地说，花旗集团和摩根大通的指控差别很大。

尽管如此，纽约南区法官乔治·B.丹尼尔斯（George B. Daniels）在一份长达 13 页的裁定中，以花旗集团为依据，带着偏见驳回了摩根大通的指控。在我看来，摩根大通是错误的，不应该被效仿。正如我将展示的那样，丹尼尔斯法官，一位试图应用特拉华州法律的联邦法官，误解了花旗集团的含义和重要性，结果误用了该案。毫无疑问，特拉华州的法院将裁决未来涉及金融风险（财务风险）的董事监管责任纠纷，有可能与摩根大通案区别开来。我的目标是说服他们这么做。

金融风险的复杂性构成了独特的挑战，特拉华州法院在评估董事监管失误时应该考虑到这一点。这种方法并不需要放弃 *Caremark* 案标准。这不会让董事因监管失误而受到毫无根据的曝光，不会对业务产生负面影响，也不会改变特拉华州对不涉及金融风险的案件的处理方式。需要明确的是，我并不是说指控金融风险监管失败的起诉总是应该在驳回动议后继续存在，或者甚至是经常存在。相反，我只是拒绝接受摩根大通暗含的一种观念，即此类起诉永远不会存在。

特拉华州的法院也表现出了对公司合同的变化作出反应的能力——尤其是在 *Caremark* 案公司本身，艾伦大法官认识到现代公司的监管实践已经发生了变化，法院也应该做出相应的改变。董事对金融风险的监督只是最近需要这种渐进式司法改革的领域。

二、金融风险与现代公司契约

我的第一个观点应该毋庸置疑：金融风险是不同的。现代公司是一个复杂
134 的契约和关系网络，不仅包括股东和管理者，还包括潜在的衍生交易对手方、子公司、可变利益实体、员工、合资企业参与者和过多的资本结构权利主张者。[19]此外，在金融危机的余波中，如今面临重大金融风险的公司面临着与其他

---

[19] Partnoy, Frank, 2009, Infectious Greed: How Deceit and Risk Corrupted the Financial Markets (Public Affairs).

公司截然不同的监管和激励挑战。[20]

由于存在这些差异，在金融风险方面，公司的董事监督工作已经发生了根本性的转变。金融风险敞口较大的公司的董事必须比其他公司的董事更清楚地意识到潜在的监管挑战。[21]特别是金融机构董事会收到的金融信息要比其他公司多得多，而且更为细致。金融机构董事的工作需要了解其复杂业务所带来的代理成本和信息不对称等独特问题。

我想指出的是，这里正在广泛讨论监管职责，不仅是针对银行，也针对其他公司，这些公司面临我在此描述的关于现代企业合同和金融风险的挑战。我并不是建议将这种待遇只局限于银行，或基于诸如 2010 年《多德—弗兰克法案》中规定的其他监管区别。例如，与大型保险公司的董事会相比，小型银行的董事会可能面临较少的金融风险挑战。此外，非银行公司可能面临巨大的金融风险。想想 21 世纪初的安然，2007—2008 年的美国国际集团（AIG），或者最近剥离 GE Capital 最复杂的业务线之前的通用电气。此外，我的论点针对的是与金融机构相关的一系列特征，而不仅仅是系统性风险。阿莫尔和戈登探讨了受托人待遇是否应根据系统风险的存在而有所不同这一具体问题。[22]

当然，差别待遇是否合理的问题取决于问题本身和具体情况。如果监督问题涉及一般公司面临的相对直接的问题——例如就业歧视或贿赂——则可能没有必要区别对待。例如，尽管 *Stone v. Ritter* 案涉及的是一家金融机构 AmSouth，但该案件中的合规问题更类似于 *Caremark* 案，而不是摩根大通案。它们不涉及复杂的金融风险。类似的结论也可能适用于富国银行（Wells Fargo）最近出现 135
的未经授权的新客户账户问题，尽管该公司是一家规模庞大、业务复杂的银行。

相比之下，如果监管问题与金融风险的复杂性有关——例如，涉及合成债务抵押债券的“超高等级”敞口，或基于信用指数的信用违约掉期中的大量名

---

⑳ Partnoy, Frank, and Jesse Eisinger, 2013, “What’s Inside America’s Banks,” The Atlantic, January/February, 1—18.

㉑ Federal Reserve, 2013, Commercial Bank Examination Manual, “Duties and Responsibilities of Directors,” 1—8.

㉒ Armour, John, and Jeffrey N. Gordon, 2014, “Systemic Harms and Shareholder Value,” Journal of Legal Analysis 6: 35—85.

义头寸——那么区别对待会更可能是有道理的。分析中的关键问题变成：监督职能在不同的语境中有多大不同？

在回答这个问题时，考虑那些具有重大金融风险敞口的机构与其他公司有根本区别的具体方式可能是有帮助的。关于这些差异，存在大量的文献。有关概述，请参阅帕特诺伊的研究。㉓我现在将总结该文献的几个方面观点。

一是道德风险。面临重大金融风险的公司面临更大的道德风险，这在公司参与者之间产生了不同的激励。特别是那些可能“大到不能倒”（too big to fail）的大公司，面临着在预期的紧急援助面前冒险的诱惑。道德风险在这类公司的各个级别都可能普遍存在，包括在低层员工中，他们有动机承担重大不对称风险：如果他们的赌注赢了，他们将得到很好的补偿；如果他们的赌注输了，他们也不会遭受这些损失。这类公司的董事必须以其他公司的董事通常不了解的方式感知到这种道德风险。事实上，道德风险是那些面临复杂金融风险的公司的基本属性，董事会的大部分工作都涉及监督与道德风险相关的金融风险。

二是杠杆。金融风险敞口较大的公司往往拥有更大的杠杆率，债务请求权人的作用可能比其他公司更加多样化和重要。事实上，这类公司通常拥有更为复杂的资本结构——以至于谁是剩余索取者的问题可能变得异常复杂。在金融危机之前，金融机构现金流的剩余索取权人可以说是员工（未来的纳税人），而不是股东，他们的地位更接近于固定索取权人。另一个困难是各种债务请求权人的作用：高杠杆金融机构经常处于破产的边缘，尤其是在以季度为单位的范围内。无论如何，董事会的监督变得越来越重要，取决于一家公司的杠杆化程度。

136 三是代理成本。金融风险的事件是重要的代理成本之一，不仅包括魔鬼交易员，还包括整个机构面临不同激励的员工。㉔面临大量金融风险的公司董事们必然会意识到普遍存在的代理成本的事件，以及与拥有强大激励机制的个人相

㉓ Partnoy, Frank. 2015, “Financial Systems, Crises, and Regulation,” in Oxford Handbook of Financial Regulation, edited by Niamh Moloney, Eilis Ferran, and Jennifer Payne (Oxford University Press), 69—91.

㉔ Partnoy, Frank, 2009, Infectious Greed: How Deceit and Risk Corrupted the Financial Markets (Public Affairs).

关的高风险。代理成本的另一个重要方面是短期主义：金融机构员工的时间跨度相对较短，即使有薪酬归属期和潜在的弥补性收入。承担重大风险的员工很少受到惩罚，而且甚至经常在发生损失时不会被解雇。金融机构大量聘用违法违规人员；最近的一项研究发现，金融和保险行业中7%的员工有不当行为记录。[25]

四是信息不对称。金融风险会产生高昂的信息成本。即使是被认为相对保守的公司，如富国银行，在场外衍生品、可变利益实体和其他复杂的结构性金融交易中也拥有数万亿美元的头寸。[26]现实情况是，金融风险敞口较大的公司的董事必须比规模较小的公司的董事掌握更多的信息；这也是这类公司董事薪酬如此高的原因之一。就金融风险管理系统正在发挥作用的程度而言，它们应该向金融风险敞口较大的公司董事会提供比没有风险敞口的董事会更多的信息。如果这些系统无法正常工作，那些面临重大金融风险的公司的董事可能会被剥夺其他公司甚至可能不存在的重要信息。

五是监管审查。大多数金融机构的公司合同，包括银行章程，通常包括与政府实体（如美联储、货币监理署或联邦存款保险公司）的明确的交易对手方关系。例如，商业银行被允许使用美联储贴现窗口。许多金融机构的存款都有保险。金融机构已经指派了检查人员，其中许多人在机构现场工作。在金融危机之后，监管机构成为使用Maiden Lane工具购买各种金融资产的交易对手；他们在银行合并中也发挥了重要作用。[27]事实上，大型银行可以说在宏观经济方面 137
发挥了作用，包括在货币供应的产生和潜在收缩方面。[28]最后，特别是银行董事的标准已经明显高于非金融机构董事：根据货币监理署的说法，有效的风险管

㉕ Egan, Mark, Gregor Matvos, and Amit Seru, 2016, "The Market for Financial Advisor Misconduct," working paper.

㉖ Partnoy, Frank, and Jesse Eisinger, 2013, "What's Inside America's Banks," The Atlantic, January/February, 1—18.

㉗ Davidoff Solomon, Steven M., and David Zaring, 2008, "Regulation by Deal: The Government's Response to the Financial Crisis," Administrative Law Review 61: 463—541.

㉘ Ricks, Morgan, 2016, The Money Problem: Rethinking Financial Regulation (University of Chicago Press).

理需要多条防线，涉及的不仅仅是建立一个监控系统那么简单。[29]同样，美联储规定了承认受监管金融机构董事所扮演的独特角色的职责和责任。《美联储商业银行审查手册》规定："未能完全履行职责，或在保护储户或股东利益方面疏忽大意的董事，可能会遭到银行监管机构的罢免、刑事起诉、民事罚款和民事责任。"[30]此外，保险公司等非银行机构也可能面临类似的监管审查。

也许用最简单的方式来说明金融风险与一般商业风险之间的区别，是考虑 *Caremark* 案本身。回顾一下，Caremark 是一家医疗保健公司。它的业务包括处方药的营销。对 Caremark 的投诉源于 1994 年的一份联邦起诉书，指控 Caremark 及其两名员工违反了一项法律，该法律禁止医疗保健提供者向医生支付费用以诱导将医疗保险或医疗补助患者转诊。起诉书指控，这些员工向一名医生支付了超过 110 万美元的费用，以分发 Caremark 公司销售的一种人类生长激素药物 Protropin（这些民事起诉状最终也援引了后来类似的起诉书）。

1994 年，Caremark 的董事会拥有三个委员会：审计委员会、提名委员会和薪酬委员会。它的审计委员会职责有限，没有明确负责风险管理。事实上，即使是审计委员会在内部控制方面的职责也是有限的：仅仅是"考虑会计和内部控制系统的充分性"。[31]此外，尽管 Caremark 拥有规模庞大的零售业务——以各种指标来衡量，它是美国十大连锁药店之一，拥有 1 137 家药店——其业务相对稳定。Caremark 公司 1994 年提交的 10-K 表格有 85 页，但这个相对较薄的册子里塞满了几十页的文件，比如章程细则和退休协议。Caremark 的财务报表直截了
138 当：该公司几乎没有债务，没有衍生品，财务和会计脚注中的描述也很少。Caremark 的整个管理层对财务状况和经营业绩的讨论和分析不到四页。[32]

就上述因素而言，道德风险和杠杆在 Caremark 基本上是不存在的。与那些面临重大金融风险的公司相比，Caremark 的监管负担要小得多，而且受到的监

㉙ See Office of the Comptroller of the Currency, The Director's Book: Role of Directors for National Banks and Federal Savings Associations, July 2016, at 19, 49—58.

㉚ Federal Reserve Commercial Bank Examination Manual, "Duties and Responsibilities of Directors," Apr. 2013, at 1.

㉛ Caremark Def14A, Apr. 11, 1995, 13.

㉜ See Caremark, Form 10-K, Mar. 29, 1995, 30—33.

管审查也少得多。Caremark 面临着源自代理成本和信息不对称的挑战，但这些挑战与其他行业类似规模的公司所面临的挑战相当。因此，在董事会监督方面，除非董事会意识到与解决方案有关的具体代理成本或信息不对称挑战，否则 Caremark 的顺从政策在经济和法律上都说得通。不能指望董事会消除代理成本和信息不对称，因此，只要董事们实施了合理的监督制度，就有充分的理由尊重董事会的监督。

此外，在类似 *Caremark* 案的情况下，对董事施加更高的监督责任，可能会阻止合格的人士担任董事，并抑制选择担任董事的良好表现。正如艾伦大法官总结的那样，“就像在董事会决策背景下一样，在监督背景下对责任进行严格的监测，很可能对作为一个阶层的公司股东是有利的，因为这使适格人士更有可能为董事会服务，同时继续作为激励这些董事诚信履职的因素”。[33]

相比之下，在存在上述因素的情况下，将面临重大财务风险的公司董事置于更高的监督标准之下，不太可能阻止或抑制董事的积极性。相反，加强审查只会使公司法与董事会面临的其他监管制度和挑战保持一致。此外，由于私人执法和命令的优点，公司法在某种程度上比其他监管制度具有一些相对优势，因此在涉及金融风险的案件中，最好将公司法列入备选方案。无论如何，鉴于其他法律要求已经引发了审查，包括政府起诉和联邦证券欺诈集体诉讼引发的监管和声誉风险，对金融风险敞口较大的公司董事加强监管职责可能不会对他们的行为产生实质性影响。正如考克斯（Cox）和托马斯（Thomas）所指出的，[34]联邦证券欺诈集体诉讼正在以各种方式演变为解决管理机构成本的替代治 139
理机制。[35]

正如艾伦大法官在 *Caremark* 案中明确指出的那样，“只有董事会在实施监督方面出现持续的或系统性的失败——比如完全未能试图确保合理的信息和报

㉝　Caremark.

㉞　Cox, James D., and Randall S. Thomas, 2016, “Corporate Darwinism: Disciplining Managers in a World with Weak Shareholder Litigation,” North Carolina Law Review 95: 19—65.

㉟　Thompson, Robert B., and Hillary A. Sale, 2003, “Securities Fraud as Corporate Governance: Reflections upon Federalism,” Vanderbilt Law Review 56: 859—910.就联邦法作为公司治理的理念更广泛地阐述了这一点。

告系统的存在——才会被确定为缺乏诚信，这是承担责任的必要条件”。[36]艾伦大法官对相关因素的陈述——“董事会在行使监督方面的持续或系统性失败”——部分是基于该争议的背景。换言之，他的语言的应用因具体情况和风险类型而异。确切地说，什么是“合理的”取决于具体情况，我的论点是，“合理的信息和报告系统”的存在对于金融风险而言应该不同于一般的商业风险。一家有重大金融风险敞口的公司，如果仅仅建立了一个监控系统，而没有解决风险管理的其他细节问题，可以说，它的监管力度甚至要小于一个没有此类金融风险敞口、完全没有建立监控系统的公司。与完全没有建立监控系统的没有金融风险敞口的公司相比，一家存在重大金融风险敞口的公司，如果只是建立了监控系统，但没有解决风险管理的其他细节问题，那么可以说，该公司的监管力度可能会更低。

三、花旗集团案

花旗集团被指控董事会监督不力，涉及550亿美元与次级抵押贷款相关的金融风险敞口。风险涉及抵押贷款的二级敞口，不是通过花旗集团对贷款本身的所有权，而是通过基于这些贷款的衍生证券。特别是，花旗集团在债务抵押债券和与某些债务抵押债券相关的流动性看跌期权的超高级头寸上蒙受了重大损失。针对花旗集团的指控的核心问题是，它没有提出任何事实来支持董事会未能在这些风险方面履行监督责任的结论。正如钱德勒大法官所指出的，“原告的指控甚至没有具体说明董事会的监督机制是如何欠充分的，或者董事被告是如何了解这些不足并有意识地忽视它们的”；相反，花旗集团的控告“只不过是反映次级抵押贷款市场和整体经济状况不断恶化的部分公开文件”。[37]

140 在花旗集团案中，钱德勒大法官应用了上文讨论的 *Caremark* 案标准，特拉华州最高法院在 *Stone v. Ritter* 案中批准了这一标准（该法院认为，评估董事监

[36] In re Caremark Int’l Derivative Litigation，698 A.2d 959，971（Del. Ch. 1996）.

[37] Citigroup at 128.

督责任的框架包含在忠实的受托责任中，并且基于诚信的概念）。[38]我在这里的分析不需要改变钱德勒大法官对董事会监督职责的表述，甚至不需要改变他的强调："要确定监督责任，原告必须表明董事知道他们没有履行其受托义务，或者董事表现出有意识的漠视他们的责任，例如，在面对已知的行动义务时未能采取行动。"这项测试植根于"不诚信"的概念；事实上，表现出"不诚信"是董事监督责任的必要条件。[39]

关于钱德勒大法官方案中关键术语的结论显然取决于上下文。例如，考虑基于诉状中指控的事实对董事精神状态的推断。在根据间接证据推断知识的情况下，跟一般商业风险相比，与金融风险相关的指控之间的差异可能很大。人们可能不会想到，如果吉布森贺卡公司甚至宝洁的董事们在 20 世纪 90 年代审查了与银行家信托公司进行的大规模复杂利率互换的条款，他们就会知道自己没有履行义务。[40]但是，如果董事会当时或现在已经审查了这些条款，或者更普遍地意识到公司面临的重大金融风险，那么更合理的假设是董事会知道或应该知道特定的某些事实。此外，鉴于许多金融风险管理系统的复杂性和综合性，人们可能会根据事实推断出董事会对特别大的风险的了解程度。

假设针对花旗集团的控告不是指报纸文章和其他公开警告，而是针对董事会从花旗集团管理层那里获悉的非公开信息。例如，金融危机调查委员会（FCIC）对花旗集团的调查发现，到 2007 年夏末，至少一些董事知道花旗集团 550 亿美元的超级高级风险敞口。来自金融危机调查委员会的员工记录表明，"根据金融危机调查委员会的采访和我们在调查中获得的文件，很明显，首席执行官查克·普林斯和罗伯特·鲁宾……了解这个信息"；这些记录显示，普林斯和鲁宾"不迟于 2007 年 9 月 9 日"知道这些细节。[41]如果指控是大多数董事知道这些事实（也许更早就了解到），那么花旗集团可能会作出不同的决定（花旗集 141

---

[38] Stone v. Ritter，911 A.2d 362，370（Del. 2006）.

[39] Citigroup.

[40] Partnoy，Frank，2009，Infectious Greed：How Deceit and Risk Corrupted the Financial Markets（Public Affairs）.

[41] The Financial Crisis Inquiry Report：Final Report of the National Commission on the Causes of the Financial and Economic Crisis in the United States（2010）：1—633.

团官员在 2007 年 10 月 15 日的一次分析师电话会议上表示，其次级抵押贷款敞口仅为 130 亿美元）。

或者，假设原告指控花旗集团董事会的政策是，如果有任何头寸的名义总额或风险价值指标超过某个特定值，花旗集团都会被告知。考虑到金融风险敞口较大的公司和没有金融风险敞口的公司之间的差异，我们或许可以合理地推断，那些被告知 550 亿美元的超优先级和流动性敞口的董事，持有基于次级抵押贷款担保债务凭证的头寸，但没有做出任何回应的董事，有意忽视了风险。

我提出这些假设的目的并不是要重新起诉花旗集团，而是要证明，这一决定为董事会有关金融风险的监督指控留出了空间，以便根据具体情况在驳回动议中幸存下来。需要重申的是，大法官钱德勒表示，“根据某些事实”，原告有可能在与商业风险相关的索赔中胜诉。[42]确实，值得记住的是，*Caremark* 案也包含了这样一种对未来索赔的可能性，注意到董事会的监督责任包括有义务确保“组织中存在的信息和报告系统，经过合理设计，向高级管理层和董事会本身提供及时、准确的信息，足以让管理层和董事会在各自的范围内，就公司的合规性和经营业绩作出明智的判断”。[43]

如果一个报告系统没有向董事会提供有关涉及 550 亿美元复杂衍生品的金融风险头寸的信息，报告系统是否“设计合理”，能让董事会作出明智的判断？显然，根据特拉华州法律，未能实施任何信息或报告系统或控制将是董事会的一个监督问题。但任何一家面临重大金融风险的公司董事会都不会陷入这种境地；每家这样的机构都有一些信息或报告系统和一些控制措施。*Caremark* 案的问题是关于系统的设计，而不仅仅是系统的存在。“合理设计”的问题仍然悬而未决。

构成金融风险案例中的危险信号的内容也可能因情况而异。假设花旗集团
142 的指控包含的事实表明，董事会在 2006 年意识到其超高级风险敞口的名义规模不断扩大。这本身就可能构成一个危险信号。换句话说，对于金融风险，董事

[42] Citigroup at 126.

[43] Caremark.

们所知道的以及什么被认为是对其责任的有意漠视或不诚实，应该与这些术语在商业风险的一般含义不同。

鉴于花旗集团业务的复杂性，人们可能预计在2007年底之前至少会在董事会层面提及一些超高级和流动性看跌期权敞口。事实上，缺乏事实表明董事会曾面对此类风险敞口进行过任何讨论，这令人震惊。然而，起诉书中没有指控董事会意识到与这些领域相关的名义规模或风险的增加。没有任何事实指控支持这样一个结论，即董事会在这些领域的风险管理方法存在缺陷。没有指控称董事们甚至意识到这些领域正在产生异常高的回报或利润。没有人指控董事从内部报告中获得信息，表明这些领域已从低风险对冲转变为高风险自营交易。当然，没有指控称董事会在这些特定领域收到了监管机构的警告（剧透一下：上述所有事实均在摩根大通案中被指控）。

花旗集团的原告可能不会收集到足够的信息来支持上述结论，至少不可能立即收集到。在这种情况下，对原告来说，等待政府调查中的事实而不是匆忙诉诸法庭可能是更好的策略。值得注意的是，花旗集团以5.9亿美元的价格和解了相关证券欺诈集体诉讼，这一诉讼进行得更为慎重，涉及的事实指控范围也更广。[44]或者，也许没有事实支持花旗集团董事会监督不力的说法，因为花旗集团的风险管理系统是合理的，但却未能将任何此类信息上报给董事会或高级管理层。无论如何，根据事实的不同，花旗集团董事会有可能被指控在金融风险方面监管不力。

四、摩根大通

然后是伦敦鲸事件。

在摩根大通案之前，人们尚不清楚花旗集团将如何根据有力得多的指控来

---

[44] Nate Raymond & Bernard Vaughan, Judge Approves Citigroup $590 Million Settlement, Reuters, Aug. 1, 2013, at https://www.reuters.com/article/us-citigroup-settlement/judge-approves-citigroup-590-million-settlement-idUSBRE9700T420130801.

143 应对董事监管不力的指控。㊺另一个商业风险案例高盛（Goldman Sachs）涉及的指控是，董事会制定了激励风险行为的薪酬做法，因此董事会本应监督其激励的风险做法。㊻格拉斯科克大法官认为，就监控商业风险的责任而言，高盛没有违反这一义务。单靠薪酬做法并不能证明监管不力，但或许其他指控可以。

与花旗集团或高盛的指控不同，摩根大通的指控是基于美国参议院常设调查小组委员会进行的广泛事实调查。常设小组委员会的报告包含了摩根大通风险管理失误的大量细节，包括董事会层面的监管失误。㊼

两位法律学者撰写了讨论“伦敦鲸”事件的优秀文章。塞尔（Sale）认为，这一事件和摩根大通的回应是探索“公共性”理论的有力例证。㊽费什（Fisch）以伦敦鲸事件为例，说明了股东赋权的潜在局限性，以及这将助长过度冒险的风险。㊾此外，蔡斯勒（Zeissler）、池田（Ikeda）和梅特里克（Metrick）提供了一系列关于“伦敦鲸”事件有用的商学院案例研究。㊿

然而，学术文献尚未涉及摩根大通的股东衍生品案例。该案是根据特拉华州法律提起的，但在纽约南区的联邦法院，由尊敬的乔治·B.丹尼尔斯法官审理。如上所述，在一份长达 13 页的判决书中，丹尼尔斯法官带着偏见驳回了“伦敦鲸”事件衍生品的索赔。在随后的一份长达四页的裁定书中，他还拒绝了一项基于摩根大通与监管机构达成的几项和解所产生的新证据的复议动议（在

㊺ 就在花旗集团成立两周之前，时任副首席大法官斯特林拒绝驳回 *AIG v. Greenberg* 案中的指控，认定两名被告是“犯罪组织”中的“高层”，他们故意容忍不充分的内部控制，并故意未能做到监督其下属履行法律职责。American International Group v. Greenberg，965 A.2d 763，796—799（Del. Ch. 2009）. *AIG* 案中的指控显然更为强烈，但说法却截然不同。

㊻ In re Goldman Sachs Group Inc. Shareholder Litigation，No.5215-VCG，2011 WL 4826104 at *1，23（Del. Ch. Oct. 12，2011）.

㊼ US Senate Permanent Subcommittee on Investigations，“JPMorgan Chase Whale Trades：A Case History of Derivatives Risks and Abuses，” Mar. 26，2013.

㊽ Sale，Hillary A.，2014，“J.P. Morgan：An Anatomy of Corporate Publicness，” Brooklyn Law Review 79：1629—1655.

㊾ Fisch，Jill E.，2015，“The Mess at Morgan：Risk，Incentives and Shareholder Empowerment，” University of Cincinnati Law Review 83：651—684.

㊿ Zeissler，Arwin G.，Daisuke Ikeda，and Andrew Metrick，2015，“JPMorgan Chase London Whale，” Yale Program on Financial Stability Case Study 2014-2A-v1：1—19.

摩根大通的一个附带案件中，格拉斯科克法官未能触及案情实质，因为他发现附带禁止反言适用于先前的纽约判决）。[51]

摩根大通的索赔主要针对首席投资办公室（CIO），该部门在2012年“伦敦鲸”事件损失60亿美元之前，管理着多达3 500亿美元的资产。损失涉及基于信用指数的复杂信用衍生品。诉状的核心主张是，摩根大通董事会知道或应该知道首席投资办公室所带来的风险，但却在对这些风险进行持续和系统性的监督方面失职。与花旗集团的起诉不同，摩根大通的起诉以事实为依据，表明董 144
事会曾多次就首席信息官衍生品交易相关的具体问题和风险发出警告。以下事实来自摩根大通的诉讼。[52]

摩根大通在诉状中称，2006年，在“伦敦鲸”事件发生的六年前，摩根大通董事会就意识到，首席投资办公室已经从此前保守的低风险对冲策略转向了合成信用衍生品交易。这一事实意义重大，因为董事们从他们的专业经验以及摩根大通此前卷入的丑闻中了解到，此类工具的交易可能给公司带来巨大的毁灭性风险。

然后，根据诉状，在2007年，董事会获悉摩根大通内部审计将这些信用衍生品头寸标记为“专有”——而不是“对冲”——还发现了多个“计算错误”。到2008年，董事会了解到，风险越来越大的交易是在一个名为“合成信贷投资组合”（SCP）的账户中进行的。根据诉状，董事会意识到合成信贷投资组合的高额且不稳定的利润：仅2009年就有10亿美元。此外，诉状称，截至2010年12月，董事会已经意识到首席投资办公室的风险指标大幅增加，包括风险值，以及首席投资办公室创造了总计28亿美元的“经济价值”和100%的年回报率这一事实。起诉书称，“没有董事会成员质疑一种所谓的对冲策略如何能够产生如此巨大的年度回报。董事会成员也没有实施或甚至建议一个适当的风险管理

[51] Asbestos Workers Local 42 v. Bammann.

[52] 第二次修订的经核实的股东衍生权利主张，涉及违反受托义务、不当得利和浪费公司资产。In re JPMorgan Chase & Co. Derivative Litigation，No.1：12-cv-03878-GBD，Apr. 25，2013（here-after cited as JPMorgan Complaint）.

方法，与一个产生100%年回报率的高风险战略相称”。[53]

诉状对金融风险限制的指控是具体的。早在2011年3月18日，整个董事会就收到了摩根大通大股东CtW Investment Group的一系列信函，解释了对摩根大通监控风险限额方法的担忧。该诉状描述了“VaR限额、信用价差扩大01（CS01）限额、信用价差扩大10%（CSW10%）限额、压力损失限额、止损建议，以及更一般的综合风险措施（CRM）”的作用，而且董事们不仅意识到密切监控这些措施的重要性，还参与了风险限额的定期审查和更改。[54]这些并不是监控普通商业风险的普通董事：他们拥有独特的知识和专业技能，鉴于他们在
145 摩根大通作为信贷衍生品市场最大参与者的角色，以及摩根大通在各种衍生品问题中的角色，包括长期资本管理、安然事件和最近的金融危机中都有经验。花旗集团或高盛均未出现类似指控。

摩根大通的起诉书还称，董事会在2010年获悉，摩根大通的主要监管机构货币监理署发布了一份《审查报告》，称首席投资办公室缺乏基本的风险管理职能，比如风险日益增加的交易所依据的“有文件记录的方法”或“明确的决策记录”。[55]这一指控与花旗集团所称的公开信息无关，而是来自监管机构的一份非公开报告，其中包含有关金融风险管理失败的具体调查结果。

起诉状的指控进一步证明了董事会在2011年之前对合成信贷投资组合衍生品头寸名义价值飙升的了解和认可。仅在2011年期间，合成信贷投资组合衍生品头寸的名义价值就从40亿美元增加到510亿美元。此外，尽管存在这些新的重大金融风险，但截至2011年12月，合成信贷投资组合的利润基本持平，鉴于名义价值不断增加，这是一个明显的危险信号。图6.1描绘了合成信贷投资组合的季度增长，单位为数十亿美元，来自参议院常设调查小组委员会；它胜过千言万语。

起诉书还指控，有事实支持摩根大通董事们的知情推断。知情推断是一个理

---

[53] JPMorgan Complaint at 45—46.

[54] Id. at 29—32.

[55] JPMorgan.

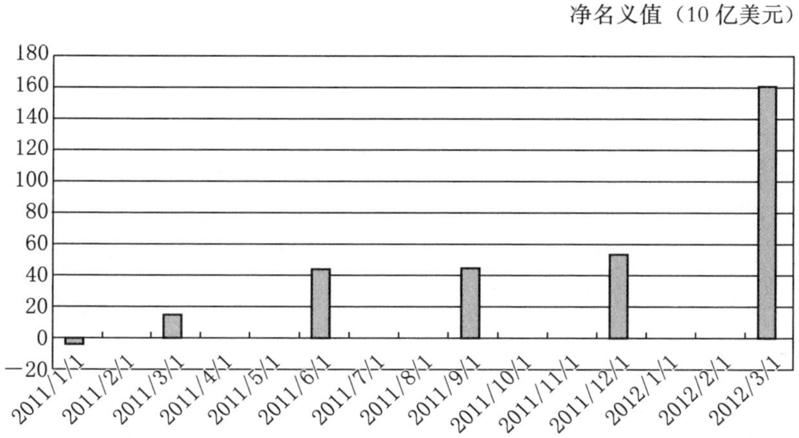

图 6.1　美国参议院，证明材料 15

解金融风险与一般商业风险有何不同的领域，这一点尤为重要。鉴于合成信贷投资组合的头寸和利润大幅增加，可以合理地假设一个运作良好的董事会会提出问题并收到有关这种增加的信息。

摩根大通董事会据称“应该知道”的事实包括以下内容。2011 年 9 月，首席投资办公室开始做空 CDX 的部分股票。NA.HY 是一个复杂的信用指数，有效地预测，在 2011 年 12 月 20 日头寸到期之前，几家高风险公司将宣布破产。为了抵消这种空头头寸，首席信息官还购买了 CDX.NA 的多头头寸。NA.IG9 追踪的是风险较低的公司。

同样，诉状还指称，首席投资办公室在 2011 年出人意料地进行了一场短期信用违约掉期豪赌——美国航空将宣布破产——这是人们本应知道的事实。对摩根大通来说幸运的是（尽管对美国航空公司并非如此），首席投资办公室在 146
2011 年 12 月的最后一刻赢得了这个赌注。美国航空公司的交易完全是投机，而不是对冲。合成信贷投资组合在 2011 年的 4.53 亿美元收入几乎全部来自这一高风险的自营业务。总体而言，首席投资办公室为摩根大通 2011 年贡献了 8%的净利润，这是一个可观的数字。

起诉书还描述了 2012 年初首席投资办公室对伊士曼・柯达（Eastman Kodak）破产的反向押注。2012 年 1 月 19 日，当伊士曼・柯达申请破产时，首席投资办公室遭受了大约 5 000 万美元的损失。正如诉状所称："首席投资办公室在短短几周内，就一家公司是否会破产，向相反的方向下了两笔庞大而复杂的赌注，这一事实表明，首席投资办公室在其合成信用衍生品头寸中没有从事保守交易或对冲。相反，它经营着一种高风险的自营交易业务，就像一个赌徒，先是押注轮盘赌球会落在红色数字上，然后快速切换到黑色下注。"[56]摩根大通指控中有关这些特定交易的事实是人们已知的指控。应该如何对它们展开评估？一方面，原告被要求为特定的事实辩护，而没有任何事实直接表明董事会了解这些交易。另一方面，可以从旁证事实中得出推论。从本质上讲，摩根大通的诉状包括两组不同的指控：

147 （1）在摩根大通拥有"合理的信息和报告系统"的范围内，董事会必须知道指控的事实，或（2）摩根大通没有"合理的信息和报告系统"。

诉状中包括一些支持备选方案 2 的事实。最引人注目的是，尽管摩根大通的风险管理框架规定了首席投资办公室的职位，但从 2006 年首席投资办公室首次开始交易复杂的合成信用衍生品到 2012 年 1 月，该职位一直空缺。根据起诉书，"董事会最终负责风险管理，但它将这一责任委托给了一个空席位"。[57]

此外，起诉书称，董事会通过鼓励首席投资办公室的交易员承担越来越大的风险来鼓励首席投资办公室的自我交易。首席投资办公室的交易员是摩根大通收入最高的员工之一（2011 年首席投资办公室经理的收入超过 1 000 万美元）。尽管高盛一案的法院驳回了这样一项以薪酬为焦点的请求权主张，但摩根大通案的诉讼包含了更具体的内容，并不是针对整个公司普遍存在的薪酬激励，而是针对董事会是否知晓公司一个本应风险较低的部门向少数员工支付巨额薪酬。

起诉书还称，自 2012 年 1 月 16 日开始，首席投资办公室在 2012 年前四个月里超过 330 次违反其风险限制，当时首席投资办公室的立场导致整个公司违反了其风险限制。董事会最终意识到了这些违规行为，尽管时间尚不清楚。诉

[56] Id. at 48.

[57] Id. at 37.

状称，高管们允许首席投资办公室开始使用新的数学模型来计算风险，从而使首席投资办公室的风险看起来下降了，而实际上却在增加，从而鼓励了冒险行为。同样，不清楚董事会是何时得知这一做法的。诉讼指控称，董事会“本应知情”。

最后，起诉还包括几项关于缺乏独立性的指控，包括指控大多数董事拥有大量个人贷款、信贷延期、相互关联的董事会或其他冲突关系。此外，董事会没有任命一名独立调查人员报告事实并提出行动建议，而是任命了摩根大通首席执行官杰米·戴蒙（Jamie Dimon）的老朋友和同事迈克尔·J.卡瓦诺（Michael J. Cavanaugh）。卡瓦诺曾受雇于摩根大通，担任投资银行联席首席执行官，也是该公司的前首席财务官（此外，董事会审查委员会还准备了一份单独的、较短的报告）。

如上所述，丹尼尔斯法官驳回了摩根大通的诉讼。他直接谈到了起诉书中 148
的几项指控。他驳回了向董事会发出的关于“自营头寸策略”的审计报告警告，以及2010年货币监理署向董事会发出的警告信，因为它们“没有向董事会通报与摩根大通首席投资官有关的表面不当业务风险或非法活动”。[58]他将摩根大通的诉讼与雅培实验室（Abbott Labs）[59]等案件中的诉讼区别开来。在雅培实验室案中，有多次违反法律的指控，并有大量记录违法行为的书面线索。[60]

丹尼尔斯法官进一步发现，“起诉书缺乏具体指控，即大多数董事被告都知道（更不用说批准）伦敦前首席财务官人员的交易，最终导致2012年的巨大损失”。[61]这一标准——董事会对交易的了解和批准——是一个很高的标准，可能会排除任何指控董事会在财务风险方面监管不力的案件的可能性。丹尼尔斯法官没有像我上面建议的那样，根据间接事实得出任何知识推论。他没有被各种本该了解的指控所说服。丹尼尔斯法官还驳回了董事们因证券欺诈而面临重大责任的说法（摩根大通及其董事会最终以1.5亿美元和解了相关的证券欺诈集体诉

---

[58] JPMorgan at 9.

[59] In re：Abbott Lab. Derivative Shareholders Litigation，325 F.3d 795（7th Cir. 2003）.

[60] JPMorgan at 9 n.6.

[61] Id. at 10.

讼指控）。

2013年9月19日，摩根大通签署了和解协议，并支付了超过10亿美元的罚款，以解决证券交易委员会、货币监理署、联邦储备系统理事会和英国金融行为监管局的调查。在许多此类和解中，机构既不承认也不否认监管机构的事实调查结果。但摩根大通承认了某些事实，并承认其行为违反了证券法。根据这些新的事实，原告要求重新考虑丹尼尔斯法官的驳回起诉，或者申请修改的许可。

摩根大通董事会的几名个人成员代表董事会与货币监理署签署了同意令，承认摩根大通对首席投资办公室的信用衍生品交易的监督和治理不足以保护其免受重大风险的影响。这些董事明确承认：

> 信用衍生品交易活动构成了不计后果的不安全和不健全行为。（OCC at 4）
>
> 149 本行对首席投资办公室进行的信贷衍生品交易的监督和治理，不足以保护本行免受这些交易策略、活动和头寸中的重大风险的影响。（OCC at 3）
>
> 本行由首席投资办公室进行的信贷衍生品交易的风险管理程序，没有为识别、了解、衡量、监控及控制风险提供充分的基础。（OCC at 3）
>
> 本行由首席投资官进行的信贷衍生品交易的估值控制流程及程序不足以提供严谨及有效的估值评估。（OCC at 3）
>
> 本行与首席投资办公室进行的与信贷衍生品交易有关的内部审计流程及程序并不有效。（OCC at 3—4）
>
> 银行的模型风险管理实践和程序不足以对银行的某些市场风险和价格风险模型提供充分的控制。（OCC at 4）
>
> 信用衍生品交易活动构成了不计后果的不安全和不健全的做法，是不当行为模式的一部分，并导致了超过最低限度的损失。[62]（OCC at 4）

为了回应原告基于这一额外证据提出的重新考虑的动议，丹尼尔斯法官

---

[62] See Consent Order for a Civil Money Penalty, In the Matter of: JPMorgan Chase Bank, N.A., AA-EC-2013-75, Sep.18, 2013, at 3—4.

发布了一份长达四页的命令。关于违反风险限制的细节，丹尼尔斯法官援引花旗集团案的说法称，“原告的指控并没有表明大多数董事都意识到任何特定的风险超出限制，或者对这些少数风险超出限制的了解会提醒董事关注首席投资办公室的表面上不当的冒险行为或非法活动”。[63]他注意到原告对上述和解协议的依赖，然后，没有援引任何理由，坚持认为：“然而，这些和解协议没有包含任何关于董事会意识到首席投资办公室存在不当风险或非法活动的自认。”[64]

我在这里的论点十分直截了当：摩根大通的判决是错误的。Caremark 和花旗集团均未要求大多数董事了解“特定的”违反风险限制的行为，也不要求他们警惕“表面上不适当的冒险或非法活动”。摩根大通的诉讼包括许多具体指控，称董事会未能履行其监督职责，包括“完全未能试图确保存在合理的信息和报告系统”——这是 *Caremark* 案的标准。这应该足以通过依照 *Caremark* 案标准提出的驳回动议。 150

如果摩根大通是对特拉华州法律的准确陈述，那么 Caremark 就没有空间向董事会提出与金融风险相关的监督主张。鉴于金融危机期间董事会监管失误的重要性，在其他情况下缺乏对金融危机的司法回应，[65]以及金融风险普遍持续的重要性，这不应该成为准则。顺从董事会监督的典型政策原因，在摩根大通等案例中并不存在。在这种情况下，驳回拒绝罢免的动议并不会阻止人们在董事会任职。此外，即使特拉华州的法官一般缺乏商业风险方面的专业知识，但他们在评估金融风险方面经验丰富且敏锐。这种区别至关重要：金融风险案例不同于一般的商业风险案例，因为金融风险是不同的。

在摩根大通这样的案例中，如果董事会了解与复杂金融工具相关的巨大且不断增加的风险，并意识到广泛的风险限制和风险管理违规行为（包括其主要监管机构记录的失误），但不仅没有采取任何措施解决这些失误，还向集团领导

---

[63] JPMorgan Reconsideration at 3.

[64] JPMorgan Reconsideration at 4.

[65] Zaring, David, 2014, “Litigating the Financial Crisis,” Virginia Law Review 100: 1405—1481.

人支付了八位数的赔偿金——然后在事后监管和解中承认了监管失误——民事诉讼至少应该在驳回动议后继续存在。

五、结　　论

总有一天，也许很快，另一个原告将根据特拉华州法律提出一个与金融风险有关的新的董事会监督案件。该案中的被告公司无疑拥有金融风险管理系统；每家面临高金融风险的公司都会这样做。但我在这里的观点是，风险管理体系的存在不应像摩根大通那样具有决定性作用。相反，Caremark 和花旗集团都明智地为法官留下了空间，让他们在没有实施“合理的信息和报告系统”的情况下，就持续和系统的有意识的金融风险监管失误追究董事的责任。

151 法院在裁决未来的董事会监管案件时，或许可以参考银行法，在区别对待金融风险方面寻求类似的指导。在过去，银行经常受到司法部门的事后批评。在 1909 年阿肯色州的贝利诉奥尼尔案（*Bailey v. O'Neil*）中，法院裁定，一家银行的董事有责任将该银行近一半的资产借给一名当地商人。[66]在联邦存款保险公司诉罗伯逊案（*FDIC v. Robertson*，1989 年的堪萨斯州联邦案件）中，法院裁定一名银行董事应对向一家“没有盈利记录”的新公司放贷而承担责任。[67]虽然这些都不同于 *Caremark* 案，但它们是一些例证，说明当金融风险成为核心问题时，一些法院对董事的顺从程度有所降低。

一些学者的立场与过去的案例一致，认为银行董事和高管应承担更高的职责。麦考伊（McCoy）认为，由于银行经理有动机通过购买风险资产将存款置于风险之中，因此提高责任是有道理的。[68]事实上，麦考伊发现法院在一个世纪以来一直在对银行董事在过失案件中的决定进行事后评价。同样，梅西

[66] Bailey v. O'Neil，122 S.W. 503，505—506（Ark. 1909）.

[67] FDIC v. Robertson，No.87-2623-S，1989 U.S. Dist. LEXIS 9292 at *17（D. Kan. July 24，1989）.

[68] McCoy，Patricia A.，1996，“A Political Economy of the Business Judgment Rule in Banking：Implications for Corporate Law，” Case Western Law Review 47：1—80.

（Macey）和奥哈拉（O'Hara）描述了对银行董事适用注意义务的基本原理。[69]他们认为，"就银行而言，应扩大公司高管和董事的职责和义务范围"。这些学者论点的关键是，要求银行董事和高级职员履行更高职责的原因在于银行和非银行机构之间的差异，特别是在对安全和稳健的担忧以及保护储户（围绕金融风险的担忧）方面。

这些学术观点和案例都不是基于 *Caremark* 案，而且仅限于银行。但值得一提的是，*Litwin v. Allen* 案[70]是纽约衍生品案件注意义务的经典案例，该案不仅涉及银行董事，还涉及摩根大通公司本身。注意到银行和非银行机构之间的历史差异类似于今天金融风险和一般商业风险之间的差异，这是明智的。摩根大通一案的法院没有注意并按照他们的意见做，但也许未来的法院会作出不同的选择。

无论如何，金融风险与商业风险是截然不同的。这种观察并不是对金融危机的内在影响的快速反应，在撰写本文时，金融危机已经过去了近十年；金融风险和商业风险之间的差异一直存在。我在本章的中心观点是，适用特拉华州法律的法官应该认识到这一绝对差异。

---

[69] Macey, Jonathan A., and Maureen O'Hara, 2003, "The Corporate Governance of Banks," Economic Policy Review 9：91—107.

[70] Litwin v. Allen, N.Y. Sup. Ct., 25 N.Y. S.2d 667（1940）.

156 # 第七章　对冲基金积极主义、毒丸计划以及构成威胁的法理学

威廉·W.布拉顿（William W. Bratton）

一、导　　言

对冲基金积极主义对21世纪初的公司法来说，就像敌意收购之于20世纪末的公司法。与敌意收购一样，积极主义通过成功地吸引股东对即时回报的兴趣，威胁到现任管理者，并扰乱了他们的商业计划。与敌意收购一样，积极主义占据了公司法政策讨论的中心位置，让人们在短期收益和长期投资之间作出选择。但有一个明显的区别。与敌意收购不同，积极主义并未促使公司法发生重大改变。如果敌意收购引发了州公司法和联邦证券法的结构性变化，以及受托责任的彻底重组，对冲基金积极主义基本上没有改变它原来的公司法。积极主义者设法以敌对的方式行事，但没有触碰到20世纪末公司法转型中建立的防御性障碍，因为他们避免试图取得控制权。与此同时，旨在限制新的敌对干预模式的法律改革倡议未能取得进展。

有且仅有一个备受瞩目的案例，就管理层针对21世纪积极主义者的挑战而采用的反收购措施，20世纪的反收购法施加了如下的影响：特拉华州高等法院
157 在 *Third Point LLC v. Ruprecht* 案中的裁决，也就是更为人所知的①苏富比

① 2014 WL 1922029（Del. Ch.）.

（Sotheby's）案。目标公司苏富比的董事会向更激进的对冲基金 Third Point LLC 及其首席执行官丹尼尔·勒布（Daniel Loeb）投下了一颗“毒丸”。该“毒丸”具有低门槛的特点，将敌对挑战者所持股份限制在已发行股份的 10%，而不是传统的 20%。因此，它禁止 Third Point 通过额外购买目标公司股票来提高其在“少数候选人”（short slate）名单委托书争夺中的投票总数。尽管如此，衡平法院还是在 *Unocal v. Mesa Petroleum Co*.案②中维持了该毒丸计划。③这一判决牵涉一个重要的政策问题：以敌意收购和控制权转移为关键的 20 世纪学说是否可以适当地应用于 21 世纪的治理环境中，在这种情况下，挑战者避开控制权转移，而是积极使用的股东投票权。

解决这一问题需要评估两组威胁的严重性，一组在教义（学理）学层面，另一组在政策层面。学理上的威胁是对公司政策和有效性的外部威胁，管理者据此为优尼科案的防御策略辩护。因为在优尼科案中，一些威胁比其他威胁具有更大的正当性和显著性，所以出现了一个问题，即所谓的积极主义者干预所抵制的威胁的性质和特征。政策威胁意味着管理者和股东之间新的权力平衡。对冲基金的积极主义起到了催化剂的作用，使分散的股东能够克服集体行动问题，从而在对董事会席位竞争候选人投票时，表达出对公司商业计划的偏好。在某种程度上，如果管理者利用低门槛的毒丸计划使积极主义者的挑战失效，权力平衡可能会向他们的有利方向转变，从而可能产生负面的代理成本后果。

本章评估了这些威胁。对于优尼科案来说，这是一个严重的适应性问题。最有力的优尼科威胁是那些涉及通过敌意收购要约胁迫分散股东或控股股东对分散股东进行征收的威胁。最初在 20 世纪 80 年代的控制权转移模式中发现的这些威胁，只在新的事实模式上一带而过地出现。在某种程度上，优尼科学说依赖于旧威胁的理论，针对今天积极主义者实施的毒丸计划，它最终更像是一个正式的橡皮图章，而不是一个实质性的受托调查。

苏富比案的法律意见虽然在很大程度上停留在继承优尼科学说的框架内，

---

② 493 A.2d 946（Del. 1985）.

③ 毒丸计划中的毒丸会使得“挑战者”的股份二倍稀释。因此，挑战者会避免越过触发点，而是转向法院要求无效。

158 但确实向21世纪迈出了试探性的一步，表明积极主义者面临着“不成比例的影响力”的威胁，但没有详细说明这种影响力的性质和负面影响。本章提出了缺失的细节，进行了一项重塑并扩展优尼科案的思想实验，从而为维持管理层对积极主义对冲基金的防御提供了坚实的基础，甚至保护了因超过5%而触发的毒丸计划。这一扩展是激进的。到目前为止，优尼科案已经促成了管理层采取行动，保护分散的股东免于被迫以过低的价格出售公司。根据这一扩展，优尼科案将证明管理层的行为是合理的，这些行为保护股东免受他们在董事选举中进行非强制投票的集体行为后果的响应。许多（或许是大多数）观察人士认为，这一扩展是对治理体系迄今为止对股东选举董事权利的扭曲。

本章的“改装版”优尼科案尖锐地构成了政策威胁。大多数观察人士都会发现，5%的“毒丸计划”很有可能会带来威胁。事实上，他们预计这样的防御会抑制积极主义者的干预，从而损害公司治理体系。但在目前股东—管理者的政治格局中，对危害的预测看上去空洞无物。即使抑制积极主义的结构性变化实际上会导致经济损害，但5%的毒丸计划的司法制裁也不太可能产生显著的抑制作用。低门槛的毒丸计划只能在积极主义者出现之前实施，才能阻止积极主义者股份的累计，从而将积极主义者股份限制在5%以内。在积极主义者超过5%的水平后才采取毒丸行动，并将其公之于众，为时已晚，因为披露的时钟如此之慢，而股权积累的过程如此之快，以至于在交易完成时，积极主义者很容易就能持有10%。如今，很少有管理者敢提前颁布这样一种“常备的”毒丸计划。在当今的管理成本效益计算中，股东变得如此强大，以至于通过改变他们对章程和章程细则的治理偏好而招致股东愤怒的损害，现在超过了毒丸的“绝缘”收益。

鉴于此，值得一问的是5%的毒丸计划是否能带来政策上的收益。在一场将股东积极主义与破坏价值的短期主义联系在一起的辩论中，政策利害关系被反复讨论。辩论的参与者根据假定的全面倾向进行了反复辩论。但短期价值牺牲
159 的问题无法从总体上得到解决。这取决于公司。有些是积极主义者干预的适当目标，另一些则不是。本章建议，在这个问题上，公司与公司之间的对话将是一件好事，探索5%的常备“毒丸计划”可能会在管理者和机构投资者之间触发

有用的信息，而不会同时过度威慑积极主义者的干预。

下一节将分析苏富比案。然后，我将优尼科案威胁理论置于对冲基金积极主义的背景下，表明需要重新制定。这个讨论之后是对优尼科案的重新定义，提出了一种理论，支持5%的毒丸计划。最后，我考虑了低门槛毒丸计划在股东赋权的新世界中的政策含义。

二、苏富比案

Third Point LLC v. Ruprecht 案驳回了禁止部署针对积极主义对冲基金精心定制的毒丸计划的动议。该毒丸计划具有两层触发机制，可分为被动和主动的大股东。根据 13G 表格提交的披露声明证实其被动意图的大股东的持股上限为20%，而希望对公司进行改革的积极主义人士，根据 13D-1 规则提交了 13D 表格，其持股上限为 10%。④除此之外，起草工作是严谨的。该毒丸计划的有效期限制在一年。全部现金、全部股份的收购要约均被接受，⑤表明董事会只应对了激进对冲基金模式下的挑战，并没有试图寻求以程序上公平的条款阻止敌意控制权转让。也不像现在的情况那样，它也不是一种“常备”毒丸计划，早在对冲基金发起挑战之前就在一刀切的基础上就位。它是由目标公司董事会在 Third Point 的战役进行了数月之后颁布的，⑥给出了针对 Third Point 特有威胁的具体情况的支持理由。

股东积极主义者的运动声势浩大。在成立之初，一个由三家基金组成的“狼群”要求苏富比改变商业计划和治理安排，这一要求得到了一个可信的威胁的支持，即发起争夺董事会席位的代理权争夺战。Third Point 最终积累了公司9.6%的流通股，位居领先，Mercato（6.6%）和 Trian（不足 5%）紧随其后。 160
因此，苏富比董事会在颁布毒丸计划之前就已经面临一个持有 20%股份的敌对集团。毒丸计划的作用在于它限制了 Third Point 进一步收购股票，这一禁令限

④　Third Point LLC v. Ruprecht，2014 WL 1922029（Del. Ch.），9.
⑤⑥　Id.

制了该基金在委托书争夺激烈时通过购买更多股票或与其他对冲基金联合竞选来增加其投票总数的自由。

这起诉讼为特拉华州的“毒丸”判例奠定了两个新的局面。首先，10%的触发点相当于防守强度的提升，尽管在实践中并非史无前例，但法院并未考虑到这一点。“毒丸计划”的起草者⑦过去曾将适用于阻止股份累积的触发点设定为20%，这一经验法则被认为具有足够的影响力来证明“控制阻止”的归因是合理的。⑧其次，此前从未有对冲基金积极主义者来到特拉华州衡平法院攻击一种用于抑制委托书争夺的毒丸计划。⑨

即便如此，足以维持这种毒丸计划的法律已经基本到位。特拉华州将防御策略的审查分为两类。优尼科案坚持基本规则，在自身基础上使“排除性”和“强制性”防御无效，同时对所有其他管理层防御进行比例性审查，根据该规

---

⑦ 在原始案例 Moran v. Household International，Inc.，500 A.2d 1346（Del. 1985）中的毒丸计划，其中的强制措施包括20%的集体收购触发条件。较低的门槛直到最近几年才开始使用。

⑧ Versata Enterprises，Inc. v. Selectica，Inc.，5 A.3d 586（Del. 2010）案中，维持了5%比例的触发，但该案很容易区分。引发争议的触发因素涉及一项税收规则，该规则在出现5%的大宗持有人时取消了亏损结转。考虑到税收角度，法院在考虑股东整体福利的情况下，很容易维持低门槛毒丸计划。

⑨ 最接近的案件，Yucaipa American Alliance Fund II，L.P.v. Riggio，1 A.3d 310（Del. Ch. 2010），aff'd 5 A.3d 2318（Del. 2011），涉及一只基金和一个防御中的董事会，但并未涉及目标股票分散、积极主义对冲基金持股比例低于20%，以及少数委托书竞争。在这个案例中，目标公司拥有30%的大股东，而挑战者是一家私募股权公司，试图在重新定向商业计划的最后获得制衡。

值得注意的是，特拉华州的几个案例对对冲基金积极主义背景下类似的防御手段——债券和贷款合同中包含的“有毒看跌期权”——的运作提出了质疑。毒债计划的起草方式与毒丸计划相同，列出了一系列控制变化和控制挑战的触发因素。当触发器触发时，债务合约所涵盖的证券的持有者有权将证券按面值返还给发行人。根据起草的情况，积极主义者对获得多数董事会席位的挑战可能会触发毒丸计划，或者导致防御性董事会获得触发毒丸计划的自由裁量权。如果债务证券的交易价格低于面值，那么行使看跌期权（毒债）就会将价值转移给债务持有人，从而损害公司。即使在没有折扣的情况下，也可能导致现金管理障碍。这些情况反过来又使看跌期权（毒债）的操作失效。See Kallick v. Sandridge Energy，Inc.，68 A.3d 242（Del. Ch. 2013）. 这些情况很容易区分。在毒债案件中，防御性手段为了债券持有人和防御管理者的利益，会对公司及其股东群体造成经济损失。在毒丸案件中，该设置只是通过推断对股东造成伤害。这使得积极主义者的挑战变得更加昂贵和困难。但这种威慑效应通常只会在积极主义对股东有利的情况下才会对他们造成伤害。与此同时，在苏富比这样的案例中，受保护的股东仍然可以在年会上自由投票支持积极主义者的名单，这可以说消除了任何直接的伤害威胁。

则，鉴于所构成的威胁，措施必须是合理的。[10]以 *Blasius Industries, Inc. v. Atlas Corp*.案[11]为基础的另一系列案件适用于主要旨在干扰或阻碍行使股东投票权的管理行为。这需要一个“令人信服”的理由，一个不太可能达到的标准。不出所料，Third Point 认为，以歧视性 10%为触发点起草的毒丸计划，旨在抑制积极主义者选票的积累，[12]但这些案件已经将 *Blasius* 案的审查限制在一小部分，在这些情况下，防御性行动具有完全排除行使投票权的效果。[13]只要防御方允许竞争者自由地将候选人或提案提交股东进行“有效”投票，防御方提高获胜门槛的效果就不等于对 *Blasius* 案的“干涉”。[14]没有什么能阻止 Third Point 进行代理权争夺。

与此同时，优尼科案刻画了一个具有威胁性的大股东——即“二级市场爬行控制”收购者——的形象。[15]所谓“逐步”，是指收购方通过在公开市场上购买股票，逐渐积累控制份额。当这样的股东达到 51%时，与未来控制权转让有关的可变现溢价将附加在其大宗股票上，而不是附加在公司实体和股东群体上。 161
大股东在其公开市场购买计划过程中未按比例向出售股东支付控制价值的一部分，在出售全部股份后，有效地将可能实现的溢价转换为股东整体利益。这样的持股甚至不需要达到多数股权，因为一旦股权超过 20%的门槛，控制权的价值就开始显现。因此，欧盟和英国都要求累积的大股东在超过 30%的门槛时提出购买该公司 100%股票的要约。[16]在优尼科案中，尽管委托书挑战者寻求的董事会席位少于多数（“少数候选人名单”），且对控制权收购不感兴趣，但仍然容易受到“二级市场爬行控制”特征的影响，如果可以证明该挑战者：（1）过

---

[10] See Unitrin, Inc. v. American General Corp., 651 A.2d 1361 (Del.1995).

[11] 564 A. 2d 651 (Del. Ch. 1988).

[12] 2014 WL 1922029, 4—15.

[13] See Stroud v. Grace, 606 A.2d 75, 91 (Del. 1992); Yucaipa American Alliance Fund II, L.P. v. Riggio, 1 A.3d 310 (Del. Ch. 2010), aff'd 5 A.3d 2318 (Del. 2011).

[14] See MM Companies v. Liquid Audio, Inc., 813 A.2d 1118, 1130 (Del. 2003).

[15] 2014 WL 1922029 at 16—18; Yucaipa American Alliance Fund II, L.P. v. Riggio, 1 A.3d 310, 350—351, 359—360 (Del. Ch. 2010), aff'd 5 A.3d 2318 (Del. 2011).

[16] Directive 2004/25/EC of the European Parliament and of the Council of 21 April 2004 on Takeover Bids, art 5 sec 1—4; UK Takeover Code Rules 9.1, 9.5.

去进行过涉及不平等结果的控制权收购，或（2）发表过预测目标可能控制权转移的声明，包括第三方合并。[17]因此，“二级市场爬行控制”是一种范围广泛的威胁。

Third Point及其负责人丹尼尔·勒布（Daniel Loeb）完全符合这一特征。在过去的活动中，他们曾对目标公司提出收购报价，并就目标公司的防御性大宗回购进行了谈判。[18]在目前的声明中，勒布既讨论了推动苏富比进行私募股权收购的可能性，又预计他将接管公司的运营控制权并重新调整其运营方向。[19]对业务的潜在损害也显示出来了：勒布咄咄逼人的公开声明扰乱了关系密切的业务线中的客户关系。[20]很难想象有哪个参与者比他更不适合在庭审中扮演原告的角色了。

尽管如此，根据副首席大法官帕森斯的说法，衡平法院仍将此案定性为几乎同类的做法。法院在两个不同的日期检视了该毒丸计划，第一个是在代理权争夺开始之前公布的，第二个是在征集过程中的晚些时候。第二次审视是由Third Point引发的，该公司向苏富比董事会提出了正式请求，要求其放弃10%的门槛，以允许其购买高达20%的股份。[21]在不久之前，法院才将二级市场爬行控制视为有效威胁。在法院的描述中，颁布规则的董事会面临着20%的“狼群”，其意图可能包括控制权收购或第三方控制权转让。[22]然而，截至晚些时候，法院认为，一种逐渐蔓延的控制威胁已不再合理。到那时，很明显，敌意收购
162 已经演变为争夺少数董事会席位的代理权争夺战，而控制权的转移并未在即。[23]此外，苏富比的一位董事在被问及是什么原因促使董事会拒绝放弃该毒丸计划

---

[17] Yucaipa American Alliance Fund II，L.P. v. Riggio，1 A.3d 310，348—350（Del. Ch. 2010），aff'd 5 A.3d 2318（Del. 2011）.

[18] 2014 WL 1922029，5.

[19] Id. at 4.

[20] Id. at 7，11.

[21] Id. at 20.

[22] Id. at 17—19.

[23] 值得注意的是，狼群成员之一特里安（Trian）在董事会通过该毒丸计划一个月后就卖掉了自己的股份。See Carmen X. W. Lua，“Unpacking Wolf Packs，” Yale Law Journal 125（2016）：773，780.

时表示，最大限度地减少挑战者的投票总数是普遍关注的问题。㉔在优尼科案的规则下，保留职位的主要动机会导致立即无效，㉕而辩护律师的主要工作之一是确保董事会仅从防止股东受到伤害的角度为其行为辩护。这样的失误可能是致命的。

但苏富比董事会勉强通过了，Third Point 要求禁止这种毒丸计划的动议也被否决，原因是该公司未能拿出必要的证据证明成功的可能性。㉖衡平法院设计了两个适用于稍后日期但较弱的额外威胁特征。第一种"消极控制"被作为拒绝禁令的依据：尽管不能说 Third Point 渴望拥有控制权，但进一步的收购可能会带来"消极控制"优势——这一数量足以否决一项以绝对多数票通过的提案。㉗法院补充说，即使 Third Point 没有足够的股份来单方面施加负面影响，但将持股比例提高到 20%可能会让它"对重大公司决策拥有不成比例的控制和影响力"。㉘并没有进一步解释这意味着什么。

Third Point 输了一场战役，但没有输掉整个战争。法院驳回禁令后不久，初步计票结果显示，Third Point 有望赢得代理权争夺战。苏富比董事会止损并达成和解，让勒布和他提名的两名候选人进入董事会。㉙

如果法院对形势的分析略有不同，Third Point 也可能赢得对抗"毒丸计划"的战斗。以前的案例都集中在二级市场爬行控制上。一旦二级市场爬行控制被排除在外，其他决策的可能性就会出现——最重要的是，可以选择对有关防御董事会动机的证据给予决定性的重视。就苏富比的董事们专注于即将到来的计票而言，他们可以说已经不再处于优尼科案的威胁保护范围内。这将是一个如其所料的狭隘的判决依据。或者，法院可能会走上一条更艰难的路，并驳回次

㉔　2014 WL 1922029，13.

㉕　493 A.2d，19［原告必须有合理的可能性证明委员会的行为具有"敌意"或"巩固管理层动机"（entrenchment motive）］。

㉖　2014 WL 1922029，21.

㉗　Id.

㉘　Id. at 22.

㉙　S. Michael J. de la Merced and Alexandra Stevenson，"Sotheby's Yields to Hedge Fund Mogul and Allies，" New York Times，May 5，2014，http：//dealbook.nytimes.com/2014/05/05/sothebys-and-loeb-end-fight-over-board/？_r=0.

要威胁、消极控制和不成比例的影响，认为它们缺乏严重性。

但法庭没有走这条路，给我们留下了两个问题。第一个问题涉及股东积极
163 主义者背景下二级市场爬行控制特征的准确性。第二个问题是，在对第一个问
题做出否定回答之后，股东积极主义者是否会带来威胁，无论其特征如何，在
优尼科案的情况下都是可以认知的。

三、对冲基金积极主义与公司控制

本节将重新考虑优尼科案和股东积极主义者背景下的二级市场爬行控制威胁。斯图尔特·吉兰（Stewart Gillan）和劳拉·斯塔克斯（Laura Starks）准确地将股东积极主义者定义为“对公司管理或运营的某些方面不满意的投资者，他们试图在不改变控制权的情况下在公司内部带来变革”。[30]因此，为了支持二级市场爬行控制的特征，我们必须对事实进行一点修改。有两个因素凸显出来：“狼群”的参与模式，以及积极主义者推动其目标进行第三方并购的兴趣。但是，即使有选择性地强调，二级市场爬行控制的特征仍然存在问题。原因有以下三个：（1）个人对冲基金几乎从未积累到20%的资金；（2）狼群并非无处不在，它们的累积比例往往低于20%；以及（3）确实聚集了更大比例的狼群导致少数案例情况出现，并且不会对股东造成明显的伤害。在股东积极主义者干预之后，通过合并转移控制权是一种显著但附带的可能性。当干预确实促使控制权转移时，对冲基金极不可能成为收购方，出售收益将按比例与全体股东分享。因此，在积极主义背景下应用优尼科规则的明确基础在实践中缺乏实质性支持。

以下为股份累积的几种形式：

独立基金。对冲基金，即使是领先的对冲基金，都不会建立控制性股权。只有少数股东积极主义者的持股比例接近20%。博伊桑（Boyson）和莫拉迪恩

---

[30] Stewart L. Gillan and Laura T. Starks, “The Evolution of Shareholder Activism in the United States,” Journal of Applied Corporate Finance 19 (2007): 55.

(Mooradian) 发现，在最初提交 13d-1 文件时，股东积极主义者的平均持股量为 8.8%，累积的最大平均持股量为 12.4%。[31]其他研究提供了更详细的描述。布拉夫（Brav)、江（Jiang)、帕特诺伊和托马斯显示，在第 75 个百分位数处，初始持股比例为 8.8%，最大持股比例为 13%。在第 95 百分位，他们报告的初始持股比例为 19.8%，最高持股比例为 25%。[32]最近，根切夫（Gantchev）报告称， 164
第 95 个百分位数的初始申请最高为 16%，最高持股为 18%[33]——也就是说，即使是独立基金的最大增持也达不到 20%。

“狼群”。当然，即使独立的对冲基金几乎从未接近 20%，但由于他们倾向于两人和三人一组的攻击，任何威胁都会被放大。对冲基金狼群在其成员之间没有正式协议的情况下运作，因为正式协议意味着一个证券法“群体”，并提高了备案要求。[34]尽管如此，非正式的团体活动足以满足优尼科案的目的——这是适当的，因为所有人都能看到有意识的平行行动。

关于群体活动的规模和普遍程度，仍然存在一个问题。贝克特（Becht)、弗兰克斯（Franks)、格兰特（Grant）和瓦格纳（Wagner）的第一项持续研究最近才出现。[35]通过对 1 362 笔交易的调查，他们发现 78.3% 的交易涉及独立基金，21.7% 的交易涉及“狼群”。分别考虑每个目标，他们发现 88.2% 的交易面临着独立基金，11.8% 的交易面临着“狼群”。[36]“狼群”的平均持股比例为

---

[31] Nicole M. Boyson and Robert M. Mooradian, “Experienced Hedge Fund Activists,” working paper, April 3, 2012, http://ssrn.com/abstract=1787649.

[32] Alon Brav, Wei Jiang, Frank Partnoy, and Randall Thomas., “Hedge Fund Activism, Corporate Governance, and Firm Performance,” Journal of Finance 63 (2008): 1729, 1747.

[33] Nikolay Gantchev, “The Costs of Shareholder Activism: Evidence from a Sequential Decision Model,” working paper, August 2012, 47, www.ssrn.comabs=16464712012.

[34] 1934 年《证券交易法》第 13（d）(3）条规定：“当两个或两个以上的人出于……为获取、持有或处置发行人的证券而组成的集团，就本款而言，该辛迪加或集团应被视为‘人’。” 15 U.S.C. § 78m (d) (3) (2012). The leading case finding a group is CSX Corp. v. Children's Inv. Fund Mgmt. (UK), LLP, 562 F. Supp. 2d 511, 525 (S.D.N.Y. 2008).

[35] Marco Becht, Julian Franks, Jeremey Grant, and Hannes Wagner, “The Returns to Hedge Fund Activism: An International Study,” working paper, March 2015, www.ssrn.com/abs=2376271.

[36] Id. at 51.

13.4%，而独立基金的平均持股比例为8.3%。[37]集体行动确实能增强影响力。如果是一群狼，在股东积极主义者披露其头寸的窗口期内，目标公司的股价会上涨14%，而独立基金的股价则会上涨6%。[38]“狼群”成功的概率为78%，而仅积极主义者的成功概率则为46%。[39]

上述数字以每个“狼群”成员的披露为前提。但也有一些沉默的跟风者，在领投基金披露其持股情况，他们蜂拥而至，但仍低于5%的报告门槛。最近的一项研究考察了牵头基金披露时的股票成交量，发现成交量比正常水平高出325%，然后推断250%的交易活动可归因于牵头基金以外的买家。[40]该研究将成交量排名前四分之一的交易参与描述为“狼群”参与，并发现这一群体的成功率高出6%，董事会席位获得率高出9%。[41]

“狼群”的存在被认为是证实了对股东积极主义的二级市场爬行控制的事实。[42]但事实上，我们所看到的是在没有控制的情况下增强了影响力。“狼群”之所以重要，是因为选票很重要，目标仍然是少数群体董事会代表。但事实上，我们所看到的是在没有控制的情况下增强了影响力。虽然“狼群”的形成使胜
165 利的可能性更大，但平均而言，这实际上并不能通过减少需要征集的额外支持股的数量来确保股东积极主义者的成功。[43]考虑到13.4%的平均持股，成功仍然需要大量被动股东的支持，即使假设存在未公开身份的同路人。

兼并。从技术上讲，二级市场爬行控制收购意味着积累和使用控股权，而与非控股股东很少或根本不分享控制利益。[44]有多种场景：一个二级市场爬行收购控制者可以利用其累积的选票来控制董事会，然后管理公司，为自己赢得办公

---

[37] Id. at 32.

[38] Id. at 5.

[39] Id.

[40] Yu Ting Forester Wong, “Wolves at the Door: A Closer Look at Hedge Fund Activism,” working paper, January 2016, 3, http://ssrn.com/abstract=2721413.

[41] Id. at 7.

[42] John C. Coffee Jr. and Darius Palia, “The Wolf at the Door: The Impact of Hedge Fund Activism on Corporate Governance,” Journal of Corporation Law 41 (2016): 545, 593.

[43] Id. at 562—568.

[44] Id. at 593.

场所、薪酬和其他好处。为了完成排他性的游戏，它可以利用其控制权在以后的合并中套现少数股权。[45]或者，一旦掌权，它可以将其控制股权出售给第三方，从而获得溢价。[46]

这些场景都没有出现在股东积极主义者的工作图景中。最接近的案例是一个拥有相对较大股权比例的股东积极主义者（或狼群）成功将目标公司出售给第三方。任何滥用行为都存在于股东积极主义者在公开文件中披露其存在之前就收购了股份。因此，它以未反映即将到来的控制权转移的市场价格中积累的股份价值，实际上是从市场卖家那里转换后期溢价。接下来是两个问题：首先，这种情况是否经常发生，其次，将其定性为错误转换是否准确。

毫无疑问，股东积极主义促使企业合并。但不同的研究得出了不同的数据。在较低一端，布拉夫、江和基姆（Kim）报告了他们数据库中12.2%的案例发生了兼并。[47]在较高一端，格林伍德（Greenwood）和肖特（Schor）的比例为23%。[48]贝希特、弗兰克斯、格兰特和瓦格纳介于两者之间，比例为18.76%。[49]来自博伊桑、根切夫和希夫达萨尼（Shivdasani）进行的最大和最新的研究，[50]倾向于较高一端的结果。报告显示，24%的交易中出现了收购，其中19.9%来自

㊺ 在这种情况下，受托审查将单方面压低价格的机会降至最低。See Weinberger v. UOP, Inc.，457 A.2d 701（Del. 1983）.

㊻ 这曾经是公司信义法的核心问题。主要案例是 Perlman v. Feldmann，219 F.2d 173，cert. denied 349 U.S. 952（1955）. 有关主要批评，see William D. Andrews，“The Stockholder's Right to Equal Opportunity in the Sale of Shares，” Harvard Law Review（1965）：505，515—522。判例法的运用已经逐渐减少。

㊼ Alon Brav，Wei Jiang，and Hyunseob Kim，“Hedge Fund Activism：A Review，” working paper，February 2010，16，http：//ssrn.com/abstract = 1551953. 同样处于较低一端的 Bebchuk、Brav 和 Jiang，他们报告称，所有上市公司在五年内因合并而导致的流失率为42%，而他们的积极主义目标样本中这一比例为49%。See Lucian A. Bebchuk，Alon Brav，and Wei Jiang，“The Long-Term Effects of Hedge Fund Activism，” Columbia Law Review 115（2015）：1085，1104.

㊽ Robin Greenwood and Michael Schor，“Investor Activism and Take-overs，” Journal of Financial Economics 92（2009）：364，368.

㊾ Becht et al.，“Returns to Hedge Fund Activism，” 54.

㊿ Nicole M. Boyson，Nickolay Gantchev，and Anil Shivdasani，“Activism Mergers，” working paper，October 2015，http：//dx.doi.org/10.2139/ssrn.2677416.

第三方，3.4%来自股东积极主义者自己。[51]第三方竞价发生在股东积极主义者目标公司的可能性是非（股东积极主义者）目标公司的五倍。[52]如果特定股东积极主义者被归类为“激进”，则竞价的可能性为29.0%；如果该积极主义者被归类为“兼并经验丰富者”，则竞价的可能性为36.4%。[53]出价还意味着从参与中获得的股价回报明显更高，第三方出价比股东积极主义者出价提供的溢价更高。[54]值得注意的是，股价收益是按比例分享的。

166 “受害者”是那些在积极主义者超过5%报告门槛之前和当时向积极主义者和“狼群”追随者出售股份的人。这些卖家似乎是进行流动性交易的噪音交易机构（无法获得内部信息，非理性地把噪音当作信息进行交易的投资者）。[55]销售是非强制性的，是独立的业务决策的结果，通常与投资组合相关。没有损失，只有机会成本。鉴于广泛的股东分散投资，从长远来看，这种机会成本与持有不同对冲基金目标的投资收益相匹配。没有可识别的伤害。

股东受害的二级市场爬行控制图景与积极主义者干预的普通事件之间存在着严重的不匹配问题。对冲基金几乎从未获得控制权。尽管干预往往导致控股权的出售，但这种出售给目标公司的其他股东带来了相当大的好处。出售收益将与整个集团共享。当然，76%（或更多）的案例没有出售。对于股东积极主义者自己出价时支付的溢价的任何担忧，都可以通过 *Revlon, Inc. v. MacAndrews & Forbes Holdings, Inc.*[56]开始的独立受托案件来处理。简言之，优尼科案正被应用于维持管理层对股东积极主义者的防御，这基于一个可疑的基础，它将21世纪的敌对干预笨拙地嵌入20世纪的模式中。

---

[51] Id. at 34.

[52] Id.

[53] Id. at 16.

[54] 24个月累计平均回报计算如下：总体目标为9.8%；第三方竞价，38.9%；积极主义者竞价，18.4%；竞价失败，17.7%。Id. at 19—24.

[55] Nickolay Gantchev and Chotibhak Jotikasthira, “Institutional Trading and Hedge Fund Activism,” working paper, November 2015, 3, http://ssrn.com/abstract=2139482.

[56] 506 A.2d 173 (Del. 1986).

四、反思优尼科案和股东积极主义

本节在股东积极主义者干预的背景下，对优尼科案的威胁进行了深入的反思。这表明苏富比案法庭的“不成比例的影响”概念可以被放大以适应这种情况。该分析将公司法带入了一个新的领域。正如重申的那样，优尼科案保护少数股东不受明显不冲突的多数股东的商业判断的影响，这是对继承的概念框架的逆转。

（一）（涉及对立或竞争双方的）当前情形

苏富比案将现有的优尼科判例法推向了崩溃的边缘。一旦二级市场爬行控
制不在讨论范围内，法院就被迫即兴发挥，提出了两项新的威胁——消极控制 167
和不成比例的影响力——以维持董事会拒绝放弃毒丸计划的判决。[57]新的威胁对股东造成的伤害，远远小于一场真正的二级市场爬行控制型的收购。法院并没有试图保证他们不这样做，这意味着低门槛毒丸计划在优尼科案的规则下可能会受到攻击，这取决于未来案件的特定事实。与此同时，一些公司实施了10%和15%的常备毒丸计划，这些毒丸往往包含旨在阻止狼群形成的语言——这些毒丸计划适用于“一致行动”或“有意识地与领先的对冲基金并行”的人。[58]如果没有像 Third Point 这样具有明显的二级市场爬行控制特征的主要积极主义者，这些毒丸计划很容易在苏富比案意见的狭义解读下无法通过检查。

毒丸起草者的必杀技——即为普遍适用而制定的5%毒丸计划——似乎遥不可及。科菲（Coffee）和帕利亚（Palia）明智地认为，这样一种毒丸在优尼科案内部具有“排除性”的绝对无效风险。[59]尽管如此，他们还是会尝试一种合理的

[57] 值得注意的是，在下列案件中，影响力可以作为一个因素：Yucaipa American Alliance Fund II，L.P. v. Riggio，1 A.3d 310，348（Del. Ch. 2010），aff'd 5 A.3d 2318（Del. 2011）。

[58] Coffee and Palia，“Wolf at the Door，”602.

[59] Id.

策略，假设一种基于公开报告利益而非对目标公司业务构成威胁的正当性转变。他们提供5.1%的毒丸计划，只有当购买者在购买超过阈值的股票之前未能提交13D表格时，才会触发该毒丸计划。[60]也就是说，只有在达到5%时立即向美国证券交易委员会提交申请，并放弃继续利用第13d-1条规定的十天申报窗口期进行进一步未报告股票购买的选择权，这位积极主义者才能超过5%的持股比例。[61]作为旨在减少无效可能性的进一步修改，他们建议，这种“窗口关闭型毒丸”允许在及时提交的情况下进一步收购，最高可达15%或20%的门槛。[62]将正当性理论从传统的威胁转向补充证券交易委员会的集体报告制度及其十天的申报窗口期，以满足人们所感知的政策需求。许多人认为美国证券交易委员会本身应该将备案期限缩短至一两天，尽管美国证券交易委员会尚未对此类建议做出回应。[63]科菲和帕利亚的“窗口关闭型毒丸”将通过私人秩序来影响这种变化。值得注意的是，科菲和帕利亚似乎并不认为对冲基金积极主义在其他方面构成了足以证明5%毒丸计划合理性的威胁，大概是因为持有水平太低，不足以牵涉控制权转移、爬行控制或其他情况。

168 **(二) 优尼科案威胁的不成比例的影响力**

假设我们将优尼科威胁法则扩展到承认一种可识别的股东积极主义者威胁，而不考虑控制权转移的前景。这样的制度会是什么样子？我们在这里预测其可能的参数。这样做有助于考虑阻碍积极主义者运动的管理行动中的政策问题。

---

[60] Id.

[61] 该窗口是根据1934年《证券交易法》第13d-1条规定设定的。《多德—弗兰克法案》第929R条，Pub. L. No.111—203，124 Stat. 1376（2010）明确授权美国证券交易委员会缩短备案窗口期。See 15 U.S.C. § 78m（d）（1）（2012）.

[62] Coffee and Palia，“Wolf at the Door，” 602.

[63] See Letter from Wachtell Lipton Rosen & Katz to SEC Sec'y Elizabeth M. Murray（May 7，2011），https：//www.sec.gov/rules/petitions/2011/petn4-624.pdf（向证券交易委员会请愿缩短威廉姆斯法案的十天窗口期）；see also Adam O. Emmerich，Theodore N. Mirvis，Edward S. Robinson，and William Savitt，“Fair Markets and Fair Disclosure：Some Thoughts on the Law and Economics of Blockholder Disclosure and the Use and Abuse of Shareholder Power，” Harvard Business Law Review 3（2013）：135。

如果预测的正当威胁听起来是空洞的，那么在优尼科案规则下管理层的防御反馈应该被认为是不合理的。

我们从苏富比案中援引的两种后备威胁开始——即消极控制和不成比例的影响。在诉讼案件中，前者为董事会拒绝放弃10%的上限提供了正当理由，而后者只是顺便提及。现在角色互换了。消极控制虽然在证明针对积极主义者的防御行动的合理性方面比二级市场爬行控制更有效，但仍然存在一个适合性的问题。相比之下，不成比例的影响力为重组优尼科提供了坚实的基础，至少在描述性层面上如此。

消极控制相当于二级市场爬行控制的轻量级版本。它同样寻求控制收购，认为对冲基金的持股可能会通过获得绝对多数票方面的阻碍力量来伤害普通股东群体。但该理论也更接近于积极主义者事实模式，放弃了对完全控制权转移的价值后果的担忧，而只关注对股东投票权行使的扭曲影响。当然，可以想象，在某些时候，具有选择性激励和私人议程*的大股东持股可能会成为一些公司的问题。[64]但最终，积极主义者的做法几乎没有引起人们的共鸣。积极主义者的影响力不仅仅取决于所持股票发挥的作用。这是来自志同道合的股东的支持，无论他们是不是激进的对冲基金。影响投票结果的单方面权力，无论是积极的还是消极的，都没有纳入该模型。此外，该模型期待得到肯定的结果。管理层提交股东批准事项的延期付款和附带付款（卖方的低价合并和买方的高价合并除外）根本不包括在该计划中。

第二个威胁是不成比例的影响，给积极主义者提供了一个更开放的特征。这里不存在适配问题。不成比例的影响力本质就是对冲基金积极主义的内涵。积
极主义者轻装上阵，避免了彻底购买控制权所需的大量投资，而是购买更小、 169
更容易处置的股权。然后，他们通过征求其他股东的投票支持，利用自己的少量股份来修改目标公司的商业计划。如果积极主义者构成威胁，那么——在商业政策层面上发生的变化，无论是集中在资产出售、额外借款、增加股息、股

* 译者注：指个人或小团体的私人利益或目的，通常与公共利益相对立。

[64] 有关讨论，see Zohar Goshen，“Controlling Strategic Voting：Property Rule or Liability Rule?” Southern California Law Review 70（1997）：741，769—771。

票回购活动、降低运营成本还是卖方合并——这就是在大多数流通股同意的情况下进行的变革所在。

当然，如果这些积极主义者引发的变化明确地增加了价值，就不存在威胁。实证研究在这一点上对积极主义者有利，表明从总体上看，他们的出现导致股价持续上涨，⑮但从长远来看，同时不会对运营指标产生负面影响。⑯但如果我们将目标股东分解为两个利益群体，那么威胁特征仍然可能存在。根据金融经济学的原理，⑰我们把那些从股价上涨中充分获益的短期投资者和那些长期投资者区分开来。长期投资者的利益受到了损害，以至于积极主义者引发的变革阻碍了最终提高目标股票回报的投资活动。这种价值减值在某些时候很可能出现在一些公司，更有可能出现在 21 世纪的企业，这些企业在创意和关系上投入了大量资金，而在 20 世纪的实体生产商身上发生的可能性较小。⑱但长期价值牺牲并不一定总是源于积极主义者的胜利，而且，如前所述，目前的实证研究总体上

---

⑮ 积极主义者的干预会导致股价立即上涨，并持续至少一年。波动的幅度因研究而异。See Brav et al.，“Hedge Fund Activism，” 1729（7 percent to 8 percent）；April Klein and Emanuel Zur，“Entrepreneurial Shareholder Activism：Hedge Funds and Other Private Investors，” Journal of Finance 64（2009）：187，188（10.2 percent）；Chris Clifford，“Value Creation or Destruction? Hedge Funds as Shareholder Activists，” working paper，April 2008，4—5，http：//ssrn.com/abstract = 971018（3.39 percent），Robin Greenwood and Michael Schor，“Investor Activism and Takeovers，” Journal of Financial Economics 92（2009）：362，366—368（3.5 percent）；Bebchuk，Brav，and Jiang，“Long Term Effects，” 1122（6 percent）. 一些研究表明，在积极主义者首次出现后的这段时间内，正累积异常收益继续上升。See Greenwood and Schor，366—368（18 个月内额外增加 6.5%）；Klein and Zur，188（一年内增加了 11.4%）。

⑯ Bechuk、Brav 和 Jiang 以最长远的眼光对运营进行了研究，他们试图证实积极主义者的干预会增加长期价值。他们对 1994 年至 2007 年的一系列业务进行了五年的业务后资产回报率和托宾 Q 值计算。Bebchuk，Brav，and Jiang，“Long Term Effects，” 1105.

⑰ See，e.g.，Francois Brochet，Maria Loumioti，and George Serafeim，“Speaking of the Short-Term：Disclosure Horizon and Managerial Myopia，” working paper，May 2015，http：//ssrn.com/abstract = 1999484.

⑱ See，e.g.，Alex Edmans，“Does the Stock Market Fully Value Intangibles? Employee Satisfaction and Equity Prices，” Journal of Financial Economics 101（2011）621，622（运用在年度“美国 100 家最适合工作的公司”榜单上的表现，来衡量员工的满意度）；Brochet，Loumioti，and Serafeim，“Speaking of the Short-Term”（根据高级管理人员和投资者在季度电话会议期间使用的编码语言，将公司分为短期和长期导向）；Jillian Popadak，“A Corporate Culture Channel：How Increased Shareholder Governance Reduces Firm Value，” working paper，March 2014，http：//ssrn.com/abstract = 2345384（通过对超过 180 万份员工评价的数据集进行文本分析，量化企业文化）。

没有显示出任何危害。

这种针对特定公司的威胁相当于21世纪对优尼科案原则的实质性强制路线的再现。实质性强制是指程序上非强制性的收购要约所带来的威胁，该要约提供了比市场价格高得多的溢价，但却可能牺牲了现有企业商业计划所带来的更大的长期价值。[69]从股东权益倡导者的角度来看，这是优尼科案威胁中最弱、最牵强的，因为它将价值选择权留给了管理层，而不是股东。而且，就像这里所构成的威胁一样，它将股东划分为短期和长期利益群体，并允许管理层以后者的名义进行防御性干预。

尽管有相似之处，但还是有一个重要的区别。尽管优尼科案允许管理层动用毒丸计划来阻止溢价收购要约，但它最终只会拖延一个持续的挑战者。 170
挑战者可以在进行委托书争夺以获得董事会控制权的同时，将报价留在谈判桌上，以期撤回毒丸计划并完成收购。优尼科案发展的理论基础是，股东仍然可以通过行使其投票权来选择控制权转让。隐含的股东保护理由是，从股票市场向投票权的转变以及由此产生的延迟，给了竞争各方时间来陈述自己的情况，并为股东提供了一个低强制的环境来评估交易的优点。对敌意收购活动的任何寒蝉效应都被忽视了，而且可以说，从长远来看，股东利益并没有受到损害。

这里建议的实质强制原则的新应用将地点转向了同一次股东大会上。因此，它超越了公认的正当性框架，该框架假设，尊重董事会组成的股东投票权的行使决定了商业政策问题，即使以牺牲长期价值为代价。这一举措是激进的，因为它拒绝了在董事选举中对股东商业偏好的间接表达的系统性依赖。

以下是此举的可能理由。这种情况可以被描述为多数股东与少数股东的利益冲突：长期导向的少数股东在短期主义导向的多数股东手中处于不利地位，后者由于股东中介机构代理人的狭隘和扭曲的利益，更倾向于对商业计划进行低价值的短期修订，而不是一个可以说是优越的长期价值战略。“多数人—少数人”的措辞在概念上是令人欣慰的。但它仍然掩盖了一个隐含的判断，即不能

[69] See Unitrin, Inc. v. American General Corp., 651 A.2d 1361 (Del. 1995).

信任多数股东来决定商业规划，即使是通过行使董事会投票权间接决定。因此，让我们把“滥用”的画面描绘得更强烈一些，将这种情况重新描述为短期主义少数派剥削长期主义多数派的情况。我们以对投票结果的利益为由，无视积极主义者的持股情况，类比用于批准公司与大股东之间的自我交易的少数股东的多数决。

新的描述带来了更多的慰籍，但仍然打破了继承的概念框架，因为严格来说，我们不是在讨论股东批准自我交易。确实，事实模式中不存在自我交易，
171 即使存在普遍的利己主义。就忠实义务而言，积极主义者对投票结果并不比处于防御状态的董事会成员更有利益冲突，而投票支持积极主义者的短期主义股东并不比支持董事会的长期主义股东更自利。这两个股东群体之间的差异仅仅是持股期限的不同。此外，公司法一直认同这样一种观念，即自身利益会激发股东投票——股东没有义务为了公司的最佳利益而投票。[70]

所描述的理论是假设的。即便如此，在特拉华州的案件中，仍然有指向其方向的标记。请看以下摘自副首席大法官特拉维斯·拉斯特在一个有关风险投资初创公司的贸易出售案件中的观点，关于 Trados Inc.的股东诉讼：[71]

> 默认情况下，特拉华州公司具有永久存续性。股权资本也默认为永久资本。因此，就行为标准而言，忠实义务要求董事为了股权资本提供者的利益而在长期内实现公司价值的最大化，这是对一个拥有永久生命的实体的保证，在这个实体中，剩余索取者已经锁定了他们的投资。在决定是否采取战略替代方案来结束或从根本上改变股东对公司的持续投资时，基于忠诚度的行为标准要求替代方案的收益价值超过公司在长期内为股东带来的收益。当然，价值不仅仅意味着现金。它可能意味着一个实体的所有权权益、一揽子其他证券或某种组合，无论是否有现金，都将在预期的投资

[70] 唯一的例外是购买选票。See Goshen, “Controlling Strategic Voting,” 789. For the suggestion that a fiduciary duty should apply, see Iman Anabtawi and Lynn Stout, “Fiduciary Duties for Activist Shareholders,” Stanford Law Review 60 (2008): 1255.

[71] 73 A.3d 17 (2013).

期限内带来更大的价值。董事有义务为股东的最终利益行事，但这并不要求他们满足特定股东群体的愿望。股东可能有特殊的原因倾向于作出错误配置资本的决策。董事必须行使其独立的受托判断；他们不需要迎合股东的突发奇想。⑫

拉斯特副首席大法官采取了一项重要举措，将公司法的基本框架与短期和长期时间范围之间冲突的长期方面有目的地结合起来。从历史上看，这种基本的概念性陈述忽略了短期/长期的区别，以统一的方式对待股东利益。⑬拉斯特副 172
首席大法官的表述对于本案的判决来说是完全没有必要的，从规范上讲，公司法坚定地站在了长期主义的一边。因此，它在公司法的概念框架中为管理层针对具有不成比例影响的积极主义者采取的行动建立了规范性的理由。事实上，如果在诉讼案件中采用直白的表述，就不需要援引前述的多数人—少数人的定性。案件变得简单：如果公司的核心法律概念包含着对长期视野的偏向，则无需提及股东的激励价值。长期主义本身就足以作为一个理由。

还有一个重要的问题是，我们是否能指望看到副首席大法官拉斯特对案件事实的陈述，从而超越概念框架对董事会选举中股东投票自由裁量权的保护。但是，无论其价值如何，该声明现在以中性形式嵌入判例法中，随时可以用来为5%毒丸计划辩解。

五、实际后果*

本章为5%的通用毒丸计划设定了正当理由，重塑了公司法的概念框架，将积极利用股东投票权视为一种威胁。现在必须指出的是，即使法律遵循既定路线，也可能不会产生太大的实际影响。其中隐藏着所建议的改变的合理解释。

---

⑫ Id. at 37—38.

⑬ See, e.g., American Law Institute, Principles of Corporate Governance: Analysis and Recommendations (St. Paul, MN: American Law Institute Publishers, 1994), § 2.01.

* 译者注：指某个决策、行动或事件所带来的实际影响或结果。

（一）常备毒丸计划和不受新法规约束的股份

尽管股东积极主义的程度仍在逐年上升，但长期存在的毒丸计划正在消失。原因是管理者现在迎合了机构投资者及其信息中介机构的担忧，他们都不喜欢毒丸计划。2005 年，35%的上市公司都有毒丸。截至 2012 年，只有 805 家公司拥有常设毒丸计划，占上市公司的 22.6%。其中 10%的毒丸计划在低于 15%时被触发，61%的毒丸计划在 15%时被激活，15%的毒丸计划在超过 15%时被激
173 发。[74]到 2015 年，只有 471 家公司拥有常备毒丸计划，占上市公司的 12.7%，其中只有 25 家是苏富比拍卖行那种双层、低门槛的毒丸计划。[75]

由此可见，就像苏富比的董事会一样，只有在积极主义者提出 13d-1 规则申请或预先提出投诉和要求的情况下，为自己防御的管理层才会采用毒丸计划。这些延迟的毒丸计划对颁布前的购买没有影响（至少只要根据公司法——也许还有财产法——不可能有选择性地事后稀释股东利益）。

这一延迟大大削弱了这种毒丸计划的效力，因为不受新法规约束的积极主义者的购买往往足以支持一项重大挑战。鉴于 13d-1 规则规定的 10 天备案窗口期，绝大多数积极主义者和任何“狼群”成员的绝大多数购买行为都已经在表格 13d 和毒丸计划部署之前完成。事实上，挑战者甚至不需要规则所提供的十天喘息空间。在实践中，超过 5%门槛的市场购买不成比例地集中在突破门槛的当天和第二天。[76]似乎即使是未公开身份的“狼群”成员在第二天也已经就位了。[77]鉴于这种购买模式，将 13d-1 申请窗口期缩短至一天可能几乎没有实际的威慑作用。

常备 5%的药丸效果更好，因为无论 13d-1 申报的时间如何，购买量超过 5%都会触发该毒丸计划。事实上，目前这是唯一提供事前保护以防止积极主义

---

[74] See Lucian A. Bebchuk, Alon Brav, Robert J. Jackson Jr., and Wei Jiang, “Pre-Disclosure Accumulations by Activist Investors: Evidence and Policy,” Journal of Corporation Law 39 (2014): 1, 26—27.

[75] Coffee and Palia, “Wolf at the Door,” 30 n.67. 该百分比数字假设 2015 年有 3 700 家上市公司。See Barry Ritholtz, “Where Have All the Public Companies Gone?” Bloomberg News, June 24 2015, http: //www. bloomberg. com/view/articles/2015-06-24/where-have-all-the-publicly-traded-companies-gone-.

[76] Bebchuk et al., “Pre-Disclosure Accumulations,” 23—25.

[77] Wong, “Closer Look.”

者干预的防御措施。但其威慑作用微乎其微。每只基金5%的上限通过限制安全投票的数量并给予防御性代理征集更高的成功概率来遏制干预的影响。也许更重要的是，它还限制了由于公告后价格上涨而在公告前购买股票所产生的套利利润。但这并不一定会导致成本效益与干预相抵触。

具有接近预防效果的毒丸计划需要更多的时间。起草者必须将所有“狼群”成员纳入一个确定的群体，然后将该群体的比例上限限制在5%。[78]核验问题可能会限制此类规定的有效性，因为上限改变了积极主义者对公开披露的成本效益计算。如果“狼群”中的每只“狼”都持有不到5%的股份，就不再需要联邦备案（至少只要不违反联邦团体定义规则）。[79]作为竞选中不可避免的事件，这家领先的对冲基金可能无论如何都会披露自己的身份。其他任何人都可以保密， 174
使目标无法证明他们的参与，从而无法强制执行5%的团体毒丸计划。对于目标公司来说，仍然有一个好处，因为考虑到未公开的“同行者”，牵头基金的影响力将更多地是一种猜测，而不是一大批公开的大型狼群。但这无法保证任何平行运作的对冲基金实际上都被限制在5%以内。

(二) 政策考虑因素

现在让我们退后一步，问问优尼科案体制下接受5%的常备毒丸计划（无论是否有扩展到群体的条款）是否会是一件坏事。

反对的案例。所有人都清楚该制度的潜在缺点——股东赋权的倡导者已经详细阐述了这些负面影响。对他们来说，对冲基金的积极主义是一件纯粹的好事，任何管理层隔离的增加都会增加代理成本。[80]即使股东权益倡导者的绝对主张是不可持续的——毕竟双方都有成本和收益——政策底线仍然会引起强烈共

---

[78] 关于起草策略，see Coffee and Palia，“Wolf at the Door，” 601—602。

[79] 根据《证券交易法》第13条颁布的13d-5规则规定：当两个或两个以上的主体同意共同行动以收购、持有、投票或处置发行人的股本证券时，就该法案第13（d）、（g）条而言，由其组成的团体应自该协议签订之日起，被视为已获得任何此类人士实际拥有的发行人所有股本证券的实益所有权。

[80] See Lucian A. Bebchuk，“The Myth That Insulating Boards Serves Long-Term Value，” Columbia Law Review 113（2013）：163—167；Mark J. Roe，“Corporate Short-Termism—In the Boardroom and in the Courtroom，” The Business Lawyer 68（2013）：978—979.

鸣。总的来说，对冲基金的积极主义很可能会带来一些好处，但尚未被证明会造成积极的损害。公司法在没有改变的情况下或多或少地适应了它。不需要任何改变，因为积极主义股东在法律继承的框架内工作，在以董事会为中心的治理范围内运作。他们通过以少数派的姿态加入董事会来影响商业计划的变化，而不是通过大规模取代现任者。到目前为止，他们的对手还没有成功地推动任何禁止性的改革。考虑到这一切，对公司法进行彻底的修订，使积极主义者加入董事会变得更加困难，这需要通过展示对商业计划和生产力的系统性损害来证明其合理性。可以说，在目前的记录中没有这样的表现。因此，我们应该坚持监管现状。

从这个角度来看，苏富比案中所考量的大多数与双层10%常备毒丸相关的问题一开始就不应该出现。相反，如果没有令人信服的理由（基于 *Blasius* 案而不是优尼科案审查），10%的触发因素应被视为无效。在这次法律重构中，传统的20%触发点变成了一条界限（超越这些界限将带来后果），而寻求以较低门槛
175 跨越这条界限的一方，则背负沉重的政策负担，败坏积极主义者的名声。这个论点是有力的，因为正如我们所看到的，二级市场爬行控制和消极控制——迄今为止用于制裁低门槛毒丸计划的理论——在很大程度上未能解决眼前的问题，因此对支持20%现状的论点几乎没有政策牵引力。

支持的案例。现在让我们尝试证明5%毒丸的合理性，以驳斥上述论点。这是一个艰难的过程，因为没有总体证据表明积极主义者会造成伤害从而支持全面法律威慑的政策案例。任何情况都必须是公司特定的。为了使这种情况具有说服力，人们必须避免传统的优尼科案因素，因为这些因素往往无关紧要。取而代之的是，重点关注特定公司的商业计划，显示出资本密集型的投资计划，以及使与员工、客户和供应商的长期关系免受干扰的必要性。这种情况在理论上比在实践中更容易陈述，因为其核心经验要素难以轻易验证，即使是在逐家公司的基础上也是如此。与此同时，任何管理者提出这样的理由的动机都是令人高度怀疑的。

假设一家公司的管理者能够真诚地提出一个极好的理由。没有什么能阻止他们将毒丸计划提交给股东批准，并利用此论据支持这项动议。考虑到股东的

批准和有限期限的毒丸计划（例如不超过五年），信义法可以说不会为挑战提供任何依据。股东的批准同时消除了任何管理层巩固的暗示，并确认了可识别威胁的存在。

对于在不确定性下运作的现实世界的管理者来说，上述情景并不能给他们带来多少安慰。股东们不喜欢毒丸计划，即使是一个有效的案例也不愿意认真对待。诚意是无法验证的，任何管理层的陈述都会有充分的理由被打折扣。即使一个案例在扣除可信度折扣后仍然具有说服力，仍然可能会失败。决定这些问题的中介机构本身是自利的，并拥有既得利益——赋予自己权力。任何提出从强化管理隔离中获得情境效益的论述都会破坏人们普遍持有的假设，即由于代理成本的增加，隔离永远不会带来成本效益，从而威胁到他们的权力结构。
与此同时，试图在委托书征集的背景下批准毒丸计划，也给管理层带来了风险。 176
一次失败的征集发出了一个脆弱的信号，即使案件本身揭示了潜在积极主义者感兴趣的信息。在实践中没有看到这样的征集并不奇怪。

我们可以到此为止，让管理层承担说服股东的责任，以此作为证明有效威慑毒丸计划合理性的条件。但让我们再试一次，根据惩罚性违约理论将负担转移给股东。我们允许管理者可以在没有经过优尼科案审查的情况下单方面颁布5%的毒丸计划，将惩罚管理者的工作交给心怀不满的机构股东而不是法院。

从长远来看，这种在股东和管理者之间设定权力平衡的结构上的防御性转变可能是有益的。积极的预测依赖于这样的假设：常备毒丸——即使是没有优尼科案失效风险的5%毒丸计划——在实践中也不太可能出现，因为管理者现在迎合了股东的偏好。即使没有成功进行委托书征集的负担，颁布这种毒丸计划的管理层也需要做很多解释。让我们再次假设，颁布计划的公司不适合作为积极主义者的目标，管理层可以通过参考公司的投资政策和相关承诺来提出一个很好的理由。管理层颁布毒丸计划，同时做出了解释。毫无疑问，与机构股东服务公司、格拉斯·刘易斯（Glass Lewis）和大型机构的合作将会随之而来。由此产生的对话可能是有益的——对机构投资者群体来说是一次学习经验。

把这个场景稍微展开一下，毒丸计划就像一个杠杆，有助于对那些适合和不适合积极主义准则行为的公司进行富有成效的分类，这种分类在优尼科案目前的审查制度下不会发生，因为管理者有充分的理由避免寻求股东批准。它将实现反积极主义改革者试图从美国证券交易委员会获得但未能实现的目标——阻止积极主义者购买5%以上的股票。这将是一种达到目的更优越的手段，因为它将是私人秩序的产品，并将逐个公司运营。

这一积极的预测是基于这样的假设：即股东赋权已经发展到大多数管理者，甚至是那些相信自己情况的管理者，都不会利用现有的防御手段来避免来自中
177 介机构的报复。如果这一假设是不合理的，并且准许促使人们在没有有益信息交流的情况下大量转向常备毒丸计划，那么这种预测就是不合理的。

这一预测的合理性留给读者自行判断。

六、结　论

本章提出了这样一个问题：优尼科（规则）这个20世纪以敌意收购和控制权转让为重点的学说是否可以适当地应用于21世纪的治理环境中，在这种环境中，挑战者将自己限制在股东投票权范围内，而不寻求控制权。答案显然是否定的。该学说针对的是错误的威胁。即使如此，它也可能会保留这种难以驾驭的框架。并不存在紧急情况——苏富比案的判决几乎没有任何作用来遏制决定大多数积极主义者活动的策略，尽管它对防御方造成了打击。优尼科（规则）将不得不在概念上进行修改，以使自己与正确的威胁保持一致，从而维持一种足够威力的毒丸计划，甚至开始阻止积极主义。重新制定规则将对公司法的概念框架产生根本性的影响，以至于使其受到广泛而严厉的质疑。但情况正在发生变化。股东的权力已经足够强大到有理由考虑进行革新的地步。管理代理成本已经不像以前那么大了。

第八章　经济学范畴之外的公司治理

183

伊丽莎白·波尔曼（Elizabeth Pollman）

一、导　　言

美国的公司法可谓大有来头。从这个国家建立一直到19世纪早期，公司一直都承担着一定的准公共职能。各州会授予私有财产持有者一些特权，由他们来代为实现某种“公共目的”，例如提供基础设施或交通、银行和保险之类的本地服务。①尽管利润及其分配是早期商业公司组织者的部分追求目标，然而直到19世纪后半叶，它才真正成为一项有意义的界定公司身份的指标。②在这一时期，商业和法律领域经历了翻天覆地的变化，而到了19世纪末，如今公认的公司法已然初具雏形。

---

① J. W. Hurst，The Legitimacy of the Business Corporation in the Law of the United States 1780—1970 at 15—17（1970）；see also Alfred D. Chandler，The Visible Hand：The Managerial Revolution in American Business 28（1977）；Henry Hansmann and Mariana Pargendler，The Evolution of Shareholder Voting Rights：Separation of Ownership and Consumption，123 Yale L. J. 948，954—985（2014）. 值得注意的是，何为公共利益在当时争议颇大。Eric Hilt，Early American Corporations and the State，in Corporations and American Democracy 37，38（Naomi R. Lamoreaux and William J. Novak eds.，2017）（“早期的美国政治被有关商业公司的辩论以及究竟是什么构成了‘共同利益’所干扰”）。

② Jonathan Levy，From Fiscal Triangle to Passing Through：Rise of the Nonprofit Corporation，in Corporations and American Democracy 213，217（Naomi R. Lamoreaux and William J. Novak，eds.，2017）；James J. Fishman，The Development of Nonprofit Corporation Law and an Agenda for Reform，34 Emory L. J. 617，635—636（1985）.

公司法源流中掺杂的准公共色彩为日后公司目的之争埋下了伏笔。这场争论延续了数十年，可谓旷日持久，其不仅在司法意见中屡见不鲜，更成为学术讨论的重磅话题之一。阿道夫·伯利（Adolf Berle）和加德纳·米恩斯（Gardiner Means）对于20世纪所有权和控制权分离型公众公司的阐述称得上是这场争论中浓墨重彩的一笔。③针对商业公司，他们提出了一种范式，根据他们的设想，社会是由大型公司来主导的，而大型公司则由管理层控制，由分散的“被动财产所有人”④充当组成部分。⑤这一观点继而引出了有关公司责任的问题：
184 一是公司股份的持有人和公司管理者之间存在潜在冲突，二是主导美国经济的公司能否真正兼顾公共利益同样令人忧心。

在整个20世纪，公司法的发展围绕着股东和管理者之间的权力分配问题展开，而伯利和米恩斯提出的公司模式大体上也得到了延续。此外，公司目的问题也是各界长期争论不休的话题之一。⑥举例而言，从特拉华州法院制定准则来规制收购案件中目标董事会采取的防御措施，到如今福特汽车案（涉案董事被控追求股东价值之外的目标）的一再重演，商业公司的最终目的究竟是什么一直是备受争议的话题，这一点在判例法中得到了淋漓尽致的体现。⑦针对这些问题，法院的应对相当机动灵活，法官往往会根据具体的案情来调整裁判的标准。

---

③ Adolf A. Berle Jr., and Gardiner C. Means, The Modern Corporation and Private Property (1932).

④ Id. at 356.

⑤ See Gerald F. Davis, The Twilight of the Berle and Means Corporation, 34 Seattle U. L. Rev. 1121 (2011).

⑥ Harv. L. Rev.1049 (1931); E. Merrick Dodd Jr., For Whom Are Corporate Managers Trustees? 45 Harv. L. Rev.1145 (1932); Adolf A. Berle Jr., For Whom Corporate Managers Are Trustees: A Note, 45 Harv. L. Rev.1365 (1932). 关于伯利与多德的论战，see William W. Bratton and Michael L. Wachter, Shareholder Primacy's CorporatistOrigins: Adolf Berle and the Modern Corporation, 34 J. Corp. L. 99 (2008)。有关公司目的的前沿文献包括：Margaret M. Blair and Lynn A. Stout, A Team Production Theory of Corporate Law, 85 Va. L. Rev.247 (1999); Stephen M. Bainbridge, Director Primacy: The Means and Ends of Corporate Governance, 97 Nw. U. L. Rev.547 (2003); William W. Bratton, Framing a Purpose for Corporate Law, 39 J. Corp. L. 713 (2014)。

⑦ See, e.g., Revlon, Inc. v. MacAndrews & Forbes Holdings, Inc., 506 A.2d 173 (Del. 1986); Paramount Commc'ns Inc. v. QVC Network Inc., 637 A.2d 34 (Del. 1994); eBay Domestic Holdings, Inc. v. Newmark, 16 A.3d 1 (Del. Ch. 2010).

尽管存在明显的模棱两可之处，且确实有一些值得参考的异议，⑧但几十年来基本达成且相对稳定的观点是，从经济学角度来看，公司目的和公司法框架主要是以股东价值为基础的。⑨

在21世纪之初，有迹象表明公司契约发生了变化，而这种变化可能会超出传统公司法规则的讨论范围。之所以会出现这种变化，背后的原因有二：一是公众公司股东人员构成发生了变化，二是机构股东和股东积极主义的兴起。这些都是近年来公司法研究的热点话题。⑩在本章，笔者提出了这样一个观点：当下时代的发展对公司法作用提出了新的要求，公司法需要成为一种机制，有效地引导和驱动公司开展比追求经济价值更重要的活动。

州和联邦层面的法律变革更是推波助澜。在联邦法律层面，美国最高法院在近期审理的案件中史无前例地将公司法类比为准宪法。在 *Citizens United v. FEC* 和 *Burwell v. Hobby Lobby Stores. Inc*.案中，最高法院作出了公司法历史上里程碑式的裁决，指出公司法的职能应该是帮助公司决断政治、宗教活动以及

⑧ See, e.g., William T. Allen, Ambiguity in Corporation Law, 22 Del. J. Corp. L. 894 (1997); Christopher M. Bruner, The Enduring Ambivalence of Corporate Law, 59 Ala. L. Rev.1385 (2008); Kent Greenfield, The Failure of Corporate Law 127 (2006); Lynn Stout, The Shareholder Value Myth: How Putting Shareholders First Harms Invertors, Corporations, and The Public (2012).

⑨ See Henry Hansmann and Reinier Kraakman, The End of History for Corporate Law, 89 Geo. L. J. 439 (2001); Leo E. Strine Jr., Our Continuing Struggle with the Idea That For-Profit Corporations Seek Profit, 47 Wake Forest L. Rev.135 (2012); Steven M. Bainbridge, Director Primacy: The Means and Ends of Corporate Governance, 97 Nw. U. L. Rev.547, 574 (2003).

⑩ See, e.g., Usha Rodrigues, Corporate Governance in an Age of Separation of Ownership from Ownership, 95 Minn. L. Rev.1822, 1828 n.27 (2011); Myron T. Steele, Lecture: Continuity and Change in Delaware Corporate Law Jurisprudence, 20 Fordham J. Corp. & Fin. L. 352 (2015); Paul H. Edelman, Randall S. Thomas, and Robert B. Thompson, Shareholder Voting in an Age of Intermediary Capitalism, 87 S. Cal. L. Rev.1359, 1387—1392 (2014); Institutional Investor Activism: Hedge Funds and Private Equity, Economics and Regulation (William W. Bratton and Joseph A. McCahery eds., 2015); Ronald J. Gilson and Jeffrey N. Gordon, The Agency Costs of Agency Capitalism: Activist Investors and the Revaluation of Governance Rights, 113 Colum. L. Rev.863 (2013); Randall S. Thomas, The Evolving Role of Institutional Investors in Corporate Governance and Corporate Litigation, 61 Vand. L. Rev.299 (2008); Marcel Kahan and Edward B. Rock, Hedge Funds in Corporate Governance and Corporate Control, 155 U. Pa. L. Rev.1021 (2007).

解决内部争议。[11]这些裁决背后的逻辑是，商业公司在诸多方面都与公司法中长期存在的观念相龃龉。此外，诸如冲突矿产和政治支出等议题，其背后的驱动
185 因素往往是人道主义和民主目标，而不是经济目的。针对这类议题，如何规制公司言论和披露的范围及适当性仍存在相当大的争议，国会、美国证券交易委员会和联邦法院都无可避免地卷入这场争论中。在州法层面，社会企业家运动促使大部分州针对共益公司这种新型公司实体做出立法改进。公众对这一公司实体形式的推崇可以追溯到早期的美国法律，当时的法律允许特许公司肩负“双重使命”，即在追求利益的同时，又实现社会、宗教或环境目标。[12]共益公司立法的流行与公司法联邦化的新趋势几乎同时展开，但二者之间又相互独立，有效扩大了公司法发展的影响。

对于公司法这些发展的重要意义，目前我们知之尚浅。正如19世纪商业公司从非营利组织中独立出来一样，这些发展未来会给公司格局带来什么变数尚不可知。本章围绕公司法种种发展展开讨论，尝试总结其影响，并对未来可能出现的挑战加以预测。

二、联邦和各州的近期进展——提升公司法规范非经济利益的职能

商业公司自始至终都是社会的产物，其无可避免地会与自然人打交道，而自然人受到各种经济、社会、政治、宗教利益和价值观的驱使，会做出不同的行为。此外，长久以来落地施行的一些重要公司治理规则也充分反映了这些驱动因素和相应的问题，例如代理规定、股东提案规则、美国证券交易委员会14a-8规则等。[13]

---

⑪ Citizens United v. FEC，558 U.S. 310（2010）；Burwell v. Hobby Lobby Stores，Inc.，573 U.S.，134 S. Ct. 2751（2014）.

⑫ See，e.g.，Lyman Johnson，Pluralism in Corporate Form：Corporate Law and Benefit Corps.，25 Regent U. L. Rev.269（2013）.

⑬ See Henry N. Butler and Larry E. Ribstein，The Corporation and the Constitution，93—95（1995）（讨论代理言论与代理监管的政治性质）；Cynthia A. Williams，The Securities and （转下页）

商业公司普遍具有经济和社会双重属性，⑭这一点尽人皆知，但直到最近，联邦关于公司和证券法的规定仍然主要聚焦于投资者保护和紧要的经济利益之上。⑮而绝大多数的公司法文献和讨论则仍继续挖掘19世纪的经典问题：公司为谁的利益而存在？或是从经济学视角来建构公司法的理论，并由此展开分析，将公司视作为股权投资者实现利益最大化的经济实体，这种观点是否已为世人所接受？⑯

过去几年间，公司法领域出现了两项重大的发展，使得局面更加波谲云诡： 186
一方面，联邦层面对公司治理的新影响逐渐凸显，公众愈发关注商业公司在社会、政治以及宗教价值方面的作用；另一方面，共益公司的诞生昭示了部分公司组织者和投资者的选择，他们更倾向于订立一种有别于传统的新型公司契约，以股东财富之外的其他价值为最高目标。本节将逐一对这两方面发展进行讨论。

(一) 有关公司的《第一修正案》之争及公司治理的联邦化

自20世纪70年代后期以来，各法院无一例外地扩大《第一修正案》赋予公司的权利。⑰而这一趋势与美国法律史上一以贯之的公司和商业言论监管形成

（接上页） Exchange Commission and Corporate Social Transparency，112 Harv. L. Rev.1197（1999）（指出美国证券交易委员会可以且应当要求上市公司披露社会和财务信息，以增强公司的社会透明度）。

⑭ William T. Allen，Our Schizophrenic Conception of the Business Corporation，14 Cardozo L. Rev.261（1992）.

⑮ 例如，2002年《萨班斯—奥克斯利法案》的实质性公司治理任务包括要求设立独立审计委员会、高管对财务报表的证明、限制从公司审计人员处购买非审计服务以及禁止公司向高管贷款等规定。See，e.g.，Roberta Romano，The Sarbanes-Oxley 200 Elizabeth Pollman Act and the Making of Quack Corporate Governance，114 Yale L. J. 1521（2005）.

⑯ See，e.g.，Colin Mayer，Firm Commitment：Why the Corporation is Failing us and how to Restore Trust in it（2013）；Lynn Stout，The Shareholder Value Myth：How Putting Shareholders First Harms Invertors，Corporations，and The Public（2012）；Kent Greenfi Eld，The Failure of Corporate Law（2006）；Lucian Arye Bebchuk，The Case for Increasing Shareholder Power，118 Harv. L. Rev.833（2005）.

⑰ Ciara Torres-Spelliscy，Corporate Citizen? an Argument for the Separation of Corporation and State 6（2016）；John C. Coates IV，Corporate Speech and the First Amendment：History，Data，and Implications，30 Const. Comment. 223（2015）.

鲜明对比。[18]起初，法院所认可的公司言论自由权的主体是非营利公司和媒体公司，但随着时间的推移，法院此类裁定适用的主体范围逐渐扩大，普通商业公司也开始援引这些裁定为争取自身的言论自由权背书。[19]一项研究显示，“有接近半数的对《第一修正案》的法律质疑者都指出，其受益者皆是商业公司和贸易团体，而非其他类型的组织或个人”。[20]

在近期的 *Citizens United* 案和 *Hobby Lobby* 案中，法院针对商业公司政治支出权和法定宗教自由权作出了具有里程碑意义的裁决，公司在《第一修正案》上权利扩大的趋势之所以能够形成，这两项判决可谓功不可没。而联邦层面有关公司的政治、宗教和社会职能的争论更是拉高了我们对内部公司治理的期待，寄希望于内部公司治理能够调和各种不断变化的权利和责任之间的关系。商业和宪法的这种交集也给公司法的发展带来了新的问题。

在 2010 年的 *Citizens United* 案中，最高法院认定一项重要的竞选资金限制性规定与区分个人和公司政治言论自由权的先例为违宪。[21]该案的原告 Citizens United 是一家非营利性政治宣传公司，恰恰符合该案争议的竞选资金限制性规定的例外情形，但个中问题在于其用以资助该案竞选活动的部分资金的确来自营利性公司。[22]法院对该案作出的裁决不仅仅适用于涉案的 Citizens United，还适
187 用于所有的公司。依据该裁决，所有公司都有权不受限制地将自己的普通财政资金用于独立的政治支出。

法院作出这一判决的依据有三：其一，听众享有听取言论的权益；其二，公司具有“公民联合会”性质；其三，《第一修正案》对公司的保护与其对个人

---

[18] Coates, Corporate Speech at 223; Amanda Shanor, The New Lochner, 2016 Wis. L. Rev.133, 140.

[19] Margaret M. Blair and Elizabeth Pollman, The Derivative Nature of Corporate Constitutional Rights, 56 Wm. & Mary L. Rev.1673 (2015).

[20] Coates, Corporate Speech at 224.

[21] 558 U.S. 310, 319 (2010). 具体而言，法院推翻了《两党竞选改革法》中禁止公司在联邦选举的一定期限内使用一般国库资金进行竞选宣传的规定，并推翻了 Austin v. Michigan Chamber of Commerce, 494 U.S. 652 (1990) 一案的判决。

[22] Citizens United, 558 U.S. at 319, 327—329; see also FEC v. Mass. Citizens for Life, Inc., 479 U.S. 238 (1986).

的保护并无二致。㉓在这一推理中，法院并未区分具体的公司类型，而是着重强调公司言论自由权的表达或尊严价值。㉔另外，在驳回这一论点——即为保护异议股东，对于商业公司政治支出的监管，政府享有不可抗拒的利益时，法院并未对以下两个问题加以深究：一是商业公司到底为谁发声，二是异议股东还有哪些选择。法院认为公司法已经为政治支出相关问题的裁定制定了充足的规则，且由于技术进步，及时披露已经不再是问题，支出的透明性也可得到保障。㉕因此，按照法院的说法，“……股东难以‘通过公司民主程序’纠正滥用行为的说法纯属无稽之谈”。㉖

对一部分人来说，*Citizens United* 案昭示着 20 世纪 70 年代以来对公司政治支出的限制得到了进一步的松绑；㉗而在其他人看来，这一惊人举动实际上是对商业公司的赋权，使其得以在政治领域扮演新角色。并非所有公司都会参与政治或者支持 *Citizens United* 案的判决，但正如某位竞选财务律师所说，该案判决为众多公司和捐赠者打开“心理绿灯”，使得“大量且多数为匿名的资金”开始涌入竞选中。㉘但由于奥巴马总统在其 2010 年的国情咨文中指责该案“推翻了盛

㉓ Citizens United，558 U.S. at 349，354.

㉔ See id. at 340—341（“政府从某些人手中夺取话语权，并将其交给其他人，这就剥夺了处境不利的人或阶层利用话语来努力创造价值、获得地位以及说话者赢得尊重的权利”）。

㉕ Citizens United，558 U.S. at 370（“随着互联网的出现，及时披露支出可以为股东和公民提供必要的信息，使公司和当选官员对其立场和支持者负责。股东可以判断公司的政治言论是否促进了公司利益，公民可以监督当选官员是否在所谓的金钱利益集团的口袋里”）。

㉖ Id. at 361—362（quoting First Nat'l Bank of Boston v. Bellotti，435 U.S. 765，794（1978））.

㉗ Bellotti，435 U.S. 765；Justin Levitt，Confronting the Impact of Citizens United，29 Yale L. & Pol'y Rev.217，217（2010）（指出“尽管就某些方面而言该判决是一个大胆的举措，但它对可允许的竞选资金监管范围的影响远没有通常所认为的那么大”）。

㉘ Michael Luo，Money Talks Louder Than Ever in Midterms，N. Y. Times（Oct.7，2010），http：//www.nytimes.com/2010/10/08/us/politics/08donate. html?page wanted = all. 值得注意的是，*Citizens United* 案后的很大一部分支出来自富人。*See* Matea Gold and Anu Narayanswamy，The New Gilded Age：Close to Half of All Super-P AC Money Comes from 50 Donors，Wash.Post（Apr.15，2016），https：//www.washingtonpost.com/politics/the-new-gilded-age-close-to-half-of-all-super-pac-money-comes-from-5-donors/2016/04/15/63dc363c-01b4-11e6-9d36-33d198ea26c5 _ story.html?utm _ term = .6c84-0f9bbfb7；Nicholas Confessore et al.，The Families Funding the 2016 Presi-dential Election，N.Y. Times（Oct. 10，2015），http：//www. nytimes. com/interactive/2015/10/11/us/politics/2016-presidential-election-super-pac-donors.html.

行百年的法律，为特殊利益大开方便之门……使其能够在国家选举中肆无忌惮地挥霍金钱”，这一言论将 *Citizens United* 案推上了文化的风口浪尖，对此，最高法院大法官塞缪尔·阿利托（Samuel Alito）回应道，“事实并非如此”。㉙之后，一众基层组织如雨后春笋般涌现，纷纷开展行动，致力于推翻 *Citizens United* 案的判决。㉚而公司政治资金对选举（尤其是地方选举）的操纵一直都是公众关注的焦点。㉛

Citizens United 案使得商业公司在作出政治支出方面的决策时享有更广泛的自由，其基于“公司民主程序”的逻辑将公众对这一判决的争议焦点引向了公司治理。正如拉里·利伯斯坦（Larry Ribstein）教授所言，“有关公司言论自由
188 的争论，其关注点原本在于公司是否有左右政治的权力，但 *Citizens United* 案将这一焦点转移到了赋予公司言论自由的公司治理程序之上”。㉜

近期另一个重磅案件就是 *Hobby Lobby* 案，该案进一步增强了联邦层面对公司法的监管。该案源于三家闭锁型公司对《患者保护与平价医疗法案》其中一条规定的异议，该法案要求雇主为员工购买符合特定最低覆盖标准的健康保险，而根据卫生和公众服务部（以下简称卫生部）的定义，这类保险应包含食品及药物管理局批准的所有避孕措施。㉝在该案中，持有这三家公司股份的家族依据其宗教信仰，一致反对某些避孕措施，并主张卫生部的规定违反了公司在《宗教自由恢复法案》（RFRA）项下享有的宗教自由权利。该法案禁止“政府对个人的宗教活动施加重大负担，即便是出于具有普遍适用性的规则而施加该负

㉙ Adam Winkler，Alito Was Rude（But Right）Huffingtong Post（May 25，2011），http：//www.huff ngtonpost.com/adam-winkler/alito-was-rud-but-right _ b _ 440207. html.

㉚ See Susanna Kim Ripken，Corporate First Amendment Rights after Citizens United：An Analysis of the Popular Movement to End the Constitutional Personhood of Corporations，14 U. Pa. J. Bus. L. 209（2011）.

㉛ See，e.g.，Ciara Torres-Spelliscy，Why Is Chevron Spending Millions on a Municipal Election? Brennan Center for Justice（Oct. 21，2014），https：//www. brennancenter. org/blog/why-chevron-spending-millions-municipal-election.

㉜ Larry E. Ribstein，The First Amendment and Corporate Governance，27 Ga. St. U. L. Rev. 1019，1021（2011）.

㉝ 134 S. Ct. 2751，2762（2014）.

担”，但构成服务政府迫切利益的最底限手段除外。[34]

法院认为，商业公司是符合《宗教自由恢复法案》定义的、有能力“行使信教自由”的“主体”，因此上述闭锁型公司适用卫生部规定违反了《宗教自由恢复法案》。法院断定，将公司纳入《宗教自由恢复法案》的保护范围内“能够起到保护持有和控制这些公司的主体之宗教自由的作用”。[35]

依据这种推理逻辑，法院实际上将公司法作为一种建立商业公司宗教认同的机制。法院是基于闭锁型公司股东协议一致的概念提出这种说法的，但并未对适用《宗教自由恢复法案》保护的具体条件进行说明。此外，法院承认，“针对宗教，公司的所有者之间很可能存在争议”，但“州公司法针对解决冲突制定了完备规定，例如通过规定公司如何构建其治理结构来化解这一问题”。[36]

凭借 *Citizens United* 案中提到的“公司民主程序”以及 *Hobby Lobby* 案中提到的州法的“完备规定”，法院不仅扩大了公司的政治和宗教权利，还依靠公司法为公司判断是否及如何行使此类权利制定了规则。[37]

联邦层面的其他斗争也使得公司的政治和社会职能愈发成为公众热议的焦点。举例而言，国会在 2010 年《多德—弗兰克法案》中增添了一些规定，将公司信息披露作为实现更为广泛的人道主义或社会目标的工具。《多德—弗兰克法案》第 1502 条，即冲突矿产规定，要求上市公司对其供应链进行调查，披露其产品所使用特定矿产的原产地，并对没有标记“不含冲突矿产”的产品进行说明。据国会解释，由于“冲突矿产的开采和交易……正在助长极端暴力，尤其是性暴力和基于性别的暴力”，该规定旨在帮助解决刚果民主共和国的“紧急事件和人道主义危机”。[38]证券交易委员会实施该项法律后不久，就有三家行业协 189

[34] 42 U.S.C. § 2000bb-1 (a), (b) (2012). 在 *Employment Division v. Smith* 案中，最高法院认为，“自由活动的权利并不免除个人遵守‘有效、中立且普遍适用的法律的义务’”。494 U.S. 872, 879 (1990).《宗教自由恢复法案》是对 *Smith* 案的立法回应，其明确目的是“恢复 *Smith* 案之前的判例中所规定的令人信服的利益测试”。§ 2000bb (a) (4), (b) (1).

[35] 134 S. Ct. at 2768.

[36] Id. at 2775.

[37] Elizabeth Pollman, Constitutionalizing Corporate Law, 69 Vand. L. Rev.639 (2016).

[38] Dodd—Frank § 1502 (a), 124 Stat. 2213.

会对这项法律提出质疑，称其属于受迫性言论，与宪法相违背。华盛顿特区巡回法院赞成这些行业协会的看法，指出矿产是否“具有冲突性”是一种价值判断，而依据《第一修正案》，政府不能强迫公司作出这种价值判断。[39]

对于冲突矿产规则属于国会不适当的越界行为还是为了公共利益正当使用披露权，人们怎么看暂且不论，这类规则在政治动荡的环境下是否仅是昙花一现也暂且不论，我们真正应当关注的重点是，近期的种种斗争无不映射出人们的这一想法，即“公司操控《第一修正案》”。[40]正如某位评论员所说，“无论是公司质疑西雅图最低工资法，提出公司应当享有平等保护，还是佛蒙特州的转基因标签……公司行为人都是以《第一修正案》为有力武器，来抵抗对其行为的民主监督”。[41]争斗的升级无形中增加了公司法的任务，其不仅要规制公司的经济活动，还需要对非经济性质的活动加以规范。与此同时，政府监管公司的能力也被相应地削弱了。

（二）共益公司的诞生

除了这些联邦层面的进展外，还出现了一项与之相悖的独立运动，这种态势说明，对于以股东财富最大化之外的社会利益为目标的企业而言，现有的州公司法仍有许多不足之处。在 2010 年，即最高法院对 *Citizens United* 案下发判决的同
190 年，马里兰州一马当先，通过了美国第一部共益公司法。该法创立了一种新的商业公司形式，这类公司的董事必须将所有利益相关者的利益纳入考量范围，并追求利润之外的公共利益。[42]包括特拉华州在内的 30 多个州目前都制定了共益公

㊴ Nat'l Ass'n of Mfrs. v. SEC，748 F.3d 359，371（D.C. Cir. 2014）；Nat'l Ass'n of Mfrs. v. SEC，800 F.3d 518，530（D.C. Cir. 2015）（“我们仍然同意不结盟运动的观点，即要求一家公司公开谴责自己，相对于政府自己来表达观点而言，这无疑是其进行污名化和规范行为的一种更为有效的方式，但这使得此要求在宪法上更具攻击性”）。

㊵ Coates，Corporate Speech.

㊶ Torres-Spelliscy，Corporate Citizen at 76—77.

㊷ Frederick H. Alexander，The Capital Markets and Benefit Corporations，American Bar Ass'n（July 5，2016），http：//www.americanbar. org/publications/blt/2016/07/05 _ alexander. html；Brett McDonnell，Benefit Corporations and Strategic Action Fields（or the Existential Failing of Delaware），39 Seattle U. L. Rev.263，280（2016）（“这些法规建立在基本商业公司法的基础之上。换言之，共益公司是商业公司，受商业公司法的所有规则约束，除非共益公司法规定了不同或例外的规则”）。

司法。[43]尽管这个数量仍有待提高，但数以千计的公司都适用了这些法规，共益公司获授数亿美元的资金，甚至一些上市公司的子公司也采用了共益公司的形式。[44]

B Lab可谓是引发共益公司运动的“星星之火”，这是一家由多名社会企业家发起的非营利组织，他们认为传统公司法所规定的治理模式并不完善，不能在可持续经营的同时顾全所有利益相关者的利益。尽管一些评论家认为创立新的公司形式并无太大必要，因为传统的“C”类型公司可以做出相应改变，且（尤其是在有利害关系人条款的州）公司法会给予董事自由裁量权，准许其将利益相关者的利益纳入考量范围，[45]但B Lab的创始人们一致认为有必要创立一种新的实体形式，将“使命一致的治理”嵌入公司的“DNA”，向利益相关者有力地证明其承诺绝非信口开河。[46]

共益公司立法的关键概念包括：要求公司章程必须包含明确的公共或社会目的，董事必须考虑股东利益之外的利益相关者利益，以及公司必须就实现公共或社会目的所作努力进行报告。许多州都以B Lab的立法模式为蓝本通过了共益公司法，但大多依据本州实际进行了一些改动，例如针对追求公共或社会利益进行的改动。有些州会要求公司必须追求“普遍的公共利益”，即要“对整个社会和环境产生实质性积极影响”。有些州会把确定自身目标的权力下放给公司，而另一些州则要求或允许公司来确定“特定社会利益”是什么。[47]举例而言，

---

[43] Alexander，Capital Markets；State by State Status of Legislation，B Lab，http：//benefitcorp.net/policymakers/state-by-state-status.

[44] Alexander，Capital Markets；Leo E. Strine Jr.，Making It Easier for Directors to “Do the Right Thing”? 4 Harv. Bus. L. Rev.235，253（2014）；see also Jesse Finfrock and Eric Talley，Social Entrepreneurship and Uncorporations，2014 U. Ill. L. Rev.1867，1867（认为使用有限责任公司作为历史比较基准，表明“这些新的社会企业业公司有希望在未来实现越来越多的吸收率”）。

[45] See，e.g.，Lyman Johnson，Unsettledness in Delaware Corporate Law：Business Judgment Rule，Corporate Purpose，38 Del. J. Corp. L. 405，405—406（2013）（“值得肯定的是，特拉华州新出台的共益公司法推进了机构多元化目标的实现，但这样做所存在的风险颇为讽刺，它强化了一种信念，即商业公司自身在法律上只被允许实现利润最大化”）。

[46] Alexander，Capital Markets；Mark J. Loewenstein，Benefit Corporations：A Challenge in Corporate Governance，68 Bus. Law. 1007，1036（2013）.

[47] Michael Vargas，The Next Stage of Social Entrepreneurship：Benefit Corporations and the Companies Using This Innovative Corporate Form，American Bar Ass'n（July 5，2016），http：//www.americanbar.org/publications/blt/2016/07/01 _ vargas.html.

特拉华州就将公共利益定义为“对一个或多个方面产生的积极影响（或减少的负面影响），包括但不限于艺术、慈善、文化、经济、教育、环境、文学、医学、宗教、科学或技术性质的影响”。[48]

除了上述改动之外，所有的共益公司法不仅是允许共益公司追求利润最大化之外的社会目标，事实上这类法律是要求共益公司必须如此行事，背后支撑
191 这种要求的则是特定的问责和透明机制。[49]共益公司运动的最终目标不仅仅是普及这种新的公司形式，更在于传播其所蕴含的理念，即追求超越股东经济价值的目标，并期盼越来越多的公司能够接受这一理念。[50]

三、应对、挑战和启示

上述讨论所持的观点是，随着公司联邦权利的扩展以及共益公司的产生，公司法面临着新的压力，需要充当经济之外利益和价值的规范机制。由于联邦层面的种种进展并不受共益公司运动的制约，我们在公司权利和职责的重塑方面还需要下更多的功夫。

在接下来的部分，我们将对前述联邦层面进展过程中出现的一些问题展开讨论，并确定未来仍可能存在的潜在争议。此外，我们还需考虑这一可能性，即针对商业公司权利和职责变化而进行的改革可能会进展缓慢，甚至难以实现，而公司权利的发展史则提示我们，公司扩大自身权利的脚步永远不会停歇。

（一）修改公司契约

Citizens United 案和 *Hobby Lobby* 案引发了后续一系列重要问题。同一公司法规则是否应同时适用于经济和非经济价值相关的问题？要想被承认具备社会身份或宗教认同，公司必须做哪些事？在新的公司活动时代，诸如绝对多数制保护或其他保护异议股东手段之类的表决规则，其变化是否有序？公司的非股

---

[48] Del. Code Ann. Tit. 8 § 362（b）（2013）.

[49] McDonnell，Benefit Corporations at 280.

[50] Strine，Making It Easier at 253.

东参与者是否应在公司治理中拥有更大的话语权？

尽管存在上述罗列的种种问题和大量的改革尝试，但在 *Citizens United* 案和 *Hobby Lobby* 案之后的几年，无论是公司法还是公司治理，都没有太大的改变。针对这些里程碑式判决开展实质性的变革可谓难上加难，而这种痛苦的斗争恰恰说明，广泛的公司变革并不具有政治上的可行性，在实践中也很难落地，甚 192
至各方就如何理解现有公司法也未能达成共识。

Citizens United 案之后一个亟待解决的问题就是，联邦立法、州公司法改革或公司私人秩序能否使公司治理符合前述司法意见推理中提出的“公司民主”和对股东透明的要求。尽管公众对 *Citizens United* 案的反对率居高不下，[51]但在国会，各项改革措施的推进仍处于停滞状态。举例而言，一些参议员提出议案修改宪法，但未能获得国会批准。此外，《股东保护法》也历经多次滑铁卢，该法案要求公众公司在作出公司政治支出决策前，向股东披露相关信息并获得股东批准，且相关支出需受董事会监督。[52]一小部分州成功通过了相对温和的举措，要求公司在作出公司政治支出决策前取得董事会的批准，[53]但更多的州要求公司在作出公司政治支出决策前向股东披露信息或获得股东批准的提案往往难以通过，更无法成为法律。[54]

此外，迄今为止，督促美国证券交易委员会强制要求上市公司披露政治支出信息的种种尝试无一例外，均以失败告终。对美国证券交易委员会颁布强制

---

[51] 例如，在华盛顿邮报—美国广播公司的民意调查中，80%的受访者反对这一决定，其中65%的受访者表示“强烈”反对。Dan Eggen，Poll：Large Majority Opposes Supreme Court’s Decision on Campaign Financing，Wash.Post（Feb. 17，2010），http：//www.washingtonpost.com/wp-dyn/content/article/2010/02/17/AR2010021701151.html.

[52] James R. Copland and Margaret M. O’Keefe，Political Spending and Lobbying，Proxy Monitor（2016），http：//www.proxymonitor.org/Forms/2016 Corporate Governance beyond Economics 203 Finding3.aspx ＃notes. 有观点认为，政治言论决策不同于普通商业决策，故需适用特殊的公司法规则，see Lucian A. Bebchuk and Robert J. Jackson Jr.，Corporate Political Speech：Who Decides? 124 Harv. L. Rev.83（2010）。

[53] La. Rev.Stat. Ann. 18：1505.2（F）；Mo. Ann. Stat. 130.029；Ia. Stat. 68A.404（2）；see also Iowa Right to Life Comm.，Inc. v. Tooker，717 F.3d 576（8th Cir. 2013）（审视了爱达荷州的《竞选财务法》）。

[54] Torres-Spelliscy，Corporate Citizen at 279—280.

令的支持率可谓屡创新高，一份要求公众公司披露政治支出信息的请愿书获得了 100 多万条的公众评论，许多机构投资者和政界人士也对此表示支持。[55]然而，在巨大的政治压力下，时任美国证券交易委员会主席玛丽·乔·怀特（Mary Jo White）将制定规则的请求从该机构 2013 年的议程中删除。而国会则是在综合预算协议中添加了一个政策附加条款。依据该条款，美国证券交易委员会不得使用 2016 财年的资金来敲定与前述强制令相关的规则。[56]对于这一结果，公众如何看待暂且不论，值得注意的是，*Citizens United* 案多数意见的提出者、前任大法官安东尼·肯尼迪（Anthony Kennedy）对公司政治支出披露仍然忧心忡忡，认为“未能发挥其应有的作用”。[57]

与此同时，股东们一直竭力通过公司私人秩序来确立政治支出和披露规则，并取得了小范围、阶段性的胜利。*Citizens United* 案之后，有关公司政治支出和披露的股东提案数量激增，在过去几年中，涌现了数以百计的此类提案，但只有极少部分提案能在董事会反对的情况下得到大多数股东的支持。[58]股东提案的谈判协商往往是在幕后进行的，因此，我们所知晓的公众公司政治支出大部分
193 是自愿披露或依据私下达成的协议进行披露。[59]尽管这些私人机制一定程度上促进了公司政治支出信息的披露，但仍是杯水车薪。最高法院在 *Citizens United* 案中盲目依赖的“公司民主程序”仍旧树大根深，难以撼动。此外，股东提案要么出师未捷身先死，要么就是通过不透明的程序进行，股东（和公民）能够获取的有关公司政治支出的信息仍旧十分有限。

Citizens United 案的结果证明，广泛的公司变革不仅在政治层面不具可行性，在实践中也存在诸多困难。*Hobby Lobby* 案则揭示了各方对于如何理解现行公司法方面仍缺乏共识这一事实。在法院作出 *Hobby Lobby* 案的判决之后，财

---

[55] Lucian A. Bebchuk and Robert J. Jackson Jr.，Hindering the S.E.C. from Shining a Light on Political Spending，N.Y. Times（Dec. 21，2015），http：//www.nytimes.com/2015/12/22/business/dealbook/hindering-the-sec-from-shining-a-light-on-political-spending.html.

[56][57] Id.

[58] Sarah C. Haan，Shareholder Proposal Settlements and the Private Ordering of Public Elections，126 Yale L. J. 262，294 n.122（2016）.

[59] Id. at 262，264—266.

政部、劳动部以及卫生部联合发布一项拟议规则，就确定该判决项下哪些营利性公司有资格申请宗教豁免一事征集意见。法院本身强调了“闭锁型公司”，而州公司法也就公司如何选择宗教认同提供了指引。此举一出，评论纷至沓来，这说明公司法专家们对法院观点的最佳诠释方法以及如何调和法院观点与州公司法关系等问题仍存在分歧，而法院的这一主张——州公司法为解决公司是否具有宗教认同的争议提供了“完备的手段”——却被掩盖起来。[60]为了对主张宗教住所的公司适用 *Hobby Lobby* 案的判决，上述三个部门发布了一项最终规则，对符合条件的闭锁型公司作出了定义。[61]令之后其他法院头疼的问题则是，是否要在不同情形中应用 *Hobby Lobby* 案的裁决和推理，以及如何适用其裁决和推理，而不是仅仅准允商业公司不遵守《患者保护与平价医疗法案》规定的避孕措施。[62]

总而言之，对 *Citizens United* 案和 *Hobby Lobby* 案回应的种种应对措施可谓收效甚微。尽管最高法院可以相对快速地重新确定公司的职责和权利，但相应的立法变革和私人秩序往往难以实现，且适用的范围较窄或有所零散。近年来，公司法领域里最大胆的变革莫过于共益公司运动本身，但其提供了一种独立的公司形式以供选择，而不是对传统公司目的加以厘清或是提高传统公司的透明 194

[60] See Lyman Johnson et al., Comments on the HHS' Flawed Post-Hobby Lobby Rules（UCLA School of Law Research Paper No.14—18, 2014）, https://papers.ssrn.com/sol3/papers.cfm?abstract_id=2512860; Robert P. Bartlett III et al., Comment on the Definition of “Eligible Organization”（Oct. 8, 2014）, http://ssrn.com/abstract=2507305（authored by UC Berkeley corporate law professors）; Katherine Franke et al., Comment on the Defi nition of “Eligible Organization”（Oct. 21, 2014）, https://web.law.columbia.edu/sites/default/files/microsites/gender-sexuality/prpcp_comments_on_proposed_regs_corp_law_profs_for_submission.pdf（authored by the Columbia Conscience Project and corporate law professors）.

[61] Administration Issues Final Rules on Coverage of Certain Recommended Preventive Services without Cost Sharing, HHS.gov（July 10, 2015）, http://www.hhs.gov/about/news/2015/07/10/administration-issues-final-rules-on-coverage-of-certain-recommended-preventive-services-without-cost-sharing.html.

[62] See, e.g., EEOC v. R.G. & G.R. Harris Funeral Homes, Inc., 201 F. Supp. 3d 837, 863（E.D. Mich. 2016）（引用 *Hobby Lobby* 案的观点，认为一家因性别因素而解雇变性员工的闭锁型公司有资格要求《宗教自由恢复法案》第七章的保护）。

度或改进其治理。[63]商业公司与日俱增的社会、政治和宗教活动仍存在很多问题，要协调其间的种种矛盾，仍任重而道远。

（二）视阈争议

随着州和联邦法律对商业公司权利和职责的重塑，新的争议开始成为讨论的焦点。正如我们在 *Citizens United* 案和 *Hobby Lobby* 案中所见，商业公司宪法和法定权利的不断扩大很可能会对言论自由和结社权利造成不小的冲击。

首先，公司政治言论自由权的扩大会让人质疑其他领域（如商业领域）的言论自由的界限，且受迫性言论是否适用于商业公司也存在疑问。自 1976 年以来，尽管最高法院依据听众的知情权认可了一小部分商业言论的保护措施，[64]但法院和下级联邦法院可能早已将适用这种保护的限制条件抛诸脑后。

上文所述华盛顿特区巡回法院审理的冲突矿产披露案件证明了这一观点。在该案中，法院认定保护公司发言人的自主权是有价值的，因此适用了《第一修正案》的反受迫性言论权利，但却忽视了很重要的一个条件，那就是商业言论只有在向受众提供事实信息的情况下才受到宪法保护。[65]正如罗伯特·波斯特（Robert Post）所言，"强制发言人向听众吐露更多信息的规定并不违背商业言论自由原则的宪法宗旨，反而是对其宗旨的巩固"。[66]值得注意的是，冲突矿产案并非个案，越来越多的巡回法院判决都适用了"受迫性商业言论"原则来推翻强制商业披露的法律。[67]随着对公司及其所追求价值看法的不断改变，法院对商

---

[63] See Kevin V. Tu，Socially Conscious Corporations and Shareholder Profit，84 Geo. Wash. L. Rev.121，127（2016）（指出"在没有额外行动的情况下，传统营利性公司不会因为共益公司的增加而进行任何改善"）。

[64] Va. State Bd. of Pharmacy v. Va. Citizens Consumer Council，Inc.，425 U.S. 748（1976）；Cent. Hudson Gas & Electric Corp. v. Pub. Serv. Comm'n，447 U.S. 557（1980）；see also Robert C. Post，Citizens Divided：Campaign 204 Elizabeth Pollman Finance Reform and the Constitution 74（2014）（"言论之所以受到保护只是因为它推动了知情的公共决策的产生"）。

[65] Robert Post，Compelled Commercial Speech，117 W. Va. L. Rev.867，874—879（2015）.

[66] Id. at 877；see also Shanor，*The New* Lochner at 151—152.

[67] See，e.g.，Nat'l Ass'n of Mfrs. v. NLRB，717 F.3d 947（D.C. Cir. 2013）；R.J. Reynolds Tobacco Co. v. FDA，696 F.3d 1205（D.C. Cir. 2012）；Authentic Beverages Co. v. Tex. Alcoholic Beverage Comm'n，835 F. Supp. 2d 227（W.D. Tex. 2011）.

业发言人的态度也会随之转变，逐渐将其视为拥有受保护自主权益的主体。

此外，在2011年的*Sorrell v. IMS. Health Inc*.案中，最高法院对一项商业规定进行了“强化”审查，废除了佛蒙特州的一项法律，该法律禁止出售、披露和使用含医生个人处方信息的药房记录。[68]多数人的意见是，“一旦政府因不满其信息传递而制定言论自由相关规定，就应当按照《第一修正案》的规定对其进行加强审查”，“商业言论也不例外”。[69]在布雷耶法官（Justice Breyer）看来，多数人意见的裁决是一个令人不安的转折，他在异议中提出警告：“最好的结果是，法院打开的仅仅是一个潘多拉魔盒，里面是依据《第一修正案》对一众普通监管实践提出的异议，对商业信息的影响相对偶然且有限。但最坏的结果是，法院的做法会导致新政之前*Lochner*案做法的复辟，即在普通经济监管出现问题时，以司法决策代替民主决策。”[70] 195

这一系列案件可能预示着《第一修正案》或将对证券监管和其他长期存在的公司监管规定发起冲击。早在几十年前，学者们就预言了这种可能性，[71]而后续法律的发展恰恰印证了这一预言。在2015年的*Reed v. Town of Gilbert*案中，最高法院援引*Sorell*案提出了这一扩展性观点，即“若是以讨论的话题或表达的概念或信息为依据对特定的言论适用某项法律，那么政府对言论的监管就是以内容为基准的”。[72]最高法院评论员亚当·利普泰克（Adam Liptak）一针见血地指出，“证券监管是一个话题”。[73]事实上，从字面来看或从逻辑出发，最高法院的表述都反映出这样一个观点，即所有强制性的商业披露都属于以内容为基准的限制，需要受到违宪审查。[74]

---

[68] 564 U.S. 552（2011）.

[69] Id. at 566.

[70] Id. at 602—603（布雷耶法官持异议）。

[71] See，e.g.，Butler and Ribstein，The Corporation and the Constitution at 79—106.

[72] 135 S. Ct. 2218，2227（2015）.

[73] Adam Liptak，Court's Free-Speech Expansion Has Far-Reaching Consequences，N. Y. Times（Aug. 17，2015），http：//www.nytimes.com/2015/08/18/us/politics/courts-free-speech-expansion-has-far-reaching-consequences.html；see also Torres-Spelliscy，Corporate Citizen at 97.

[74] 其他相关问题包括商业言论的界定，以及适用于限制与受迫性商业言论的法律测试和审查水平。Compare Cent. Hudson Gas & Electric Corp. v. Pub. Serv. Comm'n，447 U.S. 557（1980）with Zauderer v. Office of Disciplinary Counsel，471 U.S. 626（1985）.

随着近期公司法领域的发展，另一个出现新争议的领域就是最高法院提出的结社自由原则。该原则一直认定，表达性结社对于自己的成员构成和内部治理享有机构自主权。[75]尽管没有明确的区分，但在过去，我们通常默认在监管问题上，商业社团只享有最低限度的宪法保护。[76]举例而言，大法官安东宁·斯卡利亚（Antonin Scalia）曾表示，“《第一修正案》规定的充分结社自由只适用于‘参与表达性结社的群体……’坎贝尔汤品公司（Campbell Soup Company）存在的目的并不是为了宣传信息，且‘商业结社自由只享受最低限度的宪法保护’”。[77]

这种区别在未来还能继续维持下去吗？斯卡利亚法官提及，坎贝尔汤品公司不过是为了证明一个在其看来是常识的观点，即一般的商业社团并不是为了从事《第一修正案》规定的活动而设立的。但从本章讨论的近期种种发展来看，我们会发现，即便是坎贝尔汤品公司也收购了 Plum Organics 这样的共益公司，而 Plum Organics“是由一群家长成立，旨在为孩子们提供质量最上乘的食物的公司”。[78]

196 表达性结社和商业社团之间的区分长久以来一直备受学界诟病，学者们认为这种区分毫无原则可言，或者说，至少有部分商业公司理应受到与表达性结社同等的宪法保护。[79]本章所讨论的推动公司治理朝着关注非经济价值、日益政

[75] Roberts v. U.S. Jaycees, 468 U.S. 609, 622（1984）（“我们长期以来一直认为，从事受《第一修正案》保护的活动的权利中隐含着一项相应的权利，即为追求广泛的政治、社会、经济、教育、宗教和文化目的而与他人结社之权利”）；Boy Scouts of Am. v. Dale, 530 U.S. 640, 655（2000）（“一个社团仅在从事可能受到侵害的表达性活动时，才有权得到保护”）。

[76] James D. Nelson, The Freedom of Business Association, 115 Colum. L. Rev.461, 462（2015）.

[77] Wash. St. Grange v. Wash. St. Repub. Party, 552 U.S. 442, 467（2008）（斯卡利亚法官持异议）。

[78] Press release, Campbell to Acquire Plum Organics, A Leading Premium, Organic Kids Nutrition Company, Campbell Soup Co.（May. 23, 2013）, http：//www.campbellsoupcompany.com/newsroom/press-releases/campbell-to-acquire-plum-organics-a-leading-premium-organic-kids-nutrition-company/.

[79] See, e.g., Ronald J. Colombo, The First Amendment and the Business Corporation（2014）；Richard A. Epstein, The Constitutional Perils of Moderation：The Case of the Boy Scouts, 74 S. Cal. L. Rev.119（2000）；John D. Corporate Governance beyond Economics 205 Inazu, Factions for the Rest of Us, 89 Wash. U. L. Rev.1435（2012）；Jed Rubenfeld, The First Amendment's Purpose, 53 Stan. L. Rev.767（2001）；Robert K. Vischer, How Necessary Is the Right of Assembly? 89 Wash. U. L. Rev. 1403（2012）.

治化的消费者和投资者市场的方向发展，这种趋势恰好印证了学者们的观点。共益公司具有明确的社会、宗教和环境使命。从主张宗教自由保护，提供差异性服务的小公司到抵制州宗教自由法律和反LGBTQ法律的大企业，越来越多的公司在市场中亮明了自身的政治和宗教立场。事实上，在撰写本文时，最高法院仍在处理一起质疑州反歧视法和《第一修正案》的案件。⑧⓪

随着这些趋势的发酵，对公司活动进行精准分类可能会愈发困难。罗纳德·科伦坡（Ronald Colombo）教授提出了这样一个问题："假设公司决定向未婚的国内合作伙伴提供或拒绝为其提供员工福利，或者在明知外国公司违反本国童工标准的情况下，仍从该公司购买零件和用品。这些选择，无论是如何作出的，难道不属于是'负有商业责任''政治性'以及'严格商业性'的选择么？"⑧①

这些近在眼前的争议并非危言耸听。如若法院"忽视非人的公司与其人类投资者之间存在本质区别这一事实"，⑧②那么商业公司的权利就会扩大，而政府的行为则会受到限制，其难免束手束脚。事实上，"如果《第一修正案》规定的结社权利适用于一般商业公司……那么州公司法的各个方面都要接受《第一修正案》的严格审查"。⑧③但自相矛盾的是，在美国历史上，早期的公司被认定为是

⑧⓪ Craig v. Masterpiece Cakeshop, Inc., 370 P.3d 272 (Colo. App. 2015), cert. granted, Masterpiece Cakeshop, Ltd. v. Colo. Civil Rights Comm'n, 2017 WL 2722428 (June 26, 2017), _ U.S. _ (2018); see also Petitioners' Petition for A Writ of Certiorari, http://www.scotusblog.com/wp-content/uploads/2016/08/16—111-cert-petition.pdf（"Masterpiece Cakeshop是科罗拉多州的一家小公司，由杰克·菲利普斯和他的妻子所拥有，他是科罗拉多州的个体公民"）。

⑧① Colombo, The First Amendment at 100—101. See also, e. g., Virginia Harper Ho, "Enlightened Shareholder Value": Corporate Governance Beyond the Shareholder-Stakeholder Divide, 36 J. Corp. L. 59 (2010)（讨论"开明的股东价值"这一路径，该路径将公司运营对环境、员工以及其他利益相关者的影响视为长期财务业绩和风险管理的关键）。例如，公共养老基金CalPERS在其2015年全球治理原则中，将"可持续性"列为创造长期价值的"核心原则"之一，并将该原则描述为包括对治理、环境和与人力资本等相关社会问题的关注，如公平的劳动实践和工作场所以及董事会的多样性。它还将"企业社会责任—消除侵犯人权行为"列为其另一项"核心原则"。See CalPERS Global Governance Principles, Mar. 16, 2016, https://www.calpers.ca.gov/docs/forms-publications/global-principles-corporate-governance.pdf.

⑧② Leo E. Strine Jr. and Nicholas Walter, Conservative Collision Course? The Tension between Conservative Corporate Law Theory and Citizens United, 100 Cornell L. Rev.335, 386 (2015).

⑧③ Post, Citizens Divided at 70.

追求私人和公共价值的，虽然现在一些公司仍响应这一观点，但各州和联邦政府对公司的监管范围却比以往任何时候都要小。

四、结　　论

公司治理，即“公司的运营系统”，是一个复杂且不断变化的系统。[84]我们一贯认为，公司法只是对私人经济利益以及股东—管理者关系进行规范的法律，
197 而近期联邦和州层面发生的种种法律变革则对这种观点提出了挑战，本章就这些法律变革进行了一定的梳理和汇总。

在联邦法院，关于《第一修正案》的争论使得社会、政治和宗教价值对商业公司的作用日益凸显。最高法院对 *Citizens United* 案和 *Hobby Lobby* 案的裁决更是给州公司法层层加压，强调州公司法为公司政治支出和宗教认同提供决策规则的重要性。而其他联邦法院的裁决说明，针对公司商业言论和结社自由，未来还可能存在更多的争议。除此之外，社会创业运动如星火燎原，在各州如火如荼地开展，建立起共益公司这种新的公司实体，明确要求公司在追求利润的同时，必须兼顾社会、宗教或环境目的。

这些进展的核心难题在于，商业公司经济和非经济方面之间是否存在或可能存在明确且有意义的界限？这种界限是否能够轻易划定？还是说二者的界限其实十分模糊，甚至是虚幻的？然而，无论我们是否认为这些进展增加了商业公司和公司法在规范非经济活动（或者更直白地说，超出经济层面的活动）方面的职责，它们都反映了非常重要的趋势，需要我们总结归纳、深入研究。

正如本章所言，将商业公司当作是嵌入社会肌理的机构以及汇集公共和私人价值的场所，这种观点并不新鲜，与此相反，其有着深厚的历史渊源。真正富有新意的是将这种观点与商业公司权利扩张相结合。早期的案件判决曾对公司权利加以限制，现在法院允许推翻这种裁决逻辑，转而接受以前回避的商业

---

[84] Ronald J. Gilson, From Corporate Law to Corporate Governance, in Jeffrey N. Gordon and Wolf-Georg Ringe, The Oxford Handbook of Corporate Law and Governance (Oxford 2018), https://papers.ssrn.com/sol3/Papers.cfm?abstract_id=2819128.

公司具有自主权和尊严利益的概念。正如布雷耶法官所指出的那样，这种法律思想可谓是双刃剑，很可能会引发更多的问题，导致法律推理走上歧路。随着共益公司的出现，这些进展表明，商业公司的参与者需要面对公司契约的不断变化，需要下更多功夫来确定自己应该采取何种经营方式、从事哪些活动以及不同商业公司在目的和权利方面存在哪些差异。

206 # 第九章　商法的现代源流述略

科琳·霍尼格斯伯格（Colleen Honigsberg）
罗伯特·J.小杰克逊（Robert J. Jackson Jr.）*

一、导　　言

本书旨在讨论这样一个重要问题：美国法律能否跟上企业的脚步，以实现其治理的目标？这个问题大概率是没办法进行系统研究的，但其重要性毋庸置疑。因为随着科技变革①的步伐在不断加快，人们难免会忧心忡忡，担心法律滞后，使得现代企业被陈规旧例所束缚，②毕竟制定和执行法律的主体不像创新者一样，有极大的热情和动力③来适应瞬息万变的市场。从规范合并和收购行为的

* 本章得益于与估哈尔·戈申（Zohar Goshen）、约书亚·米茨（Joshua Mitts）、兰德尔·托马斯（Randall Thomas）和史蒂文·大卫杜夫·所罗门的交流。我们对哥伦比亚大学法学院和斯坦福大学法学院的资助表示由衷的感谢。

① See, e.g., Rita Gunther McGrath, The End of Competitive Advantage 44（2013）（认为越来越迅速地采用新技术会危及比较优势的传统来源）；see also Michael DeGusta, Are Smart Phones Spreading Faster Than Any Technology in Human History? Mit Tech. Review（May 9, 2012）（结论是，电话虽花了大约39年的时间才达到40%的消费者普及率，但智能手机在不到五年的时间内就实现了这一目标）。

② See, e.g., Jones v. Harris Associates, L.P., 527 F.3d 627, 633（7th Cir. 2008）（Easterbrook, J.）（“竞争过程是不完善的，但仍优于由司法机构管理的‘公平价格’体系。无论竞争在剔除错误方面有多弱，司法程序都将更糟糕——因为即便法官表现出糟糕的商业判断，也不会被解雇或减薪”）。

③ 关于这个问题的有益阐述，参见 The Brookings Institution, PHDs, Policies and Patents: Innovation and America's Future, Panel Discussion: Obstacles and Opportunities for American Science and Innovation 5（Washington, D.C., 2011）（“工作变化的速度不是跟随新技术的应用而变化……而是以官僚机构改变的速度来相应变化……但这样会比较慢，因为改变官僚机构的速度会比较慢”）（源于斯坦福大学技术和经济专业 Landau 讲席教授蒂莫西·布雷斯纳哈）。

普通法到证券监管，本书的各个章节致力于帮助读者更好地理解法律要如何改进才能真正保障公司法不同主体的利益。④

罗马并非一日建成，本章讨论的也是相对实际且有可行性的目标。我们发现，对于如今绝大多数的创新公司而言，公司法的渊源五花八门、数不胜数，其中有着复杂的政治经济、政策目标和制度因素。因此，对于公司而言，并不存在一部统一的、放之四海而皆准的商法。相反，对这些公司而言，“商法”意味着一整套复杂的生态体系，由联邦、州以及地方规则共同构成，且会随着商业模式的更新迭代作出相应的变化。⑤由此可知，对于希望通过法律来驱动而非阻碍创新的立法者而言，真正的挑战是理解商法背后复杂的相互作用，以及不 207
同的法律渊源如何创造出不同的法律体系。

市场借贷是当代创新行业的代表，对应的法律具有相当的超前性。笔者将通过对这一行业的当代案例研究来阐释前述观点。一众飞速发展的金融公司尝试为潜在的借款人和有意愿放贷的放贷人牵线搭桥，从而达成快速、经济、高效的融资决策，预计未来十年内的放贷额度会达到 1 500 亿美元以上。⑥然而，无论在联邦层面还是州层面，规范放贷人业务方面的法律仍存在极大的不确定性。事实上，市场放贷人面对的是单一的、一刀切式的公司法的说法并不成立。

本书探讨了一个广泛的主题，即公司法是否能与经济中最具创新能力的公司相匹配，本章将通过市场借贷的案例研究，以小见大，将相关结论应用于这一主题。依余所见，公司法这一概念不仅包含联邦证券法和特拉华州享有盛誉的司法机构所做的种种努力，还包括以保护消费者、投资者和广大公众为己任的各联邦和州级机构。因此，对于我们而言，问题的关键不在于公司法能否跟

---

④　See Steven Davidoff Solomon and Randall S. Thomas, “The Rise and Fall of Delaware’s Takeover Standards,” chap. 2 in this volume; Verity Winship, “Litigation Rights and the Corporate Contract,” chap. 12 in this volume.

⑤　因为本章节所关注的是公司法不同来源之间日益重要的相互作用所引发的狭隘问题，所以我们暂且不论与公司法和公司本身所服务的社会目的相关的、更广泛的问题。相反，我们希望读者参考本书其他章节对此类问题的详细阐述。See Elizabeth Pollman, “Corporate Governance beyond Economics,” chap. 8 in this volume.

⑥　PricewaterhouseCoppers, Peer Pressure: How Peer-to-Peer Lending Platforms are Transforming the Consumer Lending Industry (2015).

上创新的步伐，而在于公司法制度渊源内部的相互依存演变是否能够为有益的创新创造条件。故，理解不同监管渊源之间的相互作用至关重要，因为法律层面的混淆可能且往往会扼杀具有社会价值的创新。

本章的结构如下：第一部分是导言，第二部分介绍市场放贷人的产生以及为应对市场放贷人商业模式而产生的独特、复杂的法律调整措施，第三部分阐述市场借贷实践对我们思考公司法制度来源的创新导向型演变有哪些启示，第四部分则得出简要的结论。

二、不断演变的市场借贷法律

对于本书所讨论的主要问题，近十年兴起的市场借贷行业提供了一个极为独特的研究视角。市场借贷是一个新兴行业，其商业模式严重依赖科技来减少
208 传统借贷的信息和协调成本。但这种创新也带来了一个棘手的问题，即现有的众多传统借贷监管机构中，应当由哪个机构来负责监管这一新兴商业模式公司的应用？

市场借贷平台利用网站来匹配有意向的放贷人和借款人。在 2015 年，仅三大平台协调的贷款就达到了约 120 亿美元。[⑦]且这一行业正在急速扩张：据观察人士预计，到 2025 年，市场借贷行业的年贷款发放额将超过 1 500 亿美元。[⑧]因此，相关法律是否能对这一行业进行有效的协调和监管在经济层面具有重大意义。

尽管不同平台存在着细微的差异，但是一般的市场借贷通常都以下述形式展开。[⑨]首先，借款人会提交申请，申请中包含其信用记录、工作经历以及贷款

---

⑦ Miriam Segal, Small Business Administration, Peer-to-Peer Lending: a Financing Alternative for Small Businesses 3—4（2015），https：//www.sba.gov/sites/default/files/advocacy/Issue-Brief-10-P2P-Lending_0.pdf.

⑧ PricewaterhouseCoopers, Peer Pressure at 4.

⑨ 有关典型市场平台机构运作的更多详情，参见 United States Department of the Treasury, Opportunities and Challenges in Online Marketplace Lending（2016），https：//www.treasury.gov/connect/blog/Documents/Opportunities_and_Challenges_in_Online_Marketplace_Lending_white_paper.pdf。

资金的预期用途等具体信息。之后，平台会使用专有的算法对借款人的申请作出风险评分。其次，平台会将申请发布到自己的网站上，投资者可以审核借款人信息，并作出自己的风险评估（平台提供给投资者的信息非常详细，但隐去了借款人的所有个人身份信息）。最后，投资者决定是否按照平台规定来提供全部或部分贷款。

若有足够的投资者愿意提供贷款，平台将负责安排相关的贷款审批事宜。贷款通常先由一家经联邦担保的国家银行按照平台与该行订立的协议发放，⑩然后分别出售给同意出借贷款的投资者。而平台则通过收取贷款发放费和整个贷款期内的手续费来盈利。⑪

通过扩大潜在放贷人的体量以及提供异常快速的融资决策，市场平台有望拓宽信贷渠道。⑫相比传统银行信用卡的利率，平台的利率往往更低。当然，平台的出现给传统银行带来不小的竞争压力，利率的普遍降低可谓大势所趋。⑬此外，鉴于大多数市场借贷的消费者会使用平台贷款的收益来偿还利息更高的信用卡债务，⑭市场借贷的出现可以帮消费者节省掉信用卡利率和市场贷款利率之间的差额，特别是对于信用等级较低的借款人而言，这一差额可能非常大。

然而，市场借贷业务的性质使其很难适应现在普遍适用的借贷法律制度。
仅在联邦一级，就有至少 10 种规制银行、信用报告、证券和贷款的法规对市场 209
放贷人的合规性提出了质疑。⑮举例而言，由于市场平台通常会推动贷款的销

⑩⑪　众多市场平台使用的 WebBank 是一家位于犹他州的联邦特许银行。See id. at 4.

⑫　Banking without Banks, The Economist (March 1, 2014), http://www.economist.com/news/finance-and-economics/21597932-offering-both-borrowers-and-lenders-better-dealwebsites-put-two; see also United States Department of the Treasury, Opportunities and Challenges at 1（将公众向财政部要求提供有关市场借贷信息的意见总结为“表明线上市场借贷正在通过向某些可能无法获得资金的借款人提供贷款的方式来扩大某些领域的信贷渠道”）。

⑬　See, e.g., Vermont Department of Financial Regulation, Peer-to-Peer Lending 4—6 (2015)（描述了这种可能性），http://www.dfr.vermont.gov/sites/default/files/2015%20Peer%20To%20Peer&20Lending%20Study.pdf。

⑭　See PricewaterhouseCoopers, Peer Pressure at 4.

⑮　See National Bank Act, 12 U.S.C. § 85 (2016)（凌驾于国家银行的高利贷法规之上）; Truth in Lending Act, 15 U.S.C. § 1601 et seq（规定计算信贷成本和借款人成本的统一方（转下页）

售，因此属于 1933 年《证券法》的规制范畴。⑯此外，由于平台会对特定贷款的信用风险进行评估，1940 年《投资公司法》也因此与之相关。⑰

然而，由于我们把焦点放在了给市场放贷人带来风险的联邦法律上，所以未能发现联邦层面真正对市场放贷人业务进行法律约束的主体：监管机构。2015 年末，美国联邦存款保险公司郑重致函金融机构，强调要对已购买的贷款进行“有效的风险管理”，正如相关从业人员所指，“该函件发布的时机说明，市场借贷是监管的重点之一”。⑱按照这一指示，从事市场借贷的金融机构需要对放贷人的活动进行广泛的尽职调查和监督。经与相关从业人员交流，我们得知，无论是对平台还是银行来说，额外的尽职调查都导致了成本的大幅提升。⑲联邦存款保险公司并不是个例：近期，消费者金融保护局（Consumer Financial Protection Bureau）也宣布，其目前开放接受消费者对市场贷款的投诉，并向有意参与此类贷款业务的消费者发布了指导意见。⑳

（接上页）法，并进行披露）；Equal Credit Opportunity Act，15 U.S.C. § 1691 等（禁止贷方歧视申请人）；Fair Credit Reporting Act，15 U.S.C. § 1681 et seq（确定贷方可以要求提供信用报告的情况）；Gramm-Leach-Bliley Act，15 U.S.C. § 6801 et seq（限制向第三方披露信贷申请人的个人信息）；Electronic Fund Transfer Act，15 U.S.C. § 1693 et seq（确定监督或参与电子资金转账的人员的权利和责任）；Bank Secrecy Act，12 U.S.C. 44 § §1951—1959（要求某些金融机构实施反洗钱措施）；Fair Debt Collection Practices Act，15 U.S.C. 44 § §1692 et seq（限制第三方在讨债方面能实施的行为）。

⑯ 关于从业者角度详细论述此类问题，参见 Peter Manbeck and Marc Franson，Chapman and Cutler LLP，The Regulation of Marketplace Lending：a Summary of the Principal Issues 13—31（2016）（认为在美国证券交易委员会 2008 年的执行决定之后，许多市场放贷人选择根据 1993 年《证券法》15 U.S.C. § 77b 登记他们的贷款，或者因为“市场贷款的注册是昂贵且耗时的过程”，故根据该法案第 4（a）（2）条的规定，以私募方式提供免于注册的贷款）。

⑰ 根据该法，“投资公司”必须在向公众出售任何证券之前在美国证券交易委员会注册，该法将“投资公司”定义为持有证券价值超过总价值 40%的实体资产（的公司）；see 15 U.S.C. § 3 et seq.因此，市场放贷人必须注册或根据豁免规定免于注册。尽管迄今为止美国证券交易委员会尚未要求任何市场放贷人进行注册，但从业者仍然认为该行为是此类企业监管风险的来源。See Manbeck and Franson，Regulation of Marketplace Lending at 27.

⑱ Id. At 6；see also Federal Deposit Insurance Corporation，Financial Institutions Letter Fil-49-2015（Nov. 6，2015）.

⑲ 在某次采访中，一位知名从业人员告诉我们，遵守 FDIC 指导所导致的成本足以使几家对市场承销感兴趣的银行完全退出该行业。

⑳ See Consumer Financial Protection Bureau，CFPB Now Accepting Complaints on Consumer Loans from Online Marketplace Lender（March 2016）（宣布该局还发布了一份消费者公告…… （转下页）

美国财政部认识到，适用于市场借贷的法律和监管机构框架不仅存在监管缺口，还导致市场的不确定性，因此其尝试协调整合随该行业出现而产生的种种法律对策。㉑2015 年夏，财政部独辟蹊径，公开向公众征集意见，对该行业提出了十多个问题，包括与“和传统借贷程序的风险相比，数据驱动流程造成的风险，还有经济低迷时采取的对策，以及对企业和消费者的潜在危害”相关的问题。㉒

在一年后发布的白皮书中，财政部指出，公众意见“反映了公众对联邦政府在市场借贷活动中最优职能的不同观点”：有一些意见“呼吁对市场放贷人制定统一的监管制度”，另一些则“认为现有的法规足以防范市场借贷带来的风险”。㉓然而，有一点大家出奇地一致，那就是“明确的监管有益于市场发展”。㉔但讽刺的是，就在财政部发布其白皮书的几周之后，货币监理署（财政部下属机构㉕） 210

（接上页）概述了对正在考虑从此类放贷人获得贷款的消费者的提示），http：//www.consumer-finance.gov/about-us/newsroom/cfpb-now-accepting-complaints-on-consumer-loans-from-online-market-place-lender/。

㉑ 许多联邦机构试图在召集行业和其他评论者方面发挥类似的作用，以削减市场借贷法律的不确定性。举例而言，2016 年，美联储就举办了一次会议，旨在“召集学者、从业人员和政策制定者讨论……市场借贷的创新及其对借款人、传统贷方的影响……和监管政策”。Board of Governors of the Federal Reserve，Financial Innovation：Online Lending to Households and Small Businesses（Dec. 2，2016），https：//www. federalreserve. gov/newsevents/conferences/online-lending-to-households-and-small-businiesses-about-201612.htm. 联邦贸易委员会主办了一个类似论坛，旨在解决“市场借贷模型的范围……以及消费者保护法对市场参与者的适用性”。Federal Trade Commission，Fintech Series：Marketplace Lending（June 9，2016），https：//www. ftc. gov/news-events/events-calendar/2016/06/fintech-series-marketplace-lending?utm _ source = govdelivery. And—not to be left out—the House Financial Services Committee on Financial Services，Hearing on the Development of Online Marketplace Lending（July 12，2016），http：//financiaservicecs.house.gov/uploadedfiles/071216 _ fi _ memo.pdf.

㉒ United States Department of the Treasury，Opportunities and Challenges at 3.

㉓ Id. at 26（引用了美国银行家协会和消费者银行家协会的信件，还有其他赞成统一监管制度的评论，以及 WebBank 的信件以论证现有法律已经足够）。

㉔ United States Department of the Treasury，Opportunities and Challenges at 26. 事实上，财政部利用这一机会在该白皮书中澄清了根据《多德—弗兰克法案》实施的某些风险保留要求。See，e.g.，Credit Risk Retention，76 Fed. Reg. 24，090，24，095-96（April 29，2011），在市场借贷背景下，它对证券化应用的作用有限。See United States Department of the Treasury，Opportunities and Challenges at 27（风险保留要求仅适用于市场借贷票据证券化的证券机构，不适用于出售票据的发起人）。

㉕ See Office of the Comptroller of the Currency，About the OCC：Mission，https：//www.occ.treas.gov/about/what-we-do/mission/index-about.html.

就发布了一项新的提案，要求市场放贷人获得全国范围的许可，㉖但财政部根本没有提及这一要求。

除了联邦层面的种种举措外，各州针对借贷和证券制定的众多法律也令市场放贷人忧心不已。㉗近期，各州制定的反高利贷法规已经成为放贷人最大的法律风险来源之一，㉘因为这类法律会对放贷人的贷款利率进行限制，在某些州，高利贷的最高利率甚至低至5%。㉙违反反高利贷法规的后果非常严重：在绝大多数制定了此类法律的州，如果贷款利率超出了规定的高利贷上限，放贷人必须向借款人返还超出部分的利息。㉚另外，在一些州，例如纽约州和康涅狄格州，高于高利贷上限的贷款属于无效贷款，借款人有权将本金视为赠与，自行保留。㉛

时至今日，这些州反高利贷法并不是市场借贷关注的焦点，因为在法律选择上，市场放贷人可以优先适用1864年《国家银行法》（National Bank Act of 1864，NBA）而不是州反高利贷法。《国家银行法》规定，国家银行可以按照“银行所在地”所在州允许的利率收取利息。㉜《国家银行法》的优先适用也是许多银行（尤其是以消费者贷款为主营业务的银行）选择南达科他州这类没有高

㉖ See Office of the Comptroller of the Currency，Exploring Special Purpose National Bank Charters for Fintech Companies，https：//www.occ.treas.gov/topics/bank-operations/innovation/comments/special-purpose-national-bank-charters-for-fintech.pdf.

㉗ See，e.g.，Manbeck and Franson，Regulation of Marketplace Lending at 20（任何打算进行广泛的公开发行贷款的平台必须在多个州注册其证券并支付相关的申请费）。

㉘ See Ga. Code Ann. § 7-4-18（West 2016）. See also，e.g.，Ala. Code § 8-8-1，Minn. Stat. Ann. §334.01（West），41 Pa. Stat. Ann. § 201（West）（对低于50 000美元的贷款设定6%的高利限额）。

㉙ 大多数州都出台过高利贷法，这至少可以追溯到《旧约》。See，e.g.，Robert Shanks，Practical Problems in the Application of Archaic Usury Statutes，53 VA. L. REV. 327（1967）.

㉚ See，e.g.，Victor G. Lopez，When Lenders Can Legally Provide Loans with Effective Interest Rates above 1,000 Percent，Is It Time for Congress to Consider a Federal Interest Cap on Consumer Loans? 42 J. LEGIS. 101，103 table 1（2016）（描述在美国发放高利贷的后果）。

㉛ See N.Y. GEN. OBL. L. § 5-501（1）；see also Seidel v. 18 East 17th Street Owners，598 N.E. 2d 7，9（N.Y. 1992）：“（在纽约）高利贷可能会给贷方带来严重后果：借款人将被免除所有未来的偿付款——不仅是利息，还有尚未偿还的本金。”

㉜ 12 U.S.C. § 85（2016）（允许国家银行“对任何贷款收取费用……利率按银行所在州、领地或地区法律允许的利率计算，或按银行所在的联邦储备区中美国联邦储备银行现行的90天商业票据折扣的1%的利率计算，两者之间以较大者为准”）。

利贷限制的州作为其设立地的原因之一。

在世纪之交，随着证券化日益普及，当放贷人按照该州适用的高利贷利率上限发放贷款，随后又将该贷款出售给另一个州的放贷人，就会造成新的问题。按照传统的反高利贷法律，贷款是“发放时生效”：只要求贷款符合其发放时相关的反高利贷法规，贷款所有人的变更不影响贷款的合规性。㉝针对有关证券化贷款的高利贷法律调整，联邦法院一致选择将这一规则延伸到《国家银行法》的优先适用上。㉞因此，通过由国家银行发放贷款的方式，市场放贷人倚仗《国家银行法》的优先适用，认定其贷款不会受到州高利贷上限的约束。

然而，在 2015 年的 *Madden v. Midland Funding LLC* 案中，第二巡回法院认定，《国家银行法》优先购买权不适用于由国家银行发起但后来转售给非银行第三方的贷款。此结论一出，众多市场平台及其投资人一片哗然。㉟依据这一判决，若市场贷款的利率超出高利贷利率上限，其可执行性将大打折扣。㊱回顾该判决，纽约州一家大型律师事务所表示，“鉴于非银行买家将无法按照银行和借款人原定协议执行贷款条款，（*Madden* 案）无疑是朝……证券化和第三方银行贷 211
款项目（例如市场贷款）泼了一盆冷水”。㊲

㉝　关于最高法院早期对这一原则的承认（尽管在《国家银行法》范围之外），参见：Nichols v. Fearson，32 U.S.（7 Pet.）103，109（1833）。

㉞　在市场借贷兴起前，法官波斯纳等人在第七巡回法庭作出裁决，即“制定时有效”的规则应扩展到《国家银行法》的豁免权。See Olvera v. Blitt & Gaines，PC，431 F.3d 285（7th Cir. 2005）：“一旦转让人被授权收取利息，普通法就开始发挥作用，给予受让人同样的权利，因为普通法把受让人放在转让人的鞋子里，无论鞋子是否合脚”；see also Krispin v. May Department Stores Co.，218 F.3d 939（2000）（对出售给百货公司的应收账款适用同一原则）。

㉟　786 F.3d 246，250.

㊱　如前所述，高利贷在纽约和康涅狄格等州是无效的。因此，法院关注的焦点在于这些贷款是否属于高利贷。目前，*Madden* 案的当事人正试图解析两个独立的法律依据，使 *Madden* 案中的贷款本身以及类似的案件避免被视为高利贷。第一，双方将讨论法律选择条款是否应该被赋予效力。虽然这些条款几乎总是在成熟的各方之间的商业协议中被执行，但在消费者方面，它们的执行却不太一致（Honigsberg et al.，2014）。第二，如果纽约州的法律本身纳入了“制定时有效”的规则，那么类似 *Madden* 案的主张，即贷款可以因为放贷人的身份而成为高利贷，将可能被驳回。

㊲　Paul Hastings LLP，*Madden v. Midland Funding*，*LLC*：Potentially Far-Reaching Implications for NON-BANK Assignees of Bank Originated Loans（2015），http：//www.paulhastings.com/publications-items/details/?id = e695e469-2334-6428-811c-ff00004cbded.

与该预测一致的是，我们之前的研究对第二巡回法院在 *Madden* 案中关于市场借贷所作裁定的影响进行了评估。㊳我们发现，该判决大幅降低了向较高风险借款人发放贷款的数量，而这类借款人通常更可能以高于高利贷上限的利率借款。㊴考虑到发放高利贷的严重后果，尤其是在纽约州、康涅狄格州这样的州，判决会引发如此大的反应并不奇怪。事实上，业内一家主要放贷机构现已在其贷款销售声明中进行了披露，提示 *Madden* 案的判决属于一项重大风险因素。㊵另一家放贷机构则改变了其交易的财务流程，要求发起银行持有标的贷款的一部分，以避免放贷机构违反该裁定。㊶

目前而言，*Madden* 案将来会发生什么变化尚未可知。在申请复审的材料中，Midland 公司曾指出，*Madden* 案"可能会给二级市场造成毁灭性的打击，而二级市场对于国家银行系统的健康运转至关重要"。㊷尽管副检察长在后来的简报中认同了上诉人的意见，即 *Madden* 案的"判决并不正确"，但该简报的结论是最高法院复审并无根据。㊸法院最终同意拒绝复审，并维持 *Madden* 案的原判。㊹因此，在纽约州、佛蒙特州和康涅狄格州，市场放贷人目前不能指望在法律适用时，优先于州反高利贷法规而适用《国家银行法》。

我们之所以选择从市场借贷法的角度切入，并不仅仅是为了像财政部一样为法律的明确性辩护，我们认为这一方面还有更多值得深挖和反思的地方。从

㊳ Colleen Honigsberg, Robert J. Jackson Jr., and Richard Squire, How Does Legal Enforceability Affect Consumer Lending? Evidence from a Natural Experiment, 60 J. Law and Econ. 473 (2017).

㊴ See id. at 29（指出"*Madden* 案之后，市场向 FICO 分数低于 644 的借款人提供的贷款"——即信用等级从良好到差的借款人——几乎都消失了）。

㊵ See, e.g., Prosper Funding LLC, $ 1,500,000,000 Borrower Payment Dependent Note, Registration Statement at 43（披露作为一个风险因素，"州高利贷法可能会影响……购买贷款的投资者……不让他们继续向借款人收取他们同意支付的利率"，并引用 *Madden* 案作为这一担忧的支撑），https: //www.prosper.com/Downloads/Legal/Prosper _ Prospectus _ 2016-05-24.pdf。

㊶ Peter Rudegeair and Telis Demos, Lending Club to Change Its Fee Model, WALL ST. J. (2016), http: //www.wsj.com/articles/fast-growing-lending-club-to-change-its-fee-model-1456488393.

㊷ Pet. For Cert. In *Midland Funding LLC v. Saliha Madden*, No.15-610 (Nov. 10, 2015).

㊸ Brief for the United States as amicus curiae in *Midland Funding LLC v. Saliha Madden*, No.15-610 (2016), http: //www.scotusblog.com/wp-content/uploads/2016/06/midland.invite.18.pdf.

㊹ *Midland Funding LLC v. Madden*, 136 S. Ct. 2505 (June 27, 2016).

市场借贷的发展中我们可以看到，商业创新日新月异，长久以来法律决策制定责任明确的划分界限开始变得模糊不清，监管者、立法者和法官需要下怎样一份苦功，才能顺利跟上时代的洪流。这就是为什么仅在财政部公布其对市场借贷这一新行业的白皮书几周后，货币监理署就提出了一份与该白皮书有冲突的全国许可计划；㊺这也是为什么联邦法官在调整市场贷款利率时会觉得自己立场尴尬且在制度上站不住脚；㊻更是为什么我们并不能说美国在依据单一的法律渊源在管理最具创新性的公司。 212

三、公司法和创新

通过考察塑造市场借贷法的法律和制度因素，我们可以更好地理解公司法是如何随着创新而不断演变的。一言以蔽之，公司法的演变，实质上源于州和联邦层面的监管者、立法者、法官以及个体行为人的相互依存和相互制约，因此不能说如今规制美国最具创新性公司的公司法是单一的、一刀切式的法律。

我们将从公司法联邦层面的渊源（例如证券法）、美国公司法的主要渊源（《特拉华州普通公司法》）以及特拉华州法院裁决之间的关系展开讨论。正如马克·罗伊（Mark Roe）的著名论断，我们可以期望这些机构随机应变地制定法律，通过预判其他机构的做法来调整自己针对特定问题的立场。㊼鉴于“华盛顿（即联邦）能剥夺特拉华州制定法律的任何或全部权力”，“当特拉华州害怕自己会输给联邦时，华盛顿就能影响其决策”。由此，罗伊教授指出，特拉华州如何解决不同利益集团之间的争议，一定程度上取决于其对联邦政府会如何应对其裁判的预判。㊽

㊺ See note 25 and the text accompanying it.

㊻ *Cf. Jones v. Harris Associates* at 633（正是出于这个原因，批判了“司法机构实行的‘公平价格’体系”）。

㊼ See generally Mark J. Roe, Delaware's Politics, 118 HARV. L. REV. 2491, 2492 (2005).

㊽ See id.; see also Mark J. Roe, Delaware's Competition, 117 HARV. L. REV. 588 (2003)（就特拉华州与其他州在公司注册市场上的竞争进行了类似的论证）。正如特拉华州首席大法官所注意到的，联邦政府在公司治理事务中发挥的作用越来越大，这是联邦立法者对特拉华州法律施加影响的一个极为重要的渠道。See, e.g., Leo E. Strine Jr., The Delaware Way: How We Do Corporate Law and Some of the New Challenges We (and Europe) Face, 30 J. CORP. L. 673 (2005).

但这种制约并不是单向的，联邦政府只会在其对特拉华州的争议解决方案不满意的部分进行干预。而在特拉华州法官看来，特拉华州同样弥补了公司法中联邦政府未能作为的空白。特拉华州制定的规范股东获得的与合并和收购相关信息披露的法律就是典型例子之一。几十年来，证券交易委员会都是依据1934年《证券交易法》的解释条款来制定该法的。但当特拉华州法官们确信，在合并和收购情形中，证券交易委员会规则和从业者对规则的解释并不能为投资者提供充分的顾问冲突信息时，衡平法院法官就会介入，作出裁定，要求董事履行信义义务，进行额外的披露。㊾

如上所述，如今的公司法是在各州和联邦机构相互作用、相互制约的背景
213 下制定的。以规范积极股东活动的法律为例，特拉华州的一系列案件表明，这些投资者可能更普遍地危害股东的利益，尤其是在他们联合起来一致行动的时候。㊿但这些案件却和证券交易委员会正在进行的争论呈现了两极分化的态势，证券交易委员会争论的焦点是是否应该收紧联邦管理公众公司重大积极股东股权披露的证券规则。51此外，正如笔者所指出的，自相关证券法通过后的几十年来，授权反收购机制的州公司法陆续出台，解放了管理者，使其能够更灵活地抵御恶意收购，在证券交易委员会上演的争论深受这类州公司法的影响。52因此，我们最好将股东积极主义法律当作是联邦和州立法者、监管者和法官之间

㊾ 有关此例的更多信息以及其对特拉华州司法机构作为规则发布机构的影响，see David Friedman，Note，The Regulator in Robes：Examining the SEC and the Delaware Court of Chancery's Parallel Disclosure Regimes，113 COLUM. L. REV. 1543（2013）.

㊿ See，e.g.，Third Point LLC v. Sotheby's，C.A. No.9469-VCP（May 2，2014）；see also John C. Coffee and Darius Palia，The Wolf at the Door：The Impact of Hedhe Fund Acticism on Corporate Governance（Annuals of Corporate Governance 2015）.

51 See generally Lucian Bebchuk and Robert J. Jackson Jr.，The Law and Economics of Blockholder Disclosure，2 HARV. BUS. L. REV. 39，40（2012）；see also Letter from Wachtell，Lipton，Rosen & Katz to Elizabeth M. Murphy，Sec' y，U.S. Sec. & Exch. Comm'n（May 7，2011），http：//www.sec.gov/rules/petitions/2011/（认为美国证券交易委员会根据《威廉姆斯法案》颁布的规则应该“现代化”，以便要求激进的投资者相比于现行法律更为迅速地披露他们的股份和意图）。

52 See Bebchuk and Jackson，Law and Economics of Blockholder Disclosure at 56—57（文中指出，“州法现在允许公司有选择性地使用毒丸计划去抵御某些外部收购者”，并认为，鉴于此类州法规则的出现，联邦规则制定者不应对证券法进一步修改，使公司法的天平进一步向管理层倾斜）。

的实时交流成果，而非公司法的单一组成部分。

然而，即便是这样的描述，也不能全面揭示现代公司法发展的庐山真面目。当然，这是因为公司法政策制定者何时会展开交流并不由其自身决定，掌握主动权的其实是个体行为人（公司董事、投资人及其各自的法律顾问）。这方面最典型的案例研究就是所谓的金皮带规则（golden leash），即积极投资人与其董事候选人之间达成的薪酬安排，旨在激励董事实现该投资人的回报最大化。

正如马修·凯恩（Matthew Cain）、吉尔·费什、肖恩·格里菲斯以及史蒂文·大卫杜夫·所罗门在其最近的文章中所述，金皮带规则是著名积极投资人群体的创新。[53]公司法律顾问很快制定了开创性的应对措施：近三十家大型公众公司通过了一项内部章程，禁止使用此类薪酬安排。[54]这一创新很快受到了质疑，但并未诉至公堂：机构股东服务公司会建议股东在通过这类内部章程时，扣留董事的投票。很快，三十家公司中的二十八家都废除了这类内部章程。[55]总而言之，笔者认为，在公司法领域，诸如公司顾问和机构投资者之类的“中介机构在沟通创新方面发挥着至关重要的作用”。[56]

和市场借贷相关法律一样，如今的公司法也是州和联邦立法者、监管者以及法官广泛交流互动得出的成果，这些主体都需要竭尽全力来跟上制度驱动创新的步伐。因此，我们认为，正如本书题目所指，没有哪个单一的公司法渊源
能够与美国最具创新性的公司相匹配。相反，制定公司法的机构仅仅是塑造公 214
司必要经营环境的复杂互动的参与者。正如学习金皮带规则的人所言，如今公司法的发展“说来话长，不仅涉及公司和其股东、立法者、监管者以及法院的行动和反应，打着自己小算盘的中介机构和利益集团的行动和反应也包含

[53] Matthew D. Cain et al.，How Corporate Governance Is Made：The Case of the Golden Leash，164 U. PA. L. REV. 649，650（2015）.

[54] See id. at 653（指出，在金皮带规则产生后不久，“Martin Lipton of Wachtell，Lipon，Rosen & Katz”，“一家以保护公司免受激进干预和敌意收购而闻名的律师事务所，发布了一份公开备忘录，建议公司在章程中禁止金皮带规则的适用”）。

[55] See id.（siting Jones Day，Governance Perspectives：ISS Questions Director Compensation by Law（2013））.

[56] Id. at 655.

其中”。[57]

重要的是，这些法律渊源之间的相互作用的确会对整个美国经济的创新产生实质影响。正如我们关于市场借贷的研究所示，该领域法律的不确定性剥夺了美国消费者获取新信贷来源的机会，而这仅仅是法律不确定性对创新影响的例子之一。试想，如果对大麻销售感兴趣的企业家面对的是一系列规制其业务的州法，且明确知道联邦政府会千方百计将其关停，他们的投资激励会是怎么样的？[58]即便是特斯拉（在本文撰写之时估值超过500亿美元的汽车制造商，同时也是美国最具创新性的公司之一）也面临着法律上的不确定性，因为其直接面向消费者的销售模式可能违反某些禁止此类做法的州的法律。[59]如此一来，商法不同制度渊源之间相互作用的不确定性已经且将继续对整个经济体的创新造成重大影响。

四、结　　论

本书提出了一个重要问题：美国商法是否跟上了美国经济中以塑造企业为特征的快速技术变革？本书的其他章节对公司法经典元素（从股份回购到证券法，再到公司设立目的）进行了详细的阐述，帮助我们更好地理解这些元素是怎么应对技术变革的。然而，本章研究的问题则更为具体：现代公司所面对的商业监管实际上是多元化的，因此不能说对这些公司可以适用单一的公司法。如上所述，规制现今最具创新性的公司的商法，已然发展成为复杂的综合体，当中包含众多机构制定和执行的联邦、州和地方规则，而最终目的只有一个，

---

[57] Id. at 649.

[58] See, e.g., John Bessonette, Expert Analysis: Key Considerations for Investment in Marijuana Companies, LAW360 (May 12, 2015), https://www.law360.com.articles/655026（文中指出，尽管“越来越多的成熟投资者正在尽力寻找大麻行业中的机会”，“但是不断演变的法律环境是复杂和矛盾的，投资需要进行更高水平的尽职调查”）。

[59] See, e.g., Mike Ramsey, Tesla Weighs New Challenge to State Direct-Sales Bans, WALL ST. J. (March 28, 2016), https://www.wsj.com/articles/tesla-weights-new-challenge-to-state-direct-sales-bans-1459189069（文中指出，特斯拉直接面向消费者的销售模式目前“在占新车市场份额约18%的六个州被法律所禁止”，该公司解决这些问题的策略因州而异，从诉讼到立法游说都有）。

那就是跟上公司飞速前进的步伐。

以市场放贷人为案例，我们解释了为什么新兴行业会遭遇联邦和州两级规 215
则制定者和法官朝令夕改且相互矛盾的法律政策。同样地，我们也指出，现在的公司法不仅包含特拉华州司法判决和联邦证券规则，还包括一系列政府部门、中介和机构的复杂互动，因为他们都是美国商法的利益相关主体。

在我们看来，法律能否以及如何与推动经济的创新同步，主动权并不在特定立法者手上。相反，美国公司法将何去何从，根本上取决于制定商法的各个机构如何进行内部互动以及如何与受其规制的公司进行沟通。

222

第十章　*Dell* 案后的股份评估

古汉·苏布拉马尼安（Guhan Subramanian）

一、导　　言

众所周知，在公司法领域，一场有关股份评估权（即异议股东回购请求权）的革命正如火如荼地展开。曾几何时，股份评估权可谓无人问津，如今情势却发生了逆转，它俨然已经成为交易实践和特拉华州学界最炙手可热的话题之一。2007 年，大法官比尔·钱德勒在 *In re Appraisal of Transkaryotic Theorapies*，*Inc*. 案中开创性地提出了估值套利，但这一策略自提出以来一直停留在概念阶段，直到最近才真正落地实施。2012 年，关于股份评估权的诉讼案件只有 16 起，索赔金额仅 1.29 亿美元。而 2016 年，相关案件的数量就达到了 62 起，索赔金额更是上升至 19 亿美元。①到了 2017 年 12 月，情况大有愈演愈烈之势：Merion Capital、Verition、Magnetar Financial 等公司近年来频频实施股份估值套利行为，即在交易公布之后、股权登记日之前大量持有特拉华州公司的股份，目的就是对目标公司提起股份评估诉讼，从而实现套利。随后，*Dell* 案应势而生。

特拉华州最高法院在 2010 年对 *Golden Telecom v*. *Global GT* 一案的判决拉开了现代股份评估的序幕："即便呈现在法院面前的交易程序是未加修饰且无异议的，要求衡平法院直接判定或推定合并价格合理，这种做法无疑与法律明文相悖，同时也与先例中通过推理得出的判决结果不符。"此间的言外之意似乎是要对每起股权评估诉讼案的贴现现金流重新进行分析。但随后的判例法则对此

① Hoffman，Liz，2017，Database of Appraisal Claims（last revised Jan. 31）.

作出了澄清，特拉华州法院愿意以公平交易中的成交价格作为衡量“公允价值” 223
的黄金标准。②只要交易过程公允无误，那么这种做法就能最大程度地降低股份评估的风险。

打断这种势头的是衡平法院对 *Dell* 案和 *DFC Global* 案的裁决。在 *In re Appraisal of Dell, Inc*.案（Del. Ch. May 2016）中，副大法官特拉维斯·拉斯特判定，异议股东所持股份每股价格为 17.62 美元，而涉案公司股份的每股成交价为 13.75 美元，相当于存在 28%的溢价。尽管整个竞购程序稳扎稳打，并无纰漏，但法院认为，“出售程序理应充当有效的价格发现工具”，但在本案中，出售程序明显存在不足之处，13.75 美元的成交价格有欠考虑。此外，在 *In re Appraisal of DFC Global Corp*. 案（Del. Ch. July 2016）中，就在 *Dell* 案发生仅两个月后，大法官安德烈·布沙尔（Andre Bouchard）判定异议股东所持股份每股价格为 10.21 美元，涉案公司股份的每股成交价格为 9.5 美元，存在 7%的溢价。与副大法官拉斯特在 *Dell* 案中对程序的评估相反，大法官布沙尔认为，DFC Global 的出售属于“公平交易”，整个出售程序“稳步推进，持续了近两年，涉及……与十数位（潜在买家）接洽”，且“并不掺杂……利益冲突”。总而言之，法院在对公允价值进行评估时，成交价格仅占三分之一的权重。

一石激起千层浪。*Dell* 案裁决一出，Wachtell，Lipton，Rosen & Katz 律师事务所立即致函其客户，“（*Dell* 案）的结果透露出这一重要信息：在特拉华州，‘公允价值’会远超买方的心理价位，而严格按照销售程序达成的合并价格其实

---

② See, e.g., Merion Capital LP v. BMC Software, Inc., 2015 WL 6164771 at *18（Del. Ch. 2015）; LongPath Capital, LLC v. Ramtron Int'l Corp., 2015 WL 4540443 at *20（Del. Ch. 2015）; Merlin Partners LP v. AutoInfo, Inc., 2015 WL 2069417 at *17—*18（Del. Ch. 2015）; In re Appraisal of Ancestry.com, 2015 WL 399726 at *23（Del. Ch. 2015）; Huff Fund Investment Partnership v. CKx, Inc. 2013 WL 5878807 at *13（Del. Ch. 2013）, aff'd, 2015 WL 631586（Del. 2015）. See also M.P.M. Enterprises Inc. v. Gilbert, 731 A.2d 790, 796（Del. 1999）；在没有串通指控的情况下，经公平谈判所产生的合并价格能够作为认定公允价值的重要参照。In re Rural Metro Corp. S'holders Litig., 88 A. 3d 54, 102（Del. Ch. 2014）；通常情况下，本法院非常依赖公平谈判的交易条款，尤其是当该交易是在协议前或协议后的有效市场中产生的。*Merion Capital LP v. Lender Processing Services*, Inc., C.A. No.9320-VCL（Del. Ch. 2016）at *73.遵照交易价格，因为“公司通过销售这一过程，掌握了认定公允价值的可靠证据”。

无关紧要”。③《华尔街日报》报道称，“*Dell* 案的裁定令整个华尔街和美国公司董事会一片哗然，因为法院实际上否决的是‘整个市场’”。④马特·莱文（Matt Levine）⑤在《彭博观点》（Bloomberg View）中（戏谑地）指出，“17.62 美元之所以会被认定为公允价值，是因为这并非任何人的心理价位”。

2017 年 3 月，在杜兰举行的大会上，Fried Frank 律师事务所的律师斯科特·拉夫特格拉斯（Scott Luftglass）指出，五年前，来电咨询股权评估风险相关事宜的私募股权机构可谓“凤毛麟角”。但现在，形势发生了 180 度的大逆转，“这样的电话几乎不断”。⑥同样在这一会议上，黑石公司的首席法务官约翰·芬利（John Finley）指出，“仔细审视 *Dell* 案，尤其是其中的矛盾点，简直令人不寒而栗”。⑦律师们的焦虑之处在于，自己如何才能帮助（或者引导）客户规避股份评估的风险。

224 2017 年 8 月，特拉华州最高法院一致推翻了 *DFC Global* 案的判决。这种操作在公司法领域可谓司空见惯。而在 12 月，该院又一致推翻了 *Dell* 案的判决。这一决定却令不少从业者和评论员非常惊讶（甚至是震惊），因为这至少和他们在特拉华州最高法院进行口头辩论之前的意见存在很大差别。⑧在这两起案件

---

③ Lipton, Martin, Theodore N. Mirvis, William Savitt, and Ryan A. McLeod, 2016, Delaware Court of Chancery Appraises Fully-Shopped Company at Nearly 30% over Merger Price, Wachtell, Lipton, Rosen & Katz Memorandum to Clients (June 2).

④ Hoffman, Liz, 2016, Judge Finds Michael Dell, Silver Lake Underpaid for Dell in 2013, Wall Street Journal (June 1).

⑤ Levine, Matt, 2016, Michael Dell Bought His Company Too Cheaply, Bloomberg View (June 1).

⑥⑦ Naso, Chelsea, 2017, Four Takeaways from the 2017 Tulane Corporate Law Institute, Law360 (April 3).

⑧ 2017 年 5 月，在 Kirkland & Ellis 举办的从业人员和学者会议上（主要是受访者友好型人群），62%的匿名投票者预测 *Dell* 案会维持原判（在类似的比例投票中，大多数投票者也认为 *Dell* 案应维持原判）。然而，在四个月后的口头辩论中，首席大法官利奥·斯特林明确表示 *Dell* 案的判决应当被推翻。See, e.g., Dell Oral Argument Transcript (Sept. 27, 2017) at 6（“法庭实际上没有……选择一个不会有任何买家会愿意支付的价格吗?”）；id. at 25（“如果没有证据表明戴尔先生会离开，那么大法官强调不确定性这一观点是完全不合逻辑的”）；id. at 29（“当你邀请惠普、其他公司以及所有大型私募股权公司加入，并主动投票给他们的时候，你并不会得到任何东西”）。斯特林作为 2013 年信托责任诉讼案的法官，似乎也对该案形成了某种固定的印象。See, e.g.,（转下页）

中，特拉华州最高法院实际上都认定了公允价值应当以成交价格为准。

本文对 *Dell* 案以及股份评估原则的现状进行了考察。总体而言，*DFC Global* 案和 *Dell* 案这一套组合拳下来，局势瞬间明朗，成交价格开始被当作是公允价值的推定证据。本文主体部分将分为三个部分展开论述：第一部分是对 *DFC Global* 案的初期尝试进行考察；第二部分则阐述和分析 *Dell* 案；第三部分是对股份评估原则现阶段的发展和适用进行评析，并尝试总结其对业界和法院的启示。

二、牛刀小试：*DFC Global* 案

在 *DFC Global* 案中，虽然当事公司在不存在任何利益冲突的情况下，已经进行了严密的市场调查，特拉华州衡平法院在综合考量对该案作出判决的过程中，成交价格仍仅占三分之一的权重。当时的从业者普遍认为，在处理此类案件时，只要能够证明交易程序实现了充分的价格发现功能，特拉华州的法院通常会认可成交价格。因此该案判决一出，业界一片哗然。更令人迷惑的是，在法院发布其意见之后，当事公司向法院指出了一处笔误。如果更正这一笔误，贴现现金流价值将从每股 13.07 美元降至每股 7.7 美元，比每股 9.5 美元的成交价低 19%。随后，法院更正了这一错误，但为了契合其对公司股票的最初估值（即每股价格 10.21 美元），法院同时提高了永续增长率，将其从原本的 3.1% 提高到了 4%，这个比率甚至比原告方评估专家提议的永续增长率还高。⑨

之后，*DFC Global* 案上诉至特拉华州最高法院，29 位法律和公司金融教授分为两个阵营，就该案分别提交了非当事人意见陈述。双方你来我往，就股份

（接上页）in re Dell INC. Shareholder Litigation Scheduling Office Conference on Plaintiffs' Motion for Expedited Proceedings and Rulings of the Court（June 19，2013），transcript at 13（“私募股权公司之间不仅存在着先协议阶段的竞争，而且在签署协议后还存在积极的、对交易保护甚微的竞购行为”）；id. at 36（“一个明显的签约后市场调查行为”）；id. at 44（“这一市场的竞争完全且激烈”）。

⑨ Frankel，Alison，2016，Gibson Dunn to Delaware Supreme Court：Fix Arbitrary，Imprecise Appraisal Rulings，Reuters（Dec. 15）.

评估的边界展开激烈的辩论。从学者们颇具对抗性的陈述中，得以窥见当前股份评估局势的缩影。

支持推翻原判的一方由 9 名法律和公司金融教授组成。⑩这些德高望重的学者提交了一份非当事人意见陈述，指出“只有在成交价格受误导信息或偏见影响时”，股份评估价值才会偏离成交价格。⑪针对“误导信息”，教授们解释道，“如果重大信息是隐藏在市场内部的，那么成交价格就无法反映这类内部信息，此时就需要进行贴现现金流分析或其他价值分析”。⑫针对“偏见”，他们援引了信义义务原则，只要求“董事必须就价值作出知情决策，且其决策必须不存在任何利害关系”。⑬

225 支持维持原判的一方由 20 名法律、经济和金融教授组成。⑭他们同样提交了

---

⑩ The nine were (affiliations as noted in the brief): Stephen M. Bainbridge, William D. Warren Distinguished Professor of Law at UCLA School of Law; William J. Carney, Charles Howard Chandler Professor of Law Emeritus at Emory University School of Law; Lawrence A. Cunningham, Henry St. George Tucker III Research Professor of Law at George Washington University Law School; Hideki Kanda, Emeritus Professor at the University of Tokyo and Professor at Gakushuin University Law School; Michael Knoll, Theodore K. Warner Professor of Law and Academic Director for Legal Education Programs, Law School, Professor of Real Estate, the Wharton School, and Co-Director, the Center for Tax Law and Policy, at University of Pennsylvania; Fred S. McChesney, de la Cruz-Metschikoff Endowed Chair in Law and Economics at University of Miami School of Law; Keith Sharfman, Professor of Law and Director of Bankruptcy Studies at St. John's University School of Law; George B. Shepherd, Professor of Law at Emory University School of Law; and Thomas Smith, Professor of Law at University of San Diego School of Law.

⑪⑫⑬ Bainbridge, Stephen, et al., 2017, Brief of Law and Corporate Finance Professors as Amici Curiae in Support of Reversal, DFC Global Corp. v. Muirfi eld Value Partners, L.P. (Jan. 6).

⑭ The twenty were (affiliations as noted in the brief): Jennifer Arlen, Norma Z. Paige Professor of Law at New York University Law School; Robert Bartlett, Professor of Law at UC Berkeley School of Law; Antonio Bernardo, Professor of Finance at the UCLA Anderson School of Management; Bernard S. Black, Nicholas D. Chabraja Professor at Northwestern University, Pritzker School of Law, Institute for Policy Research, and Kellogg School of Management (Finance Department); Patrick Bolton, Barbara and David Zalaznick Professor of Business and member of the Committee on Global Thought at Columbia University; Brian Broughman, Associate Dean for Research and Professor of Law at Indiana University, Maurer School of Law; Albert H. Choi Albert C. BeVier Research Professor of Law, University of Virginia School of Law; John C. Coffee Jr., Adolf A. Berle Professor of Law, Columbia Law School; Peter Cramton, Professor of Economics at the University of Maryland and European University Institute, and on the International Faculty at the University of Cologne; Jesse M. Fried, Dane Professor of Law （转下页）

一份非当事人意见陈述，指出“大法官布沙尔认定DFC Global存在严重的监管不确定性，因而大大降低了协议价格的可信度”，这一事实认定“应与其他事实认定一视同仁”。⑮阿伦等人进一步指出，“以合并价格为唯一标准相当于直接抹杀所有股份评估救济”（原文重点）。⑯依照支持维持原判一方提出的方法，只有在公司滥用自由裁量权的情况下，衡平法院才需要改变成交价格在对判决的考量中所占的权重。⑰

本文还存在一个更早的版本，发表于特拉华州最高法院发布其关于 *DFC Global* 案和 *Dell* 案意见之前。在该版本中，笔者指出，班布里奇等人提出的方法其实对成交价格存在过度依赖。⑱问题的焦点在于，这种方法为了确定股份评估价值偏离成交价格，以存在违反信义义务为必要条件，这明显与特拉华州已确立的原则相悖。特拉华州法院一再声明，信义义务诉讼中的调查有别于股份评估诉讼中的调查，但班布里奇等人的方法却将两者混为一谈。同样地，为了确定股份评估价值偏离成交价格，以存在“虚假信息”为必要条件，这种做法未免有吹毛求疵之嫌。

至于阿伦等人的方法，笔者认为同样存在未能充分认识贴现现金流方法不精确的问题。近年来，评论员们曾反复指出，⑲在测算公允价值时，估值方法可

（接上页） at Harvard Law School; Jeff Gordon, Richard Paul Richman Professor of Law at Columbia Law School; Eric Maskin, Nobel Laureate and Adams University Professor, Harvard University; W. Bentley MacLeod, Sami Mnaymneh Professor of Economics, Professor of International and Public Affairs, Columbia; Justin McCrary, Professor of Law at UC Berkeley Law; Alan Schwartz, Sterling Professor at Yale University; Kathryn E. Spier, Domenico De Sole Professor of Law at the Harvard Law School; Eric L. Talley, Isidor and Seville Sulzbacher Professor of Law at Columbia Law School; Robert Thompson, Peter P. Weidenbruch Professor of Business Law at Georgetown Law; Mark Weinstein, Associate Professor of Finance and Business Economics at the University of Southern California Marshall School of Business; and Ivo Welch, Distinguished Professor of Finance and holds the J. Fred Weston Chair in Finance at UCLA Anderson.

⑮⑯⑰　Arlen et al., 2017, Brief of Law and Corporate Finance Professors as Amici Curiae, DFC Global Corp. v. Muirfi eld Value Partners, L.P.（Feb. 3）.

⑱　Subramanian, Guhan, 2017, Using the Deal Price for Determining “Fair Value” in Appraisal Proceedings（working paper）, https: //papers.ssrn.com/sol3/papers.cfm?abstract _ id = 2911880.

⑲　Subramanian, Guhan, 1998, Note, Using Capital Cash Flows to Value Dissenters’ Shares in Appraisal Proceedings, Harvard Law Review 111, no.7.

谓出了名的不精确。以笔者近期在哈佛商学院开设的并购高管培训课程为例，多名经验丰富的估值从业者同时对同一并购目标进行估值，不管他们怎样变换估值方法来测算目标价值，得出的结果都存在30%到40%的偏差。

226 在一起股份评估诉讼中，当事方要求特拉华州衡平法院的法官人为地提供一个精确的价值估值点。然而，即便是投资银行家这样的金融专业人士，也只能基于自己的公平意见给出一个估值范围。阿伦等人提出的方法严重依赖贴现现金流方法，且允许法院忽略强有力的市场证据，因而大大增加了股份评估诉讼的不确定性，并可能阻碍有益价值生成的交易。交易策划师的职责是为客户提供更强有力的保障，提高交易的确定性，因此相比阿伦等人的提议，他们更需要的是能够规避股份估值套利风险的安全港。

因此，笔者提出将双方的方法加以综合，取折中之道：若在交易过程中进行了有效的市场调查和公平的交易谈判，那么在股份评估诉讼中，成交价格代表公允价值就应当是判决的大前提；[20]反之，若交易过程中市场调查不妥当或交易谈判不公平，则成交价格不应作为考量因素。[21]这种测试方法是很严谨的。举例而言，若在签署前开展独家谈判，之后进行竞购流程，而买方在竞购过程中获得无限提价权，那么这一谈判很可能不符合适用成交价的条件。从业者需要获得声明其交易程序公平公正的权利，（正如一位著名的特拉华州从业者所说）仅仅证明“自己有能力承担信义义务”还远远不够。但若从业者享有这一权利，那么成交价格就应当是裁断股份评估诉讼的唯一标准。将两种相左的方法同时适用于 *DFC Global* 案和 *Dell* 案，二者之间的差异就会凸显出来。班布里奇等人的方法会要求法院推翻两案的原判，因为无论是 *DFC Global* 案还是 *Dell* 案，涉案的交易程序都不存在任何虚假信息或偏见。如此一来，成交价格就成为两案裁判的唯一标准。而阿伦等人的方法则依据对成交价格进行了适当考量这一事

---

⑳ 例如，可以通过以下证据来解决这一假设：成交时的公允价值（这是特拉华州关于估值的法规要求）与开始交易时的公允价值不同；或者交易价格包括交易协同作用中一些可衡量的、相当大的份额（以估值为目的时应将其排除在外）。但两者都只需对交易价格进行调整，而不是赋予交易价格不到100%的考虑权重。

㉑ Subramanian，Guhan，2017，Using the Deal Price for Determining “Fair Value” in Appraisal Proceedings（working paper），https：//papers.ssrn.com/sol3/papers.cfm?abstract_id=2911880.

实发现，要求法院维持两案的判决（但存在滥用自由裁量权的除外）。与这两种方法相比，若按照笔者提出的折中方案，法院应当推翻 *DFC Global* 的判决，但维持 *Dell* 案的判决。若交易程序公允无误，则应以成交价格为唯一标准（因此推翻 *DFC Global* 案原判），但应仔细审查交易程序，确认是否存在有效的市场调查和公平谈判（*Dell* 案中衡平法院也曾提出这样的意见）。

2017 年 7 月，特拉华州最高法院推翻了衡平法院对 *DFC Global* 案的判决。尽管最高法院拒绝接受这一明确的假设，即在交易程序公允无误的情况下，成 227
交价格就应当是公允价值，但其指出，“依据强有力市场调查得出的售价是公允价值的最佳证明，案件当事方的构成较为复杂，利益关系盘根错节，依据他们的集体意见对售价妄加质疑，这种做法十分危险”。按照这种思路，法院委婉地驳回了阿伦等人的方法。评论员们将这种方法称为“怀疑一切”，对此笔者表示认同。

问题依旧没有得到解决：所谓的交易程序公允无误，这里的“公允无误”需要达到怎样的程度，才能确保法院以成交价格为裁断标准？*Dell* 案的审理法院是否会采用班布里奇等人提出的方法（即公允无误的信义义务流程是否能证明成交价格就是公允价值）？或者正如笔者所主张的那样，若是以成交价格为唯一标准，是否需要附加其他条件？

三、*Dell* 案的裁定

2017 年 12 月，特拉华州最高法院推翻了衡平法院对戴尔公司股份评估一案的裁定。尽管该案基本上已发回特拉华州衡平法院，由衡平法院对公允价值进行重新认定，但最高法院仍旧明确表示应以成交价格为准：“单就该案而言，初审法院的错处在于完全没有从数学层面考量成交价格。事实上，初审法院提炼的记录显示，即便不能作为决定性因素，成交价格也应当在案件裁断的考量中占据相当大的权重。”[22]此外，为了进一步澄清其观点，最高法院史无前例地采取

[22] Dell Supreme Court Opinion at 37.

了新的举措："本院会将案件发回重审，并赋予副大法官自由裁量权，令其自由选择是否按照成交价格作出判决，无需上诉。"[23]

最高法院支持适用成交价格，但并没有采用班布里奇等人的方法（即为了确认成交价格偏离公允价值，以违反信义义务为必要条件）。这样一来，法院相当于变相承认了这一事实，即要以成交价格为裁判标准，还需要满足其他条件。但针对满足附加条件这一问题，最高法院和衡平法院的理解大相径庭。最高法院实际上是对交易关键程序的选择进行了二次审查，而不是适用"滥用自由裁量权"标准。因此，接下来，笔者将对特拉华州最高法院事实认定的几个关键方面展开论述。

（一）签署前程序

228 衡平法院强调了这一事实，即特别委员会在签署前这个阶段组织的竞争非常有限，仅仅与科尔伯格·克拉维斯·罗伯茨公司（Kohlberg Kravis Roberts）、得克萨斯太平洋投资集团（Texas Pacific Group）以及银湖资本（Silver Lake）三家私募股权投资机构进行了接洽，其中银湖资本还与迈克尔·戴尔（Michale Dell）合作共同提出报价。特别委员会并未接触任何其他私募股权投资机构，尤其是黑石集团（Blackstone）［刚刚雇用了戴尔前任并购负责人戴夫·约翰逊（Dave Johnson）］和东南资产管理公司（Southeastern）（最先向麦克尔·戴尔提出管理层收购的建议）。此外，尽管艾菲科公司（Evercore）（特别委员会的金主之一）预测戴尔和惠普联手能创造30亿—40亿美元的协同效应，但特别委员会并未与惠普进行接洽。艾菲科公司向特别委员会保证，其会在竞购期间与黑石集团和惠普接触，因此特别委员会在签署前无需联系这两家公司。但艾菲科公司的这一建议前后矛盾，因为收取的大额或有付款对应的是竞购阶段提出的过高出价，而不是签署前提出的过高出价。[24]

副大法官拉斯特谴责特别委员会未能在签署前组织更有力的竞争：

---

[23] Dell Supreme Court Opinion at 77.

[24] See also Chancery Court Opinion at *11："上诉人清晰地认识到，艾菲科公司只会在竞购期间因额外的出价获得一笔意外之财，因此它有动机希望在这一阶段出现任何其他投标人。"

> 即便黑石集团曾在一月份就可能的交易与戴尔公司接触，委员会也没有在签署前与其进行接洽……此外，在签署前这个阶段，委员会根本没有联系任何战略买家……惠普明显是他们的心之所向。
>
> 由于缺乏有力的竞争对手，委员会丧失了其作为卖方挤压投标人预期盈余的最佳手段。委员会可以拒绝，也可以要求更高的价格，但无法改弦更张，以“与第三方交易”为筹码威胁惠普让步。㉕

相反，特拉华州最高法院则认定委员会在签署前已经组织了充分的竞争，指出黑石集团明确知晓公司出售的信息，且认可艾菲科公司的证词，即“如果有其他人对收购公司非常感兴趣，大概率会主动与公司联系”。㉖在脚注中，最高法院指出，尽管艾菲科公司在提出这一建议时存在利益冲突，“但记录中的其他证据表明，是黑石集团自己提出要等到竞购阶段再与公司接洽的”。㉗这一点很好理解且很重要：如果黑石集团本身不想在签署前联系公司，那么特别委员会在签署前不联系黑石集团又何罪之有呢？但事实上，此间的确存在矛盾之处。 229

法院引用了（有利益冲突的）艾菲科公司银行家的证词和戴尔特别委员会的会议记录（简单记录了艾菲科公司银行家所告知的内容）来佐证自己的主张。但即便从表面上来看，这些记录也只表明了黑石集团想要确保竞购的有效性，㉘不能证明“是黑石集团主动提议等到竞购阶段再与公司接洽”。

实际的事实记录并不出人意料，因为黑石集团更倾向于参加竞购而不是签署前程序这一观点明显违反常识。任何一个理性的投标人都知道，参与签署前

㉕ Chancery Court Opinion at *37.

㉖ Supreme Court Opinion at 11—12.

㉗ Supreme Court Opinion at 12、n.37；加重点。

㉘ See Transcript of William Hiltz Trial Testimony（Oct. 6，2015）at A517（“黑石公司与我们取得了联系，表示他们有兴趣参加竞购，并鼓励我们以方便他们完成工作的方式安排竞购交易”）；Minutes of Special Committee Meeting（Jan. 24，2013）at A1640（“艾菲科公司接到黑石公司的电话，称其希望在竞购期探索如何提出收购该公司的建议，并希望艾菲科公司保证，任何有意达成的最终协议都会提供有价值的竞购过程”）。最高法院的意见没有在其脚注中引用记录中的这些内容。有趣的是，法院对“赢者诅咒”设置了极高的证据门槛（参见本文中关于“The Winner’s Curse”和“Michael Dell’s Value”的章节），但却没有对自己的替代性事实设置同样的证据门槛。

的尽职调查利远大于弊，不仅能为己方留足准备的时间，免去一笔竞购“分手费”，还能获得提价权，谁会舍近求远、自找麻烦呢？这就像是尤塞恩·博尔特（Usain Bolt）表示，自己想在100米短跑比赛里让其他对手先跑5米——根本不合常理。因此，真正让人惊讶的是，最高法院居然会在如此关键的一点上曲解证词。

此外，黑石集团希望“等到竞购阶段再与公司接洽”这一说法也与同期证据相矛盾。证据表明，黑石集团在获准进入数据库后，需要更多时间。在竞购期间，艾菲科公司就曾提醒戴尔的一些员工：“大家都要注意，黑石集团需要在4—6周的时间内完成银湖资本耗时6个月所完成的工作，他们的首席执行官将全力支持并全程提供指导”（回想一下，建议特别委员会不要在签署前联系黑石集团的也是这个艾菲科公司）。2013年4月1日（即竞购期间届满6日后），黑石集团高级董事总经理陈楚（Chinh Chu）电邮迈克尔·戴尔，指出7项“需要进一步解释说明的细节”，包括“在行业基础受侵蚀的情况下，PC业务的发展战略是什么”以及“如果平板电脑持续扩大市场占比、价格侵蚀加剧、Chrome大获成功且虚拟桌面转型加速，进一步挤压平均售价，PC业务面临的不利局面是什么”。[29]3日后（即竞购期间届满9日后）发出的新闻报道称，据消息人士透露，“黑石集团的尽职调查仍处于初期阶段，且集团才刚刚开始制定商业计
230 划”。[30]若黑石集团参与了签署前程序，就不必如此赶时间，因此法院主张的“黑石集团主动提出等到竞购阶段再与公司接洽”的观点既与事实记录不符，也违背常理，根本无法实现逻辑自洽。

至于惠普，特拉华州最高法院表示：“作为排名最靠前的战略投标人，惠普在竞购阶段签署了一份保密协议，但其甚至都没有登录戴尔的数据库。”[31]对这种不作为的一种解释是，惠普对收购戴尔并不感兴趣，或者至少不打算以高于

㉙ E-MAIL from Chinh Chu, Senior Managing Director of Blackstone, to Michael Dell (April 1, 2013) (JX 444).

㉚ Damouni, Nadia, and Poornima Gupta, 2013, DealTalk— Blackstone Heading to Texas to Firm Up Dell Strategy, REUTERS (April 4).

㉛ Supreme Court Opinion at 48.

每股 13.65 美元的价格收购戴尔。另一种解释也与记录相符，即惠普并不认为自己在这场竞标中能赢过迈克尔·戴尔，毕竟惠普只有 45 天的时间准备，而迈克尔·戴尔已经在公司经营了半辈子。在这两种解释中，法院完全忽略了第二种解释，而直接选择了第一种解释，且并未说明原因。

（二）赢家的诅咒

当竞购阶段的竞标者不得不追赶进度时，信息不对称和赢者诅咒的问题就会愈发凸显。与公认的经济学理论相一致，衡平法院认为，赢者诅咒问题可能会令潜在的第三方投标人望而却步。[32]对于这些问题，最高法院选择驳回，理由是“衡平法院没有举出实例证明自己的观点，在该案中，并没有任何投标人因害怕出现赢家的诅咒而选择放弃接洽收购事宜”。[33]

这一测试意义重大。如果有一位潜在的投标人发了一封邮件，内容是“我方正在考虑与迈克尔·戴尔先生竞标收购戴尔。可这家伙的名字明晃晃地刻在公司大门上。如果我方参与竞标，但他决定不匹配我们的出价，那该怎么办?”可能就能说服法院，证明存在赢家的诅咒。然而，在过去十年对竞购的研究和二十年对交易搅局情形的研究中，笔者从未见过这类证据。但以缺乏此类证据为由否认赢者诅咒的存在不仅不合常理，还有悖于公认的经济学理论。

在 *Dell* 案的口头辩论中，首席大法官利奥·斯特林指出，“如果你认为交易的下一步发展就是，接下来出价的人会亏本，那么在你看来，当前的价格是否就是公允价值?”。[34]上诉人的律师格雷格·威廉姆斯（Greg Williams）回答道，“当然是”。尽管首席大法官斯特林并没有撰写最高法院的裁决，但这一问答几 231
乎是一字不差地被记录在意见中：“如果成交价格达到了这样的水平，即出价最高的投标人如果再提高出价就很有可能损害自身利益，则该成交价格就已经达到公允价值的水平。”[35]

---

[32] Supreme Court Opinion at *42—*43.
[33] Supreme Court Opinion at 55.
[34] Supreme Court Opinion at 15.
[35] Supreme Court Opinion at 56.

事实上，这样描述赢家的诅咒其实存在谬误。戴尔先生享有提价权意味着，潜在的第三方投标人起码要出价两次才有可能中标，若他还取得了额外的提价权，出价的次数只会更多。这就意味着，即便公开的即时报价已经低于公允价值，第三方也可能不会出价。只有在成交价格已经代表公允价值的时候，赢家诅咒才会阻碍投标人，这种说法大错特错。老练的投标人往往会“思前想后”，确定自己十拿九稳后才会出手。

（三）迈克尔·戴尔的价值

最高法院甚至驳回了衡平法院关于迈克尔·戴尔提升了戴尔公司价值的认定。[36]在管理层本身具有价值的情形下，价格发现的难度就会大大增加，因为潜在的第三方投标人无法再搭乘最优出价的便车。[37]

迈克尔·戴尔对戴尔公司的价值不言而喻。在庭审过程中，笔者提供的证据显示，在2004年，戴尔先生突然离开公司，戴尔公司的市值随即下降了12亿美元。2007年，他重回公司，公司市值上涨了25亿美元。[38]针对这一证据，最高法院表示：“这些证据并不能证明他在2013年，也就是六年后，对公司仍然具有价值。”[39]

在一些人看来，迈克尔·戴尔对戴尔公司毫无价值这一观点属实违反大家的第一印象，谁提出这种观点，就应当承担举证责任。至少多年来，在公司内部，许多员工都认为戴尔先生是一位富有远见、极具感召力的创始人兼首席执行官，与史蒂夫·乔布斯和比尔·盖茨不分轩轾。无论外部评价如何，内部评价都应当作为重要因素加以考量。

还有证据表明，戴尔先生在处理收购后续事宜的过程中，仍然是公司当之无愧的领袖。2014年4月，管理层报告称，仅在交易结束后的16个月，公司的

---

[36][39] Supreme Court Opinion at 57.

[37] Subramanian，Guhan，2016，Deal Process Design in Management Buyouts，Harvard Law Review 130，no.2.

[38] Supreme Court Opinion at *43.

成本节约额就达到了 16 亿美元,[40]同时“戴尔先生与时俱进、高瞻远瞩，在诸如 232
云计算和分析学等领域投资了数亿美元”。2014 年 12 月，彭博社报道称，迈克尔·戴尔和银湖资本“获得的投资账面收益至少已经达到 90%”。[41]令人费解的是，为什么戴尔先生在 2004 年、2007 年以及 2013 年以来一直是对公司极具价值的首席执行官，但在公司收购这一关键时刻，又变得无关紧要。最高法院指出，“黑石集团已经对有可能替代迈克尔·戴尔的人选进行了调查”,[42] 但法院并没有提及，他仍旧是黑石集团管理戴尔公司的“第一人选”。[43]

撇开迈克尔·戴尔是否为戴尔公司增值的问题不谈，最高法院依旧坚持打击和否定衡平法院的事实认定：“即便有人认可衡平法院的观点，相信戴尔先生作为首席执行官对公司股价有正面影响，但如果黑石集团、TPG 或其他知名买家竞标成功，戴尔先生是不是会离开公司尚未可知……因此很难确定‘戴尔先生本身的独特价值以及其与收购集团的关系会不会成为破坏招揽程序有效性的负面因素’。”[44]

最高法院的这一论点完全忽视了衡平法院的判决，即任何其他投标人，只要给出过高出价，戴尔先生个人付出的代价就越高。依照戴尔/银湖资本的出价计划，戴尔先生会将其持有的总计 16%的股权投入新公司。此外，戴尔先生本人将贡献 7.5 亿美元的新股本。这就意味着戴尔先生是新公司股票的“净买家”，为自身利益而计，其必然会推动成交价格下跌而不是上涨。

据笔者计算，交易达成后，若迈克尔·戴尔仍想持有新公司 75%的所有权，那么成交价格每上涨 1 美元，他就需要追加投入 2.5 亿美元（若想要持有公司全部的股权，则成交价格每上涨 1 美元，他就需要追加投入 10 亿美元）。相反，若戴尔先生允许银湖资本介入提高出价，一旦成交价格超过每股 15.7

---

[40] Supreme Court Opinion at *51.

[41] Carey, David, and Jack Clark, 2014, Dell, Silver Lake Said to Reap 90% Gain a Year after LBO, Bloomberg (Nov. 6).

[42] Supreme Court Opinion at 58.

[43] Damouni, Nadia, and Poornima Gupta, 2013, DealTalk—Blackstone Heading to Texas to Firm Up Dell Strategy, REUTERS (April 4).

[44] Supreme Court Opinion at 58, quoting Chancery Court Opinion at *44.

美元，他就会丧失对新公司的控制权。[45]衡平法院一语中的，“由于戴尔先生是净买家，任何考虑给出过高出价的买方都清楚，公司的掌舵人其实不会接受更高的价格”。[46]

233 对此，最高法院故技重施，指出“衡平法院并未确认哪些潜在投标人是因为戴尔先生在公司的地位而选择放弃投标的”。[47]这一推理提出的证明要求同样是不可能满足的。或许需要黑石集团内部发来一封这样的邮件才能满足最高法院的要求：“我司希望能与迈克尔·戴尔合作，但如果我司出价过高，戴尔先生个人可能会损失 10 亿美元，不知道在这种情况下他是否还愿意与我们合作。”对这一事实，第三方根本无需多言。即便正式要求戴尔先生考虑与其他投标人合作的可能性，与他人合作会增加其个人成本这一点必然会影响投标人对合作可行性的考量。

（四）交易过程的整体有效性

通常情况下，为了符合市场调查的要求，戴尔公司的交易程序需要满足特定的条条框框。但副大法官拉斯特却透过表面，对市场调查的有效性进行考察。无论是有限的签署前竞争、一次性提价权、艾菲科公司给出的矛盾建议、戴尔先生本人的经济动机，还是与交易规模不相符的、相对紧张的竞购窗口期（45天），都没能真正抵消迈克尔·戴尔/银湖资本的固有优势；因此，衡平法院并没有将市场调查的结果纳入考量范围。

最高法院推翻了衡平法院关于交易过程的最终裁定，在此过程中，最高法院部分援引了笔者的证词作为依据：“按照原告方专家的描述，本案的交易过程结构‘相比一般的交易结构更加简化，结构性障碍更少’，且戴尔公司的竞购程序设计不存在任何不合规之处。”[48] 但其对笔者证词的这一描述是错误的，因为引用的部分并非取自笔者的证词，而是取自衡平法院的意见。更重要的是，笔

[45] Chancery Court Opinion at *43 and n.43.

[46] Chancery Court Opinion at *43.

[47] Supreme Court Opinion at 59.

[48] Supreme Court Opinion at 52

者所得出的最终结论与最高法院的主张大相径庭，笔者认为，“由于在戴尔管理层收购（MBO）中，竞争环境不公平，竞购程序没有进行有效的市场调查，不能确保向非持续持股股东支付公允价值”。[49]最高法院称笔者“认为戴尔公司的竞购程序设计不存在任何不合规之处”属于对笔者证词的曲解。

就在最高法院对 *Dell* 案作出裁定的前夕，笔者在纽约市的吉布森律师事务 234
所（Gibson、Dunn & Crutcher）对本文的早期版本进行了介绍。一些业界人士指出，衡平法院认定“特别委员会及其顾问劳苦功高，值得赞扬”，这足以证明成交价格能够代表公允价值。但“劳苦功高”或许能够证明特别委员会及其顾问履行了自身的信义义务，但不足以令法院认可适用成交价格。正如笔者在吉布森律所所言，“劳苦功高”能够得到 B+ 的评分，但股份评估要求必须达到 A- 的水准。除此之外，特别委员会的所作所为还存在三点不妥：其一，在是否要在签署前与惠普公司和黑石集团接洽这一关键决策上，选择采纳有利益冲突的顾问（艾菲科公司）的建议；其二，未能制定更妥善的交易程序保护措施，抵消戴尔先生持续压低成交价格的影响；其三，未能（例如通过知情权而不是提价权）有效缓解赢家诅咒问题。因此，若要给特别委员会的表现打分，评分只能是 B+。

特拉华州衡平法院对戴尔公司程序的评分也是 B+，这个评分足以“通过”信义义务的检验，[50]但不足以证明成交价格符合公允价值。从法律层面上讲，特拉华州最高法院原本可以裁定，只要达到 B+ 的评分，就可以适用成交价格。但最高法院却对衡平法院的事实认定提出了质疑，因为最高法院认为戴尔公司的交易程序并无不妥，评分能达到 A 甚至 A+。至于何种评分才合适，仁者见仁，智者见智。其中，审查的标准才应当是关注的重点。依据副大法官拉斯特的评判，*Dell* 案交易程序相当于“滥用自由裁量权”，这一观点可谓滑天下之大稽。若哈佛大学法学院的校长按照这种方式来审查教职工们的得分，那么教职工们根本不必向其提供得分。

---

[49] Subramanian Trial Demonstratives at 13.

[50] Chancery Court Opinion at *29.

四、现阶段发展

尽管在重新审查交易程序的过程中，特拉华州最高法院对记录进行了错误描述，但其完整保留了一条关键的评估原则：若要以成交价格为标准进行股份
235 评估，交易程序不仅需要满足信义义务，还需要满足额外的条件。法院原本可以支持班布里奇等人的方法（即除非证明存在违反信义义务的行为，否则成交价格即为公允价值），但法院拒绝这样做。即便交易程序“满足信义义务的要求”，也不能确保成交价格符合公允价值，还需要满足额外的条件。因此，在特拉华州，股份评估依旧是热议的话题之一。

前述需要满足的额外条件到底是什么？这是一个至关重要的问题，至今仍无定论。毋庸置疑，未来的判例法必须着力探寻这一问题的答案。但信义义务的要求和股份评估诉讼中适用成交价格的要求之间理应存在一定的差距。*Corwin v. KKR Financial Holdings LLC* 案（Del. 2015）基本宣告了交割后信义义务诉讼是死路一条，因此确定额外条件到底是什么非常关键，因为股份评估已经成为测试交易程序有效性的最后手段。

另一个悬而未决的重要问题是，如若交易程序满足了前述更严格的标准，成交价格在判决考量中所占权重具体应该是多少？对于这个问题，笔者的答案简单明了：100%。有人可能会好奇为什么要采用一分为二的测试方法。如果交易程序瑕不掩瑜，为什么不能承认其存在瑕疵，并将成交价格的权重降到三分之一呢？这种衡量体系是由 *Weinberger* 案之前确立的“特拉华州分层估值法”演变而来的。按照这种估值法，法院在考量判决时，会分别给股票市场价值、受益价值以及净资产价值分配不同的权重。尽管 *Weinberger* 案支持采用“金融领域公认的技术或方法”，明确驳回了特拉华州分层估值法，但对于确定公允价值，这种方法仍旧具有不可抗拒的吸引力。

然而，交易程序最好还是采用二分法进行评估：是否进行了有效的市场调查和公平的谈判？这个问题并不存在模棱两可的答案，下面以相对真实的交易程序为例来解释其中的缘由。三名金融买家的保留价格分别是 70 美元、80 美元

和 90 美元，一名战略买家的保留价格是 100 美元。卖方仅在金融买家之间进行了签署前拍卖，并与其中出价最高者达成交易，成交价格为 81 美元。随后，卖方发起竞购，战略买家拒绝投标。因为金融买家享有信息优势和提价权。最终交易以 81 美元收盘。因此，部分股东诉请法院进行股份评估。

在这一诉讼中，法院认定特别委员会所犯的错误有二：其一，未在签署前 236
与战略买家接洽；其二，后续又赋予金融买家提价权。现在的情况是，法院可以交易程序瑕不掩瑜为理由，将 81 美元的成交价格作为考量因素之一。但这一例子也充分说明了为什么这种衡量方式是有纰漏的，因为我们无法确认如果进行了有效的市场调查，情况会发生怎样的变化。换言之，交易程序设计的性质决定了它无法确定瑕疵会给成交价格带来怎样的影响（如有）。某些情况下，事后审查者可以简单地对错误项进行概括总结，但这种方法并不适用于交易流程错误。因为在股份评估诉讼中，成交价格的权重占比必须是 100%或者 0%，没有其他折中选项。

公司法专业的学生可能会发现，这种做法与特拉华州最高法院在 *Kahn v. M & F Worldwide Corp* 案中对挤出原则的改进有异曲同工之妙。[51]在该案中，特拉华州最高法院认定，独立董事特别委员会作出的批准以及多数小股东作出的批准足以抵消冲突带来的负面影响，因此可以适用商业判断规则。如此一来，特拉华州最高法院就将实质性调查（即成交价格对少数股东而言是否绝对公平）转换成了程序性调查（即少数股东是否享有足够的程序性保障）。同样地，本文所提出的方法也将实质性问题（异议股份的公允价值到底是多少）转化成了程序性问题（交易程序是否公允无误）。[52]

这一调查并不涉及交易冲突的问题。举例而言，即便是在管理层收购中，也会存在有效的价格发现功能。相反，表面上公平的交易也可能会出现程序瑕

---

[51] Dell, Michael, 2014, Going Private Is Paying Off for Dell, Wall Street Journal (Nov. 24).

[52] 这种类比并不意味着特别委员会的批准和少数股东多数决的条件应该做此假设，即交易价格代表了存在少数股东挤出行为时，出于估值目的的公允价值。即使存在这些程序的保护，受控公司也缺乏有意义的市场调查。只有在极少数情况下，即公司实际控制人同意以过高价格出售，且特别委员会通过参与市场调查来接受要约，在通过特别委员会的批准和少数股东多数决后，才可以推定交易价格代表存在少数股东挤出行为时估值的公允价值。

疵，足以导致成交价格被否决。近期北卡夫橱柜公司的股份评估诉讼就是典型的例子之一。在该案中，竞购程序要求买方在30天内提交一份第三方收购建议书（不仅仅是排除缔约方身份），买方（富俊国际公司）享有无限提价权，北卡夫橱柜公司的首席执行官存在未披露的利益（其会在交割后收购该公司一家子公司），而富俊国际公司的银行家则联系了可能参加竞购的投标人，劝说他们不要参加竞购。该案件目前由特拉华州衡平法院负责审理。[53]

五、启　　示

237 就政策而言，特拉华州最高法院在*Dell*案中指出，“如若制定不同的机制来最大限度地减少冲突，确保股东利益最大化，其后果是提高法院的风险，令法院依据贴现现金流分析提高成交价格的几率加大，那么法院推行最佳实践的动力就会大受打击”。[54]若交易程序公允无误，为从业者提供保障，帮助他们规避股份评估诉讼，就会激励从业者规范自身交易程序，法院这步棋显然下对了。更妙的是，法院对从业者的要求是A-，既没有吹毛求疵，但又比信义义务的要求更严格一些。然而，在*Dell*案中，最高法院认定特别委员会组织的交易程序达到了A（或A+），并盛赞“种种机制最大限度地减少了冲突，确保了股东利益最大化”。依笔者之见，这一评分难副其实。特别委员会本可以也应采取更妥当的措施来抵消戴尔先生拥有的巨大信息和结构优势。

若不要求从业者获得判断其交易过程公平与否的权利，法院想推行最佳实践可谓难上加难。究其原因，那就是股份评估耗费的是买方的成本，而卖方控制着交易程序，决定了成交价格是否符合公允价值。相反，信义义务这一主张会给卖方带来风险，因此卖方董事会（至少在*Crown*案之前）当然会积极履行自身信义义务。在（买方发起的）股份评估诉讼中，若不做额外要求，后果可想而知：交易程序只会堪堪满足信义义务的要求。

[53] 正如前面作者注释和鸣谢中所提到的，我在本案中担任上诉人的交易程序专家辅助人。这里所描述的事实来自我在审判时所做的演示。

[54] Supreme Court Opinion at 64—65.

因此，买方顾问及其客户有一个很有趣的战术选择：他们可以鼓励卖方董事会制定妥当的交易程序（签署前拍卖、无提价权等），从而降低交割后的股份评估风险，但这一交易程序也会推高买方必须向所有股东支付的价格。在大多数情况下，最好允许交易过程存在一定的瑕疵，让卖家得到一个足以满足信义义务要求的价格，然后承担股份评估的后果。此外，即便在股份评估诉讼中败诉，也还有一线希望，因为败诉意味着买方取得的绝大多数股份都低于公允价值。综上所述，除非股份评估会对买方构成实质危险，否则交易程序最佳实践的推广只会举步维艰。

然而，相较于笔者对戴尔交易程序或交易程序最佳实践的传播速度的评估， 238
显然决策者的身份更为重要。最高法院本应尊重衡平法院对交易程序的种种事实认定。在 *DFC Global* 案中，最高法院接受了大法官布沙尔对交易程序的事实认定（例如，公司的出售属于“公平交易”，程序“稳妥无误”，“不涉及任何利益冲突”），并依据股份评估法律对这些事实认定的法律含义进行了解释。而在 *Dell* 案中，最高法院原本可以主张，B+ 的评分已经满足法律层面的要求。法院却反其道而行之，对衡平法院的关键事实认定重新进行审查，并给出了 A 的评分。读者们出于各种原因（包括因笔者作为原告交易程序专家而对其产生偏见），或许会对笔者对戴尔交易程序的实质性评估产生质疑，但有一点大家绝对没有异议，那就是最高法院应当尊重衡平法院的事实认定结果。

若丧失这种尊重，特拉华州最高法院就可能对事实认定进行二次审查。为了规避二次审查的风险，衡平法院法官在处理股份评估案件时，就会想方设法地确保案件无法上诉。即便交易程序有许多“闪光点”，若法官想否定成交价格，就不会承认这些闪光点的存在。为了确保最高法院不会紧抓着那些“值得赞扬的”事实认定不放，强行适用成交价格，哪怕 B+ 的评分更为合适，衡平法院的法官也会选择给出一个 C 的评分。此外，当衡平法院法官认定可以适用成交价格时，即便 A- 的评分已经足够作出判决，为了保险起见，也会选择给出一个 A+ 的评分。股份评估诉讼中的交易程序评估将不再有任何灰色地带。衡平法院的法官将会合理地规避风险，而非有一说一，以避免自己未来出具的股份评估意见被推翻。

笔者将以 *Dell* 案背后的政治博弈作为本文的结尾。显然，该案中，最大的赢家是私募股权机构（从降低股份评估风险中受益）和投资银行（从交易量提升中受益）。它们都是特拉华州公司的重要客户。黑石集团的约翰·芬利在衡平法院作出裁定后[55]曾指出，*Dell* 案会对私募股权机构带来巨大威胁，但现在，对于这些利益阵营而言，这种“可怕的”影响俨然已经荡然无存。

Dell 案中失利的一方是少数股东。笔者对爷爷辈的老人家们提起股份评估
239 诉讼根本不抱任何幻想。通常情况下，参与股份估值套利的都是“非常老练的股东，有能力与并购从业者和特拉华州法院进行多回合的高风险博弈”。[56]但有效的股份评估救济能够切实改进交易程序，而交易程序的不断完善对所有股东而言都是利大于弊。

法律和金融领域的文献证实，保护少数股东能够促进资本形成。对于这一实证发现，我们想当然地会认为，如果一家宿舍创业公司的潜在投资人，在退出投资时不享有充分的保障，那么他们在投入资本时必然会慎之又慎。在 *Corwin* 案之后，交割后信义义务诉讼几近无效，股份评估硕果仅存，成为解决交易程序瑕疵或冲突的最后手段。因此，特拉华州最高法院对 *Dell* 案的裁定实际上走入了歧途。

本书的书名为《变革时代的公司契约：法律能否与时俱进?》。对于这个问题，至少在股份评估领域，答案是否定的。

---

[55] Naso, Chelsea, 2017, Four Takeaways from the 2017 Tulane Corporate Law Institute, LAW360 (April 3).

[56] Subramanian, Guhan, 2017, Using the Deal Price for Determining “Fair Value” in Appraisal Proceedings (working paper), https: //papers.ssrn.com/sol3/papers.cfm?abstract_id=2911880.

第十一章　*Boilermakers* 案和诉讼细则的契约方法

244

吉尔·E.费什（Jill E. Fisch）

一、导　　言

公司法契约论的建立和发展，背后有着深厚的经济学基础，诸如罗纳德·科斯（Ronald Coase）和奥利弗·哈特（Oliver Hart）等主流经济学家的学说和研究在其中发挥了重要作用。①尽管学者们普遍认可契约隐喻的效用，但他们争议的焦点却集中在契约隐喻对监管政策产生的影响之上。有些学者认为，依据契约原则，应该对公司参与者选择的结构性安排予以实质性尊重；②而其他学者则对这一尊重的适当范围提出了质疑。③举例而言，哈特指出，在公众公司内，契约可能尤其不完备。④同样地，威廉·克莱因（William Klein）也对此做出了警示，纵然学界普遍接受契约隐喻，但这并不意味着公司参与者可以“随意达

① E.g.，Coase（1991 at 56）：“公司本质上是契约安排的一种选择”；Hart，Oliver D.，1995，Firms，Contracts and Financial Structure.

② Easterbrook，Frank，and Daniel R. Fischel，1989，The Corporate Contract，Columbia Law Review 89：1416—1448.

③ Bebchuk，Lucian Arye，1989，Limiting Contractual Freedom in Corporate Law：The Desirable Constraints on Charter Amendments，Harvard Law Review102：1820—1859.

④ Hart，Oliver D.，1988，Incomplete Contracts and the Theory of the Firm，Journal of Law，Economics and Organization 4：119—139.

成他们认为对双方都有利的所有协议”。⑤

就尊重公司参与者协商一致的治理条款而言，契约方法通常是以公司自治和效率为依据为这一观点背书，因而具有相当的影响力。⑥评论家们指出，公司法应当通过赋权，使公司参与者能够自由修改缺省的公司法规则，而不是适用一刀切的强制性规定。⑦公司参与者通过制定发行人专用条款（issuer-specific terms），利用私人秩序来“定制”自己的公司治理。笔者将这一趋势称为“新型
245 治理”，⑧最近的例证包括法院选择条款、多数表决条款以及事先通知细则条款。

在 *Boilermakers Local 154 Retirement Fund v. Chevron Corp*.案中，大法官（现为首席大法官）斯特林就利用了这一成熟的公司契约模式。在该案中，首席大法官斯特林如此解释道，“特拉华州公司的章程细则是《特拉华州普通公司法》的法定框架内对董事、管理层以及股东均具有约束力的、更广泛的契约的组成部分”。⑨

正如 *Boilermakers* 案所述，首席大法官斯特林所提出的公司契约模式包含两个必要因素。第一，默示同意理论。若一家公司的章程授予董事会修改章程细则的权力，则股东购买该公司股票即视为该股东默示同意受董事会通过的章程细则约束。第二，依照首席大法官斯特林的观点，“自行通过和修订章程细则是股东不可剥夺的权利”。⑩首席大法官斯特林认为股东采取这种行为的能力“在法律上神圣不可侵犯”。⑪

---

⑤ Klein, William A., 1982, The Modern Business Organization: Bargaining Under Constraints, Yale Law Journal 91: 1921—1964.

⑥ Easterbrook, Frank, and Daniel R. Fischel, 1989, The Corporate Contract, Columbia Law Review 89: 1416—1448.

⑦ 其他形式的商事实体法更为明确地就实现公司参与者议定条款的最大效益进行了规定（see Ribstein 1991）。Paredes, Troy, 2010, Statement at Open Meeting to Adopt the Final Rule Regarding Facilitating Shareholder Nominations（“Proxy Access”），https://www.sec.gov/news/speech/2010/spch082510tap.htm.

⑧ Fisch, Jill E., 2016b, The New Governance and the Challenge of Litigation Bylaws, Brooklyn Law Review 81: 1637—1681.

⑨ Boilermakers Local 154 Retirement Fund v. Chevron Corp., 73 A. 3d 934, 939 (Del. Ch. 2013).

⑩⑪ Id. at 956.

然而，广义上的股东通过和修改章程细则的权力却与特拉华州最高法院之前的裁判相冲突。在 *CA v. AFSCME* 案中，法院认定，股东通过的代理费用报销细则不符合特拉华州法律规定，因为股东通过此类章程细则的权力有一定的范围限制。⑫具言之，法院认为，董事会对公司的法定管理权是对股东权力的一种约束。正如法院所述，"本案中的章程细则本质上是一种内部治理契约，而这一契约会阻碍董事充分行使对公司的管理权力，令其无法按照信义义务的要求，拒绝给持异议者安排报销费用"。⑬

目前，我们普遍认为，公司在形式上是具有契约性质的，这就意味着司法必须高度尊重 *Boilermakers* 案中提出的私人秩序，但 *Boilermakers* 案和 *AFSCME* 案之间的冲突给这一理解带来了巨大的冲击。在新型治理的背景下，出于各种原因，董事会通过和修订章程细则规定的权力会远大于股东的类似权力。董事会和股东权力的不均衡导致了对契约隐喻范围的限制，而这种限制反过来为质疑现行章程细则诉讼的司法思路提供了依据。

本章正文分为三个部分。第一部分简要概述公司契约模式的基础及其对发行人专用细则的适用。第二部分确定哪些条件会限制股东通过和修订章程细则的权力，同时造成董事会和股东在该权力上的差异。第三部分阐述这种差异对章程细则诉讼（即 *Boilermakers* 案裁定的标的）的影响。 246

二、公司章程细则的契约性质

20 世纪 80 年代一系列的法律经济学著作为公司的契约模式打下了坚实基础。⑭学者们将管理者和股东之间的关系定性为契约关系，并进一步指出，由于市场纪律由股票价格主导，最优契约条款的适用自然是水到渠成。⑮

---

⑫ CA, Inc. v. AFSCME Emples. Pension Plan, 953 A.2d 227 (Del. 2008).

⑬ Id. at 239.

⑭ Ayres, Ian, 1992, Making a Difference: The Contractual Contributions of Easterbrook and Fischel, University of Chicago Law Review 59: 1391—1420.

⑮ Clark, Robert C., 1989, Contracts, Elites, and Traditions in the Making of Corporate Law, Columbia Law Review 89: 1703—1748.

并不是所有的公司法学者都支持契约论，⑯但许多法律经济学学者（包括名望最盛的弗兰克·伊斯特布鲁克和丹·费什）都指出，契约论对公司法有两个重要影响。一方面，公司法应当接受各种针对特定公司定制的契约条款，从而推动立约进程。另一方面，与之相关的是，公司法不应强制适用一刀切的方法，这不仅是因为政策制定者很难成功确定哪些公司法规则是最优规则，还因为单一的规则很难尽善尽美以满足所有发行人的要求。

公司的契约模式是建立在这样一个前提之上的，即公司契约的当事方——通常是股东和管理层（尽管公司与其债权人之间的关系也属于契约关系）——应有权自行设定公司契约的条款，且这种契约自由比强制性规定更为可取。⑰评论家们曾用“私人秩序”一词来代指这种契约自由，并普遍主张在公司法中适用私人秩序方法。⑱公司的章程细则为股东（和董事）提供了一种机制，使其可以参与到这种私人秩序中。

通过前述广义的赋权结构，特拉华州公司法实现了与私人秩序方法的有效
247 融合。⑲在特拉华州法律中，强制性规定的占比相对较少。相反，绝大多数规定都是缺省性规则，当事方可以通过适当的章程或章程细则规定来进行补正。⑳举例而言，某项法规中的一条反收购条款规定，在五年之内，公司不得与有利害关系的股东开展合并活动，但同时也规定了不同的救济机制，公司可以选择通过相应的机制来规避这一条款的适用。㉑同样地，某项法规规定，董事会每年选举一次，但也允许公司通过制定章程条款或股东通过的章程细则，选择采用分

⑯ Cox，James D.，2015，Corporate Law and the Limits of Private Ordering，Washington University Law Review 93. Klausner，Michael，2006，The Contractarian Theory of Corporate Law：A Generation Later，Journal of Corporation Law 31：779—797.

⑰ Butler，Henry N.，and Larry E. Ribstein，1990，Opting Out of Fiduciary Duties：A Response to the Anti-Contractarians，Washington Law Review 65：1—72.

⑱ Smith，D. Gordon，Matthew Wright，and Marcus Kai Hintze，2011，Private Ordering with Shareholder Byllaws，Fordham Law Review 80：125—188.

⑲ Fisch，Jill E.，2013，Leave It to Delaware：Why Congress Should Stay Out of Corporate Governance，Delaware Journal of Corporate Law 37：731—782.

⑳ Strine，Leo E. Jr.，2002，The Inescapably Empirical Foundation of the Common Law of Corporations，Delaware Journal of Corporate Law 27：499—518.

㉑ DGCL § 203（a）.

级董事会。[22]

除了赋予个别公司修改法定缺省性规则的权力之外，特拉华州法规还允许公司通过增加各种类似契约的可选条款来定制自己的公司章程和细则，从而推动私人秩序方法的适用。《特拉华州普通公司法》第 102（b）（7）条就是典型的例证之一，该条规定，公司可通过章程规定来限制或免除特定董事因违反注意义务而负有的金钱赔偿责任。[23]依据另一项规定，公司有权通过章程规定，放弃对特定商业机会的利益，从而限制其他主体依据公司机会原则提起索赔。[24]该法规还授权公司通过增加可选性章程条款，采用绝对多数决。[25]

除此之外，特拉华州法律还允许公司通过适用章程细则来实现公司治理的“定制化”。依据特拉华州法规，股东有权通过、修订以及废除章程细则。同时公司亦可通过制定章程规定将这一权利授予董事，但股东的权力不受这种规定影响。[26]特拉华州绝大多数的公司章程都授予董事会这种权力。[27]

潜在的治理细则涵盖的范围可以说相当广泛。依据特拉华州法律，“在不违背法律和公司注册证书的前提下”，公司有权“就公司业务和事务的处理、公司权利或权力以及公司股东、董事会、管理层以及雇员的权利或权力通过任何条款进行规定”。[28]由于这一授权的范围非常广泛，且股东和董事会均可单方面通过治理细则，很多特拉华州公司都会选择通过发行人专用细则，以此形塑私人秩序。[29]

---

[22] DGCL § 141（d）.

[23] Reed，John L.，and Matt Neiderman，2004，“Good Faith” and the Ability of Directors to Assert § 102（b）（7）of the Delaware General Corporation Law as a Defense to Claims Alleging Abdication，Lack of Oversight，and Similar Breaches of Fiduciary Duty，Delaware Journal of Corporate Law 29：111—142.

[24] DGCL § 122（17）.

[25] DGCL § 102（b）（4）.

[26] DGCL § 109（a）.

[27] Lipton，Ann，2016，Manufactured Consent：The Problem of Arbitration Clauses in Corporate Charters and Bylaws，Georgetown Law Journal 104：583—641.

[28] DGCL § 109（b）.

[29] Veasey，E. Norman，2007，The Shareholder Franchise Is Not a Myth：A Response to Professor Bebchuk，Virginia Law Review 9.

248 特拉华州法院普遍接受了公司法契约论。正如特拉华州最高法院在 *Airgas* 案中指出，“公司章程和细则是公司股东之间达成的契约”。[30]契约论为阐释公司章程和细则提供了方法论，即利用契约原则来对其进行解释。此外，契约论还为公司章程和细则的执行提供了依据。在 *Boilermakers* 案的裁定中，大法官斯特林就指出，“章程细则构成了特拉华州公司与其股东之间契约中具有约束力的部分”。[31]

Boilermakers 案争议的焦点是由董事会通过的法院选择细则是否具有效力。法院支持此类细则的理由有两个。其一是默示同意理论。大法官斯特林指出，依照特拉华州法律，若公司章程有规定，则董事有权单方面通过章程细则。依据该法规建立的框架，若一家公司的章程授予董事会修订章程细则的权力，则视为该公司的股东默示同意自己“受本公司董事会单方面制定的章程细则约束”。[32]股东决定投资公司，其投资行为即等同于同意受此类章程细则约束。

其二，大法官斯特林还指出，如若股东并不同意董事会通过的章程细则，那么在法律授予股东的权利中，也能找到支持契约论的依据。首先，正如斯特林所指出的，股东拥有和董事会类似的权利，均可通过或修订章程细则。[33]其次，若董事会拒绝接受股东关于章程细则的表决，股东还有权通过罢免顽固董事的方法来对董事会进行约束。综上所述，斯特林认为，“公司的章程细则是股东和公司之间固有的灵活契约的一部分，依据这一契约，若股东不希望董事会通过的法院选择细则成为自己与公司之间契约的一部分，他们实际拥有足够强大的权利来保护自己的利益”。[34]

从 *Boilermakers* 案的裁定可以看出，公司法是充分尊重和支持契约自由的。就其本身而言，公司法是鼓励公司以通过和修订章程细则的方式来制定私人秩序的。对此，各公司也做出了积极的响应。以法院选择细则为例，在 *Boilermakers*

---

[30] Airgas, Inc. v. Air Prods. & Chems., Inc., 8 A.3d 1182, 1188 (Del. 2010).

[31] Boilermakers Local 154 Retirement Fund v. Chevron Corp., 73 A.3d 934, 955 (Del. Ch. 2013).

[32] Id. at 956.

[33][34] Id., quoting CA, Inc., 953 A.2d at 232.

案决策之前，适用这类细则的发行人可谓寥寥无几，而在 *Boilermakers* 案之后，情况就发生了逆转，适用这类细则的发行人数量“呈指数级增长”。[35]

此外，发行人还开始尝试制定其他治理细则。在 *ATP* 案中，特拉华州最高 249
法院对董事会通过的一项费用转移细则（fee-shifting bylaws）表示支持，理由是 *Boilermakers* 案中的契约分析同样适用于该案。[36]一些发行人会通过董事资质细则，借此禁止为积极股东提名的董事候选人订立特定类型的薪酬协议。[37]评论家认为，依照 *ATP* 案和 *Boilermakers* 案的推理，发行人可以通过强制仲裁细则替代诉讼细则。[38]一家马萨诸塞州房地产投资信托公司（即发行人）决定通过一项仲裁细则，这一决定得到了一些法院的支持，但法院的分析并没有提及特拉华州公司法。[39]

股东还通过适用治理细则，加大了自身参与私人秩序的力度。近年来，股东通过修订章程细则，提出了各种各样的治理改革，包括多数表决、代理参与以及股东召开特别会议的权利等。[40]这些提案获得了相当多的投票支持。例如，自 2014 年 1 月起，“近 90%的标准普尔 500 强公司采用了某种形式的多数表决”。[41]2015 年是代理参与权细则的“突破之年”，部分原因是纽约市主计长（New York City Comptroller）发起了一场股东提案运动。[42]基本上所有的代理参与权提案都能获

㉟ Romano，Roberta and Sarath Sanga，2017，The Private Ordering Solution to Multiforum Shareholder Litigation，Journal of Empirical Legal Studies，14：31—78，http：//ssrn.com/abstract=2624951.

㊱ ATP Tour，Inc. v. Deutscher Tennis Bund，91 A.3d 554，556（Del. 2014）.

㊲ Cain，Matthew D.，Jill E. Fisch，Sean J. Griffith，and Steven Davidoff Solomon，2016，How Corporate Governance Is Made：The Case of the Golden Leash，University of Pennsylvania Law Review 164：649—701.

㊳ Allen，Claudia H.，2014，Bylaws Mandating Arbitration of Stockholder Disputes Delaware Journal of Corporate Law 39：751—818.

㊴ Del. Cnty. Emps. Ret. Fund v. Portnoy，No.13-10405-DJC，2014 U.S. Dist. LEXIS 40107（D. Mass.Mar.26，2014）；Katz v. CommonWealth REIT，No.24-C-13-001299（Cir.Ct.Balt.City Aug. 31，2015）；Corvex Mgmt.LP v. CommonWealth REIT，No.24-C-13-001111，2013 Md. Cir. Ct. LEXIS 3（Cir.Ct.Balt.City May 8，2013）.

㊵ Fisch，Jill E.，2016b，The New Governance and the Challenge of Litigation Bylaws，Brooklyn Law Review 81：1637—1681.

㊶ Choi，Albert，2016，Optimal Fee-Shifting Bylaws，working paper.

㊷ Kess，Avrohom J.，2015，Proxy Access Proposals，Harvard Law School Forum on Corporate Governance and Financial Regulation，https：//corpgov.law.harvard.edu/2015/08/10/proxy-access-proposals/.

得大多数股东的支持，且越来越多的发行人会采用某种形式的代理参与。[43]

三、契约类比的限制

如上所述，董事会和股东可利用私人秩序来通过发行人专用的治理细则。若这类细则可以合理地解读为合同的议定条款，则法院应当予以广泛的尊重。[44] *Boilermakers* 案和 *ATP* 案的裁判都是基于这一逻辑依据才对涉案的法院选择细则和费用转移细则予以支持的。

然而，契约论的问题在于，由于各种原因，相比 *Boilermakers* 案裁定所指出的权力范围，股东修订章程细则的权力实际更为有限。[45]董事会通过治理细则的权力相当大，而股东并不享有相同的权力。因此，对于自己并不认可的董事会行为，股东的约束能力有限。本部分指出了股东对公司章程细则权力的几项关
250 键限制，下一部分则着重阐述这些限制对诉讼细则的影响。

（一）第 109 条对股东权力的实质性限制

对于特拉华州法律项下股东通过和修订章程细则的权力，尽管 *Boilermakers* 案和 *ATP* 案的意见都进行了广泛论述，但在这两个案件之前的 *CA v. AFSCME* 案中，特拉华州最高法院所作裁定却表明，股东能够发挥的作用其实更为有限。[46]AFSCME 是一家工会养老基金，该基金依据 14a-8 规则[47]提交了一份股东

[43] Weil，Gotshal & Manges，LLP，2015，Heads Up for the 2016 Proxy Season Navigating Proxy Access：A Roadmap for the Board of Directors，https：//corpgov.law.harvard.edu/2016/02/04/2016-proxy-season-engagement-transparency-proxy-access/.

[44] 这并不需要完全排除契约方法。相反，它可能表明某些合同争议所适用的司法审查水平更高。

[45] 斯特林法官关于股东认可公司章程和附则条款的观点也值得进一步关注。本章不考虑该观点在何种程度上是有效的。对于这个问题的进一步讨论，see Winship（2016）。

[46] CA，Inc. v. AFSCME Emps. Pension Plan，953 A.2d 227，229（Del. 2008）. 在 *CA* 案之前，特拉华州法院在这一问题上的立场并不明确。See Frantz Mfg. Co. v. EAC Indus.，501 A.2d 401（Del. 1985）（支持股东通过的章程细则修正案，该修正案“要求所有董事出席以达到法定人数，并在采取董事会行动之前获得董事会的一致批准，因此它们阻碍了 Frantz 公司董事会的运作”，尽管这些修正案旨在限制董事会的“反收购行为”）。

[47] 17 C.F.R. § 240.14a-8（1988）.

提案，提请召开 CA 年度股东会，目的是修订章程细则，要求发行人在特定情形下，对提名一名或多名董事候选人的股东产生的合理委托书征集费用进行报销。[48]CA 请求法院将该股东提案从委托书中移除，理由是该拟议细则并非股东诉讼的适格主体，如若通过，将会违反特拉华州法律，尤其是第 141（a）条。

为支持 AFSCME 并无诉讼上的救济请求，CA 向证券交易委员会提交了一份特拉华州律师的意见书，指出该拟议细则无效，理由是该细则会对董事会依据法规和公司章程管理公司的权力造成干扰。[49]据该意见书所述，享有处置公司资金自由裁量权的主体是董事会而非股东，股东并无权力“单方面限制董事会的自由裁量权”。意见书还指出，该案争议的细则会“阻碍董事会履行自身负有的管理公司业务和事务的信义义务”。

针对 CA 的论点是否符合特拉华州公司法这一问题，证券交易委员会向最高法院寻求了指导。[50]法院借此机会，就第 109 条规定的股东权力范围提出了若干指导原则。法院明确驳回了股东通过章程细则的权力与董事会通过章程细则的权力相同这一观点。相反，法院指出，股东的权力以第 141（a）条之规定为限，依据该条规定，董事会（而非股东）对公司事务享有广泛的管理权。法院解释称，若股东通过的章程细则限制了“董事会依据第 141（a）条享有的管理特权，则该章程细则不具效力”。[51]

法院的分析引用了评论家回应毒丸赎回细则条款时提出的观点。[52]在 20 世纪 251
90 年代后期，机构投资者曾尝试通过章程细则，以此来限制董事会使用毒丸计划对抗恶意收购要约。[53]这些章程细则的形式多种多样，包括要求董事会赎回未

---

[48] CA，Inc. v. AFSCME Emples. Pension Plan，953 A.2d 227，229—230（Del.2008）.

[49] Richards，Layton & Finger，2008，Legal Opinion Letter to SEC，https：//www.sec.gov/divisions/corpfin/cf-noaction/2008/ca062708-14a8-incoming.pdf.

[50] *CA* 案适用了特拉华州最新通过的认定程序。See 272S.B.62，144th Gen.Assem.，Reg.Sess.（Del.2007），http：//delcode.delaware.gov/sessionlaws/ga144/chp037.27.CA，Inc.，953A.2d at 232.

[51] CA，Inc.，953 A.2d at 232.

[52] Hamermesh，Lawrence，1998，Corporate Democracy and Stockholder Adopted By-Laws：Taking Back the Street? Tulane Law Review 73：409—495.

[53] Coffee，John C. Jr.，1997，The Bylaw Battlefi eld：Can Institutions Change the Outcome of Corporate Control Contests? University of Miami Law Review 51：605—621.

经股东批准的毒丸计划和要求董事会将毒丸计划提请股东批准。这些章程细则一经通过，就在公司法专家中引发了很大的争议。许多专家认为，这类章程细则实际已经超出了股东的权力范围，或者干预了董事会对公司的运营权，因此不具有任何效力。[54]

在 *International Bhd. Of Teamsters v. Fleming Cos.*案中，[55]涉案的是一家俄克拉荷马州的公司，该公司股东制定了一项章程细则，要求董事会将毒丸计划提交给自己批准。对这一章程细则，俄克拉荷马州最高法院予以支持，并驳回了董事会提出的该章程细则超出股东权限的主张。参考俄克拉荷马州公司法规后，法院认定，并无法律明文授予董事会通过毒丸计划的自主权，例如股东权利计划背书法规（俄克拉荷马州无此规定），因此股东可自由制定细则，对董事会实施此类计划的权力加以限制。法院特别提出，毒丸计划和股票期权计划并无二致，而股东“具有批准股票期权计划的权力”。[56]

至于特拉华州法律是否允许赎回毒丸计划，特拉华州法院并无机会对此作出裁决，而法院是否会遵循 *Fleming* 案的做法尚未可知。[57]一众著名评论家认为，特拉华州法院是不会效仿这种做法的。[58]据其推断，特拉华州法律所倡导的是一种以董事会为中心的公司模式。正如史蒂芬·班布里奇所言，各种法律学说限制了特拉华州公司股东对管理决策的控制权。班布里奇指出了一系列支持这类限制的规范性论点，认为公司这一形式本身就说明股东决定将这种控制权交予董事会，且这种授权是有效的。[59]

在 *CA* 案中，法院就公司章程细则的可行范围做出了指导，以便对第 141

---

[54] Hamermesh, Lawrence, 1998, Corporate Democracy and Stockholder Adopted By-Laws: Taking Back the Street? Tulane Law Review 73: 409—495.

[55] International Bhd. of Teamsters v. Fleming Cos., 975 P.2d 907, 908 (Okla.1999).

[56] Id. at 911.

[57] Macey, Jonathan R., 1998, The Legality and Utility of the Shareholder Rights Bylaw, Hofstra Law Review 26: 866—872.

[58] Coates, John C. IV, and Bradley Faris, 2001, Second Generation By-Laws: Post Quickturn Alternatives, Business Lawyer 56: 1357—1366.

[59] Bainbridge, Stephen M., 2006, The Case for Limited Shareholder Voting Rights, UCLA Law Review 53: 601—636.

(a) 条项下董事会权力和第 109 条项下股东权力之间的关系进行分析。

首先，法院承认，“对于特拉华州立法机构而言，股东通过、修订和废除章程细则权力的合法范围到底应该如何判定”，法律的明文规定“能够起到的作用微乎其微”。[60]其次，法院接着指出，章程细则的真正作用在于解决程序性问题，而非授权作出实体性商业决策，应当依据这一实体/程序区别来划定特拉华州法律项下章程细则的效力范围。通过这一概念，法院确定了第一个问题的答案，即要求确定费用报销细则是否与“程序相关”。[61]法院认定二者之间存在关联。尽管该章程细则的确涉及公司资金的支出，但法院认为，该项支出是用于保持选举程序的完整性。据此，法院最终认定该项章程细则是股东诉讼的适格主体。 252

实体/程序的区分可作为一个判断指标，来确定一项章程细则在何种情况下属于侵犯《特拉华州普通公司法》第 141 (a) 条规定的董事会权力。第 141 (a) 条授予董事会制定实体商业决策的权力，因此实体性章程细则相当于篡夺了这种权力。若一项章程细则针对的是决策制定的程序，但将最终决策的权力留给董事会，那么相比限制董事会自由裁量权的章程细则而言，该章程细则的瑕疵更少。[62]这一推理的后果就是，为董事会（而非股东）通过的章程细则制定不同的标准，因为限制董事会只能通过与程序相关的章程细则这种做法根本是无用功。

然而，*CA* 案的审理法院认定，代理费用报销细则是围绕程序展开的，因此是法律所准许的，但其分析并未止于这一判断。法院继续对第二个问题——拟议的章程细则会不会导致 CA 违反特拉华州法律——进行了考察。法院认为答案是肯定的。假设该章程细则要求董事会报销某位董事的代理费用，而报销行为会违反董事会的信义义务，则法院认为这一瑕疵会导致该章程细

---

[60] CA, Inc. v. AFSCME Emples. Pension Plan, 953 A.2d 227, 234 (Del.2008).值得注意的是，特拉华州公司法中不存在任何明确认可契约论的表述；相反，特拉华州有限责任公司和有限责任（合伙）公司法规中却存在此类表述。See, e.g., Del. Code tit. 6, § 18-1101 (b) (2011)（本章期望合同自由原则能够发挥最大效力）。

[61] CA, Inc. at 236.

[62] See also Hollinger Int'l, Inc. v. Black, 844 A.2d 1022, 1978—1979 (Del.Ch.2004)（指出存在一个“普遍的共识，即规范董事会行为过程的细则是法定授权的”）。

则表面上无效。[63]

若契约对董事会施加与其信义义务相冲突的义务，法院会认定此类契约无效。通过与这类情形类比，法院得出了上述结论。[64]尽管这种情形中涉及的契约义务都是董事会自愿承担的义务，而不是股东通过的章程细则规定的义务，但
253 法院认为，“这两者之间并无二致”。[65]在法院看来，无论是哪种情形，结果都会对董事会充分行使其管理权力加以限制。此外，分析的标准是第141（a）条赋予董事会的广泛权力。

尽管*CA*案的裁定备受诟病，[66]且特拉华州立法机构随后对法规进行了修订，明确支持代理费用报销细则和代理参与权细则，[67]但第109条项下的股东权力小于董事权力这一原则似乎得到了保留。在2015年作出的一项裁定中，争议的章程细则规定，股东有权无理由撤换公司高管，副大法官诺布尔（Noble）认定该细则不具有效力。[68]值得注意的是，该案原告所依据的法规似乎明确支持公司高管任免的相关章程细则。[69]

显然，副大法官诺布尔是依据*CA*案的裁定提出这一主张的：“股东修订章程细则的能力‘与董事会修订章程细则的权力不同，且受限于第141（a）条项下董事会的管理特权’。”[70]法院进一步指出，*CA*案中法院所提出的实体/程序区

[63] 法院解释说，如果存在“任何可能要求董事会采取行动或者如果董事会遵守细则就会违反其法定义务的情况”，则该细则将被视为违反法律规定。Id. at 238.

[64] Ursaner，Sabrina，2011，Keeping “Fiduciary Outs” Out of Shareholder-Proposed Bylaws：An Analysis of CA，Inc. v. AFSCME，The Business Lawyer 66：361—363.

[65] Id. at 239.

[66] McDonnell，Brett H.，2008，Bylaw Reforms for Delaware's Corporation Law，Delaware Journal of Corporation Law 33：651—672.

[67] See DGCL § § 112，113.

[68] Gorman v. Salamone，2015 Del. Ch. LEXIS 202.

[69] Section 142（b）provides，“高管应按章程规定或董事会或其他主管机构所确定的方式选出，并应按其任期任职”。Tiger，Paul M.，and Carolyn Oh，2015，Gorman v. Salamone：Delaware Court of Chancery Strikes Down Bylaw Granting Stockholders the Right to Remove and Replace Officers，Cleary M&A and Corporate Governance Watch，http：//www.clearymawatch.com/2015/08/gorman-v-salamone-delaware-court-of-chancery-strikes-down-bylaw-granting-stockholders-the-right-to-remove and-replace-officers/.

[70] Id. at *14，quoting CA.

别是确定一项章程细则是否侵犯董事会管理职能的标准。依照这一标准，法院认定该章程细则无效，理由是这一章程细则“会允许股东为公司制定实体性商业决策”。[71]

（二）对股东权力的额外法定限制

尽管 *CA* 案对股东和董事会通过和修订章程细则的权力进行了区分，但归根究底只是个案。[72]若要对第 109 条项下股东权力的范围进行限定，还要从特拉华州公司法的整体架构和行文中挖掘更多的理据。特拉华州公司法的显著特征之一就是其载有明确的条款，对处理特定问题的章程细则进行授权。例如，第 112 条授权通过代理费用报销细则；第 113 条授权通过代理参与权细则；第 141（d）条允许股东以章程细则的形式对董事会进行分级；第 216 条允许通过章程细则实施多数表决；第 203（b）条批准董事通过章程细则选择不适用州反收购法规。

尽管特拉华州公司法并没有明文表示股东通过的章程细则受其规定的主体限制，但把明确的法定授权范围解读为限制股东权力范围的原因有二：首先， 254
依照第 109 条，若股东可以通过章程细则，且章程细则包含“任何与公司业务相关，不违反法律或公司注册证书的条款”，[73]则特定主体授权列表就没有必要存在。[74]因此，依照法定解释的形式主义方法，公司法对允许股东通过的章程细则的主体作出了限定，这一事实恰恰说明了，在没有法定授权的情形下，至少某些类型的、股东通过的章程细则是不被允许的。[75]

其次，赋权条款强化了这一观点，即股东对公司事务的权力是有限的，法律将所有剩余权力都授予了董事会。这一观点与之前确定的论点——依照第 141

---

[71] Id. at 18.

[72] See also Walther（2015）（认为 *CA* 案的“影响力可能正在减弱”）。

[73] DGCL 109（b）.

[74] 换言之，除非一个章程细则内容仅涉及其明确被允许的主题，否则可认为其与法律规定相悖。

[75] Hamermesh，Lawrence，1998，Corporate Democracy and Stockholder Adopted By-Laws：Taking Back the Street? Tulane Law Review 73：409—495.

（a）条，董事会对公司的管理权是不受限制的，但股东只享有法律明确授予的权力——相呼应。此外，该观点还符合这样一种法律架构，即除了通过章程细则的权力之外，仅授予股东特定且有限的权力。因此，特拉华州法律允许股东就以下特定问题进行表决：董事会选举、公司注册证书修订以及公司合并和其他结构性变更的审批。[76]

第109条项下股东权力的另一个问题是，在几乎所有公司中，股东的这种权力都是非排他性的。虽然股东有权通过和修订章程细则，但董事会同样享有这种权力。结果就是，即便股东通过了一项章程细则，也可能会被董事会推翻。[77]

特拉华州法律明文规定，防止股东通过的章程细则被董事会废除，但这些条款仅适用于很少一部分实体性问题。例如，《特拉华州普通公司法》第216条规定，由股东通过的、针对当选董事所需获得投票数的章程细则，“董事会不得修订或废除”。换言之，如果没有与第216条类似的明文规定，特拉华州公司的董事会就能随意修订或废除由股东通过的、与其意见相左的章程细则。

此外，股东能否有效阻止自己通过的章程细则被废除尚未可知。[78]值得注意
255 的是，特拉华州最高法院在判决书中指出，股东通过的、声称不受董事会否决的章程细则实属无效，因为“不受董事会否决”这一限制条件与董事“通过或修订公司章程细则的一般权力”存在“明显冲突”。[79]

在这一方面，特拉华州法律与《示范商业公司法》存在明显差异。[80]《示范商业公司法》明确规定，股东通过的章程细则可不受董事会否决，“公司董事可修订或废除公司章程细则，但……股东正在修订、废除或通过章程细则明确规

---

[76] Bebchuk, Lucian Arye, 2005, The Case for Increasing Shareholder Power, Harvard Law Review 118：833—912.

[77] Hamermesh, Lawrence, 1998, Corporate Democracy and Stockholder Adopted By-Laws: Taking Back the Street? Tulane Law Review 73：409—495.

[78][80] Bird, L. John, 2008, Comment: Stockholder and Corporate Board Bylaw Battles: Delaware Law and the Ability of a Corporate Board to Change or Overrule Stockholder Bylaw Amendments, University of Pennsylvania Journal of Business and Employment Law 11：217—236.

[79] Centaur Partners, IV v. National Intergroup, Inc., 582 A.2d 923, 929 (Del.1990).

定董事会不得修订、废除或恢复该章程细则的除外”。[81]正如一位评论家指出的，特拉华州可以对本州法律进行修订，适用类似的方法。[82]或者，特拉华州也可以授权董事会修订股东通过的章程细则，以此强化董事的主导地位。无论采用哪种方法，都能提高法院预判当前法律不确定性的精准度。

另一方面，对董事会修订章程细则的广义解释或许能够为 *CA* 案中提出的股东权力问题提供一个新的解题思路。若一项股东通过的章程细则会侵犯董事会的管理权，或导致董事会违反自身信义义务，那么只要董事会保留废除该章程细则的权力，就能确保章程细则不存在 *CA* 案认定的瑕疵。至少对于发行人而言，只要董事会和股东同时享有修订章程细则的权力，这一权力的存在本身就意味着股东通过的章程细则不会侵犯第 141（a）条项下董事会享有的权力。

在 *General Datacomm Indus. v. Wisconsin Inv. Bd* 案的判决中，时任副首席大法官斯特林委婉地指出了这一点。[83]在该案中，股东提出了一项章程细则，禁止董事会在未获得股东批准的情况下自行对期权进行重新定价。在考察这一章程细则是否符合特拉华州法律规定的过程中，副首席大法官斯特林指出，如有必要，董事会随时可以废除这类违规的章程细则。因此，他认定，和无法通过新的董事会多数决赎回的毒丸计划不同，这类章程细则并不会限制董事会的自由裁量权。[84]

为了避免自己通过的章程细则被董事会否决，股东采取了多种措施，对此，董事会同样有应对之法，那就是主动通过新的章程细则，确保董事会后续对章程细则享有修订权。目前，许多董事会都利用这一方法来处理多数表决细则。[85]根据多数州的法律，股东通过的多数表决细则，董事会不得推翻，但这一限制 256

---

[81] Model Bus. Corp. Act § 10.20（b）（Am.Bar Ass'n 2010）.

[82] Bird，L. John，2008，Comment：Stockholder and Corporate Board Bylaw Battles：Delaware Law and the Ability of a Corporate Board to Change or Overrule Stockholder Bylaw Amendments，University of Pennsylvania Journal of Business and Employment Law 11：217—236.

[83] General DataComm Indus. v. Wisconsin Inv. Bd.，731 A.2d 818（Del.Ch.1999）.

[84] Id.（将该细则与 Design Sys.，Inc. v. Shapiro 721 A.2d 1281 一案中的情况相区分，（Del.Sup. 1998））。

[85] Siegel，Mary，2011，The Holes in Majority Voting，Columbia Business Law Review 2011：364—425.

规定并不适用于董事通过的多数表决细则。因此，董事会便可先发制人，率先通过多数表决细则，以此来规避法规对其权力的限制。正如一位评论家所言，“对于董事而言，这种做法无疑是一举两得：不仅能够获得支持多数表决的股东的批准，还能确保可以单方面废除自己制定的章程细则”。[86]

正如大法官斯特林在 *Boilermakers* 案中所提出的，对于董事会通过的章程细则，若股东并不认同，其是否真正有权修订或废除该章程细则。若按照 *CA* 案的判决思路，董事会通过和修订章程细则的权力大于股东的权力，那么这个问题就会非常棘手。若董事会依据第 141（a）条赋予的权力通过了一项章程细则，且该章程细则是股东无权自行通过的，那么股东是否有权修订或废除这一章程细则尚未可知。换言之，无论是股东自己通过章程细则的权力，还是股东修订或废除董事会通过章程细则的权力，*CA* 案很有可能对两者加以无差别的限制。[87]尽管特拉华州法院暂时还没有遇到这一问题，但随着公司在私人秩序方面不断发力，股东挑战其不认同的董事会治理措施的意愿愈发强烈，出现这一问题是迟早的事。[88]

当然，对于发行人不合理的治理规定，股东也并非束手无策。最有效的应对方法之一就是，若董事候选人通过或未能废除某项令股东不满的治理规定，股东就可以保留自己的选票。[89]诸如机构股东服务公司、格拉斯路易斯公司等主要投票顾问服务机构的存在更是令这种做法无往不利。[90]投票顾问服务机构在其代理表决政策中，将减损股东权力的单方面董事会行为和董事会未能满足股东

---

[86] Siegel，Mary，2011，The Holes in Majority Voting，Columbia Business Law Review 2011：364—425.

[87] 法院可能认为这一情况类似 *Invacare Corp. v. Healthdyne Techs，Inc.*，968 F. Supp. 1578 一案（N.D.Ga. 1997）。在该案中，法院认为，根据佐治亚州的公司法，股东不能通过章程细则来废除毒丸计划的“死手”条款，因为法律赋予了董事会实施毒丸计划的唯一权力。

[88] Allen，Claudia H.，2012，Exclusive Forum Provisions：Putting on the Brakes，http：//www.nge.com/files/Uploads/Images/exclusive-forum-provisions-puttin-on-the-brakes.pdf.

[89] Choi，Stephen J.，Jill E. Fisch，and Marcel Kahan，2013，Who Calls the Shots? How Mutual Funds Vote on Director Elections，Harvard Business Law Review 3：35—81.

[90] Choi，Stephen J.，Jill E. Fisch，and Marcel Kahan，2010，The Power of Proxy Advisors：Myth or Reality? Emory Law Journal 59：868.

需求作为两项重要考量因素。[91]机构股东服务公司特别将这两种行为列为其作出董事选举建议的关键参考因素。[92]股东们通常会慎重考虑这些建议。[93]举例而言，一位评论家报告称，机构股东服务公司若在考察一位董事候选人时，给出了负面评价，该候选人“缺乏‘响应性’”将会是“最重要的理由”。[94]

下面这个例子足以证明这一方法的有效性。2013 年，机构股东服务公司宣 257
布，若董事会通过了董事薪酬细则，对董事会候选人接受第三方薪酬的能力加以限制，对于通过这类细则的董事，其将建议股东保留其投票。[95]所谓的“金皮带”规则是由沃奇尔·利普顿律师事务所发起的，目的是应对积极主义对冲基金与其董事候选人之间达成的薪酬安排。在机构股东服务公司发布公告后，普卫顿银行（即第一家受机构股东服务公司观点影响的发行人）就有 34%的股东选择保留投票。这一比重相当之高。[96]在随后的六个月内，32 家通过了“金皮带”规则的发行人中，有 28 家废除了这类细则。值得注意的是，股东只要以投票做筹码，就足以迫使其质疑的发行人废除相应的章程细则，根本无需再大费周章地质疑该章程细则的有效性。

随着多数表决的出现，董事选举中股东投票的有效性得到了增强。依照传统的相对多数表决规则，在没有竞争者的选举中，股东无法不选举董事候选人。[97]但依据多数表决规则，董事候选人要想当选，必须获得多数票，若其获得

---

[91] Weil, Gotshal & Manges LLP, 2014, Alert: SEC Disclosure and Corporate Governance, http://www.weil.com/~/media/files/pdfs/pcag_alert_nov2014.pdf.

[92][94] Sullivan & Cromwell, 2015, 2015 Proxy Season Review. Tiger, Paul M., and Carolyn Oh, 2015, Gorman v. Salamone: Delaware Court of Chancery Strikes Down Bylaw Granting Stockholders the Right to Remove and Replace Officers, Cleary M&A and Corporate Governance Watch, http://www.clearymawatch.com/2015/08/gorman-v-salamone-delaware-court-of-chancery-strikes-down-bylaw-granting-stockholders-the-right-to-remove-and-replace-officers/.

[93][96] Choi, Stephen J., Jill E. Fisch, and Marcel Kahan, 2013, Who Calls the Shots? How Mutual Funds Vote on Director Elections, Harvard Business Law Review 3: 35—81.

[95] Cain, Matthew D., Jill E. Fisch, Sean J. Griffith, and Steven Davidoff Solomon, 2016, How Corporate Governance Is Made: The Case of the Golden Leash, University of Pennsylvania Law Review 164: 649—701.

[97] Choi, Stephen J., Jill E. Fisch, Marcel Kahan, and Edward B. Rock, 2016, Does Majority Voting Improve Board Accountability? University of Chicago Law Review 83: 1119—1176.

大量反对票或弃权票，则可要求该董事自行辞职。因此，从理论上来讲，多数表决令股东享有投票选举董事的实权。然而，在实践中，即便绝大多数发行人都通过了多数表决政策，也鲜少有董事没有获得多数票，为此失去董事职位的更是屈指可数。

更重要的是，虽然股东可以利用自己在董事选举中的投票权来对董事会通过的治理规定施压，但对不满意的董事会行为施压的能力和同意此类行为的能力不能混为一谈。比如经充分动员，股东可能会对董事会施压，要求修订或废除股东持有异议的章程细则，但这并不意味着股东已经在其他方面同意董事会通过该章程细则。

最后，毫无疑问，*Boilermakers* 案是特拉华州的个案，其前提是，依据特拉华州法律，股东修订章程细则的权力不得被废除，但并不是所有州的公司法都有此类规定。在一些州，公司在组建之时就可以规定，修订公司章程细则的权
258 力为董事专有。举例而言，在得克萨斯州，公司可以在其章程中添加适当的规定，废除股东修订章程细则的权力。[98]在马里兰州，公司既可以将修订章程细则的权力授予董事会或股东，也可以同时授予两者。[99]事实上，在 *Fleming* 案裁定作出之后，俄克拉荷马州的立法机构就对其公司法进行了修订，默认只有董事会有权修订或废除公司章程细则，哪怕公司可以自愿将这一权力授予股东。[100]印第安纳州也有类似的规定。[101]

即便是在股东有权修订章程细则的州，这种权力也不是无限的，和可以以股东通过的章程细则这种形式通过的治理规定一样，股东修订章程细则的权力也会受到相同的限制。举例而言，虽然特拉华州允许股东通过修订章程细则来确立多数表决规则，但截至 2011 年，仅有 19 个州允许股东不经事先章程授权

---

[98] 2 Texas Bus. Orgs. Code Sec. 21.057. 章程细则规定“公司董事会可以修改或废除章程，或通过新的章程，除非：（1）公司成立证书或本章程全部或部分地将该权力完全保留给公司股东”。

[99] § 2-109（b）.

[100] 18 Okla. Stat. tit. 18，§ 1013（2015）.

[101] Indiana，IC 23-1-39-1（“除非公司章程或本章第 4 节另有规定，否则只有公司董事会有权修改或废止公司的规章制度”）。

或董事会批准，通过多数表决细则。[102]若股东无权通过、修订和废除章程细则，那么 *Boilermakers* 案契约方法存在的一个重要前提就不成立。

（三）股东权力的实际限制

除了法律层面对股东通过和修订章程细则的权力的限制外，股东变更章程细则的权力也面临着实践层面的限制。事实上，正如首席大法官斯特林所指出的，“股票市场所有权的实际情况发生了变化，绝大多数的股东一旦参与进来，就会面临既无权发声，也无权退出的局面”。[103]斯特林和沃尔特（Walter）将这种情形称为“所有权与所有权的分离”。

标准的集体行动问题就是众多实际限制之一。[104]大量文献研究指出，美国公众公司的股东是分散的，若想要集体行动，需要付出很高的成本。和董事不同，股东通常需要自行承担集体行动的成本。[105]因此。股东积极主义和中介机构（例如机构股东服务公司）的兴起实际上大大降低了这类成本。[106]此外，积极主义对冲基金也充当了治理中介的角色，能够识别治理失败，然后动员被动的机构投资者主动应对治理失败。[107]对于对冲基金积极主义者而言，如若治理问题的分量不够，则很难引起他们的兴趣。近期的研究表明，对冲基金积极主义者关注的 259
焦点在其他领域，例如销售、资本结构和公司战略等。[108]

---

[102] Siegel，Mary，2011，The Holes in Majority Voting，Columbia Business Law Review 2011：364—425.

[103] Strine，Leo E. Jr.，and Nicholas Walter，2015，Conservative Collision Course? The Tension between Conservative Corporate Law Theory and Citizens United，Cornell Law Review 100：335—390.

[104] Alces，Kelli A.，2010，The Equity Trustee，Arizona State Law Journal 42：717—781.

[105] Bainbridge，Stephen M.，2006，The Case for Limited Shareholder Voting Rights，UCLA Law Review 53：601—636.

[106] Cain，Matthew D.，Jill E. Fisch，Sean J. Griffith，and Steven Davidoff Solomon，2016，How Corporate Governance Is Made：The Case of the Golden Leash，University of Pennsylvania Law Review 164：649—701.

[107] Gilson，Ronald J.，and Jeffrey N. Gordon，2013，The Agency Costs of Agency Capitalism：Activist Investors and the Revaluation of Governance Rights，Columbia Law Review 113：863—927.

[108] Krishnan，C. N. V.，Frank Partnoy，and Randall Thomas，2016，The Second Wave of Hedge Fund Activism：The Importance of Reputation，Clout，and Expertise，Journal of Corporate Finance 40：296—314.

特定发行人的绝对多数表决要求同样会限制股东修订或废除董事会通过的章程细则的能力。特拉华州法律允许公司做出这一要求，即“在通过任何后续的章程细则修订时，必须获得绝对多数决”。[109]就公司而言，对部分或全部股东行为适用绝对多数决要求非常普遍。[110]在首次公开发行章程中，普遍存在绝对多数制条款；2015 年，88%的首次公开发行章程中都包含这类规定。[111]尽管在标准普尔 500 强公司的章程中，出现这类要求的概率有所下降，但在 2013 年，仍有 30%左右的公司保留了绝对多数决要求。[112]值得注意的是，若发行人的章程中包含绝对多数决要求，这一要求同样只能通过绝对多数决废除。[113]

虽然从理论上来讲，即便是在适用绝对多数决要求的公司中，股东也能获得通过或修订章程细则所需的投票，但这种要求进一步激化了集体行动问题。正如斯科特·赫斯特（Scott Hirst）所述，不同发行人之间的投票率存在极大的差异，相当一部分发行人的投票率常常远低于绝对多数的门槛。[114]而经纪人自由投票权（broker discretionary voting）的取消更是进一步加剧了投票率不足的问题。[115]

标准计票法进一步放大了绝对多数决要求的影响。据一项研究发现，超过一半的大型公众公司会将股东提案中的弃权票记为无票（no votes）。[116]鉴于股东发起的章程细则修订必须采用股东提案的形式，这种表决方法的结果就是，即便提案获得了多数票，发行人仍可以认定提案失败。[117]该研究指出，自 2004 年至

---

[109] See DGCL 102（b）（4）. 其他州也同样允许公司在其章程中加入绝对多数决的要求（Hirst 2017）。

[110][114] Hirst, Scott, 2017, Frozen Charters, Yale Journal on Regulation 34：91—166.

[111] Wilmer Hale, LLP, 2016, M&A Report, https：//www.wilmerhale.com/uploaded files/share _ content/editorial/publications/documents/2016-wilmerhale-ma-report.pdf.

[112] Gill, Stephen M., Kai Haakon, E. Liekefett, and Leonard Wood, 2014, Structural Defenses to Shareholder Activism, Review of Securities and Commodities Regulation 47：151—157.

[113] E.g., 8 Del. C. § 242（b）（4）.

[115] Fisch, Jill E., 2016a, Informed or Excluded：Advance Voting Instructions and Retail Investor Voting, working paper.

[116] Investor Voice, 2015, Simple-Majority Standard for Use in Corporate Proxies, http：//www.investorvoice.net/wp-content/uploads/2015/03/Vote-Countin _ Synopsis _ Version-9e _ 2015.0315.pdf.

[117] Herbert, Bruce, 2015, Why Simple Majority Vote Counting Matters, Corporate Governance, http：//www.corpgov.net/2015/03/simple-majority-vote-counting-initiative-for-proxies/.

2014 年间，有 63 项股东发起的提案被发行人认定为失败，但若按照所谓的简单多数表决法，这些提案理应能够获得通过。[118]

股东权力面临的最后一个拦路虎则是证券交易委员会，毕竟其具有重要的审批职能。通常情况下，股东会把修订章程细则的决议按照 14a-8 规则规定的股东提案形式提交给发行人。[119][120]对于自己不支持的股东提案，发行人往往会提交 260
证券交易委员会审批，请求证券交易委员会将该提案从委托声明中排除。[121]若一项股东提案实施后会导致发行人违反州法，则这一情形构成排除该提案的理由。[122]如此一来，证券交易委员会就陷入了进退两难的尴尬境地，因其试图要确定股东章程细则权力的范围，但如上所述，特拉华州法律对此暂无明确的规定。[123]

尽管特拉华州在 2007 年对其宪法进行了修订，允许证券交易委员会向州最高法院核证与特拉华州公司法相关的问题[124]（证券交易委员会在 *CA* 案中就使用了这一程序），[125]但并没有强制要求证券交易委员会必须使用这一程序，且特拉华州最高法院也可自行决定是否接受裁决请求。[126]因此，证券交易委员会时常需要判定股东提议的章程细则是否在法律允许的范围内，但在作出判定时，却只

---

[118] 股东一直在为将有关问题转为采用“简单多数决”的计票方式而努力（Millman 2015）。

[119] Nagy，Donna，1998，Judicial Reliance on Regulatory Interpretations in SEC No Action Letters：Current Problems and a Proposed Framework，Cornell Law Review 83：921—1013.

[120] Cf. Airgas，Inc. v. Air Prods. & Chems.，Inc.，8 A.3d 1182，1187（Del. 2010）（介绍了 Air Products 公司结合代理权竞争提出的三项细则修订建议“作为其收购策略的一部分”）。

[121] Palmiter，Alan，1994，The Shareholder Proposal Rule：A Failed Experiment in Merit Regulation，Alabama Law Review 45：879—926.

[122] Rule 14a-8（i）（2），17 C.F.R.

[123] Coffee，John C. Jr.，1997，The Bylaw Battlefi eld：Can Institutions Change the Outcome of Corporate Control Contests? University of Miami Law Review 51：605—621.

[124] See Article IV，Section 11（8）of the Delaware Constitution，76 Del. Laws 2007，ch. 37 § 1，effective May 3，2007.

[125] See CA，953 A.2d 229，n.1（指出该案是证券交易委员会提交给法院的首案）。See also Legal Opinion Letter of Richards，Layton & Finger to CA，Inc.（April 17，2008）at 3［认为代理报销提案根据第 14a-8（i）（2）条规定，应予排除］。

[126] See Baldon（2009）（指出“证券交易委员会仍可能误入歧途，在各州对此的指示少之又少的情况下，继续发布相关州法律的声明”）。

能以提案人和发行人提交的资料作为依据。[127]虽然对证券交易委员会如何处理这一问题进行全面分析已然超出本章探讨的范围，但很显然，这一程序能够有效过滤掉一部分拟议章程细则，避免其被提交给股东。[128]

四、股东和董事会权力差异对诉讼细则的影响

上述讨论表明，*Boilermakers* 案中的契约类比存在一定的瑕疵。因为，相比董事会的权力，股东通过、修订和废除公司章程的权力实际更为有限，这背后的原因很复杂。按照这一结论类推下去，在依据契约原则对发行人通过的治理规定进行有限监督的过程中，法院应当慎之又慎。

Boilermakers 案争议的章程细则就是法院选择细则，这是一种典型的治理规定，发行人制定这种章程细则，目的主要是避免过度的合并诉讼。其他的治理规定还包括费用转移细则和仲裁细则。在其他文章中，笔者将这类规定统称为诉讼细则。[129]为了应对日益增长的合并诉讼，尤其是多重法院诉讼，发行人选择通过诉讼细则作为应对之策。[130]这类诉讼细则绝大多数是董事会单方面通过的，
261 并没有提交股东投票表决。本部分对前面所述原则是否适用于诉讼细则展开考察，并指出，与 *Boilermakers* 案阐述的观点相反，现有的公司法和实践实际上严重阻碍了股东通过或废除此类细则。因此，契约类比能够极大促进诉讼细则的通过这种说法或许言过其实。

诉讼细则具有哪些优势引发了广泛的讨论。2005 年，依靠专属法院细则和费用转移细则，特拉华州立法机构通过立法进行干预，明确授权通过专属法院

---

[127] 根据本条款寻求豁免的发行人需要提交一份律师出具的法律意见书。Rule 14a-8 (j) (2) (iii).

[128] Nagy, Donna, 1998, Judicial Reliance on Regulatory Interpretations in SEC No Action Letters: Current Problems and a Proposed Framework, Cornell Law Review 83: 921—1013.

[129] Fisch, Jill E., 2016b, The New Governance and the Challenge of Litigation Bylaws, Brooklyn Law Review 81: 1637—1681.

[130] Cain, Matthew D., and Steven Davidoff Solomon, 2015, A Great Game: The Dynamics of State Competition and Litigation, Iowa Law Review 100: 465.

细则（只要特拉华州法院是选定的法院之一）。[131]此外，该立法还明确禁止发行人通过费用转移细则。因此，针对这两个特定标的，其表面的有效性问题暂时被搁置下来。

诉讼细则还可能出现其他变化，但这已经超出2015年法律的规制范围了。[132]例如，一篇文章提出了一项豁免费用细则（no-fees bylaw），依据该细则，不得要求败诉原告履行支付费用的义务，但同时也禁止向胜诉原告给予费用。[133]此外，还有这种章程细则，要求代表发行人提起股东派生诉讼的原告必须满足最低所有权要求。[134]这类章程细则被统称最低起诉资格要求细则。[135]韦利蒂·温希普（Verity Winship）总结了各种诉讼规定，这些规定可纳入公司章程细则，对股东诉讼的成本和可行性产生影响，包括开示限制以及要求同时持有股份或债券过账。[136]

诉讼细则可谓涵盖了*CA*案裁决提出的程序和实体区别。一方面，诉讼细则强调诉讼的程序问题而不是诉讼权利的实体问题，例如律师费的支付、法院的选择等。[137]另一方面，这些程序问题对实体权利的影响如此之大，以至于特拉华州律师协会（Delaware State Bar Council）指出，在提出2015年立法时，诸如

---

[131] Del. Code Ann. tit. 8，§§102（f），109（b）（West 2015）.

[132] See also Choi（2016）（认为公平的费用转移细则将会在适当鼓励诉讼这一方面更加有效）。Winship，Verity，2016，Shareholder Litigation by Contract，Boston University Law Review 96：485—542. Griffith，Sean J.，2017，Private Ordering Post-Trulia：Why No Pay Provisions Can Fix the Deal Tax and Forum Selection Provisions Can't in Steven Davidoff Solomon and Randall Thomas，The Corporate Contract in Changing Times（Chicago）.

[133] Bayliss，A. Thompson，and Mark Mixon，2015，"No Pay" Provisions：The Forgotten Middle Ground in the Fee-Shifting Battle，Harvard Law School Forum on Corporate Governance and Financial Regulation，https：//corpgov.law.harvard.edu/?s=forgotten + middle + ground.

[134] LaCroix，Kevin，2015，Lawsuit Challenging Minimum Stake to Sue Bylaw Dismissed，D&O Diary， http：//www. dandodiary. com/2015/10/articles/corporate-governance/lawsuit-challenging-minimum-stake-to-sue-bylaw-dismissed/.

[135] Hemispherx Biopharma公司所采取的方式是要求股东诉讼中的原告在总计持有发行人5%以下股份时必须缴纳保证金（Winship 2016）。

[136] Winship，Verity，2016，Shareholder Litigation by Contract，Boston University Law Review 96：485—542.

[137] See Boilermakers Local 154 Retirement Fund v. Chevron Corp.，73 A.3d 934，951（Del. Ch. 2013）（将法庭选择细则表述为"以程序为导向。因为它们规定了股东可以在何处提起诉讼，而非股东是否可以提起诉讼或股东可以代表自己或公司获得何种救济"）。

ATP 案中的费用转移细则会令股东诉讼“站不住脚”，并“令实体公司法硕果仅存的规定失去用武之地”。[138]

此外，至少在股东派生诉讼方面，对涉及发行人的诉讼进行管理本质上属于一种商业决策。[139]对这一事实，特拉华州法院有深刻的认识，因此对于董事会是否要提起某项诉讼的决策，法院不愿横加干涉。正如教授兼院长罗伯特·克
262 拉克（Robert Clark）指出，“无论是起诉还是不起诉，这都是董事们需要处理的商业判断问题，和公司选择制造砖块而不是瓶子是同一个道理”。[140]同样地，针对派生诉讼，杜利（Dooley）和维西（Veasey）指出，“董事会针对一般公司诉讼作出的决策与其针对其他公司事务作出的决策之间并无任何原则上的区别”。[141]只要诉讼细则旨在解决股东诉讼问题，至少在涉及发行人权利的诉讼中，股东是否有权对董事会诉讼范围相关自由裁量权进行限制尚未可知。

到目前为止，几乎所有诉讼细则都是董事会通过的。因此，特拉华州法院根本没有机会评估股东是否有权修改或废除董事会通过的诉讼细则。[142]然而，正如前述分析所示，现有的法律对股东的诉讼细则相关权力提出了严重质疑。虽然 *Boilermakers* 案依据契约原则，支持适用当事方商定的条款，但就契约原则而言，股东必须有对其不同意的、董事会通过的诉讼细则作出应对的权力。

最后，证券交易委员会具有审核股东提案的职责，对于股东应对董事会通过的诉讼细则的权力而言，这种职责无疑是另一层枷锁。若股东就通过或修订

---

[138] Delaware State Bar Council，2015，Explanation of Council Legistative Proposal，http：//www.corporateddefensedisputes.com/files/2015/03/COUNCIL-SECOND-PROPOSAL-EXPLANATORY-PAPER-3-6-15-U0124513.pdf.

[139] See Zapata Corp. v. Maldonado，430 A.2d 779（Del. Sup. 1981）.有观点认为，即使在股东直接诉讼方面，董事会也应该发挥相应作用，这源于与个人股东行动相关的集体行动问题。此类观点与董事会在应对收购要约时所担任角色的通说相类似。See，e.g.，Unocal Corp. v. Mesa Petroleum Co.，493 A.2d 946，955（Del. 1985）（认为董事会有责任保护“公司及其所有者不受预期的伤害”）。

[140] Clark，Robert C.，1986，Corporate Law（Boston）.

[141] Dooley，Michael P.，and E. Norman Veasey，1989，The Role of the Board in Derivative Litigation：Delaware Law and the Carrent ALI Proposals Compared，Business Lawyer 44：503—542.

[142] 特拉华州的法院通常不愿考虑尚未通过的章程的潜在有效性。See，e.g.，Quickturn Design Sys.，Inc. v. Shapiro，721 A.2d 1281（Del. Sup. 1998）.

诉讼细则的提案进行表决，则该提案必须通过证券交易委员会的“不采取行动”程序。证券交易委员会是否会允许发行人排除涉及诉讼细则的股东提案尚无定论。

迄今为止，对于涉及诉讼的股东提案是否属于14a-8规则下股东诉讼的适格主体这一问题，证券交易委员会仍持怀疑态度。此外，证券交易委员会允许部分发行人员将有关诉讼的股东提案从代理声明中排除，理由是这类提案针对的是一般商业问题，因此可以依据第14a-8（c）（7）条予以排除。[143]然而，证券交易委员会对这些问题的裁决并未解决诉讼细则具体的合法性问题。

仅在极少数情况下，证券交易委员会才需要解决诉讼细则股东提案的合法性问题。在*Pfizer*案中，证券交易委员会曾有机会对股东通过诉讼细则的权力范围进行考察，但没有涉及股东权力的问题。[144]辉瑞公司（Pfizer）的股东提交了一份提案，要求对公司的章程细则进行修订，规定必须通过仲裁而非诉讼方式来解决特定索赔。如上所述，少数发行人已经尝试适用了仲裁细则。尽管辉瑞公司指出，该仲裁细则违反了州法，但证券交易委员会还是依据其他论点（即该细则违反了联邦证券法），批准辉瑞公司排除该股东提案。 263

此前，曾有一名股东依据14a-8规则，向3Com公司提议通过一项费用转移细则。[145]3Com公司请求排除该细则，主张该细则违反联邦证券法，与公共政策冲突，且针对的是普通业务运营问题。由于该股东后来撤回了提案，证券交易委员会以无诉讼救济没有实际意义为由，驳回了3Com公司的请求。

在*Roper Industries*案中，[146]股东依据14a-8规则提出了一项提案，要求董事会废除发行人董事会通过的专属法院细则。儒博工业公司（Roper Industries）请求排除该细则，理由是该细则涉及发行人的普通业务运营，因此可以依据证券交易委员会第14a-8（c）（7）条规定予以排除。此外，发行人还指出，该股东

---

[143] See，e.g.，NetCurrents，Inc.（May 8，2001）（介绍了一项被否决的要求公司提起诉讼的提案）该提案针对的是某些高管违反信义义务的行为；cf. Point Blank Solutions，Inc.（March 10，2008）（介绍了一项被否决的期望公司改良现行诉讼策略，但同时要求公司提起诉讼的提案）。

[144] 2012 SEC No-Act. LEXIS 161.

[145] 1999 SEC No-Act. LEXIS 595.

[146] 2012 SEC No-Act. LEXIS 3.

提案旨在管理公司的“诉讼策略和费用”，而诉讼策略和费用属于公司普通业务事项。但证券交易委员会并不认同发行人的观点，拒绝批准排除该提案的请求。

由此可见，这一分析的底线是，对于尝试发起、限制或推翻诉讼细则的股东而言，现行法律对其设置了一些障碍。除了 2015 年特拉华州立法强调的具体细则外，诉讼细则形象地展示了股东章程细则权力的相关限制条件是如何按照 *Boilermakers* 案所述方式对股东推翻董事会行动的能力加以限制的。考虑到这些限制条件，*Boilermakers* 案尊重董事会通过这类细则的做法是否合理还有待商榷。更笼统地说，通过诉讼细则的例子，特拉华州是否真正认同公司法的契约方法只能说仁者见仁，智者见智。

五、结　　论

264 二十五多年来，公司法的契约论得到了法学界的广泛认可，特拉华州近期的两项裁决更是从司法层面上表达了对这一方法的鼎力支持。法院对契约自由的明显认可似乎为董事会依照发行人需求制定和实施新型治理规定打开了方便之门。

与此同时，无论是在法律层面还是实践层面，*Boilermakers* 案裁定所适用的契约方法都与现行公司法存在矛盾之处。此外，现行法律的某些方面似乎限制了股东参与私人秩序程序的自由。若股东没有实际权力，无法限制董事会通过不必要的治理规定，契约类比似乎失去了意义，继而也无法保证董事会通过的治理细则能得到司法层面的尊重。

对于目前仍处于萌芽阶段的、范围和适用性尚不明确的诉讼细则而言，上述问题尤其需要审慎考量。因此，创新和实验才是发掘解决方案的金钥匙。与此同时，相关领域的司法监督应当找准方向，更多地聚焦于本章讨论的对股东权力的法律和实践限制。

第十二章　诉讼权利与公司契约 273

维里蒂·温希普（Verity Winship）

有些时候，“公司契约”是一种隐喻，用来指代公司利益相关者之间的关系，但这种比喻可能太过笼统。具体而言，“公司契约”意为单一或一系列协议，旨在阐明股东、董事以及公司之间的关系。这类公司组织文件由公司章程和章程细则构成。例如，法院就将公司章程和章程细则称为“公司董事之间缔结的契约”①或“对董事、管理层以及股东具有广泛约束力的契约的一部分”。②

在组织文件内增添新的规则，重点解决内部争议，尤其是股东诉讼（但不专用于股东诉讼），这是公司组织文件的一大创新，这一创新足以改变公司契约的未来发展走向，同时也是本章阐述的重点。相关热议的例子包括专属法院条款和费用转移条款。而本章分析的重点问题则是：有关争议解决的公司章程和章程细则是如何对法院施加压力，促使法院对公司契约的性质和范围作出定义的。

公司章程和章程细则中的争议解决条款根植于专属法院条款，后逐步扩展到费用转移领域，本章详细推演了这一产生和演变的过程。随后，本章阐述了这类条款是如何给法院施压，促使法院划定公司契约的边界。这类条款的适用以及案件中这类条款引发的种种争议将法院推上了风口浪尖，令法院不得不回答以下三个问题：第一，在何种情况下，公司章程和章程细则应当被视为公司 274

① Airgas, Inc. v. Air Prods. & Chems., Inc., 8 A.3d 1182, 1188 (Del. 2010).

② Boilermakers Local 154 Ret. Fund v. Chevron Corp., 73 A.3d 934, 938—939 (Del. Ch. 2013); see also, e.g., Merriam v. Demoulas Super Markets, Inc., 464 Mass. 721, 727, 985 N.E.2d 388, 394 (2013)（“公司章程或章程细则被视为股东与公司之间的契约”）。

契约？第二，何为公司契约的范围或内容？公司内部事务和公司治理结构是公司契约的重中之重，而章程或章程细则可否对诸如证券诉讼中股东权利之类的事项进行规定？第三，股东通过购买公司股份取得的一系列权利是否包含提起诉讼的权利？通过考察特拉华州和其他州如何通过修改本州的公司法来化解前述压力，本章将对上述问题一一作出回应。③

一、股东诉讼的私人秩序

公司组织文件中的争议解决条款规定了公司行为人之间争议的解决规则。④这类条款内容丰富，种类多样，不仅包含专属法院条款、强制仲裁条款以及费用转移条款这类已经通过但存在一定争议的条款，还包括陪审团审判豁免和持股比例要求等其他条款。

要分析这类条款对公司契约造成了怎样的压力，确定其新颖性和独特性是非常必要的一步。不同类型争议解决条款之间的区分如何划分虽然尚无定论，⑤但其针对的公司组织文件功能却不尽相同，尤其是章程细则。法院认为章程细则是“程序性”和“流程导向”的。⑥“董事会和委员会采取行动所依据的程序”⑦就是章程细则可以规定的程序性规则，典型的例子包括公司表决、会议和其他组织内部程序等。相比之下，争议解决条款关注的焦点问题则是股东和其

③ 特拉华州在此之所以成为焦点，是因为它在收购领域的主导地位以及对其他州公司法的影响。此外，这里所讨论的诸多创新都是缘起特拉华州公司和特拉华州法院并经过测试的。

④ 有关此条款的术语各不相同，包括诸如诉讼规范条款之类的表述。See，e.g.，Corp. Law Council，Delaware State Bar Ass'n，Fee-Shifting FAQs，http：//www.delawarelitigation.com/files/2015/03/COUNCIL-SECOND-PROPOSAL-FAQS-3-6-15-U0124511.docx. 本章采用争议解决条款这一表述，因为其足够宽泛，可以涵盖仲裁和其他非诉机制。

⑤ 例如，免责章程细则也影响了内部纠纷的解决方式，赔偿章程细则也是如此。两者均可被视为争议解决条款，这是因为它们决定了在单独的诉讼中应当测试的因素以及谁为这些争议“买单”。然而，就本章的基本观点而言，不存在争议的新颖性是不必要的：争议解决条款的出现及其在法庭上的测试给法院如何定义公司契约带来了压力。

⑥ CA，Inc. v. AFSCME Employees Pension Plan，953 A.2d 227，235（Del. 2008）.

⑦ Hollinger Intern.，Inc. v. Black，844 A.2d 1022，1078—1079（Del. Ch. 2004），aff'd，872 A.2d 559（Del. 2005）.

他内部行为人如何通过外部诉讼行使自己在公司内享有的权利。因此，争议解决条款也具有程序性，同时拓展了公司契约功能的新领域。

相比其他类型的章程细则和章程条款，争议解决条款含涉的范围更广。通常情况下，表决权分配条款、股份性质定义条款、公司日常事务报告条款等均需要遵守州公司法的规定，并符合对公司内部事务的司法定义。然而，争议解决条款则开辟了新的领域，尝试对股东与公司或董事之间所有的潜在争议进行
规定。[8]如下文所述，正是由于争议解决条款触及了联邦证券法的规制范围，法 275
院才不得不出面对公司契约的范围作出定义。

在非公司组织中，也有适用章程条款和章程细则来规制企业内部诉讼的先例。比如有限责任公司运营协议，这类协议中就设置了一系列争议解决条款，包括法院选择条款、仲裁条款、放弃陪审团审理条款以及借鉴商业契约制定的其他条款。[9]此外，有关董事赔偿的章程细则和章程条款中也包含有关争议解决程序的规定，例如强制仲裁。然而，公司章程和章程细则近期才开始使用这类条款，正是这种形式促使法院对公司契约的一些基本问题进行界定和厘清。随着专属法院细则的出现、仲裁条款引发争议以及费用转移细则逐渐失效，争议解决条款愈发成为关注的焦点。[10]

专属法院选择条款为公司内部纠纷私人秩序提供了第一个试验场。在过去，针对将企业内部纠纷移交特定法院管辖一事，专属法院条款可有可无，因为依据内部事务原则，公司内部诉讼必须遵守设立州管辖规定。[11]这一法律原则随后

---

⑧ See generally Verity Winship，Contracting around Securities Litigation：Some Thoughts on the Scope of Litigation Bylaws，68 SMU L. Rev.913（2015）（审视不断扩张的争议解决章程细则范围）。

⑨ See Peter Molk and Verity Winship，LLCs and the Private Ordering of Dispute Resolution，41 J. of Corporation L. 795（2016）（对有限责任公司经营管理合同中的争议解决条款进行实证研究）；Boilermakers，73 A.3d at 953（指出有争议的专属法院细则不能“公平地认定以规范新颖的主题……在有限责任公司协议和股东协议的类似情况下，特拉华州最高法院和本法院认为法院选择条款是有效的”）。

⑩ A detailed history can be found in Verity Winship，Shareholder Litigation by Contract，96 Boston U. L. R. 481（2016）.

⑪ See，e.g.，N. State Copper & Gold Mining Co. v. Field，20 A. 1039，1040（Md. 1885）（“因为本法院对外国公司的内部事务没有管辖权”）。

发生了转变，即只对管辖法律作出规定，并不限制法院的选择。然而，在实践中，有关公司内部事务的诉讼通常会在设立州提起。⑫2002年前后，一些律师开始在设立州之外的其他州的法院提起平行诉讼，跨法院交易诉讼的出现彻底打破了这一惯例。⑬被告公司要求合并诉讼，而最终的应对之策则是，由公司通过专属法院章程条款或章程细则，指定公司设立州（通常是特拉华州）的法院作为公司内部争议的专属法院。这类条款得到了广泛接受，并逐渐普及开来。有研究发现，截至2014年8月，已有746家公众公司通过了此类条款，并逐步将其纳入特拉华州公司首次公开发行章程中。⑭

就本部分的讨论而言，最重要的一点是，特拉华州衡平法院曾就争议解决章程细则出具两份法庭意见，并在其中一份意见中，衡平法院对专属法院选择条款进行了测试。第一份法庭意见是特拉华州衡平法院在2013年就 *Boilerma-*
276 *kers v. Chevron* 案作出的裁定，在该案中，法院批准公司使用法院选择章程细则。⑮法院指出，案涉条款规制的对象是与公司治理有关的争议，而依照特拉华州公司法，有关公司治理的争议属于章程细则的规制范围。⑯此外，法院还指出，尽管案涉条款是由公司董事会单方面通过的，但依照契约规则，其仍具有效力。⑰

第二份决定性法庭意见是特拉华州最高法院在2014年就 *ATP Tour, Inc. v. Deutscher Tennis Bund* 案出具的意见，在该意见中，法院认定案涉费用转移细则表面有效。⑱在该案中，联邦法院针对一家在特拉华州设立的非股份公司提起了

---

⑫ Matthew D. Cain and Steven Davidoff Solomon, Takeover Litigation in 2011 at 2 (Feb. 2, 2012) (unpublished manuscript), http://ssrn.com/abstract=1998482.

⑬ See Robert M. Daines and Olga Koumrian, Cornerstone Research, Shareholder Litigation Involving Mergers and Acquisitions 2 (2013), www.cornerstone.com/Shareholder-Litigation-Involving-M-and-A-Feb-2013.

⑭ Roberta Romano and Sarath Sanga, The Private Ordering Solution to Multiforum Shareholder Litigation, J. Empirical Legal Studies (forthcoming).

⑮ 73 A.3d 934, 938—939 (Del. Ch. 2013).

⑯ Id. at 939.

⑰ Id. at 954—956.

⑱ 91 A.3d 554 (Del. 2014).

反垄断和州法律诉讼。法院驳回了原告的所有请求，被告大获全胜，并依据费用转移细则要求原告支付诉讼费。[19]联邦法院质疑特拉华州法院是否会执行这类章程细则，特别是在案件涉及联邦反垄断索赔的情况下。[20]为了排除优先权裁决的影响，联邦法院向特拉华州最高法院求证了这一法律问题，即依据特拉华州法律，案涉费用转移细则是否具有效力。[21]特拉华州法院的答案出乎所有人的意料：该费用转移细则表面有效。[22]特拉华州最高法院表示，该细则并不违反任何特拉华州法律，对（与股份公司股东身份类似的）公司成员具有约束力，且在第 109（b）条许可的范围之内（该条对特拉华州章程细则的内容进行了规定）。[23]尽管在 *ATP Tour* 案中，涉案公司是一家非股份公司，但该案裁定同样适用于特拉华州的股份公司。

然而，*ATP Tour* 案最终引发了立法的改变，新的立法明确禁止对股份公司适用该案的裁定。[24]依据特拉华州立法，在特拉华州设立的股份公司不得通过费用转移章程条款或章程细则。[25]此外，立法还明确允准股份公司通过专属法院条款，但这类条款不得为了选择其他州的法院或仲裁法院而特意排除特拉华州法院。[26]尽管特拉华州公司法在其他州颇具影响力，但其并不适用于非特拉华州实体。具体而言，该立法只适用于股份公司，且仅对特定类型的争议解决条款（法院选择、费用转移和仲裁）有影响。其余大部分争议解决条款并不受其规制，且相对处于立法的真空区域。[27]

---

[19] Deutscher Tennis Bund v. ATP Tour，Inc.，Civ. Act. No.07-178，2009 WL 3367041 at *1（D. Del. Oct. 19，2009），vacated，480 F. App'x 124（3d Cir. 2012）.

[20] Deutscher Tennis Bund v. ATP Tour Inc.，480 F. App'x 124，127—128 and n.4（3d Cir. 2012）.

[21] Id. at 126—127.

[22] ATP Tour，91 A.3d at 558.

[23] Id. at 559—560.

[24] S.B. 75，148th Gen. Assemb.，1st Reg. Sess.（Del. 2015），signed into law June 24，2015，effective Aug. 1，2015（amending § 109（b）and adding § § 102（f）and 115）.

[25] See Del. Code Ann. tit. 8，§ § 102（f），109（b）（2015）.

[26] See id.，§ 115.

[27] See，e.g.，Sean J. Griffith，Private Ordering Post-Trulia：Why No Pay Provisions Can Fix the Deal Tax and Forum Selection Provisions Can't，in The Corporate Contract in Changing Times（提倡采用"无薪"章程条款或章程细则，以防止公司报销股东诉讼费用）。

尽管专属法院条款看似已然成熟，但未来公司领域争议解决的私人秩序又
277 会如何发展，目前还难以预测。诚然，这类条款会给法院带来一定的压力，促使法院对公司契约作出定义，但对公司契约后续的发展而言，这并不是决定性因素。此外，持续适用并创新这类争议解决条款的确会对法院造成一定的压力，但并非法院受压的唯一原因。哪怕并未大范围普及，有关此类条款的裁定所带来的各种影响也是压力的来源之一（例如 *Boilermakers* 案和 *ATP Tour* 案的裁定带来的影响）。在下一节，笔者将对压力的构成展开分析。

二、公司契约的压力

股东诉讼私人秩序的出现引发了关于公司契约性质和形式的一些基本问题。法院需要解决的重点问题是，在什么情况下可以（或者应当）将公司章程和章程细则视为契约或契约的适格主体？以及股东是否具有诉讼权利？下文将逐一对这些问题展开讨论。

三、公司章程和章程细则是否属于公司契约？

长久以来，社会普遍认为公司是一系列契约的集合。受此观点影响，在一些判决中，法院会笼统地把公司章程和章程细则与契约画等号。[28]举例而言，有法院判决指出，“公司章程和章程细则是公司股东之间缔结的契约”。[29]但是，公司章程和章程细则在各个方面都满足契约的条件吗？法院把公司章程和章程细则视为商业契约的目的是什么？[30]

㉘ See, e.g., Frank H. Easterbrook and Daniel R. Fischel, The Corporate Contract, 89 Colum. L. Rev.1416, 1417 (1989).

㉙ Centaur Partners, IV v. Nat'l Intergroup, Inc., 582 A.2d 923, 928 (Del. 1990).

㉚ 尽管在司法意见中存在大量观点，但这个问题直到最近才开始在学术研究中系统地解决。See, e.g., James D. Cox, Corporate Law and the Limits of Private Ordering, 93 Wash. U. L. Rev.257, 279—282 (2015)（指出，除此之外，信义义务的存在破坏了公司组织文件作为公平缔约方之间的契约的概念，这一期望仅存在于契约的“四个角落”）。

本节首先点出了司法意见中将公司组织文件视为公司行为人之间契约的部分。然后，对股东诉讼私人秩序的出现以及司法应对措施是如何促使法院明确组织文件的性质进行了检验。接下来，依据判决细节和立法环境提出，法庭意见和立法中早已包含将公司组织文件视为契约的内容，且这部分内容为这一观点的继续深化打下了基础。

即便认定章程和章程细则具有契约性质，法院也承认其与商业契约之间是 278
有区别的，特别是在同意的性质和形式方面——股东并非签名人。此外，若某一条款需经股东投票表决，那么无论单个股东同意与否，多数表决的结果都具有约束力。㉛尤其是公司章程细则的条款，即便在股东购买股份之后，董事会也可以单方面进行修改。㉜

尽管如此，公司法（特别是特拉华州公司法）关于章程和章程细则契约性质的表述早已有之。早期的案件会将股东权利视为契约权利。㉝公司法中将章程和章程细则视作契约的内容是法院作出 *Boilermakers* 案和 *ATP Tour* 案裁决的重要依据。举例而言，*Boilermakers* 案将特拉华州公司的章程细则定义为"《特拉华州普通公司法》规定框架下董事、管理层和股东之间缔结的、具有约束力的契约的一部分"。㉞法院指出，"（特拉华州最高法院）几代以来的一系列判决"清楚地表明，"章程细则是特拉华州公司与其股东缔结的契约的组成部分，对双方均具有约束力"。㉟同样地，在 *ATP Tour* 案中，法院依据"公司章程细则是'公司股东之间缔结的契约'"这一前提，认定争议的费用转移条款具有表面效力。㊱

仔细审视这些案例援引的判决，会发现关于公司契约的广义表述其实存在

㉛ Boilermakers，73 A.3d at n.99.

㉜ Del. Code Ann. tit. 8，§ 109（a）.

㉝ Ellingwood v. Wolf's Head Oil Ref. Co.，27 Del. Ch. 356，362，38 A.2d 743，747（1944）（"本州法院认为，股东权利是契约权利，有必要查看公司注册证书以确定这些权利具体是什么"）；Gaskill v. Gladys Belle Oil Co.，146 A. 337，339（Del. Ch. 1929）（"股东最基本的权利是契约权利"）。

㉞ Boilermakers，73 A.3d at 939.

㉟ Id. at 955.

㊱ ATP Tour，91 A.3d 554，n.19（Del. 2014）（quoting Airgas，8 A.3d at 1188）.

一些限制条件。其中之一就是区分章程和章程细则。一般情况下，公司章程会对“公司实体存续和性质的方方面面”加以界定，㊲而章程细则规制的则是日常机制。例如，依照特拉华州法律，章程细则“包含与公司业务、公司事务处理、公司权利或权力以及股东、董事、管理层或员工权力或与权力有关的所有条款”。㊳

这些组织文件的通过和批准模式不尽相同，对股东同意也有一定的影响。㊴一方面，股东会对章程修订进行投票表决，㊵这种模式更贴合传统的契约同意概念。另一方面，章程的变更比较困难。在股份公开发售之前，章程可能已经获得通过，公司只需将初始条款通知购买股份的股东即可，而无需获得其批准。㊶
279 股东有权通过章程细则，这种权力不可剥夺，㊷但董事一般有权单方面通过、修订和废除公司章程细则。㊸此外，在评估同意以及组织文件是否具有契约性质时，章程和章程细则的区别尤为重要。

评估争议解决条框的案例，例如 *Boilermakers* 案和 *ATP Tour* 案，本质上是从契约层面考察章程细则的有效性。但 *Boilermakers* 案援引的早期案例关注的重点却是章程而不是章程细则。㊹其中就有案例指出，对股份转移的限制之所以具有效力，部分原因是“公司与其股东之间存在契约关系”。㊺为了佐证这一观点，

㊲ Gow v. Consol. Coppermines Corp.，165 A.136，140（Del. Ch. 1933）.

㊳ Del. Code Ann. tit. 8，§ 109（b）.

㊴ Lawrence A. Hamermesh，Consent in Corporate Law，70 Bus. Law. 161，166（2014）（分析股东同意）。

㊵ Del. Code Ann. tit. 8，§ 242（b）（1）.

㊶ See Del. Code Ann. tit. 8，§ 102.

㊷ Del. Code Ann. tit. 8，§ 109（a）.存在实际障碍，但根据特拉华州公司法，董事会不得剥夺股东对章程的这种权力。

㊸ 特拉华州允许公司制定赋予董事这种权力的章程条款。Del. Code Ann. tit. 8，§ 109（a）.这一表述在许多章程中都是标准表述。See，e.g.，Certificate of Incorporation（Short-form DE），Practical Law Standard Document 4-381-6417（提供标准格式的章程，“明确授权”董事会“在股东不采取任何行动的情况下采用、修改或废除章程或采用新的章程”）。根据《示范商业公司法》，默认董事对章程拥有相应的权力。See Model Bus. Corp. Act § 10.20（b）（Am. Bar Ass'n 2010）（授予董事会单方面通过、修改或废除章程的权力，除非公司在其章程中选择退出）。

㊹ Boilermakers，73 A.3d at 939 and n.7（指出 *Lawson* 案和 *Airgas* 案是两个“相隔八十年”的案例，这清楚地表明章程是“董事、高管和股东之间具有约束力的、更为广泛的合同”的一部分）。

㊺ Lawson v. Household Finance Corp.，152 A. 723，726（Del. 1930）.

该案指出这一普遍共识，即“公司的章程不仅是公司与州之间的契约，也是公司与其股东之间的契约”。[46]尽管股东同意的结构大相径庭，但法院有时仍会把章程和章程细则混为一谈。[47]

仔细研究这些案件，还会发现法院将章程和章程细则与公司契约混为一谈其实另有深意。契约原则时常会被用来解释公司组织文件。法院也会引用*Airgas*案的意见来佐证章程和章程细则具有契约性质。该案也是佐证契约原则特定适用的典型例子。依照*Airgas*案法院的表述，章程细则是“公司股东之间缔结的契约”，而这一表述却被法院当作适用契约原则解释争议公司正常细则的前提。[48]事实上，许多认定章程或章程细则具有契约性质的案件都采用了这种方法，目的是证明使用契约解释方法来解释公司组织章程细则或章程条款合情合理。[49]

同样地，*Boilermakers*案和*ATP Tour*案的法院也对“股东和公司关系的契约性质”进行了笼统的表述。[50]但这样做也是为了达成特定目的。在*Boilermakers*案中，原告指出，“契约中的明示同意是法院选择条款成立的要件之一”，并据此主张单方面通过的章程细则不具有契约效力。[51]争议解决条款的出现迫使法院必须对这些主张进行厘定和澄清，并解释董事会单方面通过的章程细则为何对股东具有约束力。法院的理由是，股东对公司治理结构作出了同意，而争议解 280

---

[46] Id. at 727（值得注意的是，这一观点是如此显而易见，以至于“没有必要引用权威来支持这一观点”）；see also Morris v. Am. Pub. Utils. Co., 122 A. 696，700（Del. Ch. 1923）（“公司章程就是契约早已盖棺定论”）；Benihana of Tokyo，Inc. v. Benihana，Inc.，906 A.2d 114，120（Del. 2006）（“公司注册证书是契约这一观点是‘既定的法律’”）；In re Bicoastal Corp.，600 A.2d 343，350（Del. 1991）（“公司注册证书被视为股东之间缔结的契约”）；W. Foundry Co. v. Wicker，403 Ill. 260，267，85 N.E.2d 722，726（1949）（“毫无疑问，公司章程就是契约”）。

[47] Hamermesh，Consent in Corporate Law at 166.

[48] Airgas，8 A.3d at 1188.

[49] See Centaur Partners，IV v. Nat'l Intergroup，Inc.，582 A.2d 923，928（Del. 1990）（指出章程和章程细则是股东之间的契约，因此适用契约解释规则）；Harrah's Entm't，Inc. v. JCC Holding Co.，802 A.2d 294，309（Del. Ch. 2002）（“一般而言，章程和章程细则等公司文件的解释方式与其他契约相同”）；Hill Int'l，Inc. v. Opportunity Partners L.P.，119 A.3d 30，38（Del. 2015）（same）。

[50] Boilermakers，73 A.3d at 954.

[51] Plaintiffs' Answering Brief in Opposition to Defendants' Motion for Judgement on the Pleadings，Boilermakers Local 154 Ret. Fund v. Chevron Corp.，2013 WL 435482（Del. Ch.）.

决条款（包括董事单方面通过的章程细则）是公司治理结构的衍生物。[52]特拉华州法院同样认定，无论是过去还是未来，股东均被视为已经知晓且受公司契约约束。[53]由于股东受章程细则约束，章程细则自然具有契约性质，但这种契约性质并非绝对的，因为若契约面面俱到，其规定的治理体系通常会被允许单方面修订。这类契约“具有本质上的灵活性”。[54]

针对费用转移细则的争论同样促使特拉华州作出立法，隐晦地对章程和章程细则是否等同于契约这一问题作出了回应。特拉华州立法禁止股份公司通过费用转移细则。同时还不允许特拉华州的股份公司在其章程或章程细则中添加强制仲裁条款。从某种意义上来讲，这种规定其实表明了特拉华州立法者的态度，即章程和章程细则不得算作契约。如果章程和章程细则可以算作契约，那么特拉华州立法禁止执行章程和章程细则仲裁条款的做法就违反了《联邦仲裁法》（Federal Arbitration Act）的宗旨，该法明确告诫各州不得通过立法单独排除仲裁条款。[55]

类似的例子比比皆是。例如，通常情况下，股东是无法以违反章程细则为由起诉其他股东的。但若章程细则具有契约性质，那么股东享有起诉的权利就合情合理。[56]换言之，在某些情况下，公司组织文件是具有契约性质的（例如，在对文件进行阐释的时候），但并非所有情况（例如，可能违反《联邦仲裁法》的时候）均可如此。

对契约原则在公司组织文件中的适用展开深入分析早有先例。法院不能空

---

[52] Boilermakers, 73 A.3d at 956—958; see also Kidsco, Inc. v. Dinsmore, 674 A.2d 483, 492 (Del. Ch. 1995).

[53] ATP Tour, 91 A.3d at 560（认为章程通常适用于非股份公司的所有成员，无论其是在相关成员加入公司之前或之后通过的）。

[54] Boilermakers, 73 A.3d at 957.

[55] 9 U.S.C. § 2. See generally Ann M. Lipton, Manufactured Consent: The Problem of Arbitration Clauses in Corporate Charters and Bylaws, 104 Geo. L. J. 583 (2016).

[56] See, e.g., Quantum Tech. Partners II, L.P. v. Altman Browning & Co., No.08-CV-376-BR, 2009 WL 4826474 at *5 (D. Or. Dec. 8, 2009), aff'd, 436 F. App'x 792 (9th Cir. 2011)（“法院的结论是，无论是 *Centaur* 案还是该法院所依据的案例，都没有确定股东可以根据特拉华州法律对其他股东违反公司章程的行为提起违约诉讼，进而要求赔偿”）。

口无凭，必须厘清契约原则的具体适用条件和情形，考察契约原则的适用性以及组织文件约束的主体。契约原则的确与公司组织文件存在相关性，但把章程和章程细则与其他类型的契约混为一谈未免过于草率，属于对这些契约的性质缺乏全面的认知。对于特拉华州和其他州法院，结论显而易见：契约方法并不能解决关于组织文件内容的问题和争议，相反，在一些情况下，契约方法甚至掩盖了公司领域中股东权利的司法和立法决策。

四、公司契约的内容是什么? 281

在前文中，笔者按照争议的当事人，确定了公司章程和章程细则中的争议解决条款。这类条款为解决内部的公司行为人（股东、董事和公司）之间的争议制定了规则。本节将从另一个方面来对争议解决条款的范围进行考察，主要围绕以下两个问题展开：争议解决条款适用于哪些争议？若公司契约的确存在，其内容是什么？

假设公司组织文件能够规制争议解决相关事宜，显然受州公司法管辖的公司内部争议毫无疑问地属于公司组织文件的规制范畴。这一想当然的结论在现行法律中得到了印证。在 *Boilermakers* 案中，法院指出，“在受内部事务原则管辖的案件中，股东以股东身份提起的诉讼”是“对公司管理者与股东之间关系最为重要的一类诉讼”。[57]因此，为这类诉讼制定争议解决规则的条款自然是确定公司章程细则内容的重点考察对象，至少在特拉华州法律中是如此。

对于公司组织文件不包含哪些内容，也有一个非常直观的例子——影响股东对公司提起侵权索赔的条款。此外，股东依据自身与公司缔结的单独商业契约对公司提起索赔，公司组织文件中规制这类索赔的条款同样不包含在内。这一领域同样催生了争议解决条款，促使法院明晰公司契约的范围。举例而言，在 *Boilermakers* 案中，法院认定这类股东侵权和契约索赔属于“外部”索赔，超

---

[57] Boilermakers，73 A.3d at 952（批准了一项有关州法和公司治理索赔的细则，并指出这类诉讼是第 109（b）条的核心内容）（原文重点强调）。

出了特拉华州公司法允许的公司章程细则内容范围。[58]

这些案例确定了公司章程细则内容的边界，但此间还存在一定的灰色地带，而这恰恰是诉讼当事人争论不休的重点：公司章程和章程细则能否制定证券诉讼的规则？正是因为这一问题得不到解决，争议解决条款的出现才会给法院造成压力，迫使其厘清契约的范围，部分原因在于这类诉讼涉诉金额较大、普遍存在且其有效性一直备受争议。对于这类诉讼，公司往往持限制态度。大部分的费用转移条款在起草的过程中，措辞都比较宽泛，目的是将证券索赔甚至是
282 所有股东索赔都纳入其规制范围，至于这些索赔的法律依据是什么并不重要。[59]有些律师甚至指出，证券诉讼是通过这类条款以及争取其可执行性的重要驱动因素。[60]

在这一灰色地带，股东证券索赔并非唯一一类无法触及公司组织文件边界的索赔。*ATP Tour* 案中股东提起的反垄断诉讼就是典型的例子之一。在该案中，法院认定，尽管案涉费用转移条款适用于依据联邦反垄断法规和州公司法提出的索赔，其仍属于表面有效的条款。[61]这意味着法律允许章程细则对股东的反垄断争议制定规则，显然，这种观点符合对公司契约范围的广义理解。然而，依据该意见，特拉华州法院反而可以对公司契约范围作限制性解释，其中该意

---

[58] Id.［指出，如果章程“意在约束原告，甚至是原告股东（该股东根据她在公司遭受的人身伤害对公司提出侵权索赔，或根据与公司签订的商业合同提出合同索赔）”，则该章程将不能规制“外部”事项］。

[59] See，e.g.，Hemispherx Biopharma，Current Report（Form 8-K）（July 10，2014）（将费用转移条款应用于各种州法诉讼以及“根据联邦证券法的任何规定以及据此颁布的任何法规提出索赔的任何诉讼”）。诸多费用转移条款仍然存在，不受特拉华州限制其股份公司费用转移的立法影响。E.g.，Amended and Restated Memorandum and Articles of Association of Alibaba Group Holding Limited，§ 173，http：//www.sec.gov/Archives/edgar/data/1577552/000119312514333674/d709111-dex32.htm（包括一项涵盖所有股东对公司索赔的费用转移条款）。

[60] Transcript of Scheduling Conference and Discussion Concerning Amendment of Bylaw at 20，Kastis v. Carter，No.8657-CB（Del. Ch. Aug. 15，2014），2014 WL 4425407（指出相关证券诉讼“确实是通过费用转移细则的核心原因”）。

[61] Complaint at 2，Deutscher Tennis Bund v. ATP Tour，Inc.，Civ. Act. No.07-178（D. Del. Mar. 28，2007），2007 WL 4425678 at 36—48.

见的特殊程序立场发挥了一定的作用。[62]

利用私人秩序来限制股东证券诉讼，这种特定做法促使法院开始对公司契约的内容加以界定。举例而言，在 *Boilermakers* 案中，专属法院条款涉及州法公司治理争议，法院认定该条款有效，但该条款不适用于侵权索赔。理由也“很简单”，专属法院条款“不涉及对原告股东作为股东的权利和权力的处置”。[63]在类似情形中，特拉华州衡平法院提出，“依据联邦证券法的 10b-5 规则提出的索赔属于个人索赔，类似于欺诈侵权索赔”。[64]由于股东的侵权索赔并不在公司组织文件的规制范围内，以此类推，证券欺诈索赔同样不在公司组织文件的规制范围内。[65]

尽管法院采取了各种措施来确定公司契约的范围，但想要顺利完成这一任务仍任重道远。公司组织文件范围的相关问题反映了联邦证券法和州公司法之间的区别。在美国，这种区别广为人知，但在某些情况下，二者之间的界限相对比较模糊。[66]

展望未来，对“内部事务”进行限定或许会是一个卓有成效的方法。[67]公司组织文件的内容将以规制股东、董事和公司关系的规则为限，这类规则是州法公司治理的核心内容。这一限制的依据是内部事务原则，该原则决定了设立州法管辖的内容。这种方法采用了 *Boilermakers* 案的推理（即关于内部事务争议的

---

[62] 特拉华州最高法院在对 *ATP Tour* 案的裁定中回答了联邦法院提出的公司注册问题，因此仅限于法律问题。See ATP Tour，91 A.3d at 555，560. 如果法院想要将公司的合同标的物限制在州法与公司治理范围内，其可能认为审理 *ATP Tour* 案的法院不应对案件中的费用进行粒度分析。因此，该法院可能无法区分与州法索赔相关的费用转移（允许）和与联邦反垄断索赔相关的费用转移（可能是不被允许的）。

[63] Boilermakers，73 A.3d at 952.

[64] In re Activision Blizzard Inc. Stockholder Litig.，124 A.3d 1025（Del. Ch. 2015）（区分个人索赔和伴随股份出售、转售的索赔，并指出“提出 10b-5 规则项下索赔的权利不是与股份相关的财产权利”）。

[65] See also id.（指出股东和证券欺诈诉讼的适格原告不尽相同，“不购买或出售股票的股东不能根据 10b-5 规则提起诉讼，但就公司治理而言，他们仍是股东”）。

[66] 尽管在美国法的体系中，州法通常控制着公司治理领域，但联邦对上市公司的一些监管（董事会成员资格、委托书征集和投票、内幕交易规则等）混淆了两者的区别。

[67] Winship，Contracting around Securities Litigation（最早提出这一观点）。

283 专属法院条款是章程细则管辖的重点），并将其作为外部限制条件。[68]对内部事务原则的笼统描述对法院确定其边界作用不大：对于确定重要事项是什么而言，称某一事项为“公司内部事务”[69]仅仅是描述，并不是一项可以因循的规则。然而，若依据内部事务原则来确定外部边界，这一领域成熟的判例法就能发挥作用。尽管这一原则的边界存在一定的争议，但其优势在于丰富了法院对其范围的裁决。

五、股东是否有诉讼权？

本文讨论的最后一个问题是围绕这一事实展开的，即有关争议解决的章程条款和章程细则决定了在针对公司或其他公司行为人提起的诉讼中，股东能做什么。这关系到股东在公司范围内行使自身享有的其他权利的能力。举例而言，若董事违反了自身的信义义务，即使股东诉讼并不是最理想的方式，也不妨碍其成为股东惩罚既往行为、获得损失赔偿、防止公司和管理者做出不当行为的有效手段。

在什么情况下，这种提起诉讼的能力应当被视为一种权利？虽然对法律权利的定义超出了本章讨论的范畴，但从某种程度上来说，“诉讼权利”一词其实反映出两个问题：其一，股东在购买股票时获得了一系列的权利，其中是否包含提起诉讼的权利？这种权利和股东的表决权或者出售权是否存在区别？其二，提起诉讼之权是否属于基本权利？这种权利能否被排除？

通常情况下，股东诉诸法院的能力可以被视为诉讼权利。例如，在 *Boilermakers* 案中，法院需要评估案涉专属法院条款是否符合法律对章程细则的定义。在特拉华州公司法批准章程细则中，有一类就是关于“股东‘权利’”的章程细则。[70]法院指出，法院选择细则符合这一类章程细则的定义，理由是“这类章

---

[68] Boilermakers, 73 A.3d at 939.

[69] McDermott Inc. v. Lewis, 531 A.2d 206, 215 (Del. 1987).

[70] Del. Code Ann. tit. 8, § 109 (b).

程细则规定了在何种情形下，股东可以行使自身权利，就特定内部事务对公司及其董事和管理层提起索赔”。⑪法院认为这不过是“表述的问题”，⑫和股东诉诸法院的能力是否为权利并无干系。

在其他情形中，把这类能力称之为诉讼权利也是辩护策略的一部分。对于 284
通过争议解决细则的股东，投票顾问服务机构会予以警示，将“股东针对公司提起诉讼的能力”称为“诉讼权利”。⑬

然而，若诉讼权利具有强制性，那么股东诉诸法院的能力属不属于权利这一问题就尤为重要。在何种情形下，股东诉诸法院的能力可以被排除？特别是，能否依据公司组织文件条款进行排除？争议解决条款的出现促使法院和立法机构对这些问题进行考量，因为 *ATP Tour* 案中争议的费用转移条款有效地阻止了股东诉讼。⑭依照通过的费用转移细则，只要“法院依据案情作出判决，没有支持原告股东的全部诉讼请求，股东未能获得实质性的全额救济”，则原告股东必须支付全部诉讼费用。⑮这一条款一旦生效，适用频率必定会相当之高。因为股东诉讼通常会以和解方式解决，由法院“依据案情”审理，并据此“支持全部救济请求”的情况寥寥无几。⑯因此，这一条款实际上相当于取消了股东诉讼，并通过阻碍这类条款的执行，有效地排除了股东的实质性权利。

在法律的其他领域，法院已经不再把诉诸法院的能力视为一种权利。⑰尽管仲裁和法院退出在其他领域十分普遍，但在公司法领域，诉诸法院的能力暂时

---

⑪⑫ Boilermakers，73 A.3d at 950—951（重点强调）。

⑬ See，e.g.，ISS，U.S. Summary Proxy Voting Guidelines 23—24（2014），https：//www.issgovernance.com/file/policy/2015ussummaryvotingguidelines.pdf.

⑭ 如上所述，这些规定后来在立法上针对特拉华州股份公司进行了修改。See Del. Code Ann. tit. 8，§ § 102（f），109（b）（2015）. 然而，费用转移条款仍然存在，这是因为特拉华州的立法显然没有超出该州的范围，也不涉及非公司形式的商业组织。

⑮ Deutscher Tennis Bund v. ATP Tour Inc.，480 F. App'x 124，126（3d Cir. 2012）（quoting Article 23 of the Amended and Restated Bylaws of ATP Tour，Inc.）.

⑯ Winship，Shareholder Litigation by Contract at 527—528.

⑰ Compare，e.g.，早期的案件将诉诸法院视为一项基本权利，例如《联邦仲裁法》和法院判决强制执行消费者仲裁。See，e.g.，Ins. Co. v. Morse，87 U.S.（20 Wall.）445，451（1874）：（每个公民都有权诉诸国家的所有法院，并且不得“以自己的实质性权利进行交换……”）；9 U.S.C. § 2.

据有一席之地。在公司领域，有人支持这一观点，即股东拥有一定的诉讼权利。正因如此，特拉华州立法对费用转移条款的回应才特别引人注目。依据该立法，特拉华州的股份公司不得通过章程或章程细则中的费用转移条款。对此，立法者的理由是，这些条款会对股东诉讼造成打击。[78]立法特意保留了股东诉诸法院的能力，理由是这对于控制代理成本和推动公司法发展大有裨益。

这项立法的主要作用就是保护特拉华州的公司立法。依据该立法，公司不得通过费用转移条款，可以通过专属法院条款，但后者不得排除设立州（即特拉华州）。对于立法的动机，仁者见仁，智者见智，但依据该立法产生的诉诸法院的能力的确具有系统价值。举例而言，有先例可循其实更符合公共利益，特别是信义义务，其发展与否完全取决于法院。[79]

285 从签署立法应对措施中，我们还可以管窥其处理公司组织文件的方法。这种方法切实提高了对费用转移同意的要求。公司可以股东协议或股东实际签署的其他协议的形式来通过费用转移条款。[80]换言之，只有在股东明确同意的情况下方可通过费用转移条款，这是在排除股东诉诸法院权利的情况下提出的更高的同意要求。以此类推，这一同意模式可以进一步推广，通过章程或章程细则避免（诉讼或其他）权利被排除，同时在经股东批准的情况下，允许排除前述权利。[81]鉴于诉讼权利是公司治理的核心内容，必然会引发额外的保障措施，因此可以将其类比为其他股东权利，例如投票权、退出权等。[82]诉讼权利和其他权利的关系或许还有另一种解读：强化同意的机制同样可以用来保障其他非诉讼

---

[78] Corp. Law Section，Del. State Bar Ass'n，Explanation of Council Legislative Proposal at 3—4（2015），http：//www.law.du.edu/documents/corporate-governance/legislation/delaware-stat-revisions/Council-Second-Proposal-Explanatory-Paper-3-6-15.pdf（“我们坚决不允许通过章程或章程细则的规定来限制或取消公司董事的信义义务。我们认为，允许费用转移条款的适用将使公司有权实现基本相同的结果”）。

[79] Cf. Jeffrey N. Gordon，The Mandatory Structure of Corporate Law，89 Colum. L. Rev.1549，1591（1989）（指出“对同一条款进行解释的一系列先例”提供了某种意义上的公共产品）。

[80] Del. S.B. 75，Synopsis §§2—5.

[81] See Winship，Shareholder Litigation by Contract at 524—528（将对弃权的关注与股东同意的性质联系起来，并建议使用更高的同意要求）。

[82] See，e.g.，Blasius Indus. v. Atlas Corp.，564 A.2d 651，659（Del. Ch. 1988）（指出“特许权的核心重要性”，因此要求阻碍股东投票的理由更为充分，而不仅仅是董事会为捍卫控制权而善意行事），cited in Cox，Corporate Law and the Limits of Private Ordering at 283—284.

股东权利。

六、结　　论

从某种意义上来说，本章所讨论的重点是公司章程和章程细则的条款，这些条款为解决公司行为人之间的争议制定了规则。这种创新关涉公司利益，引发了一定的争议，公司董事单方面制定股东诉讼规则的行为受此影响更深。法院对这些条款存在诸多质疑，受此驱动，法院和立法机构（尤其是特拉华州的法院和立法机构）对公司组织文件的作用进行了明确的界定。举例而言，法院阐明了公司组织文件条款对股东具有约束力的具体理由。

公司章程和章程细则条款的创新所引发的问题远不止争议解决条款一隅，公司章程和章程细则界定公司内部关系的方式亦受其影响。本章罗列出的种种问题和最初的应对措施涵摄了公司契约性质和范畴的基本方面。一言以蔽之，争议解决条款的作用就在于明晰和确定公司契约的性质和范畴并展示其潜在的紧迫性。

292

第十三章　*Trulia* 案后的私人秩序
——不支付条款解决交易税问题的原理分析

肖恩·J.格里菲斯（Sean J. Griffith）

一、引　　言

在不久之前，一提到特拉华州法律项下的合并诉讼，我们时常会听到这样的抱怨：其一，合并诉讼的数量太多。几乎每笔交易都要缴纳所谓的“交易税”，也就是至少要经历一次股东诉讼，而股东诉讼的结果往往是达成和解，进行补充披露，外加支付律师费；①其二，涉及特拉华州以及特拉华州法律的合并诉讼通常会在其他司法管辖区提起。②

为解决上述两个问题，特拉华州采取了如下措施。针对诉讼在特拉华州之外提起的问题，制定法院选择细则作为解决方案，学术界则将章程细则誉为一种私人秩序类的解决方案。③特拉华州先是在其司法裁决中支持了这一观点，后

① Cain, Matthew D., and Steven Davidoff Solomon. 2016. Takeover Litigation in 2015, working paper, http: //ssrn.com/abstract = 2715890.

② Armour, John, Bernard Black, and Brian Cheffins. 2012a. Delaware's Balancing Act, Indiana Law Journal 87: 1345; Armour, John, Bernard Black, and Brian Cheffins. 2012b. Is Delaware Losing Its Cases? Journal of Empirical Legal Studies 9: 605; Cain, Matthew D., and Steven Davidoff Solomon. 2015. A Great Game: The Dynamics of State Competition and Litigation, Iowa Law Review 100: 465.

③ Grundfest, Joseph A. 2012. The History and Evolution of Intra-Corporate Forum Selection Clauses: An Empirical Analysis, Delaware Journal of Corporate Law 37: 333; Grundfest, Joseph （转下页）

颁布了相应法令，为现在我们所知的“专属法院条款”背书。④而针对合并诉讼泛滥的问题，特拉华州近期选择采取从交易税和解切入的策略。在 2016 年 1 月 *Trulia* 案的意见中，法院认为，若和解方案不能保障原告方的“重大实质”利益，法院将不予支持。⑤通过这种方式，特拉华州不仅有效抑制了妨害诉讼，还 293
凭借专属法院细则保障了这一制度的适用性。至少从某种意义上来讲，前述的两个问题都得到了解决。

但现在看来，这种想法或许有些一厢情愿。合并诉讼的数量仍旧居高不下，在其他司法管辖区提起诉讼更是屡见不鲜。在 2015 年第 4 个季度以及 2016 年上半年，在特拉华州提起的交易索赔案件所占百分比从 61%降至 26%。⑥此外，同一时间，在特拉华州提起的、涉及特拉华州设立主体的案件占比仅达到 32%，低于 2015 年的 61%。⑦与此同时，提请联邦法院审理的合并案件数量激增。2015 年下半年，向联邦法院提起的合并诉讼数量开始呈上升趋势，⑧并在 2016 年持续稳步增长。⑨此外，专属法院条款未能扭转这种趋势。相反，许多（以补

（接上页）A.，and Kristen Savelle. 2013. The Brouhaha over Intra-Corporate Forum Selection Provisions：A Legal，Economic，and Political Analysis，Business Lawyer 68：325.

④ Boilermakers Local 154 Retirement Fund v. Chevron Corporation，73 A.3d 934（Del. Ch. 2013）；City of Providence v. First Citizens Bancshares，99 A.3d 229（Del. Ch. 2014）. 随后，《特拉华州普通公司法》修正案批准通过了法院选择细则，明确授权特拉华州公司可在公司注册证书或章程中纳入法院选择细则。该条款主张，包括代表诉讼在内的“公司内部索赔”诉讼仅能在特拉华州法院提起。See DGCL § 115（eff. Aug. 1，2015）.

⑤ In re Trulia，Inc. S'holder Litig.，129 A.3d 884（Del. Ch. 2016）. 我在 *Trulia* 案中提交了法庭之友简报。See In re Trulia，Inc. S'holder Litig.，Brief of Sean J. Griffith As Amicus Curiae，2015 WL 6391945（Del. Ch.，Oct. 16，2015）.

⑥ Cornerstone Research. 2016b. Shareholder Litigation Involving Acquisitions of Public Companies：Review of 2015 and 1H 2016 M&A Litigation.

⑦ Cain，Matthew D.，Jill E. Fisch，Steven Davidoff Solomon，and Randall S.Thomas. 2017. The Shifting Tides of Merger Litigation，working paper.

⑧ Cornerstone Research. 2016a. Securities Class Action Filings：2016 Midyear Assessment.

⑨ Boettrich，Stefan，and Svetlana Starykh. 2017. Recent Trends in Securities Class Action Litigation：2016 Full-Year Review. National Economic Research Associates，http：//www.nera.com/content/dam/nera/publications/2017/PUB _ 2016 _ Securities _ Year-End _ Trends _ Report _ 0117.pdf；Cain，Matthew D.，Jill E. Fisch，Steven Davidoff Solomon，and Randall S.Thomas. 2017. The Shifting Tides of Merger Litigation，working paper；Cornerstone Research. 2017. Securities Class Action Filings：2016 Year in Review.

充披露为目的）的案件仍在其他司法管辖区审理。[10]

向其他司法管辖区提起诉讼的这种做法之所以大行其道，其背后的原因从原告方律师对 *Trulia* 案以及引发该案的其他案件的反应中可见一斑。一旦明确特拉华州会采取措施限制和合并行为有关的妨害诉讼，原告方律师就会开始另寻其他司法管辖区提起诉讼。但助长这种在特拉华州之外其他司法管辖区提起诉讼风气的不仅仅是原告方律师，被告方律师在其中也起到了推波助澜的作用，因为他们并没有执行专属法院细则，将诉讼转回特拉华州审理。有意见认为其背后原因是很少有公司设置专属法院细则，然而这并不是问题的关键，因为和毒丸计划一样，董事会可随时单方面通过专属法院细则，所有在特拉华州设立的企业都应被视为设有“隐性的”专属法院条款。因此，不启用这一条款的做法明确揭示了被告方对此类诉讼的偏好——其更乐意选择在其他司法管辖区以更小的代价达成和解，并获得更为广泛的责任免除。[11]出于以上种种原因，合并诉讼问题的两个方面（“交易税”和“在衡平法院之外的其他法院”提起诉讼并达成和解的动机）仍然悬而未决。

Trulia 案之后发生的合并诉讼是本章考察的重点。首先，笔者对 *Trulia* 案在特拉华州适用但在其他州举步维艰的过程进行分析，随后论证私人秩序作为相关问题解决方案的可行性。笔者指出，专属法院条款之所以会失败，是因为
294 这些条款在实践中仅仅代表了一种专属法院选择。只要被告方仍旧考虑将诉讼朝着“披露和解”的方向推进，在特拉华州之外其他司法管辖区提起诉讼的问题就永远得不到解决。[12]专属法院条款虽未能解决问题，但其失败本身具有重大启示意义，可为私人秩序解决交易税的问题提供经验和思路。笔者认为，要解决这两个问题，合理的方案就是制定“不支付”条款，即禁止公司就特定诉讼

---

[10] Griffith, Sean J., and Anthony A. Rickey. 2018. Who Collects the Deal Tax, Where, and What Delaware Can Do About It, in Research Handbook on Shareholder Litigation, edited by Jessica Erickson, Sean Griffith, David Webber, and Verity Winship. Edward Elgar.

[11] Griffith, Sean J., and Alexandra D. Lahav. 2013. The Market for Preclusion in Merger Litigation, Vanderbilt Law Review 66：1053.

[12] Friedlander, Joel Edan. 2016. How Rural/Metro Exposed the Systemic Problem of Disclosure Settlements, Delaware Journal of Corporate Law 40：877.

结果支付律师费。针对专属法院条款无法解决在其他法院对交易税进行评估的问题，本章对此进行了详细的论证，随后对不支付条款是如何更行之有效地解决合并诉讼所面临的困境进行了分析。

二、合并诉讼和 *Trulia* 案裁决

一直以来，合并诉讼层出不穷。从 2009 年到 2015 年，在所有交易金额超过 1 亿元的合并活动中，有 85%—95%的交易会引发诉讼，⑬但情况并非一直如此。十年之前，只有 39%的合并交易会引发诉讼。*Trulia* 案之后，提起诉讼仍属常规操作：在 2016 年达成的交易金额超过 1 亿美元的交易中，有 73%的交易引起诉讼。⑭这一比例相较前几年的高点虽略有下降，但仍是历史平均水平的两倍。

对原告方作出金钱赔偿并不是合并索赔的常见解决方案。相反，大多数此类案件都是以被告方作出补充披露告终，即达成所谓的披露和解。⑮尽管就索赔达成补充披露解决方案后，原告方律师有权就其所取得的“成绩”收取费用，但并无证据显示其达成的补充披露改变了股东的表决行为，或是以任何形式改变了交易结果。⑯

如上所述，原告方律师的做法并没有为股东争取到任何实质利益，却可以不费吹灰之力地获得不菲的律师费，这是造成合并诉讼激增的根本原因。鉴于此，近期法院重申了长期存在的实质性原则（尽管这一原则的适用尚未得到统

⑬ Cain, Matthew D., and Steven Davidoff Solomon. 2016. Takeover Litigation in 2015, working paper, http://ssrn.com/abstract=2715890.

⑭ Cain, Matthew D., Jill E. Fisch, Steven Davidoff Solomon, and Randall S.Thomas. 2017. The Shifting Tides of Merger Litigation, working paper.

⑮ 仅以披露行为而结案的案件有时被称为“仅披露”和解，而以披露和附加的非金钱救济而结案的案件，例如减少“分手费”，有时被称为“不止披露”的和解（Fisch, Griffith, and Solomon 2015）。在本章中，我沿用弗里德兰德的表述（2016），将这两种形式简单称为“披露”和解协议。

⑯ Fisch, Jill E., Sean J. Griffith, and Steven M. Davidoff Solomon. 2015. Confronting the Peppercorn Settlement in Merger Litigation: An Empirical Analysis and a Proposal for Reform, Texas Law Review 93: 957.

一）。依据这一原则，法院要求被告就和解作出的补充披露必须满足股东的实质利益，否则律师不得就此主张律师费。⑰只有在“理性的股东认定补充披露的信息对其作出表决具有重要影响的情况下”，补充披露的信息才属于重大信息。⑱
295 近年来，对披露和解重大性的司法审查显著增加，并于 2015 年夏达到顶峰。在该年夏天，特拉华州衡平法院重拳出击，集中打击以披露为目的的妨害诉讼。⑲

2015 年 7 月，副大法官拉斯特拒绝批准一项和解方案，原告达成的和解方案仅涉及披露，且“披露的内容与各种非实质性披露和解方案并无二致”。⑳几个月之后，副大法官拉斯特又驳回了另一项和解方案，指出原告是在“一开始就

---

⑰ Chrysler v. Dann，223 A.2d 384（Del. 1966）；Hoffman v. Dann，205 A.2d 343，345（Del. 1964），cert. denied 380 U.S. 973（1965）.

⑱ Rosenblatt v. Getty Oil Co.，493 A.2d 929，944（Del. 1985）（adopting standard of TSC Indus.，Inc. v. Northway，Inc.，426 U.S. 438，449（1976））. 换言之，以一个理性股东的视角来看，如果该信息有极大可能“显著改变可用信息的‘总体排列组合’”，则应认为该信息具有重大性。Arnold v. Soc'y for Sav. Bancorp.，650 A.2d 1270，1277（Del. 1994）.

⑲ 针对特拉华州早期审查和解案件的分析，see In re Transatlantic Holdings S'holders Litig.，No. 6574-CS（transcript）（Del. Ch. Mar. 8，2013）（因缺乏“任何实质性审查”，披露其他背景信息以及以压倒性优势批准交易而拒绝批准和解）；In re Medicis Pharmaceutical Corp. Shareholder Litigation，C.A. No.7857-CS，transcript at 24（Del. Ch. Feb. 26，2014）（拒绝批准和解，并指出“轻易放行是我们必须谨慎对待的事情”）；Rubin v. Obagi Medical Products，Inc.，C.A. No.8433-VCL transcript at 8（Del. Ch. Apr. 30，2014）（拒绝达成批准和解，并指出“世界上存在尚不可知的未知数，本案和类似的披露和解为被告提供了广泛的保护，使其免受大范围的索赔。这类索赔几乎都属于原告完全未进行涉足调查的类型”）；In re Theragenics Corp. Stockholders Litigation，C.A. No.8790-VCL，transcript at 69（Del. Ch. May 5，2014）（拒绝批准和解，并指出“当信义诉讼结案时，我必须确信案件中的问题已得到充分的探讨，尤其是在案件需进行全球性、广泛性、全面性的公开时”）。*Trulia* 案之前且在特拉华州以外审理的案件对和解的实践进行了严格的审查，see Gordon v. Verizon Communications，2014 WL 7250212（N.Y. Sup. Ct. Dec. 19，2014）（强调“为支持和解，必须对先前披露的内容进行重大改进”，并强调拒绝批准和解或律师费）；City Trading Fund v. Nye，2015 WL 93894 at *19（N.Y. Sup. Ct. Jan. 7，2015）（拒绝批准某种和解类型并找到拟议和解中不符合该类型的最佳利益之处，这是因为原告没有“涉嫌重大遗漏或为进行重大补充披露的和解”行为）；In re Allied Health Care，2015 WL 6499467 at *3（N.Y. Supr. Oct. 23，2015）（拒绝披露和解并强调“对集体诉讼和解‘盖上橡皮图章’的意愿尚不能充分地映射行业和部分不时批准这类和解的法院”）。我向 *Gordon* 案中的异议者提交了一份专家证言。

⑳ Acevedo v. Aeroflex Hldg. Corp.，C.A. No.9730-VCL at 73（Del. Ch. July 8，2015）（transcript）.

没有诉讼依据”的情况下提起诉讼，随后又在发现有价值的信息后怠于积极诉讼，因此未能充分代表股东。[21]与此同时，特拉华州衡平法院审理的其他案件也映射出法院的态度，即针对以后的披露和解方案，法院会进行更严格的审查。[22]除此之外，其他裁决也大幅度削减了披露案中原告方律师主张的律师费。[23]基于以上种种举措的共同作用，大法官布沙尔最终作出了 *Trulia* 案的裁决。

和大多数披露和解方案一样，*Trulia* 案原告的诉讼策略也是先对交易价格和谈判程序提出质疑，随后在初步代理委托书发布后，转而质疑披露是否充分，最后要求被告作出补充说明，并主张其无需向原告支付任何费用。[24]对于当事方提起此类诉讼并达成和解的动机，大法官布沙尔予以质疑和批判，且明确表示，特拉华州衡平法院不会再参与不经审查就批准的披露和解方案。相反，“律师们应当有心理准备，如果补充披露方案不能解决明显重大的虚假陈述或疏忽问题，那么法院不会再支持其主张……‘明显重大’这一表述意味着，补充披露的信息必须符合特拉华州法律对‘明显重大’的要求而不仅仅是一个近似的判断”。[25]

Trulia 案对补充披露信息的重大性提出了更高的标准，将其作为批准披露和解方案的硬性条件，这种做法意味着特拉华州不会再容忍这种和解方式。那么，接踵而至的问题在于，其他司法管辖区是否会接受这种披露和解方案？

---

[21] In re Aruba Networks，Inc. Stockholder Litigation，Consol. C.A. No.10765-VCL at 73（Del. Ch. Oct. 9，2015）（transcript）.

[22] See，e.g.，In re Riverbed Technology，Inc. Stockholders Litigation，2015 Del. Ch. LEXIS 241 at **20（Del. Ch. Sept. 17，2015）：“如果不是基于当事人对本院已结先例的合理信赖……对集体利益的考量可能值得我们拒绝一份和解方案，其中包含一项远优于先前诉讼及其裁决结果的解约协议。”我是 *Riverbed* 案中的股东异议者。

[23] See id. at *28（cutting plaintiffs' fee award from the requested \$500,000 to \$329,881.61）；see also In re Silicon Image，Inc. S'holders Litig.，C.A. No 10601VCG，at 55，58（Del. Ch. Dec. 9，2015）（transcript）（在支持诉讼请求金额 425 000 美元的同时指出“如果这是 2015 年 7 月后的案件，我强烈怀疑我在此所作的决定会有所不同”）；In re Intermune，Inc. S'holder Litig.，C.A. No. 10086-VCN，at 10，15（Dec. 29，2015）（transcript）（将律师费从 470 000 美元缩减至 325 000 美元）。

[24] *Trulia*，129 A.3d at 887（形容这一案件“唯一会发生变化的是向原告律师所支付的费用”）。

[25] *Trulia*，129 A.3d at 898—899.

三、*Trulia* 案在特拉华州之外的适用

通常情况下，合并诉讼可以在三个地方提起：公司设立州、公司总部所在
296 州或联邦法院。争议的起诉地点受公司设立州实体法管辖（提起联邦证券诉讼的，适用联邦实体法）。㉖但若一家公司总部所在地与其设立地分属两个不同的州（在特拉华州设立的公司多数如此），原告方最多可以在三个不同的司法管辖区提起诉讼。当然，如果在多个司法管辖区被诉，被告方就可以选择在任一司法管辖区应诉。被告律师可能会借此进行逆向拍卖（reverse auction），㉗或者将诉讼转移到支持披露和解方案的司法管辖区。㉘制定披露解决方案非常简单，正如一位律师所言，“安排披露和解方案的一种方法就是，在初步代理委托书中隐瞒关于财务顾问薪酬、财务顾问与私募股权买家之间的关系、财务顾问的贴现现金流分析或管理层和买家对薪酬相关事宜的讨论等事项的信息，支持披露和解方案的原告方律师为了解决诉讼，必然会要求被告方就上述未说明的问题作出补充披露”。㉙

无论诉讼在何处审理，在达成和解之前都必须进行公平听证。在听证会上，法官会对集体诉讼的当事方进行认证（以确保达成的和解方案对未出席的集体成员具有约束力），并审查和解方案的公平性和合理性。在这一过程中，“若集体诉讼的代表律师出卖自己的客户，则法官应认定达成的和解方案未能满足诉讼的要求，并予以驳回。反之，若集体诉讼的律师提起的诉讼只关涉无意义的

㉖ 正如美国最高法院的解释，公司内部事务包括公司高级管理人员、董事对公司承担的信义义务，以及“公司与其高级管理人员、董事和股东之间关系的特殊事项”。Edgar v. MITE Corp., 457 U.S. 624，645（1982）. See generally Frederick Tung，Before Competition：Origins of the Internal Affairs Doctrine，32 J. Corp. L. 33，35—36（2006）（论述了内部事务学说）。

㉗ Griffith，Sean J.，and Alexandra D. Lahav. 2013. The Market for Preclusion in Merger Litigation，Vanderbilt Law Review 66：1053.

㉘ Krishnan，C. N. V.，Steven Davidoff Solomon，and Randall S. Thomas. 2016. Divided Loyalties? The Role of Defense Litigation Counsel in Shareholder M&A Litigation，working paper.

㉙ Friedlander，Joel Edan. 2016. How Rural/Metro Exposed the Systemic Problem of Disclosure Settlements，Delaware Journal of Corporate Law 40：877.

细枝末节，法官则应认定该和解方案仅是律师为了获得律师费而提起的妨害诉讼，可以此为由驳回和解方案，并撤销该案件”。[30] *Trulia* 案就涉及类似的情节，为特拉华州裁断补充披露是否具有重大性提供了标准——若和解方案并不涉及任何重大问题，则该方案不具有任何公平性或合理性。

然而，事与愿违。在和解方案听证中，根本没有什么对抗性程序可言，法官往往身不由己，只能听之任之。可以说，和解方案听证“不过是原告律师和被告律师相互串通演的双簧罢了”。[31]无论是哪一方，几乎都不会提出任何异议，[32]法官只能自己来解析披露的信息。鉴于完成这一任务需要阅览大量的案卷，许多法官都会选择多一事不如少一事。[33]如此一来，要解决的问题就变成了 297
法官能否以及如何在其他司法管辖区适用 *Trulia* 案。此外，正如合并诉讼可以在多个不同的司法管辖区提起一样，这个问题也存在不同的问法。其一，若基本的实体法是特拉华州公司法，应如何在特拉华州以外的司法管辖区适用 *Trulia* 案？其二，若基本的实体法不是特拉华州公司法，应如何在特拉华州以外的司法管辖区适用 *Trulia* 案？

（一）特拉华州法律，而非特拉华州法院

对于在特拉华州设立的公司而言，若诉讼在公司总部所在州或是联邦法院提起，无论是在多元管辖下还是在公司法索赔附加到单独的联邦问题索赔后，其面对的都是特拉华州之外的公司法诉讼。在这种情况下，实体性问题适用特拉华州法律，程序性问题适用法院地法。[34]因此，在此类情形中，首先要解决的是对 *Trulia* 案的定性问题，确定其所涉争议是实体性抑或是程序性事项。

㉚ Rubenstein, William B. 2006. The Fairness Hearing: Adversarial and Regulatory Approaches, UCLA Law Review 53: 1435.

㉛ Macey, Jonathan R., and Geoffrey P. Miller. 2009. Judicial Review of Class Action Settlements, Journal of Legal Analysis 1: 167.

㉜ Eisenberg, Theodore, and Geoffrey Miller. 2004. The Role of Opt-Outs and Objectors in Class Action Litigation: Theoretical and Empirical Issues, Vanderbilt Law Review 57: 1529.

㉝ Sale, Hillary A. 2011. Judges Who Settle, Washington University Law Review 89: 377.

㉞ Griffith, Sean J., and Alexandra D. Lahav. 2013. The Market for Preclusion in Merger Litigation, Vanderbilt Law Review 66: 1053.

关于和解方案批准的规则属于程序性事项，因此适用法院地法。但至少在集体诉讼中，不同司法管辖区适用的是同一套和解方案的批准规则。[35]在集体诉讼中，法院充当了原告方的信义人，代表他们考察和解方案是否“公平、合理和充分”。[36]在分析和解方案的过程中，法院会考量一系列因素，原告方从和解方案中能够获得的利益是其中最为重要的因素。在披露和解的情况下，法院必须考量披露的价值。这基本上属于程序性事项。

然而，在对披露的价值进行分析时，应当适用何种标准？针对这一问题，特拉华州给出了具有实质性意义的答案。*Trulia* 案对此给出了答案，即披露必须是“明显重要的”。依据内部事务原则，尽管法院地法还存在其他标准（例如“有用标准”或“有益标准”），但适用特拉华州实体法的法院仍应适用相同的明显重要原则。[37]因此，对于涉及在特拉华州之外的但在特拉华州设立的公司的和解方案，*Trulia* 案是最具权威性的先例。

但即便 *Trulia* 案具有主导性影响，其他法院的法官是否了解该案成为问题的关键所在。毕竟对于其他州的法官而言，其没有动力去关注特拉华州衡平法
298 院有什么新的改革，主要依赖诉讼当事人主动提供的简报来获知相关法律标准的信息，这在抗辩制度中屡见不鲜。然而，在和解案件中，并不存在任何抗辩程序。要知道，当事人之所以提起诉讼，目的是促进整个集体达成共识，而不是要把双方一致同意的和解协议提交法院接受严肃的司法审查。无论是原告方还是被告方，都没有任何理由在简报会或和解听证会上向法官提起 *Trulia* 案的标准。

但话又说回来，虽然出于自身利益考量，支持和解的一方不会向法官提出 *Trulia* 案，但其本身是有一定的义务需要向法官进行披露的。依据职业行为规

[35] Rubenstein, William B. 2006. The Fairness Hearing: Adversarial and Regulatory Approaches, UCLA Law Review 53: 1435.

[36] 4 Newberg on Class Actions § 11.41 (4th ed. 2002). 在这种情况下，大多数州的规则——如特拉华州衡平法院规则第 23 条——都遵循了联邦民事诉讼规则第 23（e）条的内涵与精神。

[37] See Vergiev v. Aguero et al. (In re Metalico Stockholders' Litigation), UNN-L-2276-15, Superior Court of New Jersey, Union County, Order and Statement of Reasons, June 6, 2016（拒绝和解，并将 *Trulia* 案纳入新泽西州的法律之中）。我是 *Vergiev* 案的股东异议者。

范的规定，在某些情形下，若一方律师没有向法院披露相关的权威案例，另一方律师就有义务披露与其立场不同的权威案例。举例而言，美国律师协会《标准从业规范》第 3.3（a）（2）条规定："对于一方律师所知晓的、在主管司法管辖区内与己方客户立场相左的权威案例，对方律师并未向法院进行披露的，该方律师不得故意……不向法院进行披露。" *Trulia* 案对披露和解的反对态度非常明确，且强调了"明显重要"标准对于考察补充披露的决定性作用，如此一来，就相当于站在了和解双方当事人的对立面。按照这种逻辑继续推导，由于特拉华州法律是判断披露重要性的主要依据，*Trulia* 案理应被视为"主管司法管辖区的权威案例"。因此，在采用《标准从业规范》第 3.3（a）（2）条的司法管辖区执业的律师似乎有向法院披露 *Trulia* 案的道德义务。

当然，这并不意味着律师们都会乖乖照做。截至本文撰写之时，笔者了解到，自 *Trulia* 案裁决作出后，共有 8 起涉及在特拉华州设立的公司的披露和解案件为获得支持而在特拉华州之外其他州的法院提起。[38]在其中的 4 起案件中，笔者都提出了异议或提交了文件，向法院披露 *Trulia* 案，且每次笔者都是率先进行披露的一方。[39]而在其余的 4 起案件中，据笔者所知，双方当事人均未向法院披露 *Trulia* 案。在其中一起案件中，法院本身已经知晓 *Trulia* 案的裁决，并以双方当事人均未能披露该案为理由之一拒绝初步批准其提出的和解方案。[40]从

---

[38] Those cases are：Suprina v. Berkowtiz，No.1-14-CV-272358（Ca. Super. Ct. Feb. 29，2016）；Saggar v. Woodward，No.CIV-532534（Ca. Super. Ct. Apr. 4，2016）；Allan v. Micrel，Inc.，No.1-15-CV-280762（Ca. Super. Ct. May 20，2016）；In re Pharmacyclics，Inc. Shareholder Litigation，No.2015-1-CV-278055（Ca. Super. Ct. Jul. 20，2016）；Vergiev v. Aguero et al.（In re Metalico Stockholders' Litigation），UNN-L-2276-15，Superior Court of New Jersey，Union County（June 6，2016）；Garcia v. Remy International，Inc.，Civ. No.1：15-cv-01385-TWP-TAB（S.D. Indiana，hearing scheduled Nov. 2，2016）；Dean Drulias v. 1st Century Bancshares，Inc.，et al.，16-CV-294673（Ca. Super. Ct. Nov. 18，2016）.

[39] 我在 *Pharmacyclics* 案、*Vergiev* 案和 *Remy* 案中提出异议，并试图在 *Saggar* 案中提供法庭之友简报。

[40] See，e.g.，Dean Drulias v. 1st Century Bancshares，Inc.，et al.，16-CV294673，Superior Court of California，Santa Clara County，Order Denying Preliminary Approval of Settlement，Nov. 18，2016（拒绝初次批准和解的动议）。在驳回初次批准和解的动议时，加利福尼亚州法院强调：

法院还发现一个相当令人不安的现象，尽管一再强调本案中披露信息的重要性与（转下页）

笔者提出异议的经验来看，准备充足的异议者的确能够影响案件的走向，但无论是在和解还是反对和解的群体中，都很少会出现异议者，尤其是在不涉及股东自身经济利益的情况下。因此，双方当事人之间不存在任何对抗事由，法官自然会顺水推舟，选择阻力最小的方法，且很可能在对 *Trulia* 案毫不知情的情况下批准双方达成的和解方案。[41]

299 **（二）非特拉华州法律，亦非特拉华州法院**

非特拉华州法律要想适用于合并诉讼，有两种方式可选，且这两种方式都涉及非特拉华州法院。其一，涉案的公司在特拉华州之外的其他州设立，那么无论和解的发生地是哪里，都可适用非特拉华州法律；其二，合并诉讼可适用联邦证券法。

1. 不涉及特拉华州公司的合并诉讼

对于在特拉华州之外的其他司法管辖区设立的公司，*Trulia* 案并不属于具有决定性的权威案例。然而，由于鲜少有司法管辖区像特拉华州一样有如此丰富的合并诉讼审理经验，因此无论案件在哪个司法管辖区提起并达成和解，*Trulia* 案都是极具可信度的权威案例。但即便如此，支持和解的当事人就算在和解文件中大篇幅地引用特拉华州法律作为有说服力的法律依据，*Trulia* 案仍不在他们选择的范围内。在这种情况下，依据《标准从业规范》第 3.3（a）（2）条的规定，强制要求披露并不现实。若支持和解的当事人大量引用特拉华州法

（接上页）否应以特拉华州法律的规定为准……原告没有讨论，甚至没有承认特拉华州衡平法院最近就此事项发表的重要论断。In re Trulia，Inc. Stockholder Litigation（Del. Ch. 2016）129 A.3d 884. Trulia 于 2016 年 1 月被起诉，从那时起它就成为诸多评论性文章的主题。法院怀疑，诸如原告律师在内的并购交易诉讼从业者尚不清楚这一观点，律师应准备在此次听证会上讨论他们未告知法院关于 *Trulia* 案的裁定这一问题。

Id. 我曾在 *Drulias* 法院作为 *Pharmacyclics* 案的异议者而出庭，并在陈述中引用并讨论了 *Trulia* 案。

[41] 当我提出异议时——通常在我的法律学生和在紧急情况下愿意代表我的从业人员的帮助下——我已经设法成功推翻了几个司法管辖区的披露和解方案，以证明异议者能够维护这一过程的完整性。我实施这一行为是无偿的，但大多数异议者则需要激励。法院可以通过给异议者的律师支付费用或其他方式来鼓励有价值的异议。举例而言，法院可指派一名专家评估和解协议，或者指派一名独立律师对和解提出异议。在这两种情况下，都不需向和解提议者收取费用。

律作为有说服力的法律依据，但却不援引近期该司法管辖区对其不利的权威案例，这种行为就相当于对法院作出了虚假陈述，此举会引起《标准从业规范》第3.3（a）（2）条项下的纠正责任。对职业道德规则的这种解释能够防止支持和解的当事人投机取巧，即选择支持广泛责任免除和大额律师费的特拉华州旧判例法，同时逃避向法院告知特拉华州最近的裁决，尤其是 *Trulia* 案裁决的义务。

然而，和解案中抗辩制度的崩溃意味着无人会提出这类主张。考虑到支持和解的当事人，其主要目的是动员所有人达成共识，因此在涉及非特拉华州公司的和解简报中不援引 *Trulia* 案内容的做法也不足为奇，哪怕当事人引用了大量的特拉华州法律来支持自己关于和解和其他问题的主张。事实上，这种情况与上述数据相互印证。在本文撰写之时，笔者了解到，自 *Trulia* 案裁决作出后，有7起涉及非特拉华州公司的披露和解案件提交法院批准。[42]据笔者所知，其中只有1起案件——*Corwin* 案——向法院提及 *Trulia* 案，而在该案中，的确有人提出异议。[43]

2. 联邦证券法下的合并诉讼 300

若诉讼是依据联邦证券法提起的，则公司也可能面临非特拉华州实体法项下的合并诉讼。当事人可以《证券交易委员会规则》（依据1934年《证券交易法》第14（a）条颁布）第14a-9条规定的代理委托书欺诈为由，向联邦法院提起合并诉讼。该条规定，公司的代理材料中不得存在虚假或误导性陈述。在合并诉讼中，依据第14a-9条提起的诉讼请求主张目标公司在合并代理中未能充分且公平地披露的全部重要信息，这一主张本质上与州法信义义务中的披露要求

---

[42] These are McGill v. Hake, No.1：15-CV-00217（S.D. Ind. Mar. 10，2016）；In re Pall Corp. Stockholder Litig.，No.603314/2015（N.Y. Super. Ct. Aug. 29，2016）；In re Meadowbrook Insurance Group，Inc. S'holder Litig.，Nos. 5：15-CV10057；5：15-CV-10497（E.D. Mich. 2016）；In re Associated Estates Realty Corp. S'holder Litig.，Nos. 1：15-CV-00857-DCN（N.D. Oh. Jun. 8，2016）；Leitz v. Kraft Foods Group，Inc.，No.3：15-CV-262-HEH（E.D. Va. Mar. 10，2016）；Corwin v. British Am. Tobacco，No.14-CV-8130，2016 WL 635191（Super. Ct. N.C. Feb. 17，2016）.

[43] 在 *Corwina* 案中，我作为异议者代表提交了一份专家意见。对此，我没有收取任何金钱报酬。

一致。额外的州法主张（例如 *Revlon* 案中提出的合并程序或合并价格存在瑕疵）可附加到第 14a-9 条项下的主张中，一并提交联邦法院。除此之外，原告方也可仅提起第 14a-9 条项下的主张，请求联邦法院批准披露和解。无论是上述哪种情形，《证券交易法》第 27 条都将确保第 14a-9 条项下的主张只能在联邦法院提出。[44]

联邦法院受理的合并诉讼数量正在不断攀升，其中缘由可谓相当充分：联邦法院所支持的和解模式反映出特拉华州在 *Trulia* 案之前所适用的和解模式，即以补充披露为唯一依据批准广泛的责任免除和高额的费用。[45]原告方律师似乎指望联邦法院能够忽略特拉华州的改革，继续在和解批准问题上高抬贵手。

和特拉华州之外其他州的法官一样，主持这些案件公平听证会的联邦法官也面临着相同的信息窘境。尽管 *Trulia* 案的确是具有高度相关性的、有说服力的权威案例，但支持和解方案的双方当事人出于自身利益，都不愿向法院提及该案。如上所述，除非对《标准从业规范》第 3.3（a）（2）条规则做严格解释，否则当事人无义务向法院提及 *Trulia* 案。此外，和在任何其他法院一样，异议者在联邦法院出庭的可能性同样微乎其微。然而，并非没有异议者成功的先例。举例而言，在 *In Re：Walgreen Co. Stockholder Litigation* 案中，波斯纳法官推翻了地区法院批准 Walgreen-Boots 合并诉讼披露和解方案的裁定，[46]指出披露并未给原告方带来任何利益，因此和解方案理应被驳回。波斯纳法官明确支持 *Trulia* 案的法院意见以及“明显重要”标准，认为案件发回重审时，地区法院
301 应当“审慎考虑任命新的集体诉讼律师，或者直接驳回诉讼”。[47]因此，经过

[44] 1934 年《证券交易法》第 27 条规定，联邦法院对“违反本法或依其制定的规章法规的行为，以及为执行本法或依其制定的规章法规所产生的任何义务或责任而提起的衡平法诉讼和普通法诉讼享有专属管辖权”。15 U.S.C. § 78aa（a）.

[45] 最近，联邦法院批准的典型披露解决方案包括 Taxman v. Covidien plc，1：14-cv-12949（D. Mass.，Sept. 21，2015）；Leitz v. Kraft Foods Group，Inc.，3-15-CV-262-HEH（E.D. Va.，Mar. 10，2016）；McGill v. Hake，1：15-cv-00217-TWP-DKL（S.D. Indiana，Mar. 10，2016）；Li v. Bowers，1：15-cv-373（M.D. N.C.，Mar. 22，2016）；In re Meadowbrook Ins. Grp.，Inc.，5：15-cv-10057-JCO-MJH（E.D. Mich.，Apr. 7，2016）。我作为异议者方的专家仅参与了 *Covidien* 案。

[46] In re Walgreen Co. Stockholder Litigation（Hays，et al. v. Walgreen Co.，et al.），No.15-3799，（7th Cir.，June 2，2016）.

[47] Id. at 12.

Walgreen 案的实践，*Trulia* 案的法院意见如今得以在第七巡回法庭适用，且依据《标准从业规范》第 3.3（a）（2）条规则，此后支持和解方案的当事人有义务在和解听证会上向法院告知该案的相关信息。

除了在整个联邦司法机构中推行 *Trulia* 案或 *Walgreen* 案，另一种做法就是将联邦法官的注意力转移到阐释《私人证券诉讼改革法》（Private Securities Litigation Reform Act）之上，尤其是现在的《美国法典》第 78u4 条。该条规定："在证券集体诉讼中，法院判给原告方律师的律师费和其他开支的总额不得超过实际支付给原告方的损害赔偿及预付利息的合理比例。"从字面上来看，该条规定禁止法院批准律师就《证券交易委员会规则》第 14a-9 条项下诉讼中的非金钱救济获得律师费。[48]然而，鉴于在其他情形中，《私人证券诉讼改革法》向来不受联邦司法机构重视，该条款曾在一次正式提出中遭到联邦地区法院驳回，其认定国会不会轻易改变证券诉讼的共同利益原则。[49]当然，共同利益原则属于普通法的范畴。按照这种思路，法官其实还是遵循了法律解释的传统，即对于损害普通法的成文法，应作狭义解释。现如今，"成文法是规则，普通法是例外"，这一法律定位方式是否可行姑且不谈，毋庸置疑的是，国会原本是可以起草成文法来改变相关普通法的。此外，得克萨斯州州法院近期也支持对类似的得克萨斯州成文法进行类似的解读，据此禁止对本州内的披露和解方案支付律师费。[50]

四、专属法院选择

如上所述，对于在特拉华州之外其他司法管辖区达成和解的合并诉讼，如果有充分的理由怀疑 *Trulia* 案无法统一适用于或根本不适用于这类诉讼，那么

---

[48] 对该条款的另一种解读是，它的目的是在既有禁令救济又有损害赔偿金的情况下将律师费限制在合理比例的损害赔偿金中，而非禁止对非金钱救济予以费用补偿。然而，禁止收取律师费是更为简单的解读，这一条款的立法沿革也未就这一问题进行探明。

[49] Taxman v. Covidien plc，1：14-cv-12949（D. Mass.，Sept. 21，2015）transcript at 48（"从这句话可以看出，国会以这一间接方式而非直接重写了关于联邦证券诉讼的共同利益规则……我对这句话的解读并不如你一般有力"）。

[50] Kazman v. Frontier Oil Corp.，398 S.W.3d 377（Tex. App.，Houston，2013）.

就如 *Trulia* 案的法院所言，问题的关键就在于能否利用专属法院条款将诉讼转回特拉华州审理。[51]不幸的是，答案是否定的。有些诉讼是不能在特拉华州州法院提起的，最典型的例子就是联邦证券诉讼。虽然有可能说服联邦法院放弃其对联
302 邦诉讼附带的州法诉讼的司法管辖权，但这种做法根本得不偿失。因为《证券交易法》第 27 条规定，《证券交易委员会规则》第 14a-9 条项下的核心诉讼请求必须向联邦法院提起。[52]因此，联邦诉讼并不在专属法院细则的规制范围之内，[53]且在任何情况下，都超出了专属法院的管辖范围。[54]由此可见，联邦法院始终会为

---

[51] Trulia，129 A.3d 884，899（Del. Ch. 2016）（“特拉华州的公司有权制定法院选择细则来解决这一问题”）。

[52] 制定法院选择细则的被告可以根据 28 U.S.C.第 1367（c）（2）条主张联邦法院应拒绝对信义义务诉讼的补充管辖，因为这类诉讼在联邦法律诉讼中“实质上占主导地位”。此外，根据第 1367（c）（4）条，联邦法院应拒绝补充管辖，因为“令人信服的理由”与有效处理涉及相同基本事实的诉讼相关。然而，联邦法院不会轻易放弃管辖，且在任何情况下，主要依据第 14a-9 条提起的诉讼案件仍然将由联邦法院审理。See Colo. River Water Conservation Dist. v. United States，424 U.S. 800，820（1976）（“我们不能忽略行使管辖权的重大义务”）；17A Charles Alan Wright et al，Federal Practice and Procedure § 4247（3d ed. 2012）（“在大多数具有‘共同管辖权’的案件中，中止或驳回诉讼都不适当，因此联邦法院有义务行使其管辖权”）。

[53] 章程通常规定信义义务诉讼、根据《特拉华州普通公司法》和公司组织文件提起的诉讼以及受内部事务原则约束的诉讼在特拉华州衡平法院进行专属审理。

> 该条款的最新版本规定：在法律允许的最大范围内，除非公司书面同意选择另一个法院，特拉华州在新堡县的州法院（此外，如果位于特拉华州内的州法院没有管辖权，则由特拉华州地区的联邦地方法院管辖）应是唯一（可管辖）的专属法院。管辖范围为（a）代表公司提起的任何派生诉讼或程序；（b）主张公司董事、高级管理人员或其他员工违反对公司或公司股东信义责任的任何诉讼；（c）根据《特拉华州普通公司法》或公司注册证书或章程（在不同情况下，可能会不时修订）的任何规定而对公司提出的任何诉讼；（d）任何试图解释、适用、执行或确定公司注册证书或公司章程的有效性的行动（在不同情况下，可能会不时修订）；或者（e）根据内部事务原则对公司或公司的任何董事或高级管理人员或其他员工提出的任何诉讼。

Amended and Restated Bylaws of Monster Worldwide，Inc.（as amended effective August 7，2016），Art. 8，§ 7，filed as Exh. 3.2 to Periodic Report on Form 8-K filed Aug. 9，2016.

[54] 因此，无需诧异，部分诉讼当事人要求修改诉讼请求，从而依据第 14a-9 条提起诉讼，避免由于法院选择细则导致诉讼被驳回。例如，在 2014 年西夫韦—阿尔伯森合并案中，原告向特拉华州衡平法院、加利福尼亚州法院和加利福尼亚州北部地区的联邦法院提出了合并诉讼。当目标公司援引法院选择细则时，原告在加利福尼亚州法院的诉讼行为即被驳回；但在加利福尼亚联邦法院，原告通过修改诉讼请求，使之依据第 14a-9 条提起诉讼，从而避免了诉讼被驳回。See Steamfitters Local 449 Pension Fund v. Safeway，No.14-cv01670-JSW（filed April 10，2014）. 该诉讼请求最终得到了法院支持。

合并诉讼以及披露和解大开方便之门。

关于专属法院条款，令人纠结的并不是这类条款能否将所有的合并诉讼转回特拉华州，而是即便能将合并诉讼转回，被告公司是否希望将案件转回特拉华州审理。[55]而从诉讼当事人的实际表现来看，答案同样是否定的。即便是在被告方能够援引专属法院条款将诉讼转回特拉华州审理的情况下，他们也不会这样做。相反，他们会选择在其他司法管辖区达成和解。原因很简单，一旦专属法院条款的适用机制被认为是一种选项，被告在任何时候、任何情况下均可将之为己所用，主动权掌握在自己手中。至于这一条款为什么鲜少发挥作用，公司被告方的偏好是唯一合理的解释。

专属法院条款从两个方面保护了被告方的选择权：一方面，该条款明确规定了权利的放弃，若公司以书面形式同意由其他法院审理，则专属法院条款不再适用。另一方面，更重要的是，该条款并不是自动执行的，只有在被告方提出主张（通常是在另一法院提起驳回请求）时方可适用。法院不会仅仅因为这一条款的存在就自动驳回或转移诉讼，若被告方并未主张该条款，则一切照旧。因此，关于弃权的表述纯属画蛇添足，因为被告方不主张专属法院条款这一行为本身就构成对该条款的放弃。

被告方的这种选择权可能会被纳入章程细则，以确保其不会因违反信义义务而失去效力。若主张专属法院权利会构成对董事信义义务的违反，则规定该权利的契约条款可能会被认定为无效。因此，起草人在条款中加入了弃权和自由裁量权相关的内容，作为一种“基于信义义务之例外”，确保其不会失去司法效力。

但该条款固有的选择属性使得被告方可以继续选择和解地点，借此保留了被告方进行逆向拍卖或将案件直接提交到支持披露和解协议的司法管辖区的特

[55] 在合适的情形下，其他司法管辖区的法官在驳回动议时选择援引这一细则。自 *Boilermakers* 案以来，纽约州、伊利诺伊州、密苏里州、俄亥俄州、得克萨斯州和加利福尼亚州的法院在公司法诉讼中已执行了特拉华州所支持的法院选择细则。俄勒冈州和加利福尼亚州的法院则对此拒绝执行。See，e.g.，Roberts v. TriQuint Semiconductor，No.1402-02441（Or. Cir. Ct. Aug. 14，2014）；Galaviz v. Berg，763 F. Supp. 2d 1170（N.D. Cal. 2011）. 然而，俄勒冈州的拒绝执行随后被州最高法院的裁定所推翻，该裁定承认此条款的有效性。Roberts v. TriQuint Semiconductor，358 Or. 413（2015）.

303 权。辩护律师在为客户提供咨询服务时，对此优势会直言不讳：“在弄清楚其他司法管辖区是否会继续批准单纯的披露和解方案之前，对于是否采纳特拉华州法院选择细则，公司会持观望态度；或者会希望现在先采用章程细则，在确定其他司法管辖区会批准单纯的披露和解方案之后，再排除这类条款。此外，公司可能会先采纳该细则，若交易得到批准，就排除该细则，因为公司更希望能速战速决，而不是长时间纠缠在案件事实的认定上。”[56]这里传递出的信号是，尽管有 *Trulia* 案明确反对在先，法院选择细则中所蕴含的选择权仍为披露和解保留了生存空间。

被告在法院选择条款上投机取巧的例子比比皆是，最有代表性的例子就是公司制定了法院选择细则，但选择不主张该细则，而是在其他司法管辖区（就非金钱救济）达成和解。举例而言，*CytRx* 案的衍生诉讼在特拉华州法院和加利福尼亚州的联邦法院提起，被告公司本身通过了特拉华州的法院选择细则，目的是能在加利福尼亚州而不是特拉华州就和解方案进行协商。因为依据该细则，被告方有权要求加利福尼亚州法院驳回诉讼，如此一来，被告方就占据了主动权。[57]然而，加利福尼亚州联邦法院并没有为了推动和解的达成而驳回该诉讼，相反，法院拒绝受理该诉讼，并指出：

> 对于当事人试图在此地达成和解的动机，本院持怀疑态度。若股东发起集体诉讼，最终达成的和解方案不涉及金钱利益，同时又包含广泛的责任免除和大额的律师费，对于此类诉讼以及相应的和解方案，特拉华州衡平法院所持的坚定的反对态度在业界闻名遐迩，本案中当事人提出的和解方案就存在类似的情况。
>
> ……由此，可以合理地推断，当事人之所以请求法院取消诉讼，是为

---

[56] Fried Frank M & A Briefing：Delaware's Effort to Reduce Wasteful M & A Litigation—Should Companies Adopt Delaware Forum Selection Bylaws after Trulia?（Feb. 9，2016）.

[57] See Gordon Neidermayer，et al. v. Steven A. Kriegsman，et al. and CytRx Corp.，C.A. No. 11800-VCMR，tr. ruling（Del. Ch. May 2，2016）（口头裁决称，将有选择地处理和放弃法院选择细则所产生的新问题，但法庭上并没有证据表明本案存在“搅乱战术”）。*CytRx* 案并不是合并诉讼。

> 了避免法院对其所提和解方案的类型进行严格审查。原告方律师近期并未得到衡平法院对非金钱和解方案的批准，这一事实更是证明了前述推断的合理性。我们不能忽略这样一种可能性，即当事人之所以提出现在的动议，是为了筛选出一个更友好的法院来解决争议。[58]

更基本的问题是，在证明当事人是否有投机行为时，若只关注通过但未适用法院选择条款的案件，就严重低估了这一条款的效力，正如在考察收购防御时，若只以通过毒丸计划的企业作为研究对象，就会大大低估依靠毒丸 304 计划防御成功的公司的数量。和毒丸计划一样，法院选择细则也是董事会单方面通过的。如果单单统计通过此类细则公司的数量，得到的数据其实并不完整，因为有如下情况的公司也可迅速自行制定相关细则：其一，就毒丸计划而言，公司遇到恶意出价的；其二，就法院选择细则而言，公司签署合并协议或参与其他可能引发股东诉讼的交易的。所以，就像每家特拉华州公司都有“隐性的”毒丸计划，每家特拉华州公司也都被视为制定了“隐性的”专属法院条款。

假设每家公司都制定了隐性的专属法院条款，那么辩方投机取巧的概率就大不相同。从这一角度来看，每一个涉及特拉华州公司在特拉华州之外达成和解的案件，都会引发对逆向和解拍卖的恐慌，尤其是 *Trulia* 案之后的披露和解。*Boilermakers* 案和 *Trulia* 案之后，这一事实只能证明，是被告方的外在偏好造成了这种结果。选择权掌握在被告方手中，若他们想在不接受非金钱和解方案的法院提起诉讼，就只能这样做。但事实是，他们并不想作出这样的选择。

对于合并诉讼，公司时常满腹牢骚，并给原告方律师泼脏水，污蔑他们是抢劫大师。但当机会摆在面前时，公司根本不会选择正面斗争。相反，公司会选择握手言和，共同协商解决。

---

[58] In re CytRx Corp. Stockholder Derivative Litigation，C.A. No.14-6414GHK-PJW，order（C.D. Cal. Aug. 17，2016）.

五、合并诉讼的解决方案：以不支付条款取代专属法院条款

专属法院条款之所以无法解决合并诉讼的问题，可归咎于辩方事前和事后动机的不一致。在事前，在进行合并交易之前，若面临无法回避的诉讼申请，不支付无关紧要的和解费用，借此从源头上杜绝此类诉讼的发生，这种做法符合所有公司的利益。但在事后，一旦公司成为合并诉讼的被告方，公司就有强烈的动机寻求披露和解，因为披露和解代价小，免除的责任却非常广泛。其结果是带来了一种集体行动的问题，它是基于公司前后偏好的差异而产生的。这
305 一问题可以通过预先承诺策略得到解决，预先承诺策略能够约束董事会，防止其临阵倒戈。然而，专属法院细则给了公司选择的余地，在有其他备选方案的情况下，董事会不可能郑重承诺不会选择和解。

预先承诺一直是特拉华州法律中一个特别棘手的问题。有些裁决指出，董事会不得以契约的方式约束自己，从而妨碍后续信义义务的履行。[59]这类案件全都涉及收购，在这种剑拔弩张的环境中，信义义务要求董事必须为股东争取利益的最大化，这类案件往往备受诟病。因此，这类案件是否具有广泛的适用性（例如适用于法院的选择）暂且不明。

假设在这种情况下某种形式的预先承诺策略是具有可行性的，解决问题的方法也很简单，就是剥夺专属法院条款所赋予的选择权，使其成为强制性专属法院条款。公司会在其认为恰当的时机预先作出承诺，选择特拉华州法院作为管辖法院。要使这一承诺具有约束力，可以禁止弃权，并增加一条股东表决要求，以防止董事会事后废除条款。如有必要，还可以规定狭义的信义义务免除规则，在履行预先承诺会造成目标董事会违反其信义义务时，允许其弃权。然

---

[59] See, e.g., Carmody v. Toll Bros., 723 A.2d 1180, 1191—1192 (Del. Ch. 1998)（认定“死手”毒丸无效，理由是它可能阻止董事会赎回毒丸并进行敌意收购）；Quickturn Design Sys., Inc. v. Shapiro, 721 A.2d 1281, 1291—1292 (Del. 1998)（以侵害新任董事会管理公司的权力为由，认定“慢手”毒丸无效）；Omnicare, Inc. v. NCS Healthcare, Inc., 818 A.2d 914 (Del. 2003)（以违反信义义务为由撤销不退出的合并协议，理由是它阻止了董事会与随后提供更优价格的竞标者接触）。

而，即便能够解决信义义务问题，强制性专属法院条款也无法强制公司在衡平法院提起联邦证券诉讼。即使所有的州法律诉讼都转回特拉华州，联邦法院仍对证券法律诉讼享有专属管辖权。而且，由于依据《证券交易委员会规则》第14a-9条提起的诉讼能够完美替代州公司法项下的披露诉讼，强制性的专属法院条款无法阻止当事人在联邦法院达成披露和解。

与专属法院条款密切相关的第二种私人秩序策略就是将专属法院条款纳入合并协议，强制要求目标企业进行对抗，而非达成和解。和解协议中会包含要求公司通过专属法院细则的条款（“必须通过”的条款）以及承诺在面临合并诉讼的情况下，继续执行该章程细则的条款（“必须执行”/“不得弃权”条款）。但这种条款迎合了谁的需求呢？除了重复交易收购者，大多数的收购者都和被收购公司具有相同的事后动机，倾向于达成和解，以确保交易的确定性及责任的免除。董事、监事及高级管理人员责任保险承保人作为股东诉讼最终的兜底 306
付款人，可以要求被保险人在合并协议中添加这类条款，作为承保条件之一。尽管修改董监事及高级管理人员责任保险保单赋予承保人对诉讼的控制权，但这严重背离现行的保单，因为依照现行保单内容，诉讼的控制权归被保险人而非承保人所有。此外，若承保人尝试攫取这种控制权，保险市场上愿意承保不含此类要求保单的竞争对手就会狠狠地给他们上一课。换言之，这种解决方案的症结在于董事、监事及高级管理人员责任保险承保人缺乏执行该方案的能力，至少在“软”保险市场中是这样。

要想利用私人秩序来解决交易税问题，重点在于解决其双重性的问题。问题不仅仅在于原告方律师在特拉华州之外的其他司法管辖区提起合并诉讼，还在于被告方律师会建议公司客户为妨害诉讼的和解方案付钱，以降低自己在出售过程中犯错的风险。这种做法会延长诉讼周期。要打破这种循环，最好的办法并不是将诉讼强制归于单一司法管辖区管辖，而是要求公司预先承诺不会为妨害诉讼的和解方案买单。

不支付条款会阻止公司为特定形式的代表诉讼支付律师费和其他成本。现在，公司通常会根据“公司利益”原则支付此类费用，而所谓的“公司利益”原则其实是“共同基金”原则在普通法中的变体。依照共同基金原则，原告方律师有权从代表诉讼追回的款项中获得报酬。公司利益原则将共同基金原则的逻辑扩展到代表诉讼领域，在这类代表诉讼中，原告方律师基本是代表公司提起诉讼的。若通过代表诉讼获得非金钱救济，依据共同利益原则，原告方律师可以从公司、受益者以及被代表的当事方处获得报酬。这一理论的进一步延伸促使法院将公司利益原则适用于集体诉讼和代表诉讼中的非金钱救济。笔者曾在其他文章中指出，这一原则的转移毫无根据，且在很大程度上应当归咎于妨害诉讼数量的增长。对此，笔者认为，通过在契约中增加不支付条款，能够纠正这一错误。

307 通常而言，可以通过制定不支付条款来排除股东诉讼的费用。或者，可以对不支付条款进行狭义解释，只排除集体股东诉讼的费用。或者，更狭义地说，不支付条款可以被制定为只排除披露和解的费用。无论条款起草得多么宽泛或狭隘，都是具有可执行性的。公司利益原则是一项普通法原则，旨在激励对股东有益的诉讼。不支付条款相当于股东集体同意不会再为前述诉讼支付费用，因为这种诉讼不会给他们带来任何实际利益。至于法院为什么会推翻股东事后放弃的、从公司追回律师费的权利，各中缘由尚未可知。换言之，公司利益原则应被理解为公司法的默认条款，而不是法定命令。

不支付条款与《特拉华州普通公司法》中禁止章程细则和章程条款中含有费用转移相关内容的规定相符。[60]该法禁止“将承担公司的律师费或费用的责任强加给股东”。如上所述，在集体诉讼中，由公司负责支付原告方（股东，而不是公司）的律师费。因此，不支付条款并不会对股东施加责任，要求其承担公司的费用，而是仅要求股东承担自己的费用。此外，由于不支付条款并非惩罚性规定，不会通过要求原告方承担被告方费用的方式对其进行惩罚，因此不会造成费用转移条款相关的棘手保险问题。*ATP Tour v. Deutscher Tennis Bund* 案

---

[60] Delaware General Corporation Law § § 102（f）（“公司注册证书不得包含任何使股东承担公司或任何其他一方与公司内部诉讼有关的律师费或其他费用的条款”），109（b）（“公司章程不得包含任何规定股东承担公司或任何其他一方与公司内部诉讼有关的律师费或其他费用的条款”）。See also Solak v. Paylocity Holding Corporation，C.A. No.12299-CB，Dec. 27，2016（认为费用转移细则仅适用于违反专属法院条款而提起和继续的庭外诉讼，但违反了第 109（b）条中对费用转移细则的禁令）。

对不支付条款予以全面肯定和支持，并指出在律师费安排方面，应推广私人秩序的适用。[61]

此外，面对股东的质疑，不支付条款得到了法院的支持。在 *Katz v. Commonwealth REIT* 案中，马里兰州法院选择支持仲裁细则中的不支付条款。[62]该条款规定："争议的各方应自负己方费用（包括律师费），仲裁人不得作出含有费用转移（包括律师费）内容的裁定；若在代表诉讼或集体诉讼中，不得将 Trust 所获赔偿的任何部分判予申请人或申请人的律师。"[63]为支持这一条款，法院驳回了以下论点：该条款实际上抹杀了股东设法补救更严重错误的能力。法院认 308
定，"原告认为，为了证明自己寻求的救济不值得付出相关费用"这一事实，"并不构成对寻求救济权利的消除，也不会造成章程细则的失效"。[64]基于这种事实认定，马里兰州法院援引美国最高法院的先例，指出"证明法定救济所涉费用无价值并不构成对寻求该救济权利的消除"。[65]

专属法院条款无法适用于联邦证券法诉讼，但不支付条款并不存在这种限制，无论是依据州公司法还是《证券交易委员员会规则》第 14a-9 条规则达成的披露和解，都可以适用不支付条款来禁止律师费的支付，这也是该条款的另一优势。联邦证券法集体诉讼中的律师费和州法项下披露和解的律师费一样，都是依据普通法公司利益原则而支付的。因此，州法中能够有效放弃该原则的条款理应适用于联邦法院。事实上，对《证券交易委员会规则》第 14a-9 条规则项下的披露和解适用不支付条款非常巧妙，因为这相当于选择了一项法律已经规定的权利。[66]不支付条款的适用实质上是对前述《私人证券诉讼改革法》的解读。

---

[61] 91 A.3d 554（Del. 2014）.

[62] Katz v. Commonwealth REIT，No.24-C-13-001299，slip op.（Md. Cir. Ct. Feb. 19，2014）.

[63] Commonwealth REIT，Amended and Restated Bylaws art. 16，Current Report（Form 8-K），Exhibit 3.2（April 12，2013）.

[64] Katz v. Commonwealth REIT，No.24-C-13-001299，slip op. at 41（Md. Cir. Ct. Feb. 19，2014）（citing Am. Exp. Co. v. Italian Colors. Rest.，133 S.Ct. 2304，2310—2311（U.S. 2013））.

[65] Am. Exp. Co. v. Italian Colors. Rest.，133 S.Ct. 2304，2310—2311（U.S. 2013）.

[66] 关于这一点，可参考比照：Pritchard（2008）at 248（建议股东通过在公司章程中规定损害赔偿的分配方式，以规避"市场欺诈"嫌疑）。See also Gilles（2005）（讨论股东如何通过公司章程退出集体诉讼的问题）。

最后，不支付条款解决了公司被告方事前事后偏好差异造成的集体诉讼问题。只要公司在自己未涉交易诉讼时的任何明确日期通过了不支付条款，其就没有理由在对抗妨害诉讼的过程中反水，背离集体利益。此外，只要所作承诺具有约束力（例如，以章程条款或章程细则的形式要求股东批准弃权或修订），该条款本身就能有效阻止诉讼。若原告律师无法就无实质意义的和解方案获得报酬，他们就只有两个选择，要么停止滥诉行为，要么在认清这类诉讼即便达成和解也无法给自己带来任何利益之后放弃诉讼。

当然，不支付条款并非无懈可击。其缺点在于，公司起草这一条款时，措辞会尽可能的宽泛，相当于事实上放弃了自己的信义义务。若一项不支付条款不考虑起诉的强度，强制要求股东承担自己的费用，其实就相当于堵死了股东就信义义务违反行为获得切实救济的唯一路径，对董事会的不当行为放任自流。
309 此外，还有一点需要特别注意，在相对高效的股票市场，投资者会忽略欠佳的治理条款，以防董事起草过于宽泛甚至是有害的条款。衡平法院可能会以条款过于宽泛违反信义义务为由，判定条款无效。换言之，若条款措辞恰当，仅免除妨害诉讼（即判决结果为非金钱救济或小额金钱补偿的代表诉讼）的费用，法院多半会予以支持，至少在特拉华州会得到支持。因为特拉华州司法机构在 *ATP* 案中明显展现出对更为激进的费用转移方式的包容态度。最后，不支付条款解决了法院选择条款造成的混乱。治理条款的可执行性是公司法的一个重要方面，而这一方面受公司设立州法律规制。因为在执行不支付条款的过程中，其他州的法院必须遵循特拉华州法律，当事人自然没有理由向其他法院提起股东诉讼。

一言以蔽之，不支付条款有望完成专属法院条款未尽事宜，或许也有望从根本上降低甚至消除交易税。

第十四章　论国际合规制度

斯塔夫罗斯·加迪尼斯（Stavros Gadinis）

一、引　　言

气候变化可以称得上是2016年委托书征集季最突出的问题之一。股东们创历史新高地提出了172项与气候相关的决议，其中绝大多数决议都敦促董事会依照巴黎气候大会的目标（将全球气温升幅控制在2度以内）对本公司业务展开评估。埃克森美孚公司（Exxon）和雪佛龙公司（Chevron）是美国最大的两家能源公司，相关提案在这两家公司获得的支持率分别是38.1%和40.8%。①这些提案证明，在核心业务战略之外的其他一系列事务中，股东积极主义也是具有相当的推动作用的。除此之外，提案之所以能够引人注目，是因为其涉及一项国际文书：《2015年巴黎协定》。在很多重要领域，公司行为都受到国际标准的实质性规制，环境影响仅是其中之一。举例而言，在数据管理和隐私、知识产权、人权和劳动法、金融稳定性、反洗钱以及反恐怖主义等诸多领域，越来越多的企业坚持采用能够跨境适用的法律框架。

这类国际机制存在一个共同特点，那就是它们都强调内部的公司治理改革。相较于简单粗暴地制定一个公司必须达成的政策目标（例如将排放量减少到规定的水平），这些制度还详细规定了一套旨在获得预期结果的组织安排。因此，合规会成为这类国际机制的首要考量因素也就不足为奇了。建立与基本政策相

① Bradley Olson and Nicole Friedman, Exxon, Chevron Shareholders Narrowly Reject Climate-Change Stress Tests, Wall St. J., May 25, 2016.

320 适应的合规框架能够保障国际机制在世界范围内的统一实施。此外，通过要求所有公司遵守共同程序，国际机制能够更好地解决因制度跨境实施差异造成的竞争力差异或保护主义问题。

但从公司法的角度来看，优先将合规作为国际机制的关键组成部分会引发严重的后果，而这种后果很大程度上被忽视了。有效的合规框架会引导公司将资源投入特定的监督、培训和制裁机制中，从而尽可能地防止公司临阵变节。通常情况下，合规程序的目的是提高内控人员的地位。合规官综合素质优秀，在独立的条件下开展工作，且必须遵循严格的、无法回避的指引。从法律设计的角度来看，对于国际机制而言，加强临时合规程序比赋权现有的公司组织更为有利，因为前者能够规避不同公司法之间不匹配的风险。但在特拉华州公司法框架下，法律授予董事会广泛的决策权，董事会可自行构建其认为合适的公司内部控制，而适用国际合规框架会严重削弱这种自由裁量权。本章指出，国际合规制度会削弱董事会的权力，提高公司内部其他决策者的地位。

本章内容如下：第一部分，笔者从理论层面展开论点，概述国际机制是如何通过牺牲公司董事会的权力来赋权合规官的。但出于各种原因（例如，为了博得美名、获取一定的监管利益，或者在某些情况下，仅仅是为了遵守法律），董事会往往会选择适用国际机制。针对这一点，笔者列举了三个案例作为佐证。第二部分，笔者对反洗钱合规问题展开分析，反洗钱合规要求金融机构报告可疑交易，从而赋予合规官在重要商业选择上的极大话语权。国际反洗钱法律是以反洗钱金融行动特别工作组发布的《40 条建议》为蓝本，而《40 条建议》属于不具约束力的国际文书。第三部分，笔者对环境管理体系展开讨论。环境管理体系是 ISO 14001 环境管理体系认证提出的一个合规结构原型，而 ISO 14001 环境管理体系认证同样是不具约束力的国际文书，其制定主体是私营的行业标准化机构。第四部分，笔者考察从线上平台（如 YouTube）删除侵犯版权材料
321 的合规程序。在美国，这一合规程序是通过《数字千年版权法》落地实施的，反映了世界知识产权组织在 1996 年的条约中通过的承诺。最后，笔者总结了国际合规制度是如何赋权董事会之外的其他公司成员，同时对董事会选择权加以限制的。

二、国际机制和公司合规

从传统意义上理解，商业行为属于国内法律实践的范畴，但如今正逐渐成为国际规则制定的重点关注对象。从金融监管到采矿，从制药到劳动标准，商业活动的各个领域都出现了统一的国际机制。有时，政府会通过签订具有法律约束力的国际条约或支持制定不具约束力的标准来推动新的国际机制生成。而其他时候，私营企业则充当了排头兵，制定出一系列示范法，国家可选择通过并在全国范围内适用这类示范法，企业也可选择自愿遵守。国际标准制定实践背后的动机及其成败的原因一直是国际法和国际关系研究的重点课题，相关文献和成果更是汗牛充栋。但对这一领域的大多数学者而言，其研究分析往往到公司依据法律或按自身意愿开始接受国际标准的约束就告一段落，全球层面公司治理统一实践带来的影响（即标准通过后对公司持续运作的影响）始终乏人问津。

本章重点考察法律的国际传播对公司治理的影响。无论国际立法者拥有怎样的出身和法律背景，都会力求制定一个尽可能统一的法律制度。考虑到统一实施会遭遇的种种困难和挑战，国际立法者往往会选择制定机构和程序的要求来巩固其制度。典型的机构要求会涉及合规程序，这类合规程序往往是为了达到特定的国际机制目标而量身打造的。下文将对以下问题展开讨论：合规程序如何能够促进法律的统一实施？合规程序为何能够得到国际立法者的青睐？以 322
及合规程序如何与国内公司法机构（例如董事会）实现互动？

（一）合规：法律统一实施的手段

通常情况下，合规框架包括一系列程序，制定这些程序的唯一目的就是实施特定的法律命令。典型的合规程序包括监控要求（例如，化学污染水平日检、经纪人客户资金使用情况周检等）、记录保留要求（旨在限制员工的自由裁量权，防止其滥用权力导致管理不善）以及强化决策程序（要求员工在有争议的情况下征求主管同意）。许多合规职能其实是由公司负责日常业务的人员定期履行的，他们经常接受专门设计的培训。然而，履行合规职能这一任务往往是由专业的合规官负责，由指定的专业人士负责具体的程序，这种双管齐下的方式是国际合规制度的基础。

通过引入合规职能构建方式的相关指引，国际机制能够有选择性地推动制度的实施。鉴于合规要求本质上属于程序性要求，因此相对严格，国家决策者的机动灵活性必然会受到一定的限制。举例而言，合规程序会规定一系列特定的行为，其中一些行为会要求公司作出肯定或否定的回答。例如，询问某笔交易是否超过特定金额，或者申请人是否拥有材料的版权。即便是在无法即刻得到答案的情况下，合规程序通常也会要求公司履行尽职调查义务。如此一来，公司就更难对危险信号视而不见了。通常情况下，这些合规程序都会生成书面记录，能够在针对公司或董事会提起的诉讼中作为确凿的证据。因此，国际机制能够明晰公司的行为标准，确定衡量客观行为和主观心态的尺度。此外，无论不同国家法律和裁决制度存在怎样的客观特殊性，对前述种种要求的实施是非常确切肯定的，不存在任何模棱两可之处。

323 除了要求制定具体的合规程序之外，国际机制通常会规定或假设这些程序由公司专门指定的人员（即专业合规人士）来负责。这些专业合规人士需要完成专门的监督任务，能够成为在公司内部推行国际机制的先行者。此外，国际立法者可按照国际机制的目标，对合规官的责任、行为和义务作出具体的规划和要求，使二者能够协调一致。然而，合规官作为公司的一员，难免会受到管理层的影响。因此，许多国际机制都尝试赋予专业合规人士更多的权力。有些国际机制引入外部认证计划，以此巩固内部合规官的地位，使其不受管理层抉择的干扰。其他国际机制则选择强化合规官和监管机构的联系，例如要求合规人员直接向监管机构报告问题，并尽量弱化管理层的参与。最后，国际机制规定的程序标准越严格，合规官相对于管理层的地位就越稳固。若合规官拥有的自由裁量权受到重重限制，那么管理层就无法对其施加影响。②

② 国际法律文件经常通过采用规定严密程序的立法技术，使得执行条约的行为更具一致性，并以此限制各个决策者的自由裁量权。关于大家的讨论，see Kenneth W. Abbot，Robert O. Keohane，Andrew Moravcsik，Anne-Marie Slaughter，and Duncan Snidal，The Concept of Legalization 54 Int'l Org. 401（2000）；Kal Raustiala，Form and Substance in International Agreements 99 Am. J. Int'l L. 581（2005）。

然而，这并不是说合规程序和合规官本身就足以促使跨国公司实施统一的制度或法律。虽然国际机制要求公司人员采取具体的行动，但这些行动的结果仍难免受到外部影响。程序性的步骤可以操纵，报告可以粉饰，记录可以隐藏，连尽职调查都可以敷衍了事。尽管如此，只要这些要求存在，公司员工或管理层实施不当行为的成本就会增加。因为按照这些要求，员工或管理层更难在事前完成偏离监管目标的行为，且事后更容易被发现。

（二）强调合规符合国际机制统一化实践的原因

由指定人员负责管理的具体合规程序能够促进目标公司统一实施监管制度。对于以跨境实施为目的的监管制度而言，实现制度落地的统一既是难点，也是目标。因此，一众国际机制会制定关于合规程序的规定便不足为奇了。

国家层面的言行不一是国际机制面临的重大威胁之一，而合规制度能够有
效降低这一风险。要达成国际机制，往往要进行广泛的谈判和协商，各方相互 324
妥协让步方可成事。但一旦要求落实这些妥协事项，政府或公司的立场就不那么坚定了。关于法律传播的文献中一直充斥着对国际承诺流于表面、无法切实落地，以及地方政府后续监督跟进不到位的担忧。在国际机制中，与保护主义或监管竞争相关的问题尤为突出。在事先达成的契约进入实施的关键阶段，合规程序介入干预，这种做法至少在某种程度上为解决前述问题提供了一种可行的方法。由于国际机制的参与者们更愿意相互信任，履行彼此商定的义务，因此合规程序实际上提升了国际机制的吸引力。

合规方法的统一也有助于在不同国家的政府间进行协调。通过共同制定实施的规则和指引、组织针对特定情形的跨境合作以及制定培训计划，监管机构能够切实提高资源分享的效率。在一个国家中获得的经验教训能够更高效地推广传播到其他国家和地区。因此，合规计划能够更好地协调国家层面的执行实践，集中力量实现共同目标。

利用合规制度来推动协调工作是国际政策制定者惯用的机制之一。事实上，合规指引一直是树立全球公司治理“最佳实践”的重中之重。二十国集团/经合

组织《公司治理原则》将合规作为董事会应当履行的关键职能之一。③《联合国全球契约》旨在通过遵守十项关键原则来动员企业追求可持续发展，该文件反复强调合规是干预企业文化的工具。④从设计层面来看，这些举措给董事会在合规框架构建方面留有充分的发挥空间。相比之下，其他全球标准化实践则针对合规流程的制定作出了具体的指引。举例而言，这些实践会对目标主体向监管机构报告作出具体要求，或规定通知和评议流程。这些合规程序正是本章研究的重点。

（三）对公司治理的影响

325 若要求董事会执行一份国际文书规定的合规制度，那么相比依据当前的特拉华州法律原则，董事会行事的灵活性大大降低了。在 *Caremark* 案中，⑤大法官艾伦指出，董事会的职责中，包含一项监督员工是否存在违法行为的义务。然而，他还指出，“只有在董事会持续或系统性地未能履行监督职责时”，才表明董事会缺乏善意，需要承担相应责任。⑥只要董事会设立了合理的监督制度（例如，雇佣合规官、组织培训或引入报告程序），就属于其已善意履行了自身的监督职责。这类监控程序只要在制定之时是合理的，哪怕长远来看存在错误或不完善之处，董事会都不需要承担责任。为了评估这类程序的合理性，特拉华州法院会通过聘请专家或参考类似案件中其他公司的做法来对董事会的决策程序展开审查，以确保董事会实施了适当水平的注意。因此，只要董事会对其选择进行了审慎的考量，其在制定自身合规程序的过程中就具有很大的发挥空间，在既定市场实践范围内可以选择不同的监督机制。此外，正如特拉华州法院在 *Citigroup* 案中提出的，*Caremark* 案规定的建立合规制度的义务仅适用于监督违

③ G20/OECD Principles of Corporate Governance at 47，http：//www.oecd-ilibrary.org/governance/g20-oecd-principles-of-corporate-governance-2015 _ 9789264236882-en.

④ See，e.g.，Global Compact LEAD，A New Agenda for the Board of Directors，https：//www.unglobalcompact.org/docs/news _ events/9.1 _ news _ archives/2012 _ 01 _ 27/Lead-board-loresR.pdf.

⑤ In re Caremark Int'l Inc. Deriv. Litig.，698 A.2d 959（Del. Ch. 1996）.

⑥ Id. at 971.

法行为，不得影响董事会监督公司业绩的自主权，也不得给公司带来任何业务风险。⑦

一方面，若合规程序是依照国际文书制定的，则特拉华州法律规定的合理性审查就会以特定的形式呈现出来。国际机制不仅规定了一项合规制度必须包含哪些关键因素，还提供了评估这一制度合理性所必须遵循的标准。若董事会采用的合规制度与国际机制规定的合规制度大相径庭，就需要承担无法通过合理性测试的风险。相比更具灵活性的市场实践，合规制度为评估董事会责任提供了更明确的标准。另一方面，若董事会的确选择适用国际标准，原告方就更难证明董事会违反了信义义务。在这种情况下，董事会的选择与国际公认标准化机构的建议是一致的，因此事后更有可能被认定为具备合理性。一言以蔽之，在制定自身合规制度的过程中，董事会放弃了相当一部分灵活性，制定出的合规制度与自己理想的合规制度或许存在很大出入，但失之东隅，收之桑榆，董事会在履行法律和信义义务方面获得了更大的确定性。这种得失权衡也是多数董事会想要的结果。

然而，只要合规机制全面运作，国际机制的真正影响就会显现出来。据推 326
测，合规部门会就公司人员可能的违法行为向董事会作出报告。一旦董事会收到合规部门的警示，为履行自身注意义务，董事会必然会依据问题的严重程度作出相应的举措。诚然，即便不受第 102（b）（7）条免责条款的保护，商业判断规则也赋予了董事会充分的自由，使其可自行制定相关的应对措施。但重要的是，董事会很难再袖手旁观，任由局面继续恶化。最起码，注意义务会迫使董事会对报告的问题进行进一步调查，以便其更清楚、全面地了解问题。因此，在收到含有警示内容的合规报告时，董事应当立即采取行动，否则将来可能面临承担个人责任的风险。

鉴于报告的问题向董事施加了即时作出反应的义务，合规官作为提交报告的权力主体，自然成为公司治理结构中的重要节点。有些违法违规行为，董事会可能并不想承认，或者其至少在短期内对公司是有利的。对于这类问题，合

---

⑦ In re Citigroup Inc., Shareholder Derivative Litigation, 96 A.2d 106 (2009).

规官可以敦促董事会面对并予以解决。或者，合规官也可决定不向董事会作出报告，因而也不会引起任何董事会责任或承担任何责任的风险。以 *Stone v. Ritter* 案为例，⑧该案涉及一家银行的反洗钱合规制度的失败，法院认定董事会的善意不存在任何瑕疵，因为此前董事会并没有收到任何关于公司运行问题或制度漏洞的报告。相反，法院认定，鉴于 *Stone* 案中的董事会曾委托毕马威对其反洗钱计划进行独立评估，且评估报告中并未指出计划存在任何疏漏之处，因此涉案的董事会已经充分履行了注意义务。

考虑到合规官观点和行动带来的影响，特别是他们拥有改变董事会责任格局的权力这一事实，因此无论是不是董事会的正式成员，他们都具有重大的影响力和责任。当然，合规官也受雇于公司，因此只要存在雇佣关系，就难免会受到管理层的制约。国际机制严苛的程序要求或许能够成为合规官的退路，因为按照这
327 类程序性要求，合规官必须发现和报告公司的问题和弱点。合规官和管理层之间的紧张关系是一项重要议题，需要在进一步的研究中进行更深入的探讨。

三、国际反洗钱制度

通过限制有组织犯罪分子和恐怖分子进入全球金融体系以对其实施打击是一个非常宏伟的目标，需要刑事部门、银行监管机构与个人联动，相互配合与协作。20 世纪 80 年代末，随着毒品战争升级以及新兴市场在全球经济中的参与度一路走高，反洗钱法成为国际视野内需要优先解决的议题。⑨为了能够更快制定出适当的监管和法律框架，G7（七国集团，即加拿大、法国、德国、意大利、日本、英国和美国）授权设立金融行动特别工作组，该工作组是由财政部及其中官员组成的跨国网络。⑩1990 年，金融行动特别工作组针对打击洗钱活动发布

---

⑧ 911 A.2d 362（2006）.4.

⑨ See, e.g., Basel Committee on Banking Supervision, Prevention of Criminal Use of the Banking System for the Purpose of Money-Laundering（1988）, http://www.bis.org/publ/bcbsc137.pdf.

⑩ 欲了解更多有关 FATF 的创建及其《40 条建议》在世界各地推行的相关信息，see Stavros Gadinis, Three Pathways to Global Standards: Private, Regulator, and Ministry Networks, 109 Am. J. Int'l L. 1（2015）。

了《40条建议》，提出了具体的立法和监管改革，目的是建立起适用于不同法律体系的、可灵活调整的立法模式。在过去的这些年间，《40条建议》经历了广泛的修订，特别是在2001年，其规制范围进一步扩大，将资助恐怖主义也纳入打击范围。虽然在制定过程中，政府高度参与，但《40条建议》仍属于“软法”，因为其并非根植于国际条约，且并未对政府施加具有法律约束力的义务。然而，全世界有超过150个国家依照《40条建议》进行了反洗钱改革，并同意由区域机构来对其具体实施情况进行监督。

金融行动特别工作组《40条建议》关涉的重要议题之一，在于金融机构在检查潜在或现有客户是否存在洗钱行为的过程中应当发挥怎样的作用。《40条建议》围绕客户尽职调查展开，要求金融机构根据客户的身份和背景信息对其资金来源进行调查询问。更重要的是，一旦发现任何涉嫌洗钱的交易，[11]金融机构必须向相关部门报告。[12]若客户提供的信息存在重大偏差，或行为与其陈述的目标不符时，其将被认定存在洗钱的嫌疑。通常情况下，将具有洗钱嫌疑作为上报门槛，其目的在于激发金融机构的积极性，即便其不清楚客户活动的全部细 328
节，也要保持警惕，宁可错报，不可放过。举例而言，若客户的行为符合过去与洗钱活动相关的行为模式，或客户突然举止反常，偏离既往的行为模式，就会引起金融机构的怀疑。很明显，怀疑的门槛是低于知情的门槛的，这是金融监管中确定民事责任的标准。

作为一个相对较低的责任门槛，可报告的怀疑事项改变了董事会、企业员工和合规官之间的关系。实践中，许多交易都很容易引发怀疑，因此金融机构不能只依赖高层管理人员，还应取得与客户直接打交道的一线员工的支持。此外，考虑到潜在可报告行为或许数额庞大，员工需要老练的合规官给予支持和指导。这些合规官凭借丰富的经验，能够决定哪些情况下需要继续调查、监督或报告。因此，金融机构要想履行自身的客户尽职调查义务，就必须建立起覆

---

⑪　在美国，接收这类报告的机构是财政部，它管理着一个专门的部门——金融犯罪执法网络部。

⑫　Annunzio-Wylie Anti-Money Laundering Act of 1992 § § 1513，1517（b），31 U.S.C. § 5318（g）（2014）.

盖全面的反洗钱合规业务。⑬大型的跨国银行会雇佣上千名人员来确保自身业务符合反洗钱法，而即便是规模最小的银行也往往会投入平均 10 名人员来处理相关合规事务。此外，金融机构在检测技术方面投入了大量的资金，研发出专有软件，协助机构自动识别可疑交易。总而言之，董事会必须采取必要行动，制定反洗钱计划，并进行相应的人员配备，但这些行动必须遵照机构规则、监管指引、行业管理以及监管者和检察机关针对特定情形达成的明确协议。因此，董事会的选择必须在严格规定的一系列选项范围内进行。

一旦合规系统启动，董事会通常不会再参与可疑情况的报告了。在很多情况下，是由计算机或一线员工来标记可疑交易，以便进行调查。被标记的交易进入合规系统后，系统会对其进行考察。合规官会花费大量的时间评估每笔有标记的交易，若其打算进行更深入的调查，就必须投入更多的资源。到了这一阶段，交易通常会被提交给监督委员会，由监督委员会最终决定是否要提交报
329 告。报告必须有理有据，合规部门通常会雇佣具备专业素养的人员（例如前执法官员或调查人员）。在制备报告的过程中，合规官会编制大量的文件，包括内部备忘录、电子邮件以及受害方和潜在施害方之间的其他通信。合规官依据这一内部记录作出是否提交报告的决定。若管理层试图推翻合规部门的决定，内部记录就是打击他们最强有力的工具。最后，高级合规官会与董事会委员会（通常由独立成员组成）联系，并可能向董事会提交概述报告。

除了内部审查之外，金融机构的反洗钱合规还要受到政府的广泛监督，其中包括专门金融监管机构和普通刑事执法机构的监督。美国金融机构和其他受监管实体每年会提交约 160 万份可疑活动报告。⑭监管机构制定了广泛的规则制定和指导计划，提供标准化的提交形式，以此进一步限制公司的自由裁量权。另外，监管机构还发布了手册，规定了审查人员在评估内部合规部门充分履职

⑬ 关于美国反洗钱法实施情况的讨论，see generally Stavros Gadinis and Colby Mangels, Collaborative Gatekeepers, 73 Wash. & Lee L. Rev.797（2016）。

⑭ US Department of Treasury Financial Crimes Enforcement Network, SAR Stats Technical Bulletin 1（2014）, http://www.fincen.gov/news_room/rp/files/SAR01/SAR_Stats_proof_2.pdf.

与否时应当遵循的标准和程序。[15]依照特拉华州法律体系，在构建公司合规业务的过程中，董事会享有自由裁量权。而通过发布手册，监管机构进一步限制了董事会的此种自由裁量权。若金融机构未能在必要的情况下提交报告，就可能面临严厉的制裁，近年来，制裁的严厉程度不断提高。[16]此外，银行通常会因为协助客户洗钱而被处以数十亿美元的巨额罚款。举例而言，法国巴黎银行就曾因与美国制裁的目标国家的相关交易被罚款 89 亿美元；摩根大通因与麦道夫诈骗案有关联被处以 26 亿美元的罚款；瑞士瑞信银行则因涉及美国逃税相关交易，同样被罚款 26 亿美元。[17]

这种全面、专业且可行性强的合规框架在法规、规则和行业惯例中得到了充分的体现。该框架要求所涵摄的内容远超特拉华州判例关于内部合规内容的泛论。不同于将选择权交予董事会并由其来决定如何最好地应用法律，合规框架选择培养专门的专业人士，这些专业人士的工作旨在尽量减少董事会的参与。他们并不听从董事会的指令，而是以国家甚至国际层面的监管准则为依循。当然，董事会仍旧负责重大决策，例如如何为公司合规部门配备人员。然而，他 330
们的决策侧重于执行监管要求，而非制定自己喜欢的制度安排。

四、环境管理体系的 ISO 标准

近年来，环境监管越来越多地获得了私营公司的支持，这些公司自发地采用相关标准，以期促进环境保护目标的达成。[18]最受欢迎的标准[19]是国际标准化组织（ISO）制定的关于环境管理体系的 ISO 14001 环境管理体系认证。国际标

---

⑮ Federal Financial Institutions Examination Council, Bank Secrecy Act Anti-Money Laundering Examination Manual, https: //www.ffiec.gov/bsa_aml_infobase/pages_manual/OLM_002.htm.

⑯ David Zaring and Elena Baylis, Sending the Bureaucracy to War, 92 Iowa L. Rev.1359, 1414 (2007).

⑰ Stephen Grocer, A List of the Biggest Bank Settlements, Wall St. J. MoneyBeat, June 23, 2014, http: //blogs.wsj.com/moneybeat/2014/06/23/a-list-of-the-biggestbank-settlements/.

⑱ Michael P. Vanderbergh, Private Environmental Governance, 99 Cornell L. Rev.129 (2013).

⑲ Oren Perez et al., The Dynamic of Corporate Self-Regulation: ISO 14001, Environmental Commitment, and Organizational Citizenship Behavior, 43 Law & Soc'y Rev.593 (2009).

准化组织是一个拥有 150 多个成员国的伞式组织，[20]主导一系列不同的标准化工作，从纺织品和设备到生物识别和信息技术，无所不包。[21]为了制定标准，国际标准化组织从其成员（通常是私营行业团体）的国家标准化机构中选取代表，共同组成了一个技术委员会。[22]因此，制定标准的委员会成员都是环境问题方面的专家，但不一定是公司法专家。

ISO 14001 环境管理体系认证旨在实现私营企业环境合规框架的标准化。ISO 14001 环境管理体系认证通过建立一系列协调的程序、惯例、权力结构和资源分配方案，规定了一个成功的环境管理体系所应具备的关键要素。[23]因此，ISO 14001 环境管理体系认证主张，应当采用过程导向的方法来解决环境合规的复杂性问题。要实施一项标准，公司必须投入大量的人力和财力来对每一道流程进行设计、规划、应用和审查。所以，最高管理层必须参与以触发通过采用和启动规划，并对标准的运行进行持续审查。然而，很明显，标准所规定的程序旨在指导管理层的行动，并建立起制度框架来限制管理层的选择。只要进入实施阶段，按照该标准的设想，将会有一组新的专业合规人士介入，他们的目标是确保一系列问题的合规性。通过采用 ISO 14001 环境管理体系认证，促使董事会自愿约束自己，并承诺会纠正自身管理体系出现的任何问题。

第三方认证程序的可用性更加凸显了 ISO 14001 环境管理体系认证对合规人
331 员的赋权，这也是其最突出的特征之一。认证机构通常是在国家协会登记的独立公司。一般情况下，认证程序是一项彻底全面的程序，往往涉及对企业内部治理结构的重组，同时会丰富环境合规可用的资源。认证程序的重点在于对公司各层级进行充分的合规检查，以确保管理层能及时对合规人员提出的纠正行为作出反应。

---

⑳ David A. Wirth, The International Organization for Standardization: Private Voluntary Standards as Swords and Shields, 36 Boston Coll. Environmental Affairs L. Rev.79, 80—81 (2009).

㉑ Tim Büthe and Walter Mattli, The New Global Rulers: The Privatization of Regulation in the World Economy chap. 6. (Princeton 2011)

㉒ Id. chap. 7.

㉓ Timothy F. Malloy, Regulation, Compliance, and the Firm, 76 Temp. L. Rev. 451, 493 (2003).

美国和世界各地的许多私营公司之所以自愿采用ISO 14001环境管理体系认证，目的是提升自己在环境保护方面的声誉，且在某些情况下，还能因此获得监管机构的优惠待遇。在世界范围内，已有超过267 000家公司采用了ISO 14001环境管理体系认证。㉔美国公司的主要研究表明，管理层认为采用ISO 14001环境管理体系认证是提高公司环保声誉、更好地响应客户需求的一种方式。㉕能够得到第三方认证进一步强化了他们的预期收益。除了声誉提升外，依照美国法律，采用ISO 14001环境管理体系认证之类的环境管理体系还能带来一些意想不到的好处。从监管层面出发，对于满足环境保护局环境管理体系要求的公司（例如符合ISO 14001环境管理体系认证要求的公司），会降低对其的检查频次，并减轻其报告和监督义务。此外，若发生具有重大影响的环境灾难，《针对机构实体联邦量刑指南》规定，若公司设有合理的合规框架，则可减轻处罚，而ISO 14001环境管理体系认证能够轻松满足这一条件。

由于合规框架关注的焦点是公司的内部程序，而不是其对环境的实际影响，很多人担心公司采用合规框架只是为了“漂绿”自身活动，并不打算作出任何实质性的改变。按照这种逻辑，即便公司投入了获取ISO 14001认证所必需的资源，公司也不会对专业合规人士发现的问题作出任何应对，让合规实践沦为表面工夫。然而，研究表明，实际上采用环境管理体系的公司确实改变了自己的行为。㉖特别是，一项关于ISO 14001环境管理体系认证的研究发现，获得第三方认证的企业更有可能针对自身内部程序改变其行为，并在自然资源、废物和水的利用以及空气污染治理方面取得更好的结果。㉗虽然探索内部合规变化和环 332
境影响之间的因果关系困难重重，但这些初步研究至少证明，合规框架是正常运转着的。

㉔ International Standards Organization, The ISO Survey of Management System Standard Certifications—2011 at 1 (2012), http://www.iso.org/iso/iso_survey2011_executive-summary.pdf.

㉕ Matthew Potoski and Aseem Prakash, Green Clubs and Voluntary Governance: ISO 14001 and Firms' Regulatory Compliance, 49 Am. J. Pol. Sci. 235 (2005).

㉖ 对相关文献的讨论，see Vanderbergh, Private Environmental Governance at 189—190。

㉗ Nicole Darnall and Younsung Kim, Which Types of Environmental Management Systems Are Related to Greater Environmental Improvements? 72 Public Admin. Rev.351 (2012).

ISO 14001 环境管理体系认证的例子简要描述了国际标准在改变公司等级结构中的作用。尽管 ISO 14001 环境管理体系认证要求董事会和管理层作出重大承诺并积极参与，但其中起主导作用的还是专业合规人士。该标准的目标是建立一个专门的、运行良好的合规框架，更有效地推行环境友好政策。就这一方面而言，ISO 14001 环境管理体系认证不仅丰富了管理层的自由裁量权，也在一定程度上限制了其自由裁量权。第三方认证强化了合规带来的声誉收益，而监管的减轻则为合规提供了新的动力。

五、1996 年《世界知识产权组织版权条约》和《数字千年版权法》

在本节列举的三个例子中，避免版权侵犯的框架是公司希望遵守的内部治理中影响性最低的。相较于要求公司主动监测侵犯版权的材料，《数字千年版权法》只要求公司在收到侵权通知后立即删除相关材料。因此，管理层所需投入的资源、人力以及监督成本都相对较少，特别是和前述讨论的反洗钱和环境合规之类的具有预防性质的命令相比，更是如此。然而，即便是推进相对狭义的命令，法律也认为有必要以一定的细节对合规的架构进行明确的规定。总的来说，相比目前的特拉华州公司法案例（例如 *Caremark* 案和 *Stone* 案），《数字千年版权法》更为系统全面。

与反洗钱法律和 ISO 14001 环境管理体系认证类似，《数字千年版权法》也有其国际渊源。当时社会正要迈入数字时代，为应对新生数字时代将面临的种种版权挑战，该法将 1996 年缔结的《世界知识产权组织版权条约》纳入美国法律。世界知识产权组织是联合国的一个专门机构，成立于 1967 年，拥有 189 个成员国。在 1996 年《世界知识产权组织版权条约》签署之时，令人忧心不已的就是服务供应商平台普遍存在有侵权嫌疑的大量材料，尤其是 YouTube 之类依
333 赖用户上传的主流网站。随着线上服务的使用呈指数级增长，服务供应商开始担心版权侵权可能会给自己带来重大责任，但对个人用户进行更严格的监管绝非易事。针对这一问题，《世界知识产权组织版权条约》第 12 条提出了一项折

衷方案：只有在服务提供商故意传播侵权材料的情况下才需要承担责任。虽然《世界知识产权组织版权条约》将选择权留给了国家立法机构，由其负责判定服务供应商是否知情，但也明确提出了一些程序，版权所有人至少可依据这些程序先制止正在侵犯其权利的行为。

针对《世界知识产权组织版权条约》项下美国的义务，《数字千年版权法》第512条为有以下情节的线上服务供应商制定了一个安全港规则，即线上服务供应商在发现或收到侵权通知后，迅速下架侵权材料的，可免于承担责任。[28]这一方法也被称为“红旗”原则。依据该原则，除非线上服务供应商存在明显的侵权行为（例如，未经授权的用户上传盗版影片），否则应推定其具有善意，这一推定对线上服务供应商有利。红旗原则提出的要求与特拉华州法律对董事会提出的要求类似，特拉华州法律要求董事会对可能违反法律的员工行为进行监督。[29]然而，特拉华州判例法赋予董事会充分的自由裁量权，由董事会自行制定程序来识别侵权行为和确定行为的违法性，而《数字千年版权法》则明确规定了所有线上服务供应商必须遵守的程序。在《数字千年版权法》制度下，适用安全港规则需要满足一个重要前提，即服务供应商需要指定一名代理人，由其负责接收和处理版权所有人作出的侵权通知。[30]代理人并不一定是公司的员工，有些服务供应商会把这项工作外包给他们的律师。在收到侵权通知以及下架相关材料的要求后，代理人必须通知原始上传者，给予其辩驳的机会。现如今，这些程序大多已实现自动化，由专门的软件来监控上传情况，并向服务供应商发送自动删除通知。

基于以上所有原因，于公司而言，遵守《数字千年版权法》第512条安全港规则能够带来实实在在的好处，大幅降低公司的版权侵权责任风险。为此，公司需要建立一个经公司董事会授权但最终不受其控制的治理结构。这种治理结构虽比前述列举的治理结构简单，但公司仍需要按照法律的规定投入相应的资源和努力。

---

[28] 17 U.S.C.A. § 512（c）（1）.

[29] Graham v. Allis Chalmers.

[30] 17 U.S.C.A. § 512（c）（2）.

334 六、结　　论

国际合规制度规定了具体的程序性要求，并将任务分配给专门的合规官。这些要求旨在确保合规制度在跨境实施的过程中能够尽可能地保持一致。但从公司治理的角度来看，合规制度对董事会有一定的掣肘，董事会无法依照特拉华州法律灵活地制定自己的内控体系。诚然，要是遵守了这些要求，董事会就能够更有说服力地主张自己已经履行了监督义务（这种监督义务从董事会对股东所负有的信义义务中衍生而来）。通常情况下，要遵守国际合规制度，公司必须在人力和技术方面投入大量的资源，并加强执行力度。当然，这一策略也取得了显著的效果。例如，当可疑活动报告数量激增时，这类报告会提醒监管机构可能存在洗钱活动；再如，能够持续从线上平台删除侵犯版权的材料。而目前还尚不明朗的是，在没有法律层面压力的情况下，董事会是否会选择花费必要的资源来建立此类合规制度。此外，相较于其他法律领域，这些合规义务在公司的执行预算中或许会占据相当大的份额。

国际机制所带来的最深远的影响或许是对内控人员持续的赋权。最重要的是，合规官有责任和权力向董事会报告合规机制中存在的弱点或漏洞，以及其他员工的违规行为（如有）。*Stone* 案明确指出，如果原告不承认董事会对危险信号不知情，那么法院的处置方法就会截然不同。然而，董事会是否知情与合规官是否提示有关，因为是由合规官决定是否对其收集到的事实情况向董事会作出警示。作为内控负责人，合规官要汇总所有监控信息，筛选出有必要向董事会报告的内容（即红旗信息），确定什么时候提交报告以及报告需要包含哪些信息。事实上，合规官能够改变董事会的责任格局，这就使他们成为公司治理结构中一股不可忽视的力量。合规官提交的报告可能会触发董事会的注意义务，要求董事会采取相应的举措。在某些情况下，董事会哪怕不情愿，也得开展进一步调查，直面惨淡的现实。在其他情况下，董事会则需要采取更严厉的措施，
335 例如解雇员工或公开承认存在问题。因此，这种权力会使合规官与董事会之间存在紧张关系。随着公司丑闻持续占据新闻头条，这种紧张关系只会愈演愈烈。

贡献者

大卫·J.伯格（David J. Berger）是威尔逊·桑西尼·古奇·罗沙迪律师事务所（Wilson Sonsini Goodrich & Rosati）合伙人。

威廉·W.布拉顿（William W. Bratton）是宾夕法尼亚大学法学院尼古拉斯·F.加利奇奥（Nicholas F. Gallicchio）法学讲席教授兼法律与经济研究所联席主任。

迈克尔·B.多尔夫（Michael B. Dorff）是西南法学院唐纳公司法讲席法学教授。

吉尔·E.费什（Jill E. Fisch）是宾夕法尼亚大学法学院佩里·戈尔金（Perry Golkin）法学讲席教授。

斯塔夫罗斯·加迪尼斯（Stavros Gadinis）是加州大学伯克利分校法学院教授。

肖恩·J.格里菲斯（Sean J. Griffith）是福特汉姆法学院 T. J.马洛尼（T. J. Maloney）法学讲席教授。

科琳·霍尼格斯伯格（Colleen Honigsberg）是斯坦福大学法学院助理教授。

小罗伯特·J.杰克逊（Robert J. Jackson Jr.）是哥伦比亚法学院法学教授兼公司法和政策项目主任。

弗兰克·帕特诺伊（Frank Partnoy）是圣地亚哥大学法律与金融学乔治·E.巴雷特（George E. Barrett）讲席教授。

伊丽莎白·波尔曼（Elizabeth Pollman）是洛杉矶洛约拉法学院（Loyola Law School）法学教授。

希拉里·A.塞尔（Hillary A. Sale）是圣路易斯华盛顿大学法律与管理学沃尔特·D.科尔斯（Walter D. Coles）讲席教授。

史蒂文·大卫杜夫·所罗门（Steven Davidoff Solomon）是加州大学伯克利分校法学院教授。

古汉·萨勃拉曼尼安（Guhan Subramanian）是哈佛法学院约瑟夫·H.弗洛姆（Joseph H. Flom）法律与商业学讲席教授，以及哈佛商学院商业法 H.道格拉斯·韦弗（H. Douglas Weaver）讲席教授。

兰德尔·S.托马斯（Randall S. Thomas）是范德比尔特大学法学院约翰·S.比斯利二世（John S. Beasley II）法律与商业讲席教授。

罗伯特·B.汤普森（Robert B. Thompson）是乔治城大学法律中心小彼得·P.魏登布鲁赫（Peter P. Weidenbruch Jr.）商法讲席教授。

维里蒂·温希普（Verity Winship）是伊利诺伊大学厄巴纳—香槟分校法学教授。

索　引

本书译者分工如下：李诗鸿负责前言、导论、第一至七章、贡献者名单、索引；林少伟负责第八至十四章。

图书在版编目(CIP)数据

变革时代的公司契约:法律能否与时俱进? /(美)
史蒂文·大卫杜夫·所罗门(Steven Davidoff Solomon),
(美)兰德尔·斯图尔特·托马斯
(Randall Stuart Thomas)编;李诗鸿,林少伟译.—
上海:上海人民出版社,2024
书名原文:The Corporate Contract in Changing
Times: Is the Law Keeping Up?
ISBN 978-7-208-18657-6

Ⅰ.①变… Ⅱ.①史… ②兰… ③李… ④林… Ⅲ.
①公司法-研究 Ⅳ.①D913.991.04

中国国家版本馆 CIP 数据核字(2023)第 222084 号

责任编辑 夏红梅
封面设计 一本好书

变革时代的公司契约:法律能否与时俱进?
[美]史蒂文·大卫杜夫·所罗门
[美]兰德尔·斯图尔特·托马斯 编
李诗鸿 林少伟 译

出　　版 上海人民出版社
(201101 上海市闵行区号景路 159 弄 C 座)
发　　行 上海人民出版社发行中心
印　　刷 上海商务联西印刷有限公司
开　　本 720×1000 1/16
印　　张 21.5
插　　页 4
字　　数 323,000
版　　次 2024 年 2 月第 1 版
印　　次 2024 年 2 月第 1 次印刷
ISBN 978-7-208-18657-6/D·4244
定　　价 78.00 元